光尘
LUXOPUS

U0448943

西方文化的传统与演进

赵林 著

中信出版集团｜北京

图书在版编目（CIP）数据

西方文化的传统与演进 / 赵林著. -- 北京：中信出版社，2021.6
ISBN 978-7-5217-3065-4

Ⅰ.①西… Ⅱ.①赵… Ⅲ.①西方文化—文化史—通俗读物 Ⅳ.① K500.3-49

中国版本图书馆 CIP 数据核字 (2021) 第 082585 号

西方文化的传统与演进

著　者：赵林
出版发行：中信出版集团股份有限公司
　　　　　（北京市朝阳区惠新东街甲 4 号富盛大厦 2 座　邮编　100029）
承　印　者：三河市中晟雅豪印务有限公司

开　本：880mm×1230mm　1/32　　印　张：14　　字　数：332 千字
版　次：2021 年 6 月第 1 版　　　　印　次：2021 年 6 月第 1 次印刷
书　号：ISBN 978-7-5217-3065-4
定　价：79.00 元

版权所有·侵权必究
如有印刷、装订问题，本公司负责调换。
服务热线：400-600-8099
投稿邮箱：author@citicpub.com

目录

邓晓芒序 …………………………………… 001
自序 ………………………………………… 009
导论　历史哲学的逻辑起点与西方文化的
　　　基本精神 ……………………………… 013
　　一、历史形而上学批判 ………………… 013
　　二、超越的浪漫精神与西方文化 ……… 018

第一章
古典文化

第一节　希腊神话与传说 ……………… 005
一、神谱与神谕 …………………………… 005
二、希腊神话与超越的浪漫精神 ………… 014
三、众神的没落 …………………………… 026
四、多神教与雅典城邦 …………………… 037

第二节　希腊哲学精神 ………………… 043
一、宗教意识与哲学 ……………………… 043
二、神话与哲学——从多到一 …………… 050

三、神话与哲学——从具体到抽象……………059
四、希腊哲学的堕落……………………………068

第三节　罗马英雄主义……………076
一、罗马人与希腊人……………………………076
二、罗马国家与罗马军团………………………086
三、世俗英雄主义的衰颓………………………100

第二章
基督教的起源

第一节　基督教与犹太教……………113
一、律法主义与道德主义………………………113
二、末世论与救赎说……………………………126

第二节　基督教与希腊哲学……………134
一、奥尔弗斯精神与毕达哥拉斯………………134
二、柏拉图与神秘主义…………………………142
三、基督教教义的理论基础……………………147

第三节　日耳曼民族精神……………158
一、塔西佗时代的日耳曼人……………………158

二、日耳曼人与罗马帝国的冲突……………………165
三、"基督教原则的担负者"……………………172

第三章
基督教文化

第一节　基督教神学……………………187
一、超理性的信仰……………………187
二、上帝存在的逻辑证明……………………198
三、经院哲学与神学的形式化……………………204

第二节　基督教道德……………………220
一、动机论的原道德观……………………220
二、魔鬼与女巫……………………227
三、赎罪券与十字军……………………238
四、修道运动……………………251

第三节　基督教教会……………………261
一、上帝之城与恺撒之剑……………………261
二、天国之阶与地狱之门……………………276

第四节　基督教文化的历史影响………292

第四章
近代西方的文化起点

第一节　从文艺复兴到启蒙时代 ········ 318
一、重返人间乐园 ················· 318
二、国家主义的崛起 ··············· 332
三、科学理性的兴盛 ··············· 344

第二节　宗教改革及其历史影响 ········ 359
一、宗教改革运动的"赫拉克勒斯" ··············· 359
二、路德与加尔文 ··············· 376
三、罗马天主教复兴与宗教宽容 ··············· 387
四、乌托邦的起源 ··············· 392

第三节　西西弗斯的宿命——超越的浪漫
　　　　精神发展的悲壮史诗 ·········· 404

再版后记 ························· 415

邓晓芒序

一个对西方文化缺乏深入了解的人,往往会对西方精神的奇特怪异感到迷惑不解,无法用日常生活中的情理去破译西方文化一连串的历史之谜。例如,古希腊神话中那些道德败坏、刚愎自用的神究竟有什么值得人顶礼膜拜的?早期基督徒如此懦弱无能、任人宰割,还宣扬"不以暴力抗恶",为什么却能在一个比一个暴虐的罗马统治者面前节节胜利?中世纪教皇手下无一兵一卒,为何能聚敛如此巨大的财富并迫使强大的世俗君主俯首称臣?路易十四竟为了宗教上的原因将国内大批最宝贵的能工巧匠逐出国境,促成了敌国的繁荣昌盛,这难道不是发了疯?康德、黑格尔的唯心主义哲学如此荒唐无稽,怎么会获得当时大批受过近代科学熏陶的进步人士的欢迎?……凡此种种,都会使我们中国的读者惊奇地发现,所谓西方文化和西方精神,是不能单纯用现实的功利、既存的事实和自然的心性来解释的。那是一种"神旨的感召",是一种超越世俗道德政治和世俗功利而追求某种"可能的世界"的普遍文化心理,这种文化心理所形成的法权思想和"正义"观念于无形中支配着西方传统的道德规范、政治制度和行为模式,绘写了西方数千年跌宕起伏、喧嚣不已的文明史……

当然,文化心理也好,宗教背景也好,归根到底是以西方社会经济生活中最原始、最基本的事实为基础的。在这方面,国内几十年来的研究著作不可谓不多,成果也不可谓不丰。但是,历史绝不只是人类社会的经济发展史，那色彩斑斓、动人心弦和沉郁悲壮的世界进程也绝不能还原为一些枯燥乏味的经济范畴的排列组合。人与动物的区别就在于人不是完全消极地适应环境，而是以人的意识和意志来规范人的行为、改变人的环境。人生活的环境是由人的知识、情感需要和价值标准所产生的自由行动的创造物，这些产物总是与他的感性实践活动处于不可分割的交互关系之中。这就说明，在人类历史这种人与环境不断互相作用的有机过程中，如果我们忽视了一个时代的知识、情感需要和价值标准及其基本模式，忽视了文化心理、时代精神及其在文化传统中的前后传承关系，是不可能将历史当作一个整体而全面、透彻地把握住的。而这种文化心理最深刻的内核，便是一个民族、一种文化对人生、宇宙和万事万物的"终极关怀"。只有抓住了这点，我们才能真正理解一种文化的实质，也才能解开一种文化对另一种文化所呈现出来的难解之谜。这正是国人几十年来对西方文化的研究做得很不够、在许多方面还有待开拓的地方。

赵林先生的这本书，是国内对西方文化心理及其历史演进的研究中具有相当理论深度和逻辑的严格性、系统性的一部著作，也是他本人经过长期资料积累和理论探索而最见功力的一部著作。他将西方人的宗教精神和宗教观念的演变作为西方文化"终极关怀"之主要发源地，将其视为一条用以贯穿西方文化传统和文化史的内在的文化心理线索，并将其展示为一个合理的、合乎逻辑的和有自身规律性的过程，这在国内西学界还是首创。这一工作的艰难程度是可想而知的，它不仅要求作者要具有较全面的西方宗教和宗教史的知识，对西方政治制度、道德观念、哲学思想、审美规范乃至各主要民族的民族特性、风俗习惯、历史渊源及这一切的变迁和演进均有较详细的了解，而且要求作者要有高度的概括力、逻辑分析和抽象的能力。除此之外，不管作者是以历史学家还是以哲学家的身份对所把握的材料进行描述，都必须以贴近对象，甚至进入对象内部的生动体验来重现过去时代的风采，给僵死的材料灌注生气，使自己的解释不是主观强加给历史的，而是从历史的生命中自行展现出来的。赵林先生对这些要求具有非常清醒的意识，他的这本著作也显示出他在上述各个方面都具有良好的素质和根基。作者是学西方历史出身，却一直对西方哲学，特别是德国古典哲学有浓厚的兴趣，硕士生毕业后在哲学系工作多年，后又成为国内德国古典哲学专家杨祖陶教授的博士生。这些条件加上他长期的生活体验，以及生动流畅的文笔，使人们在读这本著作时，不但能获得大量经过系统整理的历史知识，而且能兴趣盎然地、不知不觉地深入西方人宗教意识和人生体验的内部，引发深邃的哲学反思和亲切的人生思考。在这方面，本书对古希腊神话的文化学分析，对古罗马时代精神演变的描述，对基督教苦难历程的内在文化心理契机的揭示，对新教与天主教、文艺复兴与世俗社会的复杂关系的民族文化学的论述，都是最为精彩、最值得一读的部分。

一般来说，中国人治西方学术，在其他方面（如科学、道德、政治、艺术等等）似乎都比较容易进入，最难把握的就是那种普遍渗透在民众内心深处的宗教意识。这种宗教意识，虽然常常表现出野蛮、落后和迷信的形态，但它本身绝不是简单地用"野蛮"或"迷信"就可以概括的。毋宁说，西方宗教意识，特别是基督教意识在很长时期内恰好是西方文明的象征，它代表着精神从野蛮和迷信中摆脱出来的教养或"教化"过程。如果不理解西方人的宗教意识，我们对其他那些比较"容易"进入的领域（科学、道德、政治、艺术等等）的理解也只能是肤浅的、貌合神离的，甚至完全扭曲的。西方人的宗教意识来自他们对宗教的需要，而他们的宗教需要又来自什么呢？作者认为，这应归之于西方文化的一种与中国文化根本不同的文化精神，即"超越的浪漫精神"。"本书与国内许多关于西方文化的著作的最大不同之处在于我试图以一种文化基本精神作为逻辑起点，对西方文化的传统及其演进过程做出解释。……我把决定西方文化历史进程的文化基本精神称为超越的浪漫精神"，以与中国文化的"协调的现实精神"相对比、相区别（见本书导论）。显然，中西文化的差异是作者探讨西方文化精神的一个重要的参照系，这一参照系，作者曾在他的另一部专著《协调与超越——中国思维方式探讨》[①]中做过系统的探讨和分析。在本书中，作者凭借这一参照系而跳到所研究的对象之外，从旁观察和把握西方文化最显著、最有代表性的特征，从而使中国人研究西学的不利因素变为有利因素。中国传统的无神论的现实精神和对超自然事物的怀疑态度，既可以使我们对西方宗教意识不屑一顾，视之为西方文化的"糟粕"；但另一方面，也的确可以使我们在认真研究这种宗教意识时，排除宗教意识本身带来的偏见，保持清醒和客观的态度，坚持西方学者需费大力气才能保持的科学立场。作者是充分利用了自身这一有利条件的。然而，他也不是完全无动于衷地对西方宗教现象做纯客观的描述，他深知这种描述远远不能真正深入对象的本质，还有可能完全偏离了实际情况。对一种文化现象，即使是对我们所感到陌生的宗教现象的研究，除了需要客观冷静的科学态度之外，还需要一种全身心的投入，尽可能的认同，一种"理解的同情"和设身处地的体验，否则只能是事与愿违，适得其反，客观的描述便成了可容纳任何主观解释或误解的单纯"文本"了。在这种意义上，西

---

① 赵林：《协调与超越——中国思维方式探讨》，陕西人民出版社1992年版。

方学者在研究自身文化时所必须摆脱的东西，恰好是中国学者在研究他们的文化时所必须获取和进入的东西。只有这样的研究，才真正是中国人的西学研究，其结果才不会导致不同文化的相互隔阂、拒斥和疏远，而是相互融合、吸收和提高。遗憾的是，迄今为止，这类研究仍然只停留在起步阶段，像本书这样立足于中西文化最深层次的相互理解之上的著作不是太多，而是太少了。

更可贵的是，本书对西方文化的基本精神或"超越的浪漫精神"的描述，虽然处处渗透着作者的历史感受和细致体验，却并没有停留在一些诗化的感慨和哲理的隽语中，而是建立在一种理性主义的逻辑构架之上的，这种逻辑构架是作者从历史进程中发现和提取出来的。作者认为，从历史上看，西方文化的"超越的浪漫精神"自古希腊以来便包含着一个内在矛盾，即宗教殉道意识与世俗英雄主义的矛盾，只是在希腊时代这一对立还没有开始分裂，而是处于和谐的统一之中，以"个人自我完善"的方式体现为一种勃勃生机。罗马时代则是双方分裂的时代，世俗英雄主义占据了突出的统治地位，宗教殉道意识则被排挤到社会的底层，却为基督教的兴起提供了文化心理土壤。中世纪是宗教殉道意识至高无上的辉煌时期，基督教与世俗英雄主义的矛盾体现为教权与王权的矛盾。随着文艺复兴和宗教改革的到来，僧侣的世俗化和俗人的僧侣化逐渐模糊了教俗双方的界限，宗教宽容氛围最终引出了三种近代的世俗宗教精神，即国家主义、科学崇拜和乌托邦理想。但与古希腊的和谐不同，近代的这种相互宽容并没有能体现为个人的自我完善，反而把完善自我的理想排斥在历史进程之外，为现代西方的文化危机埋下了隐患。上述分析在具体论断和个别结论上或有值得进一步商讨的余地，但从方法论上来说却不能不承认是深刻的和卓有成效的。从中我们可以隐约看到黑格尔《精神现象学》的余绪，这种方法论与马克思、恩格斯一贯强调的"历史的与逻辑的相一致"的方法论原则也是相合的。毕竟，对西方文化和历史的理解是不能离开普遍的逻辑把握的，否则就只是一些碰撞的火花，一些飘忽不定的思想闪光和一些说不出来的内心体验。

读完全书，我为作者在西方文化领域中取得的这一开拓性成果感到由衷的高兴，同时也引发了我进一步深入研究的兴趣。我想和作者一起继续探讨的是：西方人的"终极关怀"固然主要体现在宗教精神里，但"终极关怀"本身却是一个哲学问题，即使在宗教中，也是个宗教哲学问题。当我们用宗教意识来贯穿西方文化的演进历程时，是否还有比一般宗教意识更深刻、更内在的东西，如某种哲学范畴或逻辑概念，可以更加一贯地作为把握西方文化的线索呢？汤因比将近代国家主义、科学崇拜和乌托邦理想都等同于某种"宗教"，是否有些"泛宗教论"的偏颇呢？与此相关的是，个人的自我完善作为一种人生哲学的倾向是否仅在古希腊焕发出一种生动的创造力，而在后来（如希腊化时期和近代）就只是一种消极颓废的意识形态？禁欲主义对于斯多噶派，宗教殉道意识对于基督徒，世俗英雄主义对于恺撒，文艺复兴和宗教改革对于它们的发起人，不都体现为个人的一种"自我完善"吗？显然，西方近代个人主义和自由主义的形成，西方传统人格模式的建立，都有其古代和中世纪源远流长的文化根基，是研究西方文化源流所不可忽视的问题。它们虽然不能或很少能脱离宗教意识来考察，但本身却属于一个超越宗教意识的层次。作者的研究既然已深入西方宗教意识的演进及其内在规律性，这就为我们继续往下追溯提供了一个必要的前提，使我们不至于像以往那样或停留在表面历史资料的堆砌，或停留在抽象概念的单纯演绎。这是本书一个最重要的理论贡献。

  我认识赵林先生已经很久了，虽然我们很少有机会在一起讨论学术问题，但我却经常为他那敏锐的思路和清晰的头脑感到惊讶。我读他的书，可以感到一种心灵的交流，好像在与他本人彻夜长谈，希望读者也能喜欢他这本书、他这个人。

1993 年 11 月 7 日于珞珈山

自序

不久前的一个傍晚,我和8岁多的女儿在东湖边散步,平静的湖面被一片薄如蝉翼的暮霭所笼罩,远处的天边依稀闪动着几点渔光。正当我沉醉于那神秘的宁静之时,身边的女儿突然用极为天真的口吻向我提出了一个深奥无比的问题:"人死后到哪里去了呢?"她也许感觉到这句话没有表达清楚她的意思,于是又补充了一句:"反正我觉得人死了以后还应该有点感觉,我也说不清是什么感觉……"

我愣住了。我不敢相信她会提出这样的问题,但是她那双晶莹的小眼睛却分明在闪烁着好奇之光,从那里面我可以感觉到她那单纯的思维正在以自己独特的方式面对生存之谜。我油然想起了莱布尼茨的著名思想——每一个最简单的单子都在以一种特殊的方式表象着全宇宙。年轻的生命是不相信死亡的,女儿曾经不止一次信心十足地向我保证,她永远都会活着,但是这种对生命的确信并没有妨碍她像大人一样思考死后的归宿问题。对于女儿的这个既幼稚又玄奥的问题,我无言以答。我既不愿意向她过早地灌输我们成人社会中流行的观点,也不可能引导她那知性初开的思维进入虚幻的唯灵主义。我只能把这个问题的答案留待于未来,让人生实践这个最伟大的教师在往后漫长的时间中来慢慢地启迪她。

从这个问题中我觉察到,对生命的终极关怀是从始至终萦绕人生的一道难题,是人类灵魂无法回避的一种永恒的拷问。懵懂无知的黄口小儿和深邃渊博的哲学大师都在探寻这道难题的答案，只是方式不同而已。种种宗教信仰和无神论说到底都是不同的文化环境和文化教养的产物（例如在 18 世纪的法国，无神论是贵族和知识阶层的一种时髦风尚，而宗教信仰则是下层民众的一服最有效的苦难安慰剂），这些殊异的生存态度不过是对同一问题的不同解答。

中国文化自春秋以来就具有明显的无神论倾向。中国传统文化的奠基人孔子认为："未知生，焉知死""务民之义，敬鬼神而远之"，故而"子不语怪力乱神"。中国文化所独具的协调的现实精神和由此而产生的强烈的伦理意识，使得传统中国人把注意力集中在现实社会中君臣父子的伦常关系上，而对于彼岸世界的观念非常淡漠。因此在他们那里，对生命的终极关怀就表现为对道德的现世关注。这种现实性的泛道德主义的文化氛围使得宗教意识在中国土地上难以扎根，[①]因为任何真正的宗教意识首先都是一种否定现实的彼岸意识。

与此相反，西方文化自希腊时代就表现出一种超越现实、追求彼岸的浪漫精神和宗教倾向。苏格拉底号召人们："必须追求好的生活远过于生活。"耶稣基督宣称："我的国不属这世界。"这种超越的浪漫精神和不泯的宗教意识使得西方人把眼光投注到冥冥中的另一种生存状态上，而对现实生活则采取一种随时准备让渡的姿态。尽管在西方文化数千年的演进过程中宗教形式不断地发生着变更，但是那种深沉的宗教意识却是始终不渝的。如果说协调现实的伦理意识使中国传统文化呈现出一种稳定不变的历史趋势，那么超越现实的宗教意识则使西方文化呈现出一种频繁更迭的历史外观。

---

① 道教、佛教等本土和外来宗教在中国的伦理化改造过程，可参见《协调与超越——中国思维方式探讨》第二章第三、四节，陕西人民出版社 1992 年版。

在《协调与超越——中国思维方式探讨》一书中，我把协调的现实精神和伦理意识作为研究中国传统文化的逻辑起点；在这本书中，我则把超越的浪漫精神和宗教意识作为研究西方文化的逻辑起点。而我在这两本书中所选择的历史起点分别是中国古代神话和希腊神话。

黑格尔曾谈到自保与保种的矛盾。同样，历史也是以牺牲个体价值为其发展的代价的。历史虽然在具体的、有限的目标上体现和追求着人性，但是从根本上来说，历史是神性的历史，是人的兽性向神性过渡的一场漫长而崇高的悲剧。每个踌躇满志地自以为实现了自我价值的历史角色仅仅是这个无限舞台上的匆匆过客和历史借以实现自身的手段。每一个时代、每一种文化和每一个人都在以自己的方式接近生存的斯芬克斯之谜。然而，倘若真有上帝的话，那么在他的眼里，那些彼此纷争不休的芸芸众生实际上不过是殊途同归罢了。

赵 林

1993年8月20日于东湖之滨

导论

历史哲学的逻辑起点与西方文化的基本精神

一、历史形而上学批判

自从柏拉图提出"理念论"以来,对形而上学的关注就构成了西方哲学思维的一个重要传统。这个传统经过中世纪基督教神学的发扬光大,到近代黑格尔哲学中达到了登峰造极的高度。黑格尔通过严密的逻辑论证,从一种超验的形而上学概念中演绎出人类的整个文化历史,从而使得斑驳杂乱的现象历史成为某种超历史的本质(或本体)合逻辑性地自我展现的过程。这种以某个形而上学的本质(或本体)作为逻辑起点来说明人类历史演进过程的方法对历史学理论产生了难以估量的深刻影响。

然而在西方现代哲学那里,这种柏拉图—黑格尔式的形而上学本质决定论受到了普遍的怀疑。现代实证主义者们明确地提出了"摈弃形而上学"的口号,把目光投向具体的、可实证的物理事实和历史事实。英美实证主义是盎格鲁—撒克逊民族的理性的经验主义的必然结果,正如德国的形而上学是近代德意志民族神秘的唯灵主义的必然结果一样。另一方面,在现代人本主义哲学(例如萨特的存在主义)中,也出现了从另一个角度否定形而上学的倾向,即以个人当下直接的存在、复杂微妙的内心感受和对生命意义的自我体验来取代超个体的目的、命运、历史必然性等"隐秘的本质"。与英美实证主义强调理性的客观验证不同,大陆人本主义侧重于非理性的主观感受。然而二者在对待形而上学的态度上是完全一致的，即都认为"形而上学命题"在任何可验证或可感受的领域中，都是"完全没有意义的"。

西方现代哲学的反形而上学倾向从根本上来说是由19世纪下半叶以后出现的"世纪末"的文化背景导致的。19世纪末期，工业革命所带来的负面效应开始逐渐销蚀它在18世纪时对人类的进步和幸福所做的承诺，而20世纪初的世界大战使人类本性中的一切卑劣残暴的成分暴露无遗，从而使西方社会的传统价值体系陷入了严重的危机。尼采"上帝死了"的断言，表述了两个世纪之交的西方人由于信仰的青黄不接所普遍感受到的心理恐慌。传统信仰大厦的坍塌，使非决定论的思想甚嚣尘上，每个人一方面都感到一种彻心彻骨的孤立无援，另一方面又强撑出一副漫不经心的潇洒模样，企图拽着自己的头发把自己提到半空中，其结果只能是无以排遣的焦虑、烦恼和困窘。与上帝同时死去的是英雄，20世纪是一个反英雄主义的时代，人们开始对以往使人热血沸腾的英雄业绩变得无动于衷，他们的眼光专注于狭义的自我完善。既然没有彼岸的另一种生活，既然英雄和庸碌之徒死后都归于一抔黄土，那么蝇营狗苟地享乐与轰轰烈烈地建功立业实无重大区别。此外，轻精神重物质的实用主义倾向使得人们不再关心历史的任何"动机的动机"；对肆虐已久的理性主义专制的反抗又流入了一种狭隘的个人直觉和神秘经验。这一切使得时代丧失了气势磅礴的浪漫情怀和超绝深邃的终极信念，而"摒弃形而上学"则是目光短浅的时代的典型标志。

狄尔泰说过："永不熄灭的形而上学的动力是想解决世界和生活之谜。"[①] 而这一点也正是哲学的本质使命。形而上学是哲学的精髓和

---

① 威廉·狄尔泰：《梦》，转引自《现代西方史学流派文选》，上海人民出版社1982年版，第7页。

阳刚之气，丧失了形而上学的哲学是一种疲软的哲学、一种被阉割的哲学，是精神的"巴比伦之囚"。这种哲学充其量只能被称为一种工具论或一种人生谋略，而不再是探究世界和生存之本质的"爱智"之学。在本书中我通过许多历史事实说明，当一个时代的哲学家普遍地把脊背转向形而上学，摈弃"上帝"或某种终极的世界本原，而一味沉溺于个人道德修养时，恰恰也正是一种文化出现了深刻危机或者走到山穷水尽之时。同样，形而上学也构成了历史哲学的基础，没有形而上学的历史学只是一堆凌乱的史料拼缀，如同兰克学派的"剪刀加糨糊"的治史方法，与其说是历史学，不如说是史料学。对某种形而上的历史动力或"动机的动机"的设定与确认，是一切历史哲学的逻辑起点。历史学的史料是实证的，但是历史学的解释却建立在对历史形而上学的确信之上。历史学家的主要任务并不在于展现那些作为历史事实的客观的"点"，而是在这些"点"之间建立一种线性的联系。这种联系往往因人而异，马克思认为宗教改革是资本主义经济萌芽的必然结果，马克斯·韦伯则认为宗教改革是后者的原因。这种差异恰恰表明了历史解释是以每个解释者的历史形而上学确信为基础的。正是在这种意义上，卡尔·贝克尔认为，"人人都是他自己的历史学家"。

　　经济决定论是一种对历史形而上学的确信，它对许多历史现象都做出了令人信服的解释。但是这种决定论却被人们滥用于说明一切历史细节，其结果造成了一种机械的解释模式，使得许多具有精神灵性的历史人物成为干瘪乏味的经济傀儡。拿破仑这个身材矮小的科西嘉人碰巧成为被战争弄得精疲力竭的法兰西独裁者，这是历史的偶然。但是倘若拿破仑由于营养不良而早年夭折或者在土伦战役中被炮弹炸死，他的角色仍然会由另一个人来扮演，因为18世纪末期的法兰西社会注定需要一个拿破仑式的人物，无论他的名字是不是叫拿破仑·波拿巴。由于历史过程的一维性，这种假定是无法证伪的；同样，它也是无法证实的，因为它的基础是一种对历史形而上学的确信！

黑格尔的精神决定论也是如此，他甚至直接把拿破仑称为"骑在马背上的绝对精神"。而且在黑格尔那里，思辨的气息过于浓重，感性的历史学变成了一种玄奥的历史逻辑学。历史的经验内容完全成为一种累赘，成为绝对精神这个唯一的演员脸上浓妆淡抹的脂粉。精神只有逻辑起点，历史起点是牵强附会地适应逻辑起点的，因此世界历史在黑格尔那里就被理解为绝对精神的历时性的演绎过程，故而有所谓精神从东方向西方转化一说。这种历史哲学观点既遭到了那些注重具体历史事实的史学家的激烈批评，也引起了非西方国家中那些主张不同文化共时性发展的历史学家的强烈不满。

黑格尔认为历史就是精神的历史，克罗齐则明确地限定道："我们的历史就是我们精神的历史。"这种"精神"不像黑格尔的"绝对精神"那样是纯逻辑的一般精神，而是与"我们"这个具体的主体不可分割的精神。历史也不是超验的一般历史，而是"我们的历史"。这种限定是非常重要的，它使形而上学的逻辑起点或本体与经验的历史事实结合起来，从而使历史学既获得了一种解释性的形而上学基础，又避免了机械化和玄奥化的危险。"我们的精神"是超验的，但同时又是具体的，它是指生活在一定地域之中、具有相同的文化习惯或素质的人们所共同具有的一种精神倾向。这种精神倾向在无形中决定了该地区人们的基本生存方式和行为方式，从而造成了一种文化与其他文化之间的差异。这些殊异的精神倾向的发生学问题是极其复杂的，通常我们只能从每种文化的原始形态即神话中来加以验证。但是一旦我们把这些不同的精神倾向作为一种形而上学的逻辑起点予以确认，我们就获得了历史解释的功能性依据。这些特定的精神倾向就是我在本书中所说的文化基本精神，它们构成了我的历史哲学的逻辑起点。

每一个中国人都会感觉到中国人与西方人的文化差异，即使撇开一切生理性、物质性和制度性的差别，我们仍然感觉到西方人与我们相去甚远。这种差异是一种无形的、难以捉摸的却又始终能够明显感受到的文化精神差异。例如西方人对宗教信仰的执着是我们这些习惯于无神论文化氛围的中国人始终难以理解的；同样西方人对中国人的深沉的伦理意识也深感困惑。那些西方的中国通所撰写的关于中国文化的名著，尽管对一些外在性的因素分析得比我们自己还要透彻，但是读起来总不免有一种隔靴搔痒之感，就像洋人说中文一样令人感觉别扭。同样，我们许多自诩为研究西方文化和历史的杰作，也常常令西方人瞠目结舌，宛如《天方夜谭》一般。之所以会造成如此的误解，其关键原因在于双方均未曾领悟对方所习以为常的文化精神，仅仅停留于现象性的描述，并各自以自己的文化习惯来解释这些现象。一种特定的文化精神与它所无形影响的人及其文化之间的关系，就如同水之于鱼、空气之于生命一样重要，它决定了一种文化的历史面貌和基本特征。不深入这种文化精神中，我们就无法正确解释种种文化现象。例如，以往我们的许多研究西学的著作都忽略了宗教意识对西方文化的深刻影响，然而，正如不研究伦理意识就无从说明中国传统文化的实质和特点一样，忽略了宗教意识必定使西方文化研究变得面目全非。

本书与国内许多关于西方文化的著作的最大不同之处在于我试图以一种文化基本精神作为逻辑起点，对西方文化的传统及其演进过程做出解释。两年前,我曾用同样的方法对中国传统文化的一些特点做过说明,我把统摄中国传统文化特点的文化基本精神称为协调的现实精神,并说明了它对中国人的伦理意识和中国传统思维方式的深刻影响。[①] 在本书中,我把决定西方文化历史进程的文化基本精神称为超越的浪漫精神。这种超越的浪漫精神构成了西方文化的逻辑起点,而希腊神话则构成了西方文化的历史起点。

二、超越的浪漫精神与西方文化

每一种文化都有一个基本的文化精神,它潜藏在纷繁芜杂的文化现象背后,决定着文化的总体面貌和发展方向,并在宗教、哲学、政治思想、文学艺术等领域中表现出来。

如果循着文化的河谷向上溯寻,我们就会发现每一种文化都有自己的原型,这些原型最初集中地体现在各民族形态各异的神话传说中。神话是文化发展的源头,是孕育文化精神的母体,各种文化的分野在神话中就已初现端倪。古代希腊文明被人们称为"西方文化的摇篮",而古代希腊文明的起点则是希腊神话。希腊神话是西方文化精神的最粗糙同时也是最原始的外壳或载体,它所体现的理想色彩、自我否定机制和贵族气息浓郁的民主倾向构成了西方文化基本精神的本质特征,这种文化基本精神就是超越的浪漫精神。

从某种意义上来说,西方文化的发展过程可以看作超越的浪漫精神自身展开的过程,这种展开是通过超越的浪漫精神内部所包含的一对矛盾的相互冲突而实现的,这对矛盾就是宗教殉道意识与世俗英雄

---

① 参阅赵林:《协调与超越——中国思维方式探讨》,陕西人民出版社 1992 年版。

主义。而在超越的浪漫精神之外，还始终存在着一种异在的挑战，这种挑战表现为狭义的个人自我完善，它与宗教殉道意识、世俗英雄主义处于一种更为复杂的历史冲突之中，正是这三者之间的动态平衡促进了西方文化的发展。

在超越的浪漫精神的内在矛盾中，宗教殉道意识在相当长的一个历史时期中占据主导方面，尤其是在一千多年的基督教文化中得到了淋漓尽致的表现。许多民族都有自己成熟的宗教形态（汤因比称之为高级宗教），但是很少有哪一种宗教能够像基督教那样构成一种独立的文化体系，凌驾于整个社会生活之上达一千年之久。基督教在中世纪至高无上的地位是毋庸置疑的，即使在文艺复兴和宗教改革之后，基督教所体现的那种深沉的宗教意识仍然牢牢地支配着西方近代人的思想观念，在资本主义产生和发展的历史过程中于无形之中起着重要作用。

基督教的产生及其在中世纪社会生活中成为一种主导性的文化形态绝非偶然，它是希腊罗马文化发展的一个必然结果。希腊罗马多神教和古典文化虽然一直被中世纪的基督教会视为异端，但是它们却和基督教一样成为贯穿西方文化之始终的超越的浪漫精神的表现形态。基督教与希腊罗马多神教一样，仅仅是一种特定的宗教形式，是一个历史范畴，但是通过这些不同的宗教形式所表现出来的宗教意识实质上却是统一的，且与西方文化相共生。在西方历史的某些时期（如罗马帝国时期），宗教意识从表面来看消隐在世俗英雄主义的强大光环之后，然而这种否定往往是短暂的，它使宗教意识得以浓缩和凝聚，以便在以后的历史阶段发生威力巨大的裂变。

超越的浪漫精神在西方历史中展开的过程概述如下：在西方文化的摇篮——希腊城邦制时期，宗教殉道意识和世俗英雄主义在希腊人的社会生活中和谐并存,而个人自我完善则以这二者为其实现的最高准则,因此希腊城邦文化中洋溢着一种蓬勃的生机和旺盛的创造力。伯罗奔尼撒战争以后,这种生机和创造力消失了。到了亚历山大时代,世俗英雄主义一度跃升,如流星灿烂。然而随着亚历山大的夭折和马其顿帝国的崩溃,这种昙花一现的世俗英雄主义很快就沦丧为希腊化时期的狭义的个人自我完善。到了罗马人征服世界的时代,世俗英雄主义再度崛起,宗教观念则日趋淡薄。世俗英雄主义的这种片面发展终于招致了宗教殉道意识的酷烈的报复,当历史借助日耳曼蛮族之手摧毁了罗马帝国而进入中世纪后,罗马的穷奢极欲的物质主义就转化为基督教压抑人性的禁欲主义,人从世俗的感性生活走向神秘的灵性生活。在漫长的中世纪,宗教殉道意识确立了它至高无上的和不可撼动的统御地位,宗教殉道意识与世俗英雄主义的矛盾集中地表现为教权与王权的矛盾,而天平明显地向教会一边倾斜。但是另一方面,随着基督教的发展,它日益繁缛的形式对于它的原始内在精神来说,越来越成为一种外在的桎梏。基督教的形式与宗教意识的内容发生了深刻的异化,教会一面冠冕堂皇地兜售天国的入场券,一面却无可挽回地向着地狱堕落。灵与肉之间的这种严重的二元分裂最终导致了文艺复兴和宗教改革这两场性质截然不同的改革运动。文艺复兴运动中兴起的人文主义大声疾呼肉体的权利和人的尊严,要求抛弃神性世界,重新回到世俗生活;宗教改革运动则试图复归原始基督教的纯洁灵性,使每个人通过自己的信心而不是外在的教会与上帝达成一种真正的默契,从而导致了近代宗教意识的萌发。人文主义和宗教改革对罗马天主教的批判是基督教世界内部的叛逆运动;到了17世纪,国家主义、科学崇拜和乌托邦理想则作为三种新宗教形式从外部与基督教信仰分庭抗礼,并与文艺复兴和宗教改革一起构成了近代西方文化的历史起点。这些新宗教形式之间旷日持久的冲突,以更为复杂的外观体现着宗教殉道意识与世俗英雄主义之间的矛盾。另一方面,徘徊在二者之外的狭义的个人自我完善则时时如同幽灵一般萦绕着人们的心灵,引发了一次又一次所谓"世纪末"的社会精神病现象,预示着西方近代文化一次又一次的理想危机。

第一章

古典文化

任何一种文化都以神话为其精神原型，或者反过来说，任何一种神话都以朦胧的和浓缩的形式表现了文化的基本精神。希腊文化一向被公认为西方文化的摇篮或襁褓，而希腊文化最原始的形态就是希腊神话。透过希腊神话纷繁芜杂的表象，我们可以发现一些深层的本质特征，这些本质特征使得希腊神话渗透着一种超越的浪漫精神。希腊神话中的这些本质特征可以概括为三点：1. 神和英雄（半神）具有明显的美之理想色彩；2. 以宙斯为首的奥林匹斯神族组成了一个较有民主倾向的血亲氏族社会，其中男神和女神具有平等的权利与义务；3. 导致神系发展的契机是一种不间断地发挥着效能的自我否定机制。这些特征使得希腊神话具有了一种追求理想和超越现实的浪漫精神。

超越的浪漫精神由两个相互对立的内容组成，即宗教殉道意识和世俗英雄主义。在希腊神话中，这两个内容分别表现为普罗米修斯形象和阿喀琉斯形象。普罗米修斯为了一种比诸神更高的存在——命运或定数而忍受磨难；阿喀琉斯则为了希腊人的利益和荣誉而战斗。在希腊神话中，宗教殉道意识与世俗英雄主义的对立尚未绝对化，还没有发展到罗马文化和基督教文化所表现出来的那种极端形式，二者基本上是并行不悖地共存的。另一方面，个人自我完善与超越的浪漫精神的对立此时也尚未展开，在希腊神话中，个人自我完善不是狭义的，不是个人把脊背朝向上帝和现实国家，而是以宗教殉道意识或世俗英雄主义的实现为其最高准则。正是这种原始的和谐使得希腊多神教文化显得绚丽多彩、精美绝伦，希腊也成为被后世人们赞美的文化圣地。

然而希腊多神教毕竟是一种原始的和低级的宗教形态，它以粗糙的外壳孕育着超越的浪漫精神这粒文化种子。随着这粒种子的发芽和生长，自然形态的多神教的外壳出现了裂痕。较年轻的一代神（宙斯的子女们）开始摆脱自然性而获得社会性，然而这种转化最终却停滞在一个现实社会中的大神身上，这个神就是亚历山大其人。亚历山大是希腊诸神的克星，作为一个地跨欧、亚、非三个大洲的马其顿帝国的皇帝，亚历山大成为真正的众神之王，成为宙斯、亚蒙和贝尔[①]的统治者。到此，宗教殉道意识、世俗英雄主义和个人自我完善的原始和谐遭到了破坏，世俗英雄主义突然崛起，如流星灿烂，虽然很快又陨落了，但是对后世却产生了极大的影响，并成为后来的罗马英雄主义之滥觞。

希腊神话的危机和诸神的没落是由其自身的原因引发的。希腊神话虽然包含着超越的浪漫精神，但它自身却是自然性和此岸性的，而且到了奥林匹斯神族之后，神系发展赖以维持的否定契机也中断了。于是希腊多神教作为一种文化形式就与它所包含的文化内容——超越的浪漫精神发生了矛盾，其结果必然是超越的浪漫精神超越希腊神

---

① 宙斯、亚蒙、贝尔分别为希腊、埃及和巴比伦神话中的大神。

话，重新获得适宜自己发展的新形式，这个新形式就是希腊哲学。

希腊哲学是超越的浪漫精神的第一个理性表现形式，感性形态的诸神转化为抽象的概念范畴，宗教殉道意识与世俗英雄主义这两种对立倾向分别找到浪漫主义哲学和理性主义哲学作为自己寓居的壳体。希腊哲学是在对希腊神话进行改造的基础上发展起来的，以米利都学派为起点的希腊唯物主义哲学侧重于从多到一的还原过程，把诸多的神凝聚为唯一的本原；以奥尔弗斯教—毕达哥拉斯学派为起点的希腊唯心主义哲学则把注意力集中在从具体到抽象的发展过程，把具体的神提升为抽象的概念，然后再把这些抽象的概念当作形而上之存在、本质和经验世界的根据。这两个不同的改造过程到德谟克利特和柏拉图的哲学中遂告终结，再往后，浪漫主义与理性主义的对峙就成为哲学冲突的主题。在希腊，这种对峙典型地表现在柏拉图哲学与亚里士多德哲学的分野中。

在希腊社会中，宗教殉道意识的典范是苏格拉底，世俗英雄主义的化身是亚历山大。苏格拉底生不逢时，他超前性的新宗教理想遭到了虽已陈旧却仍然具有强盛生命力的希腊多神教文化的否定，他本人也因此成为西方历史上第一个伟大的宗教殉道者。但是他的思想却在几百年以后成为基督教福音的基础，他的殉道壮举则成为基督蒙难的历史原型。亚历山大恰逢希腊多神教文化的危机时代，他通过武力取得了辉煌而短暂的成功。他结束了像众神一样纷争不休的城邦文化，开创了外表浮华却内容贫乏的希腊化时期。

希腊化时期的哲学是希腊哲学怯懦和堕落的表现，无论是伊壁鸠鲁的快乐主义还是斯多噶派的禁欲主义，都企图把人从纷纷扰扰的现实世界拉回到自我完善的象牙塔中。哲学处于一种干瘪脱水的状态，它那病恹恹的目光既不再投向现实中的英雄，也不再投向彼岸的上帝，只围绕着个人独善其身的狭小天地旋转。道德哲学取代了本体论和认识论而成为唯一的哲学，宗教殉道意识和世俗英雄主义全被淹没在个人自我完善的汹涌浊流中，超越的浪漫精神第一次走到了崩溃的边缘。感性之美的希腊文化的真髓已被这些堕落的哲学吸光，希腊文化已经成为一具行尸走肉，气息奄奄地等待着愚钝未开却生机勃勃的罗马人来替它收尸入殓。

　　超越的浪漫精神在罗马文化中走向了世俗英雄主义的极端。粗鄙剽悍的罗马人在功利和荣誉的感召下，征服了沉溺于病态的奢靡之中的希腊文化，建立了一个地跨欧、亚、非三洲的大帝国。与希腊文化的纤巧和谐之美相对立，罗马文化表现出一种粗犷暴烈之力。物质对精神、"恺撒"对上帝的凌辱在罗马人那里达到了无以复加的地步，罗马文化的魅力就在于它的那种傲视一切的英雄主义。在罗马人看来，国家就是神，因此最好的敬神之道就是为国家的利益和荣誉去建功立业，去劫掠和征服。一直到公元前2世纪，罗马人都始终保持着一种淳朴而刻板的原始道德和勇猛好斗的尚武精神，并借此成为地中海世界的主人。如果说希腊文化是一个产生诗人和哲学家的文化，那么罗马文化就是一个创造英雄和政治家的文化，在那里无论是贵族还是平民、元老还是骑士，每个人都表现出为了功利和荣誉视死如归的英雄气魄。罗马人宁愿流血也不愿流汗，当然就更疏懒于进行诗歌创作和哲学思辨了。在罗马共和国，写诗、演戏和研究哲学最初都是奴隶的事，而罗马公民的唯一职责就是打仗和劫掠。因此，罗马文化在很大程度上停留在实践的领域，没有进入理论范围，罗马文化是一种全然没有自己深层理论的文化。除了实用性的文化如法律、政治制度和军事理论外，罗马的其他文化都是对希腊文化的拙劣模仿。作为这种模仿的副产品，骁勇好战的罗马人逐渐被颓靡柔弱的希腊生活方式所腐化，公元前 2 世纪罗马对希腊的征服即意味着这个腐化过程的开始。罗马英雄主义既然起源于对功利目的的追求，它就不得不时时面临物欲的诱惑。在共和国的最初几个世纪中，它依靠传统道德的力量成功地抵御了这种诱惑，从而使罗马国家从一个弹丸之地扩张为一个疆域空前广阔的大帝国。但是到了共和国末期和罗马帝国时期，随着外省大量财富的涌入和东方放荡的生活方式的侵蚀，它就再也抵御不住诱惑，终于跌落于穷奢极欲的物质主义泥淖中。到了罗马帝国晚期，罗马人的勇武精神完全为纵欲主义所取代，对功利和荣誉的追逐也销蚀在麻木不仁的慵倦之中。世俗英雄主义已经光泽褪尽，成为一堆散发着"往昔的荣光"的朽骨。个人自我完善的幽灵再度出现，罗马文化开始重蹈希腊文化的覆辙。宗教殉道意识在遭受了几百年的压抑之后重新发出了呐喊，这灵性的呐喊与日耳曼蛮族的武力纠合在一起，摧毁了苟延残喘的罗马帝国。在世俗英雄主义的废墟上，超越的浪漫精神走向另一个极端，西方历史进入基督教文化。

第一节
希腊神话与传说

一、神谱与神谕

黑格尔在谈到希腊文化时指出，希腊世界是生息在荷马的神话中，神与人尚未分化，神既是作为人的理想，同时又与人生活在一起。"人类在本身为本身而尊敬'神圣的东西'，但是同时又把'神圣的东西'当作他们的事业、他们的制作、他们的现象的生存。所以'神圣的东西'因为尊重'人类的东西'而获得尊敬，同时'人类的东西'因为尊敬'神圣的东西'而获得尊敬。"① 希腊神话并非如基督教那样是一种关于彼岸的宗教，诸神也并非如基督教的上帝那样是一种超验的存在，神只是人的现实生活的理想化形态。在希腊人看来，神曾经与他们的祖先共同生活过，而且直到现在仍然不断地出现于他们的生活中。希腊人在整理自己的家族谱系时也相应地整理出一套神的谱系，因为希腊人相信作为自己祖先的英雄们必定有一个神的起源。英雄的诞生往往是由于如下情形：神看中了人间的某个女子（或男子），于是就与之结合，他们爱情的结晶无一例外地产生了某个英雄。例如宙斯与阿尔克墨涅生了希腊英雄赫拉克勒斯，与达娜厄生了阿耳戈斯英雄珀耳修斯，海神波塞冬与人间女子利比亚生了忒拜家族的始祖阿革诺耳，海洋女神忒提斯与忒萨利亚的英雄珀琉斯生了厄皮鲁斯诸王的始祖、特洛伊战争中的大英雄阿喀琉斯。此外，伯罗奔尼撒家族（包括了珀罗普斯、阿伽门农、俄瑞斯忒斯等英雄）、被后来的罗马人奉为始祖的埃涅阿斯，甚至希腊美女、特洛伊战争的祸根海伦，也都能追溯出一个神的起源。总之，在希腊人眼里，神与神的后裔是神，而神与人的后裔则是英雄，这些英雄往往又被当作王者的始祖。"宗教加强了贵族的统治权力。对于头目们最常用的形容词是：'宙斯所生的''宙斯所养的'。许多头目们吹嘘他们远祖的谱系，都是上溯到宙斯为止。荷马史诗中每一个主要的英雄都是与奥林匹斯的某一个神结伴相随的。"②

这种家族起源的解释方式，自然而然地从英雄谱系上溯到诸神的谱系。希腊神话的一个显著特点就是谱系分明，这一点当然在很大

---

① 黑格尔:《历史哲学》，生活·读书·新知三联书店1956年版，第284—285页。
② 苏联科学院编:《世界通史》（第1卷），三联出版社1959年版，第911页。

程度上要归功于赫西俄德的《神谱》和荷马的两部史诗《伊利亚特》《奥德修纪》。但是赫西俄德和荷马的整理并非凭空捏造，他们之所以能使希腊神话系统化，是由于希腊神话在他们生活的时代（公元前9世纪至公元前8世纪）已经具有了某种内在的一致性和连贯性，已经由原始的、单个的"独立神话"发展为文明的、综合的"体系神话"。而体系神话的诞生，是在众多独立神话或神话片段、神话形象的基础上进行有机组合，最终成为一个整体系统。这种"有机组合"的过程在民间已经进行了很久，赫西俄德和荷马只是用诗歌的形式把这种"有机组合"的结果固定化和标准化了而已。

希腊神话的神谱不仅仅是神的家族史，同时也反映了希腊人的宇宙生成观和自然演化观，神的衍生和交替也就是自然过程的发生和嬗变。从最原始的神卡俄斯（混沌）到奥林匹斯神族的宙斯，绝大多数神都象征着某种自然现象（如地神、天神、死神、海神、河神、冥王、司雷电者等等）。这种自然的分化和演变过程一直延续下来，只是到了宙斯的下一代神那里，神才脱离了自然性而获得了社会性，才产生了诸如战争之神（阿瑞斯）、商业之神（赫耳墨斯）、锻造之神（赫淮斯托斯）、智慧女神和法律的赋予者（雅典娜）、文艺的保护者（阿波罗和缪斯）、美与爱之神（阿佛洛狄忒）、狩猎女神（阿尔忒弥斯）以及正义女神、美惠女神和命运女神等表现社会现象而非自然现象的神。

神从自然现象到社会现象的转化是许多民族的神话的共同趋势，它说明了社会文明程度的提高。至此，神话作为一种直观的低级宗教，其历史使命也宣告完成。在古代社会中，人们面临的主要威胁不是来自社会，而是来自自然。神作为未知的自然力的象征，对人们具有极大的威慑作用。但是当希腊哲学用本原概念取代诸神来说明自然力时，神的威慑作用就荡然无存了。而那些象征着社会力的神，又进一步被更直接的社会现实——君主（如亚历山大）或国家所取代。神的身影消隐在英雄的巨大光环之后——在亚历山大辉煌的权柄面前，雅典城邦的保护者雅典娜不得不退避三舍；与恺撒的赫赫战功相比，马尔斯（战神阿瑞斯的拉丁名字）不过是一个猥琐可笑的伶人。

与其他任何一种神话相似的是，希腊神话最初也是从混沌开始的。最原始的神卡俄斯（Chaos，即混沌）似乎不是一个人格神，无性别之分，实际上它构成了诸神由以产生的背景。赫西俄德在《神谱》中写道：

> 首先出现的是混沌；第二出现的是胸襟广阔、作为万物永恒基础的大地；再后出现的是不朽之神中最可爱的爱神厄洛斯，他对神灵和人类一样，既酥软了他们的手足，又慑服了他们的神志。从混沌中产生了黑暗与黑夜，黑夜与黑暗交配之后，又从黑夜中产生了天和白日。于是大地首先产生和她本身同样广大，点缀着繁星的天宇，将自身团团围住并作为幸福神灵的永恒居处；此后，她还不经性交而产生了高山，栖息于山谷中的宁妇所光顾的胜地和波涛怒吼的海洋。然后，大地与天宇交配，产生了涡流深深的大洋之神俄刻阿诺斯……[①]

接着就是一系列提坦神族的名称和许多巨人的名字，由提坦神族中的克洛诺斯和瑞亚，又产生出奥林匹斯神族的诸神，以及作为他们后裔的英雄。

---

① 赫西俄德：《神谱》，第 116—134 行。文中提到的"宁妇"是希腊神话中出没于山水之间的神女。

与神谱相应的是一套关于神系发展的故事：天神乌拉诺斯与其母盖娅结合（反映早期原始社会的杂婚关系），生了提坦诸神和独目巨人、百臂巨人。乌拉诺斯为了维护自己的统治，把自己的孩子们都囚禁在地狱里。他的幼子克洛诺斯在母亲盖娅的帮助下起来反对父亲，用盖娅所赐的一把镶嵌着钻石的镰刀阉割了乌拉诺斯并取代了乌拉诺斯的统治（这个故事反映了原始社会中生殖至上的原则）。乌拉诺斯伤口中流出的血变成了复仇女神和巨灵神。克洛诺斯得到神谕，知道在他的子女中有一个更强有力者将推翻他的统治，正如他推翻了乌拉诺斯的统治一样。为了避免悲剧重演，克洛诺斯将其与姐姐瑞亚所生的子女全部吞入腹中（克洛诺斯与其姐瑞亚的婚姻反映了原始社会的血缘家庭关系，这种婚姻关系比起上一辈即乌拉诺斯与其母盖娅的杂婚的婚姻形式是一个历史的进步），唯有幼子宙斯在母亲瑞亚的保护下得以幸免。宙斯长大后向父亲克洛诺斯挑战，制服了克洛诺斯，强迫他吐出吞食的五个哥哥和姐姐。失败了的克洛诺斯和其他提坦神一起被宙斯打入地狱，宙斯成为众神之王，奥林匹斯神族取代了提坦神族的统治。[①] 以宙斯为首的奥林匹斯神族奉行一种与其父辈完全不同的统治原则，用政治术语来说，即一种较为民主和宽容的统治原则。奥林匹斯诸神与作为他们后裔的人间英雄的事迹构成了希腊神话的主要内容。

如果说神谱构成了希腊神话故事和英雄传说的躯干，那么神谕则是成熟了的希腊神话（奥林匹斯神话）的灵魂，它意味着高悬于众神

---

① 奥林匹斯神族一般指宙斯与其兄弟姐妹等六位神，以及宙斯的儿女阿波罗、阿尔忒弥斯、阿瑞斯、赫淮斯托斯、雅典娜、阿佛洛狄忒等，此外，神的使者赫耳墨斯和司酒宴的赫柏也常被计算在内。

与英雄头上的一种神秘的和不可逆转的必然性。在希腊人心中，位于帕耳那索斯山麓的德尔菲神庙具有至高无上的神圣性，从那里得到的神谕是人力所不可改变的。俄狄浦斯①杀父娶母的故事就是一个最有力的例证。古希腊人虽然以酷爱自由而著称，但是他们始终承认某种外在的神秘命运的不可逆转性。在这一点上，希腊人对自由的理解颇类似于黑格尔。希腊人的自由说到底是对外在的命运或必然的默认，而神谕则是这种命运或必然性在人面前的预示。希腊神话中处处暗示着神谕的威力，一部希腊神话就是一部记载种种神谕如何展开和实现的历史。例如特洛伊王后赫卡柏在生育帕里斯之前在梦中得到一个神谕：特洛伊城将因其所生的儿子而被烧为灰烬。尽管帕里斯一生下后就被抛弃，然而他仍然奇迹般地活了下来，后来他诱拐了斯巴达国王墨涅拉俄斯的妻子海伦，从而引起了十年之久的特洛伊战争，终使特洛伊城化为灰烬。又如坦塔罗斯和其子珀罗普斯得罪了神，从而引起了这个家族几代人的悲剧：阿特柔斯与堤厄斯忒斯兄弟相争；阿特柔斯的儿子阿伽门农被其妻克吕泰墨斯特拉和堤厄斯忒斯的儿子埃癸斯托斯谋杀；阿伽门农的儿子俄瑞斯忒斯杀母替父报仇，等等。在赫拉克勒斯、珀耳修斯的传说中也显示了神谕的力量。

希腊神话中的神谕可以分为两种，一种是由神的意志所决定的神谕，另一种则是连神也对之无可奈何的神谕，后一种神谕毋宁叫作命运或定数。克洛诺斯虽然知道自己的统治将被一个儿子推翻，尽管他采取了严密的防范措施（吞食子女）以避免这一不幸结局，但是他仍然逃不出命运的转轮。宙斯身为众神之王，在天上和人间可以任意地

---

① 俄狄浦斯是忒拜国王拉伊俄斯的儿子，在他出生之前，神谕指出他将杀父娶母，尽管他的父母亲和他本人极力想避免这一结局，可是神谕仍在无意中实现了。

发号施令，为所欲为，但是对于笼罩在自己头上的命运（与克洛诺斯相同的命运）却一筹莫展，不得不去向他的仇敌——先知普罗米修斯讨教。由此可见，即使是那些趾高气扬、天马行空的神，也不得不受制于某种外在性的神秘命运或定数。神所享有的自由也不是绝对的，虽然神的生活是幸福的，行为是自由自在的，但他们也有难以言说的苦恼和悲哀。

希腊神话中的神谕表现了一种深刻的思想，它意味着某种抽象的、超验的本质概念。被神谕所揭示的命运是希腊神话中最具有启示意义的东西，它通过希腊悲剧的中介，深深地影响了希腊哲学。但是在神话中，它还处于朦胧模糊的状态中，还和命运之神所纺织的有形的生命之线联系在一起①，虽然在许多地方它已经具有了最初的抽象意味。命运概念与满脸皱纹的命运女神的形象相脱离而成为抽象的一般本质，并最终演变成为希腊哲学中的本原、形式、必然和逻各斯（即规律、必然性），那是以后的事情。关于这个演变过程，我们在后面将会看到。

如果说神谱构成了英雄谱系的起源和希腊神话传说的主线条，那么神谕则是维系神谱和英雄谱系发展的内在逻辑，神权的更迭和英雄家族的变迁不过是神谕的实现过程。我们当然没有理由认为古希腊人是根据某种抽象原则（如命运）演绎出整个神话体系的，但是希腊神话在漫长的发展过程中从"独立神话"演进为"体系神话"，已经"无意"地包含了一种内在的逻辑系统。事实上，正是由于在漫长的集体无意识的积淀过程中希腊神话形成了一种不自觉的逻辑思维（或

---

① 希腊神话中的命运女神是三个掌管生命之线的老太婆，其中克罗托纺织生命之线，拉刻西斯决定生命之线的粗细（即把不同的命运分配给生命之线），阿特洛波斯剪断生命之线。

未反思的逻辑思维），"独立神话"才能演进为"体系神话"。与诸神的幸福生活相比，英雄们的生涯往往是充满艰辛和不幸的。希腊神话表达了人们对幸福生活的渴望，希腊英雄传说则反映了人们对痛苦的现实生活的哀怨。神和英雄虽然具有一种血缘上的联系，但二者却表现了两种截然不同的生存状态。从根本上来说，英雄与神的差别是现实与理想的差别，而英雄的故事就是人们企图超越现实走向理想的故事。希腊神话是喜剧性的，希腊英雄传说则是悲剧性的。英雄之所以为英雄，是因为他经历了种种可怕的磨难（这些磨难恰恰是希腊人在生活中所面临的），而且英雄的结局往往也是悲剧性的。赫拉克勒斯在经历了千辛万苦之后，最终死于马人涅索斯的毒血（而且无意中杀死他的竟是他的妻子伊阿尼拉）；阿喀琉斯的脚踵（他的致命弱点）终不免被帕里斯的箭射中；阿伽门农率领希腊联军攻陷了特洛伊，却在凯旋之夜死于其妻之手；俄狄浦斯因悔恨自己的罪孽（杀父娶母）而弄瞎了自己的双眼，孤苦伶仃地流落他乡；伊阿宋目睹其妻美狄亚亲手杀死了他们的两个儿子，在孤寂和懊悔中死于赫赫一世的阿耳戈船残骸旁。这些悲剧的根本原因都是命运或神谕，这命运借助赫拉克勒斯、阿喀琉斯等传说中的英雄来实现自身，正如黑格尔的"绝对精神"借助恺撒、拿破仑等现实中的英雄来实现自身一样。

但是希腊人从根本上来说是乐观的，因此死后的英雄都得到了优厚的待遇。赫拉克勒斯死后被诸神接到奥林匹斯山上，与司酒宴的女神赫柏结婚，获得永生；阿喀琉斯在琉卡斯岛上复活，与阿尔忒弥斯的女祭司伊菲革涅亚（一说是海伦）结为夫妻，过着幸福安宁的生活。英雄死后的幸福生活对活着的希腊人是一个极大的心理安慰，促使他们在生前模仿英雄们去创造伟大的业绩。在英雄的不幸生涯之后，有一个幸福的神灵世界，这种信念使得希腊人用一种乐观主义的态度去对待生活中的悲剧。也就是说，悲剧固然是现实生活中的事实，但是人只要能够勇敢而真诚地直面悲剧，终究会超越悲剧，获得幸福。

希腊人是信神的，在这一点上希腊人与罗马人截然不同。罗马人的神虽然大多数是从希腊借鉴过去的，但神在罗马只是国家的傀儡。在希腊人心中，神的生活是人的另一种生活，是更高的生活，而且它并不像基督教的天国那样遥远和神秘。它是理想的，然而从严格的意义上来说仍然是此岸的，是在人身边的、感性的和人性的。神在希腊人眼里既不像在罗马人心中那样表现为冷冰冰的现实国家和法权，也不像在基督教徒心中那样显得威严可怖、高不可及，而是呈现为一种亲切可爱的和更加完美的人的形象，呈现为一种美之理想。希腊人的神是人性的神，希腊人的宗教是人文主义的宗教。一个希腊人是"这样一个人文主义者，他崇拜有限和自然，而不是超凡脱俗的崇高理想境界。为此，他不愿使他的神带有令人敬畏的性质，他也根本不去捏造人是恶劣和罪孽造物的概念"。[1] 如果希腊英雄的生涯中充满了不幸，并不是因为他们祖先所犯的某种神秘的"原罪"（虽然也有个别这样的例子，如坦塔罗斯家族的故事），而是由于一种与人的行为无关的不可逆转的命运。希腊人是自由的，同时他们也是决定论者，他们领悟到自由只是命运决定论借以展开的一个中介，但是他们仍然愿意相信命运决定论的终极是一种理想状态，是更高的自由。罗素曾经说过："一个人可以是一个快乐的悲观主义者，也可以是一个忧郁的乐观主义者。"[2] 希腊人究其根本来说属于后者，在他们看来，痛苦是

---

[1] 爱德华·麦克诺尔·伯恩斯、菲利普·李·拉尔夫:《世界文明史》（第1卷），商务印书馆1987年版，第216页。

[2] 罗素:《西方哲学史》（上卷），商务印书馆1963年版，第360页。

实现幸福的一个必要环节。

　　希腊人的宗教绝不是形而上学的，但是它也不同于经验的现实生活。诸神虽然具有自然的形态，但是命运和神谕却具有某种抽象的性质。正是由于希腊神话具有这种模棱两可的特点，所以从它里面发展出了两种截然对立的趋势。一方面，随着人类理性能力的提高，神逐渐消隐到直接的自然现象和社会现实之后，从而导致了科学技术和国家政治的发展，形成了气势磅礴的世俗英雄主义；另一方面，人的超理性的信仰的需要，命运等概念得以进一步抽象化和神秘化，导致了形而上学和宗教神学的发展，酿成了精深玄奥的宗教殉道意识。这两种趋势的分道扬镳和相互消长构成了后来西方历史发展的主要内容。然而在希腊神话中，二者仍然处于原始的和谐状态中。只是到了希腊哲学中，二者的分野才开始明确化。

　　雪莱曾经说："我们全是希腊人的；我们的法律，我们的文学，我们的宗教，我们的艺术，根源都在希腊。"[①]

二、希腊神话与超越的浪漫精神

　　谱系分明和神谕的不可抗拒性是希腊神话的两个显著特征，前者使得希腊神话在漫长的历史发展过程中很少发生重大变化，基本上保持一种原始古朴的色彩，呈现为脉络清晰的神话系统，而不是像中国神话那样布满了后世人们刀砍斧凿的痕迹。后者则成为希腊神话永不衰竭的主题，不仅表现在民间传说和希腊悲剧中，而且通过抽象化的概念（如命运、定数、必然性、逻各斯和上帝、绝对精神等等）与后

[①] 参见爱德华·麦克诺尔·伯恩斯、菲利普·李·拉尔夫：《世界文明史》（第1卷），商务印书馆1987年版，第258页。

来一切哲学和宗教的决定论相联系。在这里，这两个特征是针对希腊神话本身而言的。但是如果我们不仅仅把希腊神话当作一种单纯的神话体系，而且把它作为整个西方文化的历史摇篮和精神原型来考察，我们就会从希腊神话中看到一些更为基本和深刻的文化特征，以及由这些特征构成的一种整体性和有机的文化基本精神。这些文化特征和文化基本精神在与东方神话（尤其是中国神话）进行比较时尤为突出。事实上，每一个民族的神话既是该民族文化发展的历史源头，也是孕育该民族一以贯之的文化基本精神的观念母体，它以一种原始的、粗糙的和浓缩的形式蕴含和体现着文化的价值取向、思维方式和审美态度。在中国古代神话中，我们可以看到如下一些特征：神具有浓厚的历史化色彩和现实教化功能；以父权家长神为核心的大一统专制社会；传递性和伸展性的自我肯定的神系延续机制；如达摩克利斯之剑一般高悬于诸神头顶上的伦理意识，等等。这些特征构成了中国传统文化的基本精神——协调的现实精神。[①]在希腊神话中，我们则看到一些截然不同的特征，以及由这些特征所构成的一种迥异的文化基本精神。

希腊神话的第一个特征是诸神的感性化和理想化（美之理想）。希腊诸神没有被塑造成干瘪僵硬的道德偶像，而是一些相貌俊美、体魄健壮的有血有肉的生灵。尤其是以宙斯为首的奥林匹斯诸神（他们的故事构成了希腊神话传说的主要内容），其形体的健美和力量的卓越成为希腊人的生活理想。宙斯、波塞冬、哈得斯三兄弟的威严、太阳神阿波罗的俊美、战神阿瑞斯的剽悍、神后赫拉的美丽、

---

① 中国古代神话的诸特征和中国传统文化的基本精神可参阅赵林：《协调与超越——中国思维方式探讨》第一章"华夏神族的命运和启示"，陕西人民出版社1992年版。

智慧女神雅典娜的睿智、美神阿佛洛狄忒的娇艳、先知普罗米修斯的机智,都成为凡人所羡慕和讴歌的对象。黑格尔认为,希腊人普遍地为一种美之理想所吸引,诸凡"客观地美丽的个性",就构成了希腊人的神。在中国神话中,无论是功绩彪炳千古的正神还是劣迹遗臭万年的恶神,几乎全是形态怪异、面目狰狞的。如太昊伏羲氏"人面蛇身",炎帝神农氏"人身牛首",黄帝轩辕氏长着四张脸,共工"人面朱发,蛇身人手足",蚩尤"人身牛蹄,四目六手,耳鬓如剑戟,头有角"等等,皆具有人兽杂糅的形体特征。在希腊神话中则是神人同形同性,神对于凡人来说是一种更高的现实,是一种美的理想。神的存在是人的生活的另一种状态,在这种状态中,人超越了他自身的有限性和缺憾性。希腊人通过对神的崇拜和交往(这种交往发生在诗歌和悲剧的英雄传说中)而体验着一种超凡脱俗的神性生活。但是在希腊,这种神性生活并不同于中世纪基督教的唯灵主义的神性生活,而是一种包含着人的各种欲望最大满足的充分感性化的神性生活。神并不比人更有德行,而只是比人更有力量、更美。在希腊社会中,人与神、现实与理想是水乳交融地联系在一起的。在希罗多德的《历史》中,神被说成是希腊人的不死的祖先。每一个希腊人对此都坚信不疑,因此希腊人对于神的态度颇类似于部族成员对于他们被神化的老酋长的态度。就这一点而言,希腊神话是一种与现实生活最贴近的神话,也是一种对现实生活最具有感召力的理想。希腊神话的理想化特点在于它的感性化,用黑格尔的话来说,"希腊的性格是'美'的个性"。[①] 丹纳指出:"在奥林匹斯

---

① 黑格尔:《历史哲学》,生活·读书·新知三联书店1956年版,第283页。

与尘世之间并无不可超越的鸿沟，神明可以下来，我们可以上去。他们胜过我们，因为他们长生不死，皮肉受了伤痊愈得快，也因为他们比我们更强壮、更美、更幸福。除此之外，他们和我们一样吃喝、争斗，具备所有的欲望与肉体所有的性能。希腊人竭力以美丽的人体为模范，结果竟奉为偶像，在地上颂之为英雄，在天上敬之如神明。"①

在中国神话中，我们看到的是一种伦理规范的理想状态，形态模糊的远古神明因崇高的德行而被历史化为不可超越的近古帝王。伏羲"通神明之德"，神农"教化天下"，黄帝"修德振兵"，颛顼"绝地天通"和始兴礼法，尧开创"修齐治平"的德治规范，禹为治洪水"劳身焦思，居外十三年，过家门不敢入"，与此相比，希腊神话在德行方面除极个别例子之外（如普罗米修斯为人间盗火种），几无可炫耀之处。希腊神明身上并没有被打上道德化的烙印，他们只是一群终日在奥林匹斯山上宴饮娱乐的游手好闲之辈，而且还经常到人间来干些风流勾当和滋生是非。他们像凡人一样具有七情六欲，一样爱冲动和犯错误。伦理意识对于他们就像悲剧意识对于中国神明一样陌生。他们以神的身份制定种种律法，然后又像凡人一样随心所欲地践踏这些律法。"古代希腊人既赋予他们的神以超人的力量，也赋予他们具以人的弱点。在他们眼里，宙斯既是律法的制定者，也是个调戏妇女的伟人。"②在希腊诗歌和悲剧中，我们不仅可以看到对神的力量和智慧的赞美，也可以看到对神的卑劣行径的嘲讽。希腊神话传说中的神和英雄大多数都具有双重品质，如宙斯的威严和荒淫，赫拉的端庄与嫉

---

① 丹纳：《艺术哲学》，安徽文艺出版社1991年版，第91—92页。
② 戴维·利明、埃德温·贝尔德：《神话学》，上海人民出版社1990年版，第12页。

妒，阿佛洛狄忒的温柔与虚荣，波塞冬的气势宏伟与心胸狭隘，阿伽门农的勇猛和刚愎自用，美狄亚的真挚纯情与残忍，等等。在荷马和希腊悲剧诗人的笔下，我们可以看到威风凛凛的宙斯有时凶残暴戾得像罗马暴君尼禄，有时又愚蠢可笑得像莎士比亚笔下插科打诨的福斯塔夫爵士；阿佛洛狄忒的轻佻风流撩拨着希腊人冲动的心弦，而赫拉的嫉妒和偏狭时常令街头悍妇也自愧不如。

然而正是这些非伦理化的感性特点提升了希腊诸神的魅力和可亲近性，使他们为希腊人所爱慕，所向往。希腊诸神是一些活生生的血肉之躯，既属于现实生活又高于现实生活。他们在道德上的不完美性恰恰构成了他们个性的丰满性的前提。"荷马诗中的奥林匹斯人既不是遥不可及的也不是完美无缺的；他们是相当超人且富权力的，但并不全然善良。当他们干涉人类的事情时，他们是蛮横、喧闹、嫉妒的，但他们也是逗人喜爱和迷人的。"[①] 如果说中国神明通过历史化的变形而成为中国人的伦理规范，那么希腊神明则因其感性化的特征而成为希腊人的美之理想。伦理规范形成了一种强制性的外在束缚，使中国传统文化始终囿于现实生活的圈子中恪守成规祖训，不思超越；美之理想则引发了一种发自内心的对更高更好生活的追求，酿成了西方文化躁动不安的超越冲动。

希腊神话的第二个显著特点是它表现了一种贵族式的民主精神。弗洛伊德在《文明及其不满》一书中把文明的种系发生过程说成是从"原始父亲"的专制向"兄弟联盟"的民主制度的转变。他认为，在文明时代的曙光时代，部落中的"原始父亲"对部落中的

---

① 布林顿、克里斯多夫、伍尔夫：《西洋文化史》（第1卷），台湾学生书局1984年版，第81页。

其他成员（"原始父亲"的子女们）进行强制性的控制和性方面的压抑，当儿子们逾越了性的禁忌时，他们就受到放逐的惩罚。被放逐的儿子们联合起来杀死"原始父亲"，并由他们中最强有力者取而代之，于是又导致新的压抑和新的叛乱。直到最后一个"原始父亲"被杀死以后，联合起来的儿子们不再重蹈覆辙，而是以一种民主形式的"兄弟联盟"取代"原始父亲"的权威，从而促成了新的文明统治形式的产生。弗洛伊德的这种思想无疑深受希腊神话中神王统治形式演化的影响。在希腊神话中，神界统治权的几度易手正是通过禁忌—放逐—反叛—取代的途径而实现的。从乌拉诺斯到克洛诺斯，再从克洛诺斯到宙斯，每一次子继父业都是通过一场艰苦卓绝的战斗才完成的。当以宙斯为首的奥林匹斯神族取代了克洛诺斯的提坦神族的统治之后，一种较为宽松的民主气氛出现了。宙斯对其子女不再进行强制性的压抑，虽然他也预知自己将面临父辈一样的悲剧结局，但是他既没有像乌拉诺斯那样把子女囚禁于地下，也没有像克洛诺斯那样把子女吞入腹中，而是让他们与自己一起就座于奥林匹斯山顶的神殿中，共同商议神界和人间的事务。新一代的神遵循一种民主原则和睦相处，他们在神界中的地位类似于罗马元老院的元老或英国上议院的议员。而宙斯的形象也不像其父或其祖父那样是一个专横跋扈的专制君主（虽然在偶尔的场合中他也表现得像个暴君），而是更像一个有威望的元老院领袖或议院议长。汤因比指出，宙斯"其地位很像后来立宪国家的君主，'统而不治'，不过给命运之神和自然的作用提供一种权力的象征罢了"。[①] 黑格尔认为

---

① 汤因比：《历史研究》（中册），上海人民出版社1966年版，第324页。

奥林匹斯神族对提坦神族的取代标志着"东方精神"（"自然"）向"西方精神"（"精神"）的转变，实质上即专制主义向民主精神的转变。宙斯治下的诸神关系已与克洛诺斯时代大相径庭，妥协精神取代了独断专行。"宙斯是希腊各神的父亲，但是各神都能根据自己的意志行事；宙斯尊重他们，他们也尊重他；虽然有时候他责骂他们、威胁他们，他们或者帖然服从，或者不平而退，口出怨言；但是绝不使事情走到极端，宙斯在大体上也把诸事处理得使众人满意——向这个让步一些，向那个又让步一些。"①

在荷马的不朽史诗《伊利亚特》中，我们可以看到民主精神在神界兴起的例证。特洛伊战争爆发之初，宙斯在表面上持幸灾乐祸的态度，内心中却对特洛伊人有所偏袒。为了防止众神帮助阿卡亚人（希腊联军），他严令禁止诸神参战，违者将被永远打入地狱。但是赫拉、波塞冬、雅典娜等神却执意站在阿卡亚人一边。赫拉用睡眠和爱的力量征服了宙斯，使他入眠，然后指使波塞冬去援助在战场上失利的阿卡亚人。宙斯醒来之后，虽然恼羞成怒地对着赫拉叫嚷，"我恨不得一个霹雳叫你自己先尝尝你这无理取闹的成果"，但是马上又转而用温和的口吻来拉拢赫拉："我的牛眼睛的天后，如果从今以后我在众神的会议席上能够靠得住你支持我，那么那波塞冬无论抱着怎样不同的意见，也会马上掉转头来依顺你我的。"当宙斯派神使伊里斯去命令波塞冬退出战斗时，波塞冬表现出一种不屈服的精神，他对宙斯这种暴虐的专制愤愤不平。荷马这样描述道：

---

① 黑格尔：《历史哲学》，生活·读书·新知三联书店1956年版，第275页。

伟大的地震之神①狂怒起来。"这是暴虐呢！"他嚷道。"宙斯纵然强，我也享受着和他同样的威望，他竟说要强迫我，要我屈服他，那就全然是虚声恫吓。我们是兄弟三个，都是克洛诺斯和瑞亚所生的：宙斯，我和死人之王哈得斯。当初世界三分的时候，我们各自派到了一个领域。我们是抓阄分配的，我抓到了灰色海，作为我永不让渡的国土。哈得斯抓到了黑暗的冥都，宙斯分配到广阔的天空和云端里的一所住宅。但大地是留着大家公有的，高处的奥林匹斯也是公有的。因此，我不会让宙斯来摆布我。他纵然是强，让他安安静静待在他那三分之一的世界里面吧。他不要当我是个懦夫，试想用这种虚声恫吓来吓倒我"。②

后来经过伊里斯的劝导，他虽然表示了妥协，但是仍向宙斯发出了一个警告："如果宙斯违背了我的愿心，以及雅典娜、赫拉、赫耳墨斯和赫淮斯托斯那几位神的愿心，竟把伊利翁的堡垒（即特洛伊城）保全着，不让阿耳戈斯人（即希腊人）去攻下它，因而获得天下闻名的胜利，那么，他得知道，我们之间就要发生一种永远不能弥补的仇隙了。"③由于诸神的坚持，宙斯最终不得不改变态度，先是默许众神自由参战，后来他自己也迫于"少数服从多数"的民主原则而转向支持希腊人。

希腊神话中所表现的这种"兄弟联盟"的民主精神是一种贵族气息浓郁的民主精神，众神之间的民主是凌驾于尘世生活之上的，正如

---

① 地震之神指波塞冬。
② 参阅荷马：《伊利亚特》，第14、15章，人民出版社1958年版。
③ 参阅荷马：《伊利亚特》，第14、15章，人民出版社1958年版。

罗马共和国时期"帕特里辛"（Patricians，即贵族）的民主是凌驾于"卜内宾"（Plebeians，即平民）之上的一样。尽管如此，这种贵族式的民主精神较之乌拉诺斯和克洛诺斯时代的"原始父亲"专制仍不失为一个历史的进步，而且也与东方神话中所表现出的家长专制主义形成了鲜明的对照，这种对照反映了希腊神话与东方神话（特别是中国神话）之间的一个本质性的文化差异。① 在希腊社会中，奥林匹斯诸神身上所体现的民主精神既是城邦民主制（尤其是雅典民主制）的一种折射形式，也是推动城邦民主制发展的一种精神动力。在其后漫长的历史年代中，从这种奥林匹斯神族的民主精神中又衍生出各种形式的贵族共和制、市民共和制和君主立宪制的政体形式。

　　以内在的自我否定作为神系延续和发展的契机是希腊神话的又一个基本特征。从赫西俄德的《神谱》中可看到，希腊神王的更迭是通过一种自我否定的暴力方式实现的：老一辈的神王生下儿子并囚禁或吞食他们，幸免于难的儿子在母亲的支持下起来反抗父亲并取代他的权威。从乌拉诺斯到克洛诺斯，从克洛诺斯到宙斯，所经历的过程都大体相同。宙斯也同样面临着被更新的神所否定的可能性，② 尽管这种可能性由于希腊神话的僵化而没有实现，但是这种内在的自我否定的发展契机却是一以贯之的。在关于英雄的传说中，父亲通过儿子来进行自我否定的例子也屡见不鲜。这种否定的机制——对统治者或父亲的叛逆（有意的或无意的）成为希腊神话和悲剧中的一个重要主题。反叛有时成功，有时失败，叛逆者或者成为新一代的神王和国王，或

---

① 中国神话所反映的大一统的家长专制特点请参阅《协调与超越——中国思维方式探讨》，陕西人民出版社1992年版，第39—43页。
② 取代宙斯的新神王，希腊民间流传为宙斯与塞墨勒所生的儿子狄奥尼索斯；也有关于宙斯如果与大海女神忒提斯结婚，将会产生一个取代他的权威的儿子的传说。

者受到惩罚。但是无论结局如何，叛逆的行为都没有与道德范畴相联系，叛逆者并没有因为反叛正统而被斥为邪恶，反而往往因反叛而变得更加强大和富有魅力。神的家族也通过这种连续的叛逆行径而日趋完美。这种维持神系更新和发展的自我否定机制使希腊神话表现出一种新陈代谢和以变革为本质的社会进化思想。在伟大的希腊悲剧诗人埃斯库罗斯的《阿伽门农》中，我们可以看到对这种自我否定机制和社会进化思想的热情讴歌：

> 那位从前号称伟大的神，在每次战斗中傲慢自夸，但如今再也没有人提起他了，他的时代已经过去；那位后来的神也因为碰上一个胜利者而失败了。谁热烈地为宙斯高唱凯歌，谁就是聪明人。①

在这里，我们可以发现希腊神话与中国神话的一个重大区别，这个区别深深地影响着日后中西两种文化的价值取向。在中国，诸神在肉体上是会死的，神系（或王位）的更迭无须通过暴力形式的相互否定，而是通过禅位选贤的和平方式进行。经过历史化加工的三皇五帝谱系就反映了这种情况。大限将至的中国远古神明或近古帝王以贤德为标准选择自己的接班人，不仅把自己的权势地位，而且把自己的品性德行和价值观念传给新一代的统治者。因此一个神王（或帝王）死去了，而他所制定和代表的伦理规范和价值准则却得以流传，从而形成了一种传递性和伸展性的自我肯定的神系延续机制。在中国神话

---

① 塞·诺·克雷默:《世界古代神话》，华夏出版社1989年版，第247页。

中，反叛的行为和反叛者永远都是与道德上的恶联系在一起的，而且无一例外地以身败名裂为下场，如蚩尤对黄帝的反叛，共工对颛顼的反叛，房王对帝喾的反叛，鲧对舜的反叛等。正统神王的"善"和叛逆者的"恶"都被抽象化和模式化，诸神虽死，阴魂不散。通过一代又一代的承袭，祖先定下来的法规变得越来越稳固，每一个环节都是对上一个环节的复制。这条自我肯定的长链一端系着上古神王的丰功伟绩和崇高德行，另一端系着小心翼翼恪守祖制的现实社会，从而产生出中国传统文化的"天不变道亦不变"的价值观念和"信而好古"、不思变革的保守文化心态。这种保守文化心态造成了中国封建社会长期踟蹰不前和原地转圈的所谓"负反馈"的超稳定结构，导致了中国传统文化的凝固状态。

与此相反，在希腊神话中，诸神都是不死的，但是老一辈神的影响力却随着他们权势的易手而消失。由于希腊神话具有非伦理化的特点，新旧神的对抗和权力更迭并不表现为道德范畴的对立和转换，因此我们在希腊神话传说中看到的只是神族和英雄家族的发展进化过程，而不是象征性的道德说教。神和英雄都具有一些富有感性色彩的个性，他们不是抽象的道德概念的僵化傀儡。对于他们来说，似乎没有什么东西是神圣不可亵渎的，更不存在什么不可撼动的道德原则。唯一凌驾于他们之上并主宰着他们的行为的，只有那神秘莫测的神谕或命运。这命运从根本上说并非对神和英雄的自由意志的一种因果报应，而是一种与自由意志毫无联系的不可改变的宿命。作为众神之王的乌拉诺斯和克洛诺斯尽管知道自己的统治将被一个儿子所取代，却无法逃避；忒拜国王拉伊俄斯在向神求子时得知神谕：他将会死于儿子之手。为避免悲剧发生，他在儿子俄狄浦斯出生三天后就将其抛弃。大难不死的俄狄浦斯长大后也从阿波罗那里得知了这一神谕，尽管他远走他乡，极力想躲避这一大逆不道的行为，但是杀父娶母的悲剧仍然在无意中成为现实。①经过历代史官精心雕琢的中国神明在行动上是不自由的，他们自觉地遵从一种道德的决定论，事事处处须恪守一套严格的伦理规范，他们本身也因此而成为中国传统文化的道德楷模。在史诗和悲剧中出现的希腊神明和英雄在行为上却是无所羁绊的，他们可以为所欲为，而无须考虑什么道德原则和禁忌。但是他们的自由意志背后却潜藏着一种更为深刻的决定论——命运决定论，从而使他们的自由意志成为命运自我实现的中介和手段。中国神系发展的传递性和伸展性的自我肯定机制以一种正剧的形式自觉地实现着道德的决定论，希腊神系发展的自我否定机制则以一种悲剧的形式自在地展现着神谕的决定论。正因为如此，这种以暴力方式出现的自我否定机制在超越了道德的合理性之后就获得了一种更高的合理性，即命运（定数）的合理性——克洛诺斯和宙斯之所以僭越父权，俄狄浦斯之所以杀父娶母，不可一世的英雄赫拉克勒斯之所以死于妻子之手，珀罗普斯家族的后裔们（包括第二代的阿特柔斯、堤厄斯忒斯，第三代的阿伽门农、埃癸斯托斯和第四代的俄瑞斯忒斯）之所以屡屡发生兄弟相残、乱伦杀亲的事件，都是不可逃避的命运所致！

　　这种命运（或神谕）的决定论是希腊神话中唯一具有形而上学色彩的东西，它成为后来希腊哲学中形而上学范畴（如柏拉图的"理念"等）的一朵尚未绽开的蓓蕾，成为中世纪基督教的"上帝"概念的一颗刚刚萌芽的种子。但是在希腊神话这块感性的土壤中，它仍然处于一种扑朔迷离、尚未分化的状态中，仍然与诸神和英雄们的直观

---

① 俄狄浦斯杀父娶母的故事及其结局可参见索福克勒斯所著悲剧《俄狄浦斯王》。

感性活动纠缠在一起，仅仅是通过神系发展的自我否定过程朦胧地表现着自身。

因此，从内在角度来看，维系希腊神系发展的自我否定机制体现了命运神秘而残酷的力量；从外在角度来看，这种机制则表现着一种不断超越现实、超越自身的社会进化思想。

对美之理想的不懈追求、贵族式的民主精神以及受某种形而上之本质（神谕、命运、定数等）所驱动的自我否定和超越现实的冲动，正是希腊神话所展示的三个基本的文化特征，这三个文化特征构成了整个西方文化基本精神的雏形。在其后漫长的发展过程中，这种萌发于希腊神话的西方文化基本精神得以进一步发展和完善，决定和变更着西方社会的历史面貌。与中国传统文化的基本精神——协调的现实精神相对照，我把西方文化的这种基本精神称之为超越的浪漫精神，它的基本特点就是对现实世界的不断超越和对更高更好生活的不渝追求。

三、众神的没落

前面已经指出，在希腊神话中，诸神具有明显的理想化色彩，推动神系发展的契机是不间断的自我否定，希腊神话这棵枝叶繁茂的大树上，盛开着超越的浪漫精神之花。然而希腊多神教作为一种自然崇拜的低级宗教，已经包含着使自身毁灭的因素，这些因素是由它自身的特点所导致的。

首先，我们可以看到这株大树上结出的是自然之果，希腊诸神大多体现为各种自然物，作为众神之王的宙斯不过是一个"司雷电者"。奥林匹斯山上诸神虽然具有浓郁的理想化色彩，但是这种理想仍然停留在物、停留在自然之中，神尚未脱离形体，他们只不过是更美、更完善的形体而已。从这种意义上来说，希腊诸神并没有获得纯粹的神性，他们只是比人更强大更完满的自然之物，而不是超自然的神或抽象的"精神"。黑格尔指出："希腊人的神尚非那绝对的、自由的'精神'，而是在一种特殊方式里的'精神'，为人类之各种限制所拘束的——依然是依赖于外界情形的有定的个性。诸凡客观地美丽的个性，便是希腊人的神祇。那个神圣的'精神'在这儿受到种种条件限制，尚不能被视为抽象的'精神'。"[①]因此，体现为诸神的自然之果与超越的浪漫精神之花处于一种不协调的关系中。在新一代神那里，这种自然力又转化为一种社会力，例如阿尔忒弥斯为狩猎之神，阿波罗为文艺之神，赫淮斯托斯为锻造之神，赫耳墨斯为商业之神，阿瑞斯为战争之神，阿佛洛狄忒为美与爱之神，雅典娜为智慧之神和法律制定者，等等。这种转化使诸神脱去了自然形态的外衣，却更为直接地与人的社会生活联系在一起。这种转化并非意味着神的抽象化和超越化，而是意味着神的具体化和世俗化，它暗示着希腊神话开始向世俗英雄主义一端滑落。

希腊人诚如希罗多德所指出的那样，是生活在荷马和赫西俄德所发明的诸神的世界中，黑格尔也认为希腊世界生息在荷马的因素中，就像人类生息在空气中一样。希腊的生活由阿喀琉斯开创，由亚历山大完成。这两个青年一为"诗歌的理想青年"，一为"现实的理想青年"；一为荷马史诗中远征东方（特洛伊）的半神，一为现实世界中远征东方的英雄。然而在继承和完成了阿喀琉斯的事业的同时，亚历山大也否定了阿喀琉斯的事业。公元前330年，当踌躇满志的征服者

---

① 黑格尔:《历史哲学》，商务印书馆1936年版，第387—388页。

亚历山大把他的金戈铁马推向波斯帝国时，他曾在小亚细亚的阿喀琉斯墓旁与同伴裸体竞走，以表示对这位传说中的希腊英雄的敬仰。①然而他绝对不会想到，他的这种特殊的悼念方式同时也是希腊理想的葬礼。亚历山大以赫赫战功重演了希腊诸神和英雄们在特洛伊所进行的事业，他的伟绩使古代的诸神和英雄赧颜。亚历山大通过赫赫武功而使自己成为至高无上的神，他把埃及大神亚蒙、巴比伦大神贝尔和希腊大神宙斯在自己身上合而为一，从而超越和否定了他们。黑格尔曾对亚历山大大加褒扬："这番事功的光辉与兴趣配得上他的天才、他的青春的特殊个性，像这样美丽的一个形式，领袖着这样伟大的一番事功，我们从来就没有看见过。因为他不但是一个天才的将帅，最伟大的勇气和最高的英武聚集在他一身，而且这一切的品质都由于他私人性格的美而越发提高了。"②黑格尔显然被亚历山大昙花一现的战功耀花了双眼，实际上亚历山大只不过是一个来自北方的野蛮人，"一个野心勃勃而又热情冲动的孩子"。虽然有当时最伟大的哲学家亚里士多德做他的老师，但他始终是"一个放荡而执拗的孩子，是永远不能理解一点哲学的"。③北方蛮族强悍粗野的性格使他征服了在古老文明中萎靡不振的希腊和东方，但是随着他的死亡，随着这种性格的消散，他在12年间奇迹般建立起来的广阔的马其顿帝国也就迅速崩溃了。他在征战的途中曾传播了希腊文化，但是那只是已经濒临绝境的希腊文化。希腊化时期是希腊文化在空间地域上的扩散，从另一方面来说，它也是希腊文化的回光返照。希腊文化此时已经由一个妩

---

① 丹纳:《艺术哲学》，安徽文艺出版社1991年版，第91页。
② 黑格尔:《历史哲学》，生活·读书·新知三联书店1956年版，第318页。
③ 罗素:《西方哲学史》(上卷)，商务印书馆1963年版，第210页。

媚动人的少女变成了一个满脸皱纹的老妇，在瑰丽的晚霞的余晖中步履蹒跚地走向沉寂的坟冢。希腊神话的"诗歌之理想"在亚历山大那里成为现实。希腊诸神既然未能摆脱形体，未能超出自然，于是此时他们就都匍匐于最伟大的形体和最直接的自然——亚历山大大帝的脚下。亚历山大成为神，不是在荷马的史诗中，而是在马其顿帝国的现实中。神与帝国合为一体。亚历山大在结束希腊城邦制度的同时也敲响了奥林匹斯诸神的丧钟，他用现实的马其顿帝国的砺石，磨尽了希腊多神教的理想之光。到了罗马帝国时期，这些神更进一步变成了国家、法、财产关系，变成了直接的现实。神的理想的光环在恺撒和奥古斯都显赫的荣耀下黯然失色，在西塞罗的雄辩和贺拉斯的颂词中褪尽光泽。神不再是超越现实的理想，而成为现实国家的僵硬的偶像和傀儡。从希腊诸神的自然形态到亚历山大大帝，再到罗马帝国的现实的法权关系和财产关系，这一历史过程意味着希腊神话的超越精神遭到了否定，而这种否定正是那些早已植根于希腊多神教中的非精神因素发展的结果。

其次，希腊神明虽然作为一种超越具体现实的存在受到人们的崇拜，但是他们仍然是此岸的神。神不是彼岸性的存在，不是超验的东西，不是对现实的截然否定，而是理想的现实。神并非与人不同质的另一种存在，他与人的差别仅仅停留在量上。神和人一样有弱点，有情感，和人一样有喜怒哀乐。赫拉和美狄亚一样容易嫉妒，宙斯常常像帕里斯王子一样陷入情网，波塞冬也会有"阿喀琉斯的愤怒"。神仍然属于人的世界，只不过要高一个层次，神与人的差别正如贵族与平民的差别，神的生活对于人来说只不过是此岸世界中的另一种现实。罗素说："必须承认，荷马诗歌中的宗教并不很具有宗教气味。神祇们完全是人性的，与人不同的只是在于他们不死，并具有超人的威力。在道德上,他们没有什么值得称述的,而且也很难看出他们怎么能够激起人们很多的敬畏。"① 神和人一样受到高悬在头顶上的命运的支配,乌拉诺斯、克洛诺斯和宙斯如同阿伽门农、俄狄浦斯一样不能主宰自己的命运。因此在希腊神话中,命运作为一种外在的客观性高于一切神明。自由尚未作为一种至高无上的神性被确立起来,相反,我们看到的只是一种不可知的和不可逆转的决定论在起作用。诸神在这种外在的必然性面前如同上帝的弃民在滔天的洪水面前一样惶恐不安,不知所措。埃斯库罗斯在《普罗米修斯被囚》一剧中描写了命运对于神明的绝对的支配性,当歌队长劝告普罗米修斯向宙斯妥协,免遭皮肉之苦时,普罗米修斯回答道:

> 但是呀,支配一切的命运不容许
> 有如此结果,我必须受尽屈辱,
> 受尽千灾百难,才能摆脱缚来;
> 技艺的力量远远胜不过定数。②

由此可见,在希腊,一切神明只是次等的存在,在他们之上还有一个更高的存在,这就是命运。命运是自在自为的,不可知的,超验的。因此命运是形而上学,是真正的神、唯一的神。"在荷马诗歌中所能发现与真正宗教感情有关的,并不是奥林匹克的神祇们,而是连宙斯也要服从的'运命''必然'与'定数'这些冥冥的存在。"③ 于

---

① 罗素:《西方哲学史》(上卷),商务印书馆 1963 年版,第 33 页。
② 埃斯库罗斯:《奥瑞斯提亚》,上海译文出版社 1983 年版,第 306 页。
③ 罗素:《西方哲学史》(上卷),商务印书馆 1963 年版,第 33 页。

是希腊多神教就包含了它的对立面——在此岸的形态各异的诸神后面有一个唯一的超绝的神（命运）在起作用，它通过诸神而支配着人的现实生活。从而诸神不再是真正意义上的神，不再是独立的自在自为的主体，而是那个游离于此岸之上和之外的唯一的真神（命运）的手段，是那个至高无上的绝对实体的诸多样式。在命运显赫威凛的权柄面前，趾高气扬的奥林匹斯诸神如同波斯王宫中的阉奴，他们尽可以在宫廷妇女那里展示自己不可一世的威风，但是在那唯一的尊王的阶下，他们却谦卑得连头也不敢抬起。希腊多神教的这种内在矛盾实际上已经预示了多神教向一神论转化的可能性。在希腊神话传说和悲剧中，诗人们低下的抽象能力使得他们只能把宗教局限于感性的和直观的范围内，而不能超越自然的力量直接去把握"终极的精神之存在"，虽然他们也确曾朦胧地意识到在直观的诸神背后还可能有一种更为抽象的东西（命运）在起作用。黑格尔指出："那种高等的思想，'上帝'就是'统一'的知识，以上帝为'唯一的精神'，超过了当时希腊人所达到的那个思想阶段。"[①] 但是在希腊哲学中，已经有一些天才明确提出了一神论（超绝的彼岸神）的思想，例如克塞诺芬尼曾说过："有一个唯一的神，是神灵和人类中间最伟大的；他无论在形体上或思想上都不像凡人"，"神是全视、全知、全听的"，"神毫不费力地以他的心灵的思想力左右一切"。[②] 苏格拉底之所以被雅典人处以死刑，柏拉图之所以被斥为"不信神"，都与他们企图用一种超验的神来代替希腊多神教有关。事实上，整个希腊哲学就是对希腊多神

---

① 黑格尔：《历史哲学》，生活·读书·新知三联书店 1956 年版，第 291 页。
② 北京大学哲学系外国哲学史教研室编：《古希腊罗马哲学》，商务印书馆 1961 年版，第 46—47 页。

教的否定。众所周知,希腊哲学的中心问题是本原或始基问题,而本原由具体的物质形态向抽象的概念范畴的发展,从诸多样式向单一实体的发展,恰恰反映了由此岸的、直观的神向彼岸的、抽象的神的转化,由多神教向一神论的转化。乃至于在某种意义上可以这样说:希腊哲学(尤其是希腊唯心主义哲学)是基督教的抽象的历史形态。从荷马史诗和埃斯库罗斯、索福克勒斯、欧里庇得斯悲剧中的"命运",到希腊哲学中的各种本原(特别是柏拉图的"理念"),再到基督教的超绝的上帝,这中间有着显而易见的逻辑联系。希腊多神教固然是被基督教所最终否定的(而且在被否定之前它已换上了罗马多神教的外衣),但是在基督教的参孙① 挥动刑斧之前,希腊多神教自身包含的"命运"概念和希腊哲学就已经把万神殿中的诸神牢牢地捆绑在断头台上了。

最后,希腊多神教自身发展的一个重要契机是不断的自我否定,乌拉诺斯被其子克洛诺斯所否定,克洛诺斯又在自己的儿子宙斯那里遭到了同样的否定。可以说,希腊神话强盛的生命力正是来源于这种否定之中。但是在赫西俄德的《神谱》和荷马史诗之后,这种否定的环节中断了。赫西俄德和荷马在把民间流传的神话传说系统化的同时也埋下了希腊神话危机的种子。埃斯库罗斯感觉到这种潜在的危机的威胁,他通过普罗米修斯之口预言了希腊神话将会发展到一个新阶段的可能性。作为先知的普罗米修斯知道宙斯的王座将会由于一场婚姻的缔结而被推翻,但他坚决不肯向宙斯泄露天机。当宙斯派神的使者赫耳墨斯到被缚在高加索山崖上的普罗米修斯面前来打听这个秘密

---

① 参孙(Samson)是《圣经·旧约》中记载的犹太族大力士,凭着上帝所赐的气力成就了很多伟大的业绩。参见《圣经·旧约·士师记》第13—16章。

时，两人有这样一段对话：

> 赫耳墨斯："盗火贼呵，我对你说：
> 　　　宙斯勒令你把这段婚姻道破，
> 　　　你常说它会使他的政权旁落。"

当普罗米修斯拒绝透露秘密时，他面对赫耳墨斯搬出宙斯的权威对他进行恐吓时说：

> 普罗米修斯："那么，让他向我抛出熊熊的电火，
> 　　　让他用羽状的雪花，震地的风雷
> 　　　扰乱宇宙的万象，把它毁为荒漠。
> 　　　可是这一切都不能迫我对他说：
> 　　　是谁的铁腕将来推翻他的宝座。"[①]

然而结局却是喜剧性的，在《普罗米修斯获释》中，普罗米修斯对宙斯妥协了，并把秘密告诉了宙斯：如果宙斯与大海女神忒提斯结婚，他们所生的儿子将会推翻宙斯的统治。于是宙斯避免了这场可怕的婚姻。忒提斯后来与人间英雄珀琉斯结婚，所生的儿子就是黑格尔倍加赞扬的希腊英雄阿喀琉斯。阿喀琉斯杀死了赫克托耳，为希腊人赢得了特洛伊战争的胜利，但是他却未能推翻宙斯的宝座。

普罗米修斯的妥协不过是埃斯库罗斯本人的妥协，而后者又是希

---

① 埃斯库罗斯：《奥瑞斯提亚》，上海译文出版社1983年版，第327、329页。

腊城邦民主制的结果。在埃斯库罗斯的时代，奥林匹斯诸神已经作为各城邦的保护者而受到了官方的正式崇拜。前面已说到，黑格尔认为提坦神族的统治被宙斯的奥林匹斯神族推翻意味着"东方精神"（即"自然"）向"西方精神"（即"精神"）的转化，即专制主义向民主原则的转化。而在现实的过程中，这种神族的更替则意味着希腊早期的君主政体和寡头政治向民主政治的转化。奥林匹斯神族比起提坦神族来显然具有更多的民主色彩。这一点恰恰可以解释为什么处于民主制之下的雅典人比处于寡头统治下的斯巴达人或其他城邦人更崇敬奥林匹斯诸神。然而希腊神话的理想一旦与城邦民主制的现实相融合，它就失去了维系自身发展的杠杆——否定性。活生生的奥林匹斯诸神被凝固在豪华的神殿中，由有血有肉的生命变成了僵死的偶像。民间流传的充满生机的希腊神话在正统化和系统化的规范下走进了死胡同。随着否定性被否定，神系的发展也就停滞了。从希腊城邦民主制到罗马帝国晚期的近1000年的时间里，正统的希腊神话（在罗马时期诸神不过是穿上了一件拉丁民族的外衣）不再有内部的自我否定和自我更新。否定性让位于肯定性，神变成了现实生活的基石。因此，从这种意义上来说，宙斯神族统治的确立不是意味着"东方精神"向"西方精神"的转化，而是意味着"西方精神"向"东方精神"的转化（即"超越的浪漫精神"向"协调的现实精神"的转化）。事实上，在亚历山大统治的马其顿帝国时期，希腊神话已开始与小亚细亚、埃及、巴比伦、波斯的各种东方神话相融合，并在罗马帝国晚期一同被真正代表"西方精神"的宗教——基督教所否定。

然而在希腊下层社会中，对被奉为正统的奥林匹斯诸神的否定却并没有停止。被列为城邦保护神的奥林匹斯神族成为贵族阶层信仰的对象，在民间却出现了许多非奥林匹斯神系的秘密崇拜，其中有一些影响范围非常广泛，例如对狄奥尼索斯和奥尔弗斯的崇拜。这些神一方面是对奥林匹斯神族的否定，另一方面具有非常浓重的神秘主义色彩，对希腊哲学（尤其是毕达哥拉斯和柏拉图的哲学）产生了相当大的影响，而且与基督教神学也有某种渊源关系。罗素对这种民间崇奉的神秘教的历史影响非常重视，他指出："然而在古代的希腊也有许多东西，我们可以感觉到就是我们所理解的宗教。那不是和奥林匹克诸神联系在一起的，而是与狄奥尼索斯或者说巴库斯相联系的，我们极其自然地把这个神想象成是一个不名誉的酗酒和酩酊大醉之神。由于人们对他崇拜便产生了一种深刻的神秘主义，它大大地影响了许多哲学家，甚至对于基督教神学的形成也起过一部分作用；这种崇拜发展的途径是极其值得注目的，任何一个想要研究希腊思想发展的人都必须好好加以理解。"①

对于酒神狄奥尼索斯或巴库斯的崇拜是一种迷狂状态中的肉体和精神的欢愉，它更多地基于热情、激情和欲念，因此它是对奥林匹斯诸神贵族式的典雅和审慎的一种否定。这种肉体和精神的"激情状态"在希腊上层社会中被视为粗野的和渎神的，因而遭到禁忌和贬抑。然而在民间它却具有顽强的生命力。在这种酒神崇拜中蕴含着一种强烈的超越精神，一种浓厚的悲剧意识，它与阿波罗崇拜所代表的理性的和审慎的正剧精神是截然对立的。②然而这种超越精神仍未摆脱肉体的羁绊，它是在纵欲中体验到的超越，是一种沉迷于酒之中的超越精神，它还有待于升华和净化。于是另一种更纯粹的超越精神出

---

① 罗素：《西方哲学史》（上卷），商务印书馆1963年版，第37页。
② 关于这一点，尼采曾有过非常精彩的论述，参见尼采《悲剧的诞生》，湖南人民出版社1986年版。

现了，这就是奥尔弗斯崇拜。奥尔弗斯是歌手，他用音乐代替了酒，从而达到了一种纯粹的精神迷狂和超越。奥尔弗斯通过狄奥尼索斯的中介彻底否定了奥林匹斯诸神僵化的物质主义的自然形态，重新开拓了一个崭新的宗教信仰起点，并经过毕达哥拉斯主义和柏拉图主义等环节，汇入基督教信仰的浩瀚大海。"毕达哥拉斯就是奥尔弗斯教的一个改革者，正如奥尔弗斯是巴库斯教的一个改革者一样。奥尔弗斯的成分从毕达哥拉斯进入柏拉图的哲学里面来，又从柏拉图进入了后来大部分多少带有宗教性的哲学里面来。"[①]"基督教在传播的最初几个世纪里把他（奥尔弗斯）看作一位和事佬，《旧约》中的先知以赛亚宣告了他的到来。"[②] 关于这种渊源关系，我在"基督教的起源"一章中还要进一步论述。

　　奥林匹斯诸神由于被城邦奉为国家的神，因此丧失了自我更新的否定性，从而也就失去了继续发展的动力。希腊多神教一旦被奉为国教，它就蜕化成为一具生气全无的僵尸。当否定性从希腊神话内部被排除时，它就从外部来继续发挥它的职能，于是内在的否定性就转化为外在的否定性。希腊神话不再从内部进行自我否定和自我更新，而是被另一种宗教从外部给否定掉了。这是一个漫长的历史过程，它最初开始于那些遭到国教贬抑的民间神秘信仰（狄奥尼索斯崇拜和奥尔弗斯崇拜）的怯生生的反抗，然后是那些带有形而上学色彩的希腊哲学的挑战，最后则是基督教具有强烈复仇情绪的毁灭性清剿。

---

① 罗素:《西方哲学史》（上卷），商务印书馆 1963 年版，第 43 页。
② M.H. 鲍特文尼克等编:《神话辞典》，商务印书馆 1985 年版，第 92 页。

四、多神教与雅典城邦

　　西方文化最早的历史时代可以追溯到公元前 2500—公元前 1400 年间克里特的米诺斯文化，然而在 20 世纪以前，人们对这个文化的了解仅仅是从希罗多德、修昔底德和亚里士多德等人著作的只言片语中所得，且为许多美丽而神奇的神话传说所萦绕，如米诺陶怪牛与米诺斯迷宫的故事、德达鲁斯和忒修斯的传说等等。第一个真正驱散克里特文明浓浓迷雾的人是英国学者阿尔图·伊文思，他于 20 世纪初在克里特岛上所进行的发掘工作，不仅重现了一个被埋没了数千年的历史遗址，而且发现了一个独特的文明。伊文思发掘出大量的克里特陶器、青铜器皿、黄金装饰品、工具、武器和两种不同系统的文字（线形文字 A 和 B），并且修复了绝妙非凡的克诺索斯宫殿。[①] 该宫殿的建筑无疑是极具天才的，它令现代的建筑师们惊叹不已。克里特的米诺斯王国曾一度是爱琴海的海上霸主，到公元前 15 世纪突然走向衰落，克里特的许多居民点几乎是同时被焚烧殆尽，米诺斯文化如同它的出现一样神奇地消失了。关于克里特文明毁灭的原因，众说纷纭，有人认为是一次强烈的地震所致，更多的人则认为是由于希腊的阿卡亚人的"火和剑"所带来的浩劫。在这个文明于公元前 15 世纪的王国突然毁灭之前，它的影响已传入希腊大陆，影响了公元前 1500—公元前 1100 年间的迈锡尼文明。迈锡尼文明是由一支征服希腊本土的北方民族——阿卡亚人所建立，荷马史诗中所描写的特洛伊战争就是由阿卡亚人发动的。迈锡尼文明的许多传说被纳入后来的荷马史诗中，与古典希腊和罗马的多神教有着密切的渊源关系。我们所说

---

① 修复后的克诺索斯宫殿可参阅柯特勒尔：《爱琴文明探源》，图版 28、29，四川人民出版社 1985 年版。

的狭义的希腊文明是在公元前1100年左右，多利亚人摧毁了迈锡尼文明之后建立起来的。公元前1100—公元前800年在历史上被称为黑暗时期，文化复归为最简单的形式，公元前800年后真正的希腊文明才开始出现。希腊文明是一个多民族的混杂的文明，希腊最初只是许多相互独立的部族的统称，在"荷马时代"（公元前900—公元前800年）这些彼此独立的部族结成了松散的联盟，开始"站在文明时代的门槛上"。进入奴隶制文明后，这种相互独立的状况也并没有改变，而是呈现为一种特殊的国家形式——城邦制。然而由于商业活动的活跃和共同御敌的需要（如荷马史诗中记载的特洛伊战争和希罗多德《历史》中记载的波希战争），各城邦之间又有着频繁的接触。因此希腊各城邦（除了斯巴达是个例外）的相互独立是一种开放型的模式，而非封闭型的，这就有利于文化的传播和发展。另一方面，希腊文明与爱琴海和地中海东边的各个古老文明相毗邻，因而埃及、巴比伦、波斯、腓尼基等文化都对它产生了重大影响。例如希腊的字母起源于腓尼基，希腊神话中的神有许多来自埃及和小亚细亚，希腊多神教是与希腊文明的这种内外混杂的状况相一致的。一直到亚历山大的马其顿帝国建立之前，希腊神话与希腊城邦的现实、神与人都是比较和谐地相处的。神的分散性与城邦的独立性相适应，每个城邦都有自己的保护神。作为城邦保护者的神虽然丧失了否定性，不再有新的发展，但它们却与相互独立的城邦社会相协调。到了亚历山大帝国时期，分散的城邦被统一在一个强大的王权之下，城邦既然已不复存在，保护城邦的诸神也就无所事事了。于是，面对着唯一"神明"——亚历山大大帝的至高无上的权杖，城邦的诸神就变成了一群无处栖身的畸零人和流浪汉。

诸神的没落在亚历山大帝国时期已经成为不可挽回的事实，实际上这个过程早在伯罗奔尼撒战争时即已开始。确切地说，希腊多神教一度构成了雅典民主制的重要文化根基，而在其他城邦中，多神教虽然也受到推崇，但是民众对于诸神的虔诚程度远远比不上雅典人，雅典人在"敬神"这一点上堪称希腊诸城邦的楷模。苏格拉底于公元前399年被重新建立起来的雅典民主制处死，其罪名之一就是：不敬国家所奉的神并宣传其他的新神，并且以此教导青年，败坏青年人的道德。在奉行寡头政治的斯巴达，斯巴达人最崇拜的偶像似乎是带有传说色彩的民族英雄莱库格斯，据说他是斯巴达制度的创立者，这种英雄崇拜典型地反映了斯巴达人的性格，即对国家的忠诚和崇拜。斯巴达是一个崇尚力的城邦，而雅典则崇尚美。雅典民主制的领袖伯里克利在其著名的"丧葬演说"中这样描述雅典人："我们爱'美'，而不流于奢华和挥霍；我们喜欢哲学思想，而不趋于文弱和无为；我们勇敢活泼，然而这种勇气，没有使我们轻举妄动。其他国家的人民就不同了，尚武必致轻文；我们深知怎样去区别什么是舒服，什么是困难，然而我们从不逃避危险。"① 几乎所有的近现代学者和诗人都对雅典民主制怀着一种强烈的仰慕之情。恰如黑格尔所说，雅典式的希腊是美的理想。古代雅典的灿烂的感性之光永远温暖着文艺复兴以后一切时代的失眠者焦渴和忧郁的心灵，伯里克利时代竟然产生了如此多的天才，在文化的各个领域中取得了诸多辉煌壮丽的成就，这一点即使在科学文化高度发展的今天看来仍然是令人叹止的。罗素赞叹道："伯里克利时代雅典的成就，或许是一切历史上最令人惊奇的事件。在那时以前，雅典一直都落后于许多希腊城邦，无论在艺术方面或在文学方面，它都不曾产生过任何一个伟大的人物。（除了梭伦以外，

---

① 黑格尔:《历史哲学》，生活·读书·新知三联书店1956年版，第306页。

梭伦主要是个立法者)。突然之间,在胜利和财富和需要重建的刺激之下,出现了大批的建筑家、雕刻家和戏剧家,他们直到今天还是不可企及的,他们所产生的作品左右着后人直迄近代。"①

希腊多神教是雅典民主制园圃中的一朵奇葩,它虽然并非萌生于此,却在这里焕发出了美丽的魅力。然而伯罗奔尼撒战争却摧折了这朵娇艳的鲜花,正如它践踏了整个园圃一样。在战争的胜利者斯巴达人看来,雅典的一切浮夸和奢靡的美都是有百害而无一利的腐蚀剂。伯里克利和雅典人虽然否认这一点,但是在雅典民主制后期,雅典人确实已经深深地沉溺在一种慵懒怠惰的优越感和一种奢靡浮薄的生活之中,这正是他们在伯罗奔尼撒战争中战败的原因。斯巴达人只崇尚一种美,这就是勇武和暴力;斯巴达人只追求一种美德,这就是坚韧与纪律;斯巴达人真正服从的只有一个神,这就是国家的法律。与雅典人比起来,斯巴达人更原始,更淳朴,更严肃和更勇敢。"普通的希腊人都把斯巴达视为是一座严肃与纯朴之美的殿堂,一座有如多利亚神殿那样庄严的多利亚城邦,那比他自己的居处要高贵得多,只不过住进去却并不那么太舒服罢了"。②在雅典浮华的爱奥尼亚神殿中供奉着的欢愉活泼的诸神,一旦被放进斯巴达人的庄严朴素的多利亚神殿中,就会显得十分不协调。雅典多神教在斯巴达人看来只不过是一种无用的奢侈品。但是作为较为粗鄙蒙昧的民族,斯巴达在征服雅典之后反过来也被雅典的文化所征服,斯巴达在军事上的胜利同时也预示着斯巴达人的古朴纯正的民族性格的蜕变,因此斯巴达人最终还是潜移默化地承袭了雅典的多神教。然而在这里已经隐含着一种深刻的

---

① 罗素:《西方哲学史》(上卷),商务印书馆 1963 年版,第 91 页。
② 罗素:《西方哲学史》(上卷),商务印书馆 1963 年版,第 135 页。

讽刺，希腊多神教如同一株参天古树，树心已经濒于枯死，而硕大的枝丫上仍然缀满繁茂的绿叶。

雅典民主制为历史贡献出一大批杰出的天才，其中最杰出的有埃斯库罗斯、索福克勒斯、欧里庇得斯、阿里斯托芬、希罗多德、修昔底德、斐底亚斯①等等。他们都是雅典民主制的热心鼓吹者，也是希腊多神教的坚决捍卫者。他们的领袖是伯里克利，这是一个被黑格尔倍加推崇的伟大政治家，他是"一个绝对高尚的人"，是古往今来最富有人格魅力的政治领袖。这些人构成了希腊多神教的强大堡垒，并且得到了雅典人民的支持。然而在这一时期，雅典也出现了两个伟大的叛逆者，他们对于西方文化的影响远远超过了上述那些人。这两个人就是苏格拉底和柏拉图。他们是师生关系，两个人都明显地表现出对多神教的鄙夷，因此两个人都遭遇了不幸：苏格拉底被雅典人处死，柏拉图则被迫多年流落他乡。苏格拉底是一个先知式的人物，他预示了一种新的宗教，这种宗教由于它的超越性和抽象性而与雅典人的宗教常识相逆悖。苏格拉底有一种强烈的使命感和宗教意识，他坚信自己是作为一个神所派遣的使者而履行着哲学家探讨世界和认识自我的职责。他的一句流传百世的名言表现了他的这种宗教意识："雅典人啊！我尊敬你们，爱你们，但是我将服从神而不服从你们。"这个神不同于那些具有人的形体、象征着现实国家的多神教的诸神，而是一个灵，一个超绝的或形而上的存在。苏格拉底所说的灵是一个新神，不是雅典人过去一向相信的有血有肉的神，而是更类似于后来基督徒们所信仰的唯灵主义的神。苏格拉底之死是一种宗教式的殉道，

---

① 前三人为希腊三大悲剧家，阿里斯托芬是杰出的喜剧家，希罗多德和修昔底德是著名的历史学家，斐底亚斯是雅典伟大的雕塑家。

与后来在十字架上殉道的耶稣相映成趣。在柏拉图的《斐多篇》和色诺芬的《回忆苏格拉底》中，我们可以看到一个与基督教圣徒极为相似的苏格拉底，他具有一个真正的基督教圣徒所应有的全部崇高德行：对信仰的坚贞不渝、对情欲的严格驾驭、殉道精神、渊博的知识以及世人难以理解的神秘主义。他相信灵魂不死，因此他鄙视世俗的肉体的暂时享受，他也同样鄙视被现实国家所崇奉的无灵魂的诸神。苏格拉底之所以被处死，是因为他本人代表着一个全新的神。他悲剧性的殉道是基督耶稣救赎的真正原型，他在400年前就上演了与基督耶稣蒙难同样的宗教悲剧，并且与后者一样具有神性。苏格拉底在临刑前对雅典人说：" 分手的时候到了，我去死，你们去活。谁的去路好，唯有神才知道了。"① 400多年后，当耶稣背负着救赎人类罪孽的神圣使命走向殉道的十字架时，他对罗马总督彼拉多表述了同样的思想——"我的国不属这世界"②。

当苏格拉底作为一个新神或新宗教理想的先知与雅典城邦的传统信仰相抗衡时，他演出了一场悲剧。然而在这场宗教改革的悲剧后面还隐藏着一场更为深刻的文化悲剧。苏格拉底之死构成了西方文化的"原罪"，而中世纪1 000多年间基督教对希腊罗马文化的残酷报复从某种意义上可以看作对这一"原罪"的赎偿。黑格尔认为，苏格拉底的悲剧并不仅仅是他个人的浪漫遭遇，而是"雅典的悲剧""希腊的悲剧"。苏格拉底是雅典社会的良心，是孕育在希腊文化的美丽理想中的新兴的"精神"，雅典人用自己的双手扼杀了自己的良心和"精

---

① 柏拉图：《游叙弗伦·苏格拉底的申辩·克力同》，第33节，商务印书馆1983年版。
② 《圣经·新约·约翰福音》，第18章，第36节。注释凡涉《圣经》处，一律引自和合本（上帝版）。

神"。雅典人很快就陷入了一种深沉的后悔和自责中,因为他们很快就发现苏格拉底的精神正是在他们臃肿而衰朽的机体中逐渐生发的精神,"一方面,雅典人由于自己的后悔而承认了这个人的伟大;而另一方面,他们也认识到,苏格拉底的这个原则,虽然对他们是有害的和敌对的(即提倡新神和不敬父母),却已经进入他们自己的精神,他们自己也处在这种矛盾分歧之中:他们在苏格拉底那里只是谴责了自己的原则"。① 但是这种后悔已经太晚了,一颗忏悔的新生之心已经无力改变衰朽的机体,雅典公民已经无力自救了,他们对苏格拉底的判决就是对自己的判决,他们刚刚宣判完苏格拉底,自己就走上了被告席,等待着一个新的历史时代的宣判。苏格拉底临死前曾预言:"杀我的人啊,帝士为证,我死之后,惩罚将立即及于你们,其残酷将远过于你们之处我死刑。"② 不久以后,这预言就应验了,马其顿的亚历山大用武力将雅典这具泯灭了良心和精神的行尸走肉收棺入殓,雅典人为自己所犯的罪过付出了十倍惨重的代价,历史进入希腊化时期。

第二节
希腊哲学精神

一、宗教意识与哲学

作为西方文化原型的希腊神话已经由于其自身固有的种种非超越性的因素而面临危机。诸神所采取的自然形态使得神不能成为纯粹的

---

① 黑格尔:《哲学史讲演录》(第2卷),商务印书馆1960年版,第106页。
② 柏拉图:《游叙弗伦·苏格拉底的申辩·克力同》,第30节,商务印书馆1983年版。

"精神"，诸神所具有的人性使他们不能成为一种彼岸性的超绝的存在，神系内部否定性的丧失又使神族的延续丧失了契机，不能超越自身走向更高的形态。这些弱点是不可克服的，因而希腊神话作为一种低级宗教就走向了死亡。它起初确曾表现出那种与东方神话截然不同的超越的浪漫精神，但它没能保持和发扬这种精神。它只是超越的浪漫精神的蛹体，当这种精神在蛹体中孕育成熟时，这蛹体就自然剥落了，成为一个美丽的空壳，虽然不再具有任何活的功能，但是仍然作为一种历史的圣地向未来发出魅人的感性之光。

事实上，只有通过对希腊神话的否定，超越的浪漫精神本身才能发展。它的那种永恒的超越冲动是始终指向彼岸、指向未来的，它不可能被束缚于任何具体的历史形式中，因此死去的只是作为超越的浪漫精神的孕育母体的希腊神话，而不是这个精神本身。恰恰相反，这个精神从它的旧形式的消亡中得到了新生，它扬弃了低级形式的希腊神话，走向了高级形式的哲学和宗教。

关于高级形式的宗教，汤因比解释道："我所说的高级宗教，它的意思就是使每个人自己直接地接触到'终极的精神之存在'。就是说，同样是接触'终极的精神之存在'，但不是通过人以外的自然力量，也不是通过人的集体力量所具体化的制度等媒介间接地去接触。"[①] 在希腊神话中，人与这种"终极的精神之存在"（"命运""定数"）的接触是间接的，因为诸神都采取了自然的形态。即使是在被汤因比视为理所当然的高级宗教的基督教中，严格地说来，人与"终极的精神之存在"的接触也不完全是直接的，只有早期的保罗派和16

---

① 汤因比：《展望二十一世纪》，国际文化出版社1985年版，第383页。

世纪以后出现的新教做到了这一点。而在漫长的中世纪，人与"终极的精神之存在"的接触，是通过教会这个"人的集体力量所具体化的制度"而实现的。这种不彻底性产生于基督教本身所包含的一种深刻的矛盾：属灵的倾向和属世的倾向作为基督教内部的两种对立力量始终处于尖锐的矛盾冲突之中，而这种冲突构成了1 000多年基督教文明的重要内容。作为西方文化基本精神的超越的浪漫精神始终直接地指向这种"终极的精神之存在"，同时在历史的过程中它又不断地扬弃和超越各种间接的媒介。因此这种超越的浪漫精神在历史的形态中呈现为一种纯正的宗教意识，它在追求永恒的、无限的、形而上的绝对精神的过程中创造出它的对立面，即各种暂时的、有限的、经验直观的宗教形态，然后再扬弃和超越这种对立面，促成文明的发展。

由于超越的浪漫精神的这种特点，我们可以恰如其分地把西方文化称为宗教文化，以与受协调的现实精神所决定的中国传统伦理文化相对照。这里所说的宗教并非指某种具体的宗教形式如基督教（虽然在迄今为止的西方文明史中基督教是一种主要的宗教形式），而是指一种广义的宗教意识，即对某种彼岸性的、超越的理想之不懈的向往。这种宗教意识并非在西方历史发展的任何阶段都表现得非常明显和强烈，事实上在某些历史阶段（如罗马帝国时期）这种宗教意识几乎销声匿迹。我们只是从宏观和动态的角度来考察这种宗教意识，把它理解为推动西方文明发展的一种潜在的却是主要的精神动力。

汤因比指出："文明的历史是多元的、反复的，但是宗教的历史似乎是一元的、连续前进的。"[①] 实际上，作为具体的历史形态的宗教

---

① 汤因比：《历史研究》（下册），上海人民出版社1964年版，第107页。

形式也是多元的,只有那种恒定不变的抽象化的宗教意识是一元的、连续前进的。汤因比虽然未在本质的宗教意识和现象的宗教形式之间做出明确的划分,但他显然是注意到了这种差别的。当他说"宗教是人性的本质机能之一。当人们感到宗教饥渴时,他们因此而陷入的绝望的精神苦境会激发他们从最无希望的矿砂中提炼出些许的宗教慰藉"①时,他指的是那种永恒的宗教意识;而当他说"每当一个民族,对自己的宗教失去信仰时,他们的文明就会屈服于来自内部的社会崩溃和来自外部的军事进攻。由于丧失信仰而使之崩溃的文明,将为新的文明——从别的宗教中获得生机的文明所代替"②时,他指的是具体的宗教形式。这种区别是非常重要的,它使我们即使在没有明显的宗教形式(或传统的宗教形式崩溃后)的文明阶段(如启蒙运动以后的现代西方社会),也可以发现一种潜在地发挥作用的宗教意识的影响。

综上所述,我们可以梳理出一条西方文化发展的基本线索:西方文化的基本精神即超越的浪漫精神在整个西方历史发展过程中呈现为一种潜在的永恒的宗教意识,这种宗教意识在不同的历史时期采取了不同的宗教形式(如希腊多神教、基督教和17世纪以后的科学崇拜、国家主义和乌托邦等等),而这些不相同的宗教形式又决定了不同时期的文明的基本内容。

正如在任何一种具体的宗教形式中都同时存在着体现宗教意识的因素和体现非宗教意识的因素一样,在哲学中也始终存在着超越的因素和非超越的因素。罗素认为哲学是某种介乎神学与科学之间的东西,它包含着两种相互对立的成分:"一种是传统的宗教与伦理观念,

---

① 汤因比:《历史研究》(下册),上海人民出版社1964年版,第119页。
② 汤因比:《展望二十一世纪》,国际文化出版社1985年版,第364页。

另一种是可以称为'科学的'那种研究……至于这两种因素在哲学家的体系中所占的比例如何，则各个哲学家的观点大不相同。"① 由于这种区别，罗素认为在古希腊的哲学和文化中存在着两种相反的倾向，"一种是热情的、宗教的、神秘的、出世的，另一种是欢愉的、经验的、理性的，并且是对获得多种多样事实的知识感兴趣的"②。我们可以概括性地把前者叫作浪漫主义，把后者叫作理性主义。显然在浪漫主义中含有浓郁的宗教意识，③ 而在理性主义中则具有更多的现实成分。前者是悲观主义的，后者则是乐观主义的。整个西方哲学和历史都始终贯穿着理性主义与浪漫主义的斗争，罗素曾更为简洁地把它称为"审慎对热情的冲突"。

迄今为止，哲学中的这种基本的对立大体可分为三个阶段：第一阶段是希腊时期，出现了毕达哥拉斯—巴门尼德—苏格拉底—柏拉图的哲学路线与米利都学派—原子论者—亚里士多德的哲学路线的冲突，而典型的和巅峰的表现形式是柏拉图的神秘的浪漫主义与亚里士多德的逻辑的理性主义的对立。这一对立甚至深深地渗透到基督教神学中，并一直延续到中世纪末期。柏拉图与亚里士多德之后出现的各种哲学的对立（如伊壁鸠鲁主义与斯多噶主义的对立）只是一种次等的对立，意味着希腊哲学的没落。第二阶段是近代，出现了唯理论与经验论的对立。这种对立在表面上看来似乎仍属于理性主义内部的对立（当代许多哲学家都是这样认为的），然而在这种表面的对立后面还有一种更深刻的对立，即形而上学与经验的对立，这种对立才是本质性的。因

---

① 罗素：《西方哲学史》（上卷），商务印书馆 1963 年版，第 11 页。
② 同上，第 46 页。
③ 我在这里用"浪漫主义"一词指一种广义的神秘主义和出世倾向，而非 19 世纪文学中的狭义的浪漫主义。

此我们毋宁用大陆形而上学与英国经验论的对立来代替唯理论与经验论的对立这一说法。在笛卡儿的哲学中固然还保留着许多经验的成分（这大概是由于笛卡儿同时也是一个物理学家，物理学对笛卡儿哲学的影响是很大的，更何况笛卡儿生活的时代是一个经验的时代），但是在数学家莱布尼茨的哲学中，我们看到的只是真正的形而上学和神学。第二阶段哲学对立的典型形态是莱布尼茨的绝对形而上学与休谟的绝对经验论的冲突，这一冲突对下一阶段的哲学对立产生了难以估量的影响。第三阶段是19世纪，出现了德国绝对唯心主义与英美功利主义和实用主义的对立。这场对立并没有像前两次一样在对立双方之间发生直接的冲突，而是采取了一种潜在的隐蔽的冲突形式。对立双方把冲突的因素当作一种遗传因子传给了下一代哲学，19世纪蕴含的这种哲学矛盾到20世纪的哲学中爆发出来，导致了当代人本主义哲学与科学主义哲学之间壁垒森严的对峙。

  宗教和哲学的高潮往往是交替出现的，宗教的瑰丽之花往往盛开在哲学的墓地上，而宗教的衰颓之日通常也正是哲学的勃兴之时。宗教与哲学的关系犹如卵与成虫，双方都在痛苦中不断地超越对方。然而支配着它们的都是同一种生命，同一种本质，就是那种蕴含着超越的浪漫精神的宗教意识。在哲学中如同在宗教中一样，也存在着理想因素与现实因素的斗争，存在着彼岸与此岸、形而上学与经验的对立。从这种意义上来说，哲学也是一种宗教。汤因比说："人没有宗教和哲学是无法生存的。宗教和哲学这两个观念形态，它们之间并没有明确的区别。"[①] 当传统的宗教形式濒于崩溃时，它的空缺就由哲

---

① 汤因比：《展望二十一世纪》，国际文化出版社1985年版，第369页。

学填补上了。例如希腊哲学之接替希腊多神教；近代哲学之接替基督教。而在哲学的演进过程中，它内部包含的两种因素的发展又导致了两种截然相反的趋势：理性主义因素导致了世俗文化的兴旺，导致了科学、法律、财产关系和国家制度的建立和健全（如经验论哲学之于近代英美资本主义社会）；浪漫主义因素则导致了新宗教的产生（如柏拉图哲学孕育了基督教的基本精神）。前一种趋势的实现往往是直接的，后一种趋势的实现则是间接的，它只有通过对前一种趋势的否定才能成为现实。海涅在谈到禁欲主义的基督教对穷奢极欲的罗马帝国的否定时，曾用了一个俏皮的比喻："吃了一顿特利马尔奇翁的盛宴之后，是需要一次基督教的饥饿疗法的。"[1] 这种精神对物质的惩罚往往伴随着严酷的禁欲主义和崇高的德行理想，具有浓厚的悲剧色彩。宗教意识本身就是悲剧意识，正是这种宗教的悲剧意识不断地超越人类各种已有的现实状态，超越沉溺在功利和法权关系的转瞬即逝的晕轮之中的肤浅的乐观主义，推动西方文明不停地追求那美丽而不可即的彼岸理想。这浓厚的悲剧意识就是西方文化的"原罪"意识，是永恒的神谕，是高高悬挂在人们头上的"命运"。西方文化在它的不可抗拒的感召下就像那坚韧不拔的西西弗斯[2]，永不间歇地推动着历史这块沉重的巨石。

在宗教与哲学的互相接替中，在宗教和哲学各自内部的两种对立因素的永久的冲突中，超越的浪漫精神实现着自己，维系着西方文化发展的动态平衡，在否定和自我否定的交替过程中不断地创造和超越

---

[1] 海涅:《论浪漫派》，人民文学出版社 1979 年版，第 7 页。
[2] 西西弗斯是希腊神话中的人物，因得罪了神明，被罚每日往山上推动巨石，巨石推至山顶复又滚落下来，于是又重新往上推。日复一日，永不停歇。

西方文明一个又一个的历史阶段。

汤因比在论述宗教与文明的关系时说:"如果宗教战车的运动方向永恒不变,那么文明盛衰周期反复的运动就不仅仅是对立的,而且是从属的。在促进宗教的战车以生—死—生的'悲苦的轮子'在地面上回转而向着天国上升中,它也许可以适合它的目的,并且找出它的意义。"① 既然我们把西方文化理解为一种宗教文化,那么我们只能利用宗教意识这把钥匙来打开西方文明的米诺斯迷宫。而哲学作为宗教意识的一种特殊形态在西方文化发展过程中也发挥着巨大的作用,尤其是在旧的宗教形式濒于灭亡而新的形式尚未产生之时,哲学就作为一种主要的意识形态承担起承先启后的历史使命。在奥林匹斯诸神与恺撒帝国和基督教上帝之间,希腊哲学成为不可缺少的中介环节。希腊哲学在本原问题上从多到一、从具体到抽象的发展过程,已经把从城邦向帝国、从诸神向一神的转化在观念形态中超前地揭示出来。在希腊哲学中,既包含着世俗大帝国的理论基础,也包含着否定世俗大帝国的真正的宗教—神论的萌芽。

二、神话与哲学——从多到一

爱奥尼亚的米利都学派的代表人物无疑是西方历史上最早的一批哲学家,哲学史上习惯于把泰勒斯(约公元前 624—公元前 547 年)称为"哲学之父",但是泰勒斯的哲学思想也并非无源之水、无本之木。康福德在 1907 年写希腊哲学史时,曾对以往哲学史突兀地从泰勒斯开始的写法很不满意,他抱怨道:"好像泰勒斯突然从天上掉下

---

① 汤因比:《历史研究》(下册),上海人民出版社 1964 年版,第 111 页。

来,仿佛他碰了一下大地,就崩出来:'万物是由水造成的。'"现在这种情况已发生了改变,哲学史家们试图进一步说明泰勒斯等最早的希腊哲学家们的思想渊源,于是他们走进了希腊神话,认为"哲学是从神话中发展产生出来的","哲学产生以前有一个史前阶段,即神话阶段,它是哲学的史前史"。①

希腊神话对希腊哲学(尤其是希腊早期哲学)的影响是显而易见的。事实上,从泰勒斯到赫拉克利特的哲学都蒙上了一层浓厚的自然神论的阴影,而从毕达哥拉斯到柏拉图的哲学则与奥尔弗斯神话有着密切的联系。希腊哲学与希腊神话的不同之处在于:希腊哲学用一些抽象的客观范畴来取代希腊神话中感性直观的诸神,并以这些范畴来说明万物的产生和存在。这是一个漫长而艰苦的改造过程,它的特点主要体现在两方面:1.从诸多的各司其职的神祇发展到唯一的作为万物根据的本原,即从多到一;2.从自然形态的和感性直观的神祇发展到抽象的和形而上的本质概念,即从具体到抽象。

在论述这个改造过程之前,我们先来看看希腊神话对最早的哲学思想——米利都学派的影响。

当泰勒斯宣称"水是万物的本原"时,他表述了哲学史上的第一个哲学命题。泰勒斯的这个思想是从何而来的呢?亚里士多德解释道:"他之所以得到这个看法,也许是由于他观察到万物都以湿的东西为滋养料,以及热本身就是从潮湿中产生,并且靠潮湿来保持的。……也可能是由于万物的种子就其本性说是潮湿的,而水则是潮湿的东西的本性的来源。"②另一种观点认为,泰勒斯之所以把水看作

---

① 汪子嵩等:《希腊哲学史》(第1卷),人民出版社1988年版,第67页。
② 北京大学哲学系外国哲学史教研室编:《古希腊罗马哲学》,商务印书馆1961年版,第4页。

万物的本原或始基，是由于泰勒斯所生活的爱奥尼亚乃至整个希腊世界都与地中海有着不可分割的联系，他那个时代人的生活和生产都与水有着不解之缘。但是这些原因似乎都不足以作为主要的依据，泰勒斯关于"水是万物的本原"思想的渊源还应该从希腊神话中去寻找。

在希腊神话和对希腊神话产生过很大影响的巴比伦神话中，都可以看到水是万物乃至神的说法。产生于公元前 2000 年代中期的巴比伦神话《恩努马－艾利希》中这样描写万物产生前的景象：

> 当初天地还未命名，
> 当初上面没有天的名，
> 下面没有地的名，
> 只有天地的生父阿卜苏，
> 和天地的生母提阿马特，
> 那时他们的水还混合在一起，
> 干旱的陆地还未形成，
> 甚至看不到沼泽，
> 那时所有的神皆没有出世，
> 既无名号称呼他们，
> 他们的命运亦未固定。
>
> 后来，
> 诸神在他们中创造出来。[①]
> ……

---

① 戴维·利明、埃德温·贝尔德：《神话学》，上海人民出版社 1990 年版，第 165—166 页。

没有天地，没有陆地和沼泽，也没有诸神，只有水，这水就是天地的生父和生母（汤姆逊认为阿卜苏是指淡水，提阿马特是指盐水①），从这两股水的混合中产生了代表淤泥和天地的诸神及万物。在赫西俄德的《神谱》中，"波涛怒吼的海洋"蓬托斯和大洋之神俄刻阿诺斯也是较早产生的一批神。在荷马的《伊利亚特》中，天后赫拉把俄刻阿诺斯和忒提斯（海洋女神）称为"众神的始祖"，睡眠之神也把大海和冥河（斯提克斯河）作为发誓的见证："现在请你一手抓着丰产的大地，一手抓着闪光的大海，凭斯提克斯河不可侵犯的水对我起个誓。"② 水在希腊神话中的作用如此重要，不可能不影响到泰勒斯的哲学思想。对于这种渊源关系，古代希腊人比我们有着更强烈的感受，亚里士多德在论及希腊神话与泰勒斯哲学的关系时指出：

> 那些生活离现在很久很久，最初对神圣的事物从事思考的古人，对本体也是持这样的看法，因为他们把"俄刻阿诺斯"和"忒提斯"当作创造万物的祖先，而神灵们对着起誓的见证也是水，就是那个为诗人们所歌颂的斯提克斯。最受尊崇的东西乃是最古老的东西，而人们对着起誓的东西也就是最受尊崇的东西。这种对于本体的看法，究竟是不是原始的和古老的看法，也许是不确定的，不过据说泰勒斯对最初的原因是像上面所说的那样的主张的。③

---

① 参见汤姆逊:《古代哲学家》，生活·读书·新知三联书店 1963 年版第 2 卷，第 153 页。
② 荷马:《伊利亚特》，人民文学出版社 1958 年版，第 263、264—265 页。
③ 北京大学哲学系外国哲学史教研室编:《古希腊罗马哲学》，商务印书馆 1961 年版，第 4—5 页。

由此可见，当泰勒斯把万物的本原说成水时，他是用一种新的形式——哲学的形式表述了神话中的内容。人形的神（如俄刻阿诺斯等）变成了自然形态的本原，感性的神话转变为理性的自然哲学，喧闹不已的神界故事（整个世界就是在这些故事中产生的）变成了静悄悄的自然运动过程。同样，在米利都学派的另外两位哲学家阿那克西曼德和阿那克西美尼的哲学思想中，也可以看到希腊神话的明显影响。格思里在《奥尔弗斯和希腊宗教：奥尔弗斯教派运动》一书中，把奥尔弗斯教派和阿那克西曼德的宇宙演化论进行了比较，发现二者非常相似：[1]

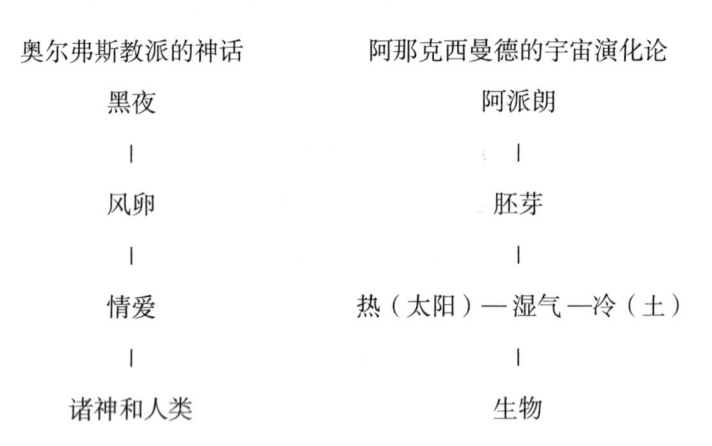

奥尔弗斯教派的神话	阿那克西曼德的宇宙演化论
黑夜	阿派朗
|	|
风卵	胚芽
|	|
情爱	热（太阳）—湿气—冷（土）
|	
诸神和人类	生物

而阿那克西美尼提出的作为万物本原的"气"则与赫西俄德《神谱》中的"混沌"相类似，不仅是万物的原因，而且也是诸神由以产生的根据。基尔克指出："可能阿那克西美尼自己关于神说过一些什

---

[1] 参见汪子嵩等：《希腊哲学史》（第1卷），人民出版社1988年版，第79页。

么:有理由可以推论出的是:世界上的诸神本身是从包含一切的气中派生出来的,只有气才是真正神圣的。"①

综上所述,米利都学派的哲学思想与希腊神话有着显而易见的因果联系,无论是泰勒斯的"水",还是阿那克西曼德的"阿派朗"(无限)或阿那克西美尼的"气",都是以一种哲学思维的新形式表述了希腊神话中形象直观的旧内容。虽然他们的思想仍然带有浓厚的神话的痕迹,而且诸如"水""气"之类的本原概念抽象化程度还很低,尚未摆脱自然物的形态,但是他们毕竟向前迈进了一大步。他们的功绩表现在两个方面:第一,用一种崭新的形式(哲学)代替神话来说明万物的起源,用本原内在的矛盾运动(如阿那克西曼德的冷与热、湿与干;阿那克西美尼的稀散与凝聚等)代替神系的生殖原则来解释事物的生灭变化;第二,用单一性的自然物(水、气和抽象程度较高的"阿派朗")取代了象征着自然力的人格化的诸神,并认为对这种作为万物本原的自然物的把握不是通过感应和想象的途径而是通过知识和理性的途径实现的。这两个功绩意味着哲学和科学(在当时两者是不可分割地联系在一起的)对神话的取代,意味着人类的思维活动开始跃入一个新领域。"米利都派的伟大处正在于:他们将原始人意识上所深深感受到的一些基本真理(一向只能以具体的,主观的神话形式来表现的一些基本真理)改用一种抽象的和客观的新形式来表现。"②"这个米利都哲学学派的重要性在于,它第一个假定整个宇宙是自然的,从可能性上来说,是普通知识和理性的探讨可以解释的。这

---

① 参见汪子嵩等:《希腊哲学史》(第1卷),人民出版社1988年版,第232页。
② 汤姆逊:《古代哲学家》,生活·读书·新知三联书店1963年版,第174页。

样，神话所形成的超自然的鬼神就真的被消灭了。"[1]

在西方哲学史上，米利都学派首开唯物主义之先河。在以后的希腊哲学中，米利都学派的"水""阿派朗""气"等自然形态的物质概念进一步发展为赫拉克利特的"火"，恩培多克勒的"四根"（火、气、水、土）和阿那克萨哥拉的"种子"，最终以还原的形式提升为留基波和德谟克利特的超越了现象性的物质概念"原子"。

当赫拉克利特提出世界是一团不断燃烧又不断熄灭的"永恒的活火"时，他并没有比米利都学派前进多少，他只是用另一种自然形态的物质（火）取代了米利都学派的水、气等概念。哲学史往往热衷于赞扬他把"变"的思想（即辩证法）引入了哲学思维，但是这一点对于我们所要阐述的主题并没有什么特殊的意义。赫拉克利特的作为万物本原的"火"仍然带有神的印痕，他认为"雷霆支配一切""雷霆就是那永恒的火"[2]，而雷霆自然是指希腊神话中的大神——司雷电者宙斯。艾修斯指出："赫拉克利特说（神就是）永恒的流转着的火，命运就是那循着相反的途程创生万物的'逻各斯'。"[3] 在这里，火与神相联系，而希腊神话中的命运则由笼罩在神与人之上的神谕进一步拓广为"创生世界""贯穿宇宙实体"的哲学范畴"逻各斯"。

米利都学派和赫拉克利特的种种现象性的本原使人眼花缭乱，到了恩培多克勒那里，他干脆把先驱者们提出的种种本原（水、气、火）都集中起来，并且加上土，组成"四根"，以此作为万物的本原。然而"四根"并没有脱离神的影响，恩培多克勒说："一切事物

---

[1] W.C.丹皮尔：《科学史——及其与哲学和宗教的关系》，商务印书馆1975年版，第48页。
[2] 北京大学哲学系外国哲学史教研室编：《古希腊罗马哲学》，商务印书馆1961年版，第25页。
[3] 北京大学哲学系外国哲学史教研室编：《古希腊罗马哲学》，商务印书馆1961年版，第17页。引文括号中"神就是"几字为第尔斯辑补。

有四种根源：照耀万物的宙斯，养育万物的赫拉，以及爱多纽和讷斯蒂，它们让自己的泪水成为变灭的东西的生命源泉。"① 而且他的四种元素相互结合的形式和动力的"爱"也深受希腊神话中爱神厄罗斯的影响，"爱神用爱的钉子造成了"宇宙间的万物。恩培多克勒的"四根"说是对以前哲学的总结，它以一种折中的方式把从米利都学派到赫拉克利特的说法不一的种种"单一的"本原集合在一起，结果就形成了一个现象性的本原大杂烩。这个大杂烩一方面从一倒退到多，试图用多种自然元素而非一种自然元素来说明万物的本原；但是另一方面，它又暗示了一种超越自然元素的可能性，它对以前的各种现象性的自然本原的概括构成了阿那克萨哥拉的具有本质化特点的"种子"概念的基础。阿那克萨哥拉的"种子"是数量无限的，且具有不同的质，这些异质的种子相互结合就构成了宇宙间的万事万物。这样，万物的本原就不是一，也不是"四根"，而是无限多，但是这无限多的又都是"种子"，因而它们又具有某种概念上的统一性。于是自然形态的"多"与概念形态的"一"就以一种奇特的方式结合起来。但是在阿那克萨哥拉那里，由于种子的异质性，所以"多"和"一"的结合始终是不光滑的、破绽百出的。德谟克利特用数量无限的、同质的"原子"取代了阿那克萨哥拉的数量无限的、异质的"种子"，从而在更深的本质层次上实现了"多"与"一"的统一。"原子"是一（同质性），同时也是多（数量无限）。由原子的不同排列组合产生了万物（从一到多），万物均可归结为原子（从多到一）。万事万物的生灭变化均可以从原子本身加以说明，原子既是质料因，又是形式因和动力

---

① 北京大学哲学系外国哲学史教研室编：《古希腊罗马哲学》，商务印务馆1961年版，第81页。宙斯、赫拉、爱多纽和讷斯蒂分别代表火、水、土、气四种元素。

因，因此既不需要用神来说明世界的产生，也不需要像恩培多克勒和阿那克萨哥拉那样在质料因（"四根"或"种子"）之外再去找一个形式因和动力因（爱和恨、"奴斯"等）来说明万物的运动变化。至此德谟克利特终于找到了一个"原因的解释"，他觉得自己"比成为波斯人的王还好"，因此他踌躇满志地宣布了神话时代的结束。在他看来，除了他的原子以外，"并没有一个享有不死的本性的神"[①]。

从米利都学派到德谟克利特的希腊唯物主义本原思想的发展以曲折的方式反映了希腊哲学对希腊神话改造的第一个特点，即从多到一的发展。米利都学派的哲学家们和赫拉克利特都试图用一种单一的物质作为万物的本原，然而这些物质由于未摆脱直观的自然形态而呈现出片面性。为了克服这种片面性，恩培多克勒和阿那克萨哥拉重新回到了"多"，通过对各种现象性的本原的综合（"四根"），而形成一种更加本质化的本原概念（"种子"），但是由于其异质性，仍未超越"多"。本原重归于"多"，就不可避免地导致了质料因与形式因和动力因的分裂。所以，当德谟克利特继承了那个被他的哲学前辈们弄得支离破碎的多元化世界时，他面临着与爱因斯坦在建立统一场论时所面临的同样困难的问题。原子论的确立使德谟克利特终于解决了世界的"多"和"一"的矛盾，而原子自动（涡旋运动）的思想则把质料、形式和动力统一起来，从而完成了从希腊神话的诸神向单一的哲学本原的唯物主义的转变。

然而唯物主义一派的哲学发展只体现了希腊哲学对神话改造的第一个特点，即从多到一的还原过程，而对于它的第二个特点即从具体

[①] 北京大学哲学系外国哲学史教研室编：《古希腊罗马哲学》，商务印书馆1961年版，第105页。

到抽象的转化过程，却贡献甚少。无论是泰勒斯的"水"、阿那克西美尼的"气"、赫拉克利特的"火"，还是恩培多克勒的"四根"，都带有明显的现象性的特点。阿那克萨哥拉的"种子"和德谟克利特的"原子"，虽然具有超越现象的倾向，但仍未真正地达到抽象的程度，充其量只是一种本质化的还原。有人认为，"只有原子论者提出的原子才是没有任何性质的抽象的一般"，①这种观点值得商榷。德谟克利特的原子并未脱离形，它只是一种细小的不可再分的物质粒子，是构成万物的最后单位。"原子在大小和数量上都是无限的，它们在整个宇宙中由于一种涡旋运动而运动着，并因此而形成一些复合物：火、水、气、土。"②原子是对万物进行还原后所得出的最后的微粒，它仍然是一种具象（尽管是一种肉眼不可见的、最小的具象），有形状、有重量。因此严格地说，"原子"只是一个还原性的具体概念，而非一个抽象性的一般概念。事实上，不仅是古希腊的唯物主义，甚至是西欧近代的唯物主义，仍然由于达不到"抽象的一般"而受到唯心主义的百般诘难，一直到列宁提出抽象性的"物质"概念之后，唯物主义的这段长达2 000多年的耻辱史才宣告结束。在发展思维的抽象能力方面，唯心主义占有毋庸置疑的优势，这种优势在希腊唯心主义哲学中就已经初现端倪。

三、神话与哲学——从具体到抽象

希腊唯心主义哲学的源头可以上溯到奥尔弗斯教中某些以神话的

---

① 汪子嵩等：《希腊哲学史》（第1卷），人民出版社1988年版，第1027页。
② 北京大学哲学系外国哲学史教研室编：《古希腊罗马哲学》，商务印书馆1961年，第96—97页。

形式所包含的神秘主义思想。如果说米利都学派以一种新形式（哲学形式）表现了希腊神话的旧内容（自然崇拜），奥尔弗斯教则以一种旧形式（神话形式）表现了新内容（宗教唯灵主义）。在米利都学派中，哲学与科学不可分割地联系在一起，发展出一种以知识和理性为手段来探索自然之谜的自然科学。在奥尔弗斯教中，哲学与宗教思想融为一体，导致了一种以信仰和激情为媒介来追求灵魂的终极关怀的神秘主义。

奥尔弗斯教对于后来的希腊唯心主义哲学影响最大之处在于它提出了一种与奥林匹斯神话截然不同的唯灵主义思想。在奥林匹斯神话中，灵魂是无足轻重的，重要的是现世的肉体生活。在荷马史诗《奥德修纪》中，有一段描写远征特洛伊归来的希腊英雄奥德修斯在途经地府时遇见已死去的阿喀琉斯的灵魂的情节，二者之间进行了一番对话：

> 奥德修斯："阿喀琉斯，我看从古到今没有比你更幸福的人了；你从前活着的时候，我们阿卡亚战士们对你像天神一般尊崇，现在你在这里又威武地统率着鬼魂们；阿喀琉斯，你虽然死了，你也不必悲伤。"
>
> 阿喀琉斯："光荣的奥德修斯，我已经死了，你何必安慰我呢？我宁愿活在世上做人家的奴隶，侍候一个没有多少财产的主人，那样也比统率所有死人的灵魂要好。"[1]

---

[1] 荷马：《奥德修纪》，上海译文出版社1979年版，第144页。

冥界中的灵魂生活再风光，也抵不上现世的肉体生活；宁愿在人世间当牛做马，也不愿去地府发号施令。这就是希腊奥林匹斯神话的基本格调，这也是希腊人普遍的现实主义生活态度。然而在奥尔弗斯教中，这种现实主义的生活态度被一种神秘的唯灵主义所取代，希腊人的明朗轻松的感性生活让位于一种阴凄晦涩的灵性生活。"按照奥尔弗斯派的教义，人生就是赎救提坦神族罪行的一种忏悔。人的不朽部分是被禁锢在他的凡体之中；灵魂被幽禁在他的肉体之中。肉体是灵魂的坟墓。……人生是死亡的演习。只有通过死亡，灵魂才能从它的禁锢之中解脱出来，才能从它身体的罪恶之中得到解救。生就是死，死就是生。死亡之后，灵魂要受审判。……灵魂在世上经过三世之后，不受肉体玷污，就被永远开释，去和天上的快乐神灵共同交游。"① "奥尔弗斯教的种种祭典仪式的主要目的，就是使灵魂超越'生之轮回'，即摆脱在动植物身体中的轮回转生过程。这种超越后的灵魂，将重新成为神，并永享福祉。"②

奥尔弗斯教的这种灵肉对立思想和唯灵主义倾向对毕达哥拉斯和柏拉图的哲学产生了很大的影响，并通过他们与基督教神学联系起来。"灵魂"的概念也逐渐通过抽象化和客观化的哲学改造过程而发展成为一种独立的和不朽的精神性本体，成为后来一切客观唯心主义哲学的大前提和出发点。关于这个变化过程，我将在第二章第二节中详加论述。在这里，我只侧重于分析希腊唯心主义哲学对本原概念的抽象化发展过程。

---

① 奥尔弗斯教的这些思想散见于柏拉图的《高尔吉亚篇》以及《欧里庇得斯拾遗》等著作中，转引自汤姆逊《古代哲学家》，生活·读书·新知三联书店 1963 年版，第 268—269 页。

② J.Burnet: *Early Greek Philosophy*, London, 1930, p.81—82.

如果说泰勒斯是西方哲学史上的第一个唯物主义哲学家,那么毕达哥拉斯就是第一个唯心主义哲学家。毕达哥拉斯可以说是希腊哲学家中最耐人寻味的人,在他身上,许多相互对立的东西以一种非常奇妙的方式结合在一起。他是一个伟大的数学家和自然科学家,同时也是一个神秘主义宗教团体的创始人。他的哲学中既包含了神秘的宗教内容,又包含了科学的证明方法。因此有人认为他是一个"宗教神秘主义者",另一些人则把他看作希腊社会中新兴的科学精神的代表。列宁指出,毕达哥拉斯的思想是"科学思维的萌芽和宗教、神话之类的幻想的一种联系"①。毕达哥拉斯所创立的宗教有许多奇怪的禁忌,在这方面显然是受了奥尔弗斯教的影响,后者关于灵魂不死和轮回转世的信念构成了他的哲学思想的一个重要来源。据说有一次毕达哥拉斯阻止人们打一条狗,因为他相信在这条狗身上附着他的一位死去的朋友的灵魂,他从狗的叫声中听出了这位朋友的声音。关于毕达哥拉斯之死的传说也是非常富有传奇色彩的:他的仇人们放火烧了毕达哥拉斯和门徒们聚会的房子,毕达哥拉斯从火中逃出来,但是在一块豆子地前被人追上了,因为他宁死也不愿践踏豆子(禁食豆子也是毕达哥拉斯宗教团体的禁忌之一),这样他就被追他的人杀死了。②除此之外,毕达哥拉斯和他的团体在数学、谐音学、天文学和医学方面也有很多建树,特别是毕达哥拉斯定理(即勾股定理)的发现使他在几何学发展史上占有重要的地位。

毕达哥拉斯把万物的本原说成是一种超自然形态的东西——"数"。"数"是先于和独立于一切自然物的唯一实体,在"数"中,

---

① 列宁:《列宁全集》(第38卷),人民出版社1959年版,第275页。
② 北京大学哲学系外国哲学史教研室编:《古希腊罗马哲学》,商务印书馆1961年版,第36页。

"一"又是最基本的,从"一"中产生出一切偶数和奇数,然后再产生出几何图形和种种自然元素乃至整个世界。"万物的始基是'一元'。从'一元'产生出'二元'……从完满的'一元'与不定的'二元'中产生出各种数目;从数目产生出点;从点产生出线;从线产生出平面;从平面产生出立体;从立体产生出感觉所及的一切物体,产生出四种元素:水、火、土、空气。这四种元素以各种不同的方式相互转化,于是创造出有生命的、精神的、球形的世界。"① 在这里我们可以看到,毕达哥拉斯采取了一种与米利都学派迥然相异的思维路向,他一上来就摆脱了具体的自然形态而走向"数"的概念。虽然从严格的意义上来说,毕达哥拉斯的"数"更多地具有还原论的意义而非我们现代人所理解的抽象意义,万物只是从"数"中产生,而无关"数"的"分有"或者"数"的样式,但是这种把概念性的东西当作一切客观事物的本原的做法毕竟为整个唯心主义思维方式奠定了基础。所以到了埃利亚学派的克塞诺芬尼和巴门尼德那里,一种具有真正抽象意义的本体概念就出现了。

克塞诺芬尼和巴门尼德是师生关系,前者在对希腊多神教进行了辛辣的讽刺后提出了"唯一的不动的神"的观点;后者则把这个"唯一的不动的神"转化为一种哲学的本体概念"存在"。克塞诺芬尼可能是第一个公开嘲笑希腊多神教的思想家,他认为,"荷马和赫西俄德把人间认为是无耻丑行的一切都加在神灵身上:偷盗、奸淫、彼此欺诈""凡人们幻想着神是诞生出来的,穿着衣服,并且有与他们同样的声音和形貌"。他以揶揄的口吻挖苦道,如果马和狮子能作画或

---

① 北京大学哲学系外国哲学史教研室编:《古希腊罗马哲学》,商务印书馆 1961 年版,第 34 页。

雕塑，那么它们也会根据自己的形象做出马形和狮形的神像来。① 克塞诺芬尼用一个在形体和思想上都不同于凡人的神来取代荷马和赫西俄德笔下的自然形态的诸神，这个神是"全视、全知、全听"的，它不是靠自然力而是靠思想力来左右一切。因此，这个神实际上就是一个"灵"。这个以"思想力"为本质特征的神到了巴门尼德那里转化为一个抽象的概念——"存在"，"按照巴门尼德的观点，所谓存在即一不生不灭、不动不变、独一无二的抽象物"②。"存在"并非客观世界的感性事物，而是一种形而上的本质；它不是指万物由以产生的自然源头，而是指万物作为根据的一种概念。这样一来，还原意义上的本原就变成了抽象意义上的本体。可以说巴门尼德是西方哲学史上第一个真正走向抽象化的哲学家。他的"存在"是抽象思维的产物，是基于逻辑论证之上的一种形而上学的实体，因此他明确提出了思维与存在的同一性。他的基本哲学思路是：把思维中抽象出来的具体事物的共性（存在）当作客观实在的和永恒不变的绝对本质，以此来说明变动不居的现象世界并与后者相对立。于是，希腊神话所展示的明朗的感性世界就分裂为两个相互对立的世界：一个是不变不动的真实的本质世界，它是理智的对象，因其抽象性而与思维相统一；另一个是纷纷扰扰的具象世界，它只是意见和感觉的幻象，是惑人耳目的迷津。奥尔弗斯教的灵魂与肉体的直观对立到巴门尼德那里演化为"存在"（本质）与"非存在"（现象）的抽象对立，后来又发展为柏拉图的"理念世界"与"感性世界"，以及一切客观唯心主义和宗教的本质与现象的二元论。从这一点来说，巴门尼德是西方唯心主义哲学思想的

---

① 北京大学哲学系外国哲学史教研室编：《古希腊罗马哲学》，商务印书馆 1961 年版，第 46 页。
② 陈修斋、杨祖陶：《欧洲哲学史稿》，湖北人民出版社 1987 年版，第 37 页。

真正奠基人。"后来的哲学,一直到晚近时期为止,从巴门尼德那里所接受过来的并不是一切变化的不可能性,而是实体的不可毁灭性。'实体'这个字在他直接的后继者之中并不曾出现,但是这种概念已经在他们的思想之中出现了。实体被人设想为是变化不同的谓语之永恒不变的主词。它就这样变成为哲学、心理学、物理学和神学中的根本概念之一,而且两千多年以来一直如此。"[1]

柏拉图的"理念论"是希腊唯心主义哲学发展的巅峰,同时也是整个希腊哲学抽象思维的最高产物。在巴门尼德那里,呈现于理智的"存在"与呈现于感官的现象之间的对立还处于一种模糊的状态,而在柏拉图的"理念论"中,抽象的"理念世界"与具体的"感性世界"之间的对立已经明确化和系统化了。柏拉图的"理念论"具有一种纯粹形而上学的意义,它实质上是把主观世界的思维过程倒过来当作客观世界的发生过程,把作为主观逻辑终点的抽象范畴当作客观实在的起点。"理念"不仅是主观概念,而且也是客观实在,它不仅在逻辑上,而且在时间上也先于具体的感性世界。这种把主观概念等同于客观实在,把逻辑在先等同于历史在先的做法就是唯心主义的一般实质,它导致了从柏拉图到基督教神学再到黑格尔的形形色色的"本质先于存在"的哲学理论。但是另一方面,"理念论"的提出也意味着希腊哲学在抽象化程度上已经达到了很高的水平。当柏拉图在《蒂迈欧篇》里描述神以"善"的理念(最高理念)为指导、以理念世界为模型进行创世活动时,他实际上是用哲学语言表述了希腊神话中神谕决定论的思想。"理念"就是抽象的命运,它以同样严格的必然性

---

[1] 罗素:《西方哲学史》(上卷),商务印书馆 1963 年版,第 83 页。

制约着感性事物（理念的"摹本"）的生灭变化。"理念"和命运一样是不可改变的，它在纷纷扰扰、变动不居的现象世界背后安排了严明的秩序和不可逆转的决定论。至此，希腊哲学对希腊神话的第二种改造过程，即从具体到抽象的转化过程宣告终结。

希腊哲学发展到亚里士多德那里宛如百川归海，此前希腊的一切哲学思想都以妥协的形式汇聚到亚里士多德的体系中。唯物主义一派的本原（"种子""原子"等）和唯心主义一派的本质（"存在""理念"等）在亚里士多德那里都成为"实体"，即作为具体的个别事物的实体（"第一实体"）和作为逻辑上的种、属的实体（"第二实体"）。在他的"四因"说中，形式与质料所构成的从低到高逐级上升的阶梯式动态体系实质上表现了唯物主义与唯心主义两种倾向的相互超越。形式与质料的不可分割性意味着希腊哲学在经历了本质与现象的分离和对立（在柏拉图的"理念"论中表现得尤为显著）之后重新把二者统一起来，但是"纯形式"和"纯质料"概念的提出又以哲学或理性的形式把作为"不动的推动者"的神与消极的物质世界再度对立起来。亚里士多德在深刻地批判了唯心主义之后又倒向了唯心主义。

在借助哲学之力涤荡了质朴的希腊多神教的残骸之后，柏拉图和亚里士多德又在哲学中焕发了新宗教的曙光。感性直观的自然神已经无可挽救地没落了，取而代之的是一种形而上的和抽象的神。在柏拉图那里，这个神被蒙上了神秘主义的狂信色彩，表现为一个"灵"。在这一点上，柏拉图和他的老师苏格拉底是一脉相承的，他们都是通过一种坚定不移的信念与神相沟通。柏拉图曾在《斐多篇》中借苏格拉底之口表述了自己的宗教态度："哲学家的职责恰恰在于使灵魂脱离肉体而获得自由和独立。""灵魂这个不可见的部分，离开肉体到了一个像它自己一样实在、纯粹及不可见的地方……去谒见至善和至明之神。"① 然而到了亚里士多德那里，这个神不过是理性的最高产物——一个永恒的不动的实体（"纯形式"）。与柏拉图不同，亚里士多德不是通过信念或信仰，而是通过逻辑论证来引出这个"永恒不动的实体"或神。他论证道："必然有一个永恒的不动的实体。因为实体是存在物的基础，所以如果实体是全都可以毁灭的，则所有的东西也都可以毁灭。但是运动是不可能产生出来和停止存在的，时间也不可能如此。"② 所以必定有一个不可毁灭的永恒不动的实体，它的本质就是现实性。它本身没有质料，却构成了万事万物的"永恒的齐一性的原因"；它本身是不动的，却作为最高的"形式"吸引着万物趋向它。因此它是"不动的推动者"，是世界终极的动力因和目的因。

在这里我们可以看到柏拉图和亚里士多德的分野。前者通过信念与神直接沟通，后者则通过逻辑论证神的存在。神在前者那里是毋庸置疑的事实，是信仰的起点；在后者那里则是有待证明的对象，是逻辑的结论。柏拉图侧重于描述灵与肉、理念世界与感性世界的对立，从而为以后的新宗教（基督教）提供了神学内容。亚里士多德侧重于论证现实与潜能、形而上世界与经验世界的统一，从而为新宗教提供了逻辑形式。从柏拉图的哲学中发展出一种超越现实生活和现象世界的神秘主义和浪漫主义，从亚里士多德的哲学中则发展出一种尊重经验事实和"合逻辑性"的实证主义和理性主义。柏拉图哲学的浪漫主义体现了一种宗教殉道意识，它构成了湍急的希腊世俗生活潮流中的

---

① 柏拉图:《苏格拉底最后的日子：柏拉图对话集》，生活・读书・新知三联书店1988年版，第130、161页。
② 北京大学哲学系外国哲学史教研室编:《古希腊罗马哲学》，商务印书馆1961年版，第259页。

一根精神砥柱，顽强地抵御着现实世界中各种非精神浪涛的冲击，始终不渝地呼唤着生命的彼岸，并在其后的历史过程中不断地转换形式——在罗马帝国中"附灵"于普罗提诺，在教父哲学中"化体"为奥古斯丁，并通过后者影响了整个基督教神学。亚里士多德哲学的理性精神代表了现实世界中日益高涨的世俗英雄主义，它引导人们更多地把眼光投向科学和现世的功利，而不是投向宗教和彼岸的灵性生活。如果说浪漫主义使得柏拉图在政治理论上刻意追求一种乌托邦式的"理想国"，那么理性主义则使亚里士多德极力为现实世界的国家制度、法权关系和私有财产进行辩护。从古代亚历山大里亚学派的科学思想一直到近代科学家（如牛顿等）的自然哲学理论，从亚历山大和恺撒的丰功伟绩到拿破仑的宏图大业，均可以看到这种萌发于亚里士多德的理性主义的深远影响。

希腊神话在经过希腊哲学的改造以后分裂为两种对立的倾向——它的那些神秘主义成分（命运、神谕等）经过浪漫主义的热加工而上升为形而上的神或上帝；它的那些穿着自然外衣的神明则经过理性主义的冷处理而转变为现实世界中的亚历山大和恺撒。

四、希腊哲学的堕落

当传统的多神教开始衰落之际，在希腊社会中出现了两种截然不同的倾向，一种倾向是企图用一个形而上学的新神来取代自然形态的旧神，另一种倾向则是完全抛弃外在的神而走向人自身。前者的代表是苏格拉底，后者的代表是一些被称为"智者"的人。

普罗泰戈拉是当时希腊社会中声望最高的"智者"，当苏格拉底还是一个青年的时候，他已经是一个深孚众望的诡辩家了。柏拉图在《普罗泰戈拉篇》中描写了初出茅庐的苏格拉底与老成精明的普罗泰戈拉之间的谈话，苏格拉底以鄙夷的口气把普罗泰戈拉等"智者"称为"批发或者零售灵魂的粮食的人"，并表示在希腊人面前以"智者"的身份出现是一种耻辱。之后的亚里士多德也以贬抑的口吻说："智者的技术就是毫无实在内容的似是而非的智慧，智者就是靠一种似是而非的智慧赚钱的人。""智者的学说是一种貌似哲学而并不是哲学的东西。"① 普罗泰戈拉和"智者"们之所以使得苏格拉底及其弟子们如此痛恨，是因为他们公然宣扬一种以人为万物尺度的相对主义和怀疑主义。苏格拉底和普罗泰戈拉都因为"不敬神灵"而受到了希腊人的惩罚，但是他们两人的动机却是完全不同的——一个是因为过于虔信，另一个则是因为太不虔信；一个试图用新神来取代旧神，另一个则想用人来取代神。普罗泰戈拉曾明确地表示："至于神，我既不知道他们是否存在，也不知道他们像什么东西。有许多东西是我们认识不了的；问题是晦涩的，人生是短促的。"② 在他看来，"人是万物的尺度""知识就是感觉"，不存在什么客观真理，一切事物均以人的感觉为转移。这种以人作为标准的相对主义到另一个"智者"高尔吉亚那里发展为一种绝对的怀疑主义和不可知论，高尔吉亚提出了三个原则：1. 无物存在；2. 即使有物存在，也无法认识；3. 即使认识了，也无法加以表述。这样就把整个外部世界完全抽空了，剩下的只有一个如幽灵一般四处游荡的孤寂自我。

尽管罗素把"智者"们称为一些"智力优异"的人，但是他们的这种相对主义和怀疑主义的思想在生机勃勃的希腊文化中毕竟代表了哲学的末流，显得苍白无力。在当时的希腊，诸神刚刚开始显露出衰

---

① 北京大学哲学系外国哲学史教研室编：《古希腊罗马哲学》，商务印书馆1961年版，第144页。
② 同上，第138页。

亡的迹象，而英雄主义的时代正在来临。在这个当口，无论是唱着对旧神的挽歌走向彼岸的新神，还是扯起旧神的大旗走向现实中的英雄，都是一种积极的生活态度，而过早地把脊背同时转向神的国度和英雄的国度，则表现了哲学的怯懦。诸神死了，英雄就活了；只有当神和英雄都死了的时候，人才会普遍地把眼光投向自身，才会把对宗教和国家的热情转向个人生活，才会把关注的焦点从外在的美（希腊诸神）和真（万物本原）转向自身的善（个人幸福），才会提出这样的问题："在一个罪恶的世界里，人怎样才能够有德；或者，在一个受苦受难的世界里，人怎样才能够幸福？"① 然而在雅典民主制的鼎盛时期，人们是不会对这样的问题感兴趣的，他们的热忱都投注在城邦的政治生活中，投注在那些与他们的命运休戚相关的诸神身上。在当时的社会中，普遍的提问方式是："人怎样才能创造一个好国家？"另一些宗教先知式的人物（如克塞诺芬尼和苏格拉底），则开始用敏感的心灵去思考如何到与荷马所揭示的世界不同的"另一个世界找到神赐予的最大幸福"这样的问题。② 只是到了亚历山大死后的希腊化时期，希腊人才开始像寄居蟹一样躲进狭小的螺壳中，重新品味"智者"们在一个多世纪以前提出的相对主义和怀疑主义思想。从这一点来说，"智者"们在他们所生活的时代中是一些不合时宜的人，或者借用里尔克在其小说《掘墓人》中的说法，是一些"战败者"，一些"来得太早太早的人"。

"智者"们早熟的相对主义和怀疑主义在雅典民主制时期虽然只

---

① 罗素：《西方哲学史》（上卷），商务印书馆 1963 年版，第 293 页。
② 柏拉图：《苏格拉底最后的日子：柏拉图对话集》，生活·读书·新知三联书店 1988 年版，第 122 页。

是昙花一现，但是它们却在希腊化时期的哲学（犬儒主义、怀疑主义、伊壁鸠鲁主义和斯多噶主义）中借尸还魂，并成为那个时期哲学的主流思想。

　　前面已经谈到，从希腊哲学中可以引出两种对立的倾向，即"浪漫主义"和"理性主义"。这两种倾向虽然迥然相异，却有一个共同之处，即它们都是对希腊多神教的否定，所不同的只是否定的方向相反：浪漫主义极力想使诸神摆脱形体，超出现实，成为唯一的精神；理性主义则力图使诸神更直接地成为现实生活，成为国家和法本身。前者否定多神教是因为诸神具有太多的人性，后者否定多神教则是因为诸神具有太多的神性。理性主义的要求通过亚历山大（他恰好是古希腊理性主义哲学的最大代表亚里士多德的学生）而得以暂时实现，但是亚历山大的死亡意味着古希腊文化的最后一颗星星的陨落。从此希腊哲学步希腊多神教的后尘而走向没落，在毫无希望的世俗生活中把眼光从超绝的神和现实的国家转向狭隘的个人幸福。哲学"堕落"为伦理学，一切高尚的情操和气质全都荡然无存，古代的英雄主义蜕化为自我封闭的快乐主义和禁欲主义，枝叶繁茂的希腊哲学萎缩为干枯的伊壁鸠鲁主义、怀疑主义和斯多噶主义。人把眼光投向自身，却把脊背转向了现实世界。理性主义虽然较少地具有超越成分，但它使人们把精力投入现实生活，导致了世俗文化的繁荣和勃兴，从而创造了一种与宗教殉道意识迥然相异的世俗英雄主义。然而，到希腊化时期，连这种理性主义的追求也被腐蚀掉了，一切闪光的理想都深陷狭义的个人主义的泥淖中。哲学像乌龟一样蜷缩在个人自我完善的壳体中，而把广阔的外部世界置于脑后。黑格尔指出："那时候的各种哲学系统——斯多噶派、伊壁鸠鲁派、怀疑派，虽然他们各不相容，却具有一个共同的出发点，这就是，要使心灵对于实际世界所提供的一切漠不关心。"①

　　哲学的没落却衍生出一颗苦涩的果实，这就是伦理学。斯多噶学派曾把逻辑学比作围绕田地的篱笆，自然哲学为土壤或果树，伦理学则为果实。②然而希腊伦理学却是希腊哲学的一颗苦果，或者是一个尚未开花即已枯萎了的貌似果实的干蓓蕾。希腊化时期出现的一切哲学流派，如犬儒主义、怀疑主义、伊壁鸠鲁主义、斯多噶主义等都不关心形而上学，而把眼光专注于个人的伦理生活，从对外在的神的崇拜转变为对直接的个体自身的关切，而且这种伦理学也是消极的，它并不鼓励人们去追求幸福，只是劝导人们去避免不幸。恐惧代替了希望，静观代替了行动，人成了暴风雨来临前的鼹鼠，各自寻找着最适宜藏身的避难所。犬儒主义对生活采取不动心的态度，我行我素，自得其乐。亚历山大在拜访犬儒主义哲学家第欧根尼时曾问他想要什么恩赐，后者答道："只要你别挡住我的太阳光。"怀疑主义在生活态度上与犬儒主义并无原则性的差别，只是在行为上较为温和些，他们似乎更多地采取一种随波逐流的自然主义生活方式，而不像犬儒主义者那样偏执于我行我素。伊利斯的皮浪的典型生活态度是不做判断和不动心。"他的生活方式与他的学说是一致的。他不避免任何事物，也不注意任何事物，面对着一切危险，不管是撞车、摔倒、被狗咬，总之根本不相信他感官的任何判断。据卡吕斯多的安提贡说，他的朋友们总是跟着他，把他救出危险。但是据爱内西德谟说，只是他的哲学建立在不做任何判断上，在日常生活中他仍然是谨慎行动的。这样一

---

① 黑格尔：《历史哲学》，生活·读书·新知三联书店1956年版，第362页。
② 北京大学哲学系外国哲学史教研室编：《古希腊罗马哲学》，商务印书馆1961年版，第371页。

直活到九十岁。"① 伊壁鸠鲁主义似乎显得较为积极一些，但是它仍然是以避免痛苦而非追求幸福为其宗旨。为后人所赞誉的伊壁鸠鲁"快乐论"向往的只是一种无为的宁静，即"身体的无痛苦和灵魂的无纷扰"。伊壁鸠鲁主义绝非如后人们所认为的是一种追逐肉欲的享乐主义，相反，它具有明显的节欲色彩，它的信奉者们大多过着一种非常简朴的生活。伊壁鸠鲁曾宣称："我轻视奢侈的快乐。"他一生都过着一种审慎的简朴生活。伊壁鸠鲁对垂死挣扎的希腊诸神进行了最后一次侮辱，他把他们挤压到原子世界的间隙中，并且强迫他们接受快乐论原则，安分守己，丝毫不干预人间的事务。否定超自然力量对自然过程的干涉（他认为这种干涉是导致人们产生恐怖和痛苦的根源），使伊壁鸠鲁成为一个非决定论者，他把自由和快乐的权利完全交给了个人，从这一点来说，伊壁鸠鲁是古代真正的无神论者和"古代真正的启蒙者"②。然而这种非决定论使他沉溺于个人自身完善之中，这种完善又表现为一种带有节欲色彩的审慎。在一个没有神的时代，个人分享了神性，从而趋于完善，然而人的历史却衰颓了，变得黯然无光。在个性膨胀的时代，历史则处于脱水的干瘪状态。当人人都退缩到自我完善的伦理世界中时，历史就失去了形而上学的牵引，成为一堆斑驳刺目的散沙。安古斯评论道："形而上学隐退到幕后去了，个人的伦理现在变成了具有头等意义的东西。哲学不再是引导着少数一些大无畏的真理追求者前进的火炬；它毋宁是跟随着生存斗争的后面在收拾病弱与伤残的一辆救护车。"③

---

① 北京大学哲学系外国哲学史教研室编：《古希腊罗马哲学》，商务印书馆1961年版，第341页。
② 《马克思恩格斯全集》（第3卷），人民出版社1960年版，第147页。
③ 《剑桥古代史》卷7，第231页。转引自罗素：《西方哲学史》（上卷），商务印书馆1963年版，第291页。

这种狭隘的个人自我完善在斯多噶主义那里达到了顶峰，同时也转向了它的反面。斯多噶学派前后持续了几个世纪之久，纵跨了希腊和罗马两个时代，其间经历了很大的变化，总的倾向是从自然哲学走向神秘主义，从追求此岸德行走向鄙视此岸生活。斯多噶主义（尤其是晚期斯多噶主义）把伊壁鸠鲁的乐观的节欲主义变成了悲观的禁欲主义，使个人自我完善具有某种宗教性质的殉道意味。苏格拉底的人生态度一直是斯多噶主义奉守的典范，后来又逐渐融入了柏拉图的狂热的神秘主义。早期斯多噶主义者（如塞浦路斯的芝诺和克吕西波）认为世界是从一种神圣的"火"中诞生的，这火就是唯一的神，是命运、宙斯，这里可以看出赫拉克利特的自然哲学对其的明显影响。后来这"火"逐渐成为超自然的理性，与柏拉图的"理念"相融合，终于演变成了一种超绝的上帝，为基督教的出世思想做好了铺垫。斯多噶主义与希腊化时期的其他各种哲学（严格地说是各种伦理学）的共同之处在于它们都把眼光从公共的政治生活转向个人自身完善，而它与它们的不同之处则在于斯多噶主义把个人自身完善的实现从此岸推到了彼岸，因而它具有宗教气息和悲观主义成分。现世的个人德行在斯多噶主义那里并不是目的，而是手段，人们通过这种手段与彼岸的上帝和另一种生活建立起联系。"斯多噶派认为有德的生活乃是一种灵魂对上帝的关系，而不是公民对国家的关系。这样他们则为基督教准备了道路。"① 在斯多噶主义那里，衰微的宗教殉道精神通过个人德行重新得以光大，而世俗英雄主义则遭到了最激烈的抵制。在希腊化时期，人们不再关心创建一个好国家的问题，而是沉溺于个人得救的途径。伊壁鸠鲁的福音是现世的个人完善（包括身体和精神），斯

---

① 罗素：《西方哲学史》（上卷），商务印书馆1963年版，第14页。

多噶主义的福音则是个人肉体死后的灵魂获救。伊壁鸠鲁的节欲出于审慎，斯多噶主义的禁欲出于厌世。伊壁鸠鲁主义教导人们去热爱生活，有节制地享受生活，它的福音是快乐的福音；斯多噶主义则劝导人们鄙夷生活，完全放弃一切现世的享受，它的福音是忍受的福音。希腊化时期的个人完善的伦理学经过斯多噶主义的超伦理学的个人得救理论，终于发展为基督教的形而上学的救赎福音。

在希腊，世俗英雄主义最初表现在斯巴达人那里，而后在亚历山大时代焕发出瑰丽的光彩。然而这种英雄主义在希腊只是昙花一现，既无牢固的根基，亦无发展的条件。希腊人是文明的、爱美的、敬神的，基本上是温文尔雅的。而古代的世俗英雄主义则是在荆棘丛生的蛮荒之地盛开的一枝暴力之花。关于这一点，身为马其顿蛮族的亚历山大本人就是一个绝好的例子，而斯巴达人和马其顿人比起雅典人来也要野蛮得多。因此亚历山大一死，世俗英雄主义在希腊就永远地凋谢了，取而代之的是象征着希腊文化末流的个人主义。这种冷漠的、狭隘的个人主义在希腊化时期如汪洋大海一般泛滥，把神、国家和一切远大理想都湮没在它那漫不经心的慵懒之中。到了斯多噶主义那里，神以一种新的形式重新萌生，而国家却仍然遭到贬抑。希腊已经分裂为一个个孤零零的个体，国家实际上已成为一具僵尸，政治成为一个肮脏的字眼遭到各个哲学学派的唾弃。至此，希腊文化已经开始面对着一个无可挽回的终极命运，这命运是"一种铁的势力，准备着揭穿那种堕落局面的一切征象，把它毁为焦土，打个粉碎；因为治疗、补救、挽回是不可能的。而这种压倒一切的命运就是罗马人"。①

---

① 黑格尔：《历史哲学》，生活·读书·新知三联书店1956年版，第322页。

第三节
罗马英雄主义

一、罗马人与希腊人

与希腊人相比,罗马人无疑是愚笨的、粗野的。他们缺乏优雅,不谙哲理,不擅艺术,然而他们却创造了秩序,制定了法律,健全了国家。罗马人对美和神采取无所谓的态度,他们崇尚的是武力和功利。罗马人把希腊人看作慵懒的、奢浮的、萎靡不振的,希腊璀璨的科学、哲学和文学艺术起初都被看作一些无聊的奢侈品,只是到后来罗马人才开始笨拙地模仿起这些东西来。而在文明的希腊人眼里,罗马人无非是一些愚钝未开的乡巴佬,然而这些乡巴佬却颇为凶悍。"希腊人对罗马人的自然态度,是一种夹杂着恐惧的鄙视;希腊人认为自己是更文明的,但是在政治上却较为软弱。如果罗马人在政治上有着更大的成功,这只说明了政治是一种不光彩的行业。"[①] 希腊人对罗马人的这种既轻蔑又恐惧的心理颇类似于后来罗马人对日耳曼人的态度。到了罗马共和国晚期,被征服了的希腊文化在罗马人眼里开始散发出越来越强烈的魅力。罗马人在以后的几个世纪里如同近代的暴发户一样,极力模仿希腊的高雅文化。在维吉尔的史诗《埃涅阿斯纪》和李维的《罗马史》中,都把罗马的起源与荷马的希腊神话联系起来——特洛伊失陷后,英雄埃涅阿斯带领残存的特洛伊人乘船来到拉丁平原,与当地的阿玻里根人合并成为拉丁人,埃涅阿斯的后代建立了罗马城。罗素在谈到罗马人对希腊文化的模仿时指出:"罗马人起

---

① 罗素:《西方哲学史》(上卷),商务印书馆 1963 年版,第 348 页。

源于特洛伊的说法被创造了出来,以便与荷马的传说联系在一起。拉丁诗人采用了希腊的韵律,拉丁的哲学家接受了希腊的理论。终于,罗马在文化上就成了希腊的寄生虫。"[1] 黑格尔对于罗马世界怀着一种深恶痛绝的反感,对于希腊的美的客观性"堕落"为罗马的抽象的主观性这一历史过程感慨万分,在《历史哲学》一书中,他对罗马文化进行了最无情的攻击:

> 罗马的艺术作品都只是从希腊各地搜集所得,而不是他们自己制造出来的;他们的财富不像雅典那样是勤劳的蓄积,而是劫掠而来。文雅和修养根本是不合罗马人本性的;他们企图从希腊人那里输入文化,因此,就有了很多的希腊奴隶被载运到罗马来。这种奴隶贸易是以提洛为中心,据称这个地方有时候一天之间可以卖出一万个奴隶。希腊的奴隶成了罗马的诗人、著作家、罗马人工作场所的监督、罗马人子女的教师。[2]

希腊与罗马的这种对立一直延续到中世纪和近代,日耳曼蛮族对西罗马帝国的入侵使得这种对立进一步表现为拜占庭帝国与西欧封建社会的对立,表现为政治的对峙和教会的对峙。东罗马帝国的专制政权与西欧松散的封建体制对峙了1000年之久,君士坦丁堡教会与罗马教会之间的抵牾最终酿成了1054年希腊正教与罗马公教的正式分裂。在中世纪,拜占庭的希腊人把西方的拉丁人(罗马人)与日耳曼人都看作野蛮人,而拉丁人和日耳曼人则把希腊人看作谙熟异端邪说

---

[1] 罗素:《西方哲学史》(上卷),商务印书馆1963年版,第351页。
[2] 黑格尔:《历史哲学》,生活·读书·新知三联书店1956年版,第357页。

的"东方人"。公元 968—969 年伦巴第主教柳特普兰德代表西罗马帝国（即神圣罗马帝国）皇帝奥托二世出使东罗马帝国，与东罗马皇帝尼基弗罗斯发生了一场有关希腊人和"西方人"（指拉丁人和日耳曼人）孰优孰劣的争论。柳特普兰德最有力的论据是"希腊人培养了各种异端，而西方人消灭了它们"，这个论据在 10 世纪确实对柳特普兰德非常有利，因为当时一切古典希腊文化在基督教世界中都已被当作异端邪说遭到抵制，即使是在保存了希腊文化的拜占庭，基督教在形式上也仍然具有压倒一切异教文化的绝对优势，虽然拜占庭的希腊人在内心深处仍然留恋古希腊的璀璨文化同时也憎恶西方基督教世界的野蛮。一个世纪以后拜占庭的希腊公主兼历史学家安娜·科穆宁在其著作中对随着第一次十字军东征而涌入东罗马帝国的西方人（她把拉丁人和日耳曼人统称为法兰克人）表示了强烈的轻蔑和憎恶：

> 无数法兰克军队到达的消息使亚力克修一世惶惶不安。他对于西方蛮族的种种特性是最熟悉不过了，诸如他们的乖戾暴躁、反复无常、轻信人言以及其他形形色色的根深蒂固的特性。他同样对这些蛮族的贪得无厌是很熟悉的，他们的贪得无厌使他们轻率地用任何借口撕毁条约而贻笑大方。这就是法兰克人的信誉，这种信誉也完全为他们的行动所证实。①

接着，科穆宁就具体地描述了"法兰克人"（泛指拉丁人和日耳曼人）的种种厚颜无耻、暴戾贪婪的行为，科穆宁的态度典型地表现

---

① 汤因比：《历史研究》（下册），上海人民出版社 1964 年版，第 240—241 页。

了希腊人对罗马人和日耳曼人的蔑视。

在学术界一直流行着一种观点，即把希腊文化与罗马文化看作一脉相承的同一种文化。实际上这两种文化之间有很大的差别，希腊文化是绚丽多彩的，感性的和优美的，罗马则除了一套完整精确的法律和政治制度，以及一些炫耀强大国力的恢宏建筑之外，在文学、艺术、哲学等方面基本上都是拾希腊人之牙慧。这两种文化从一开始就存在着巨大的差异，到了中世纪，罗马人与征服他们的日耳曼人携起手来（虽然在他们之间也有很深刻的矛盾，特别典型地表现在拉丁人控制的教会与日耳曼人掌握的世俗权力之间的抗争）共同对付拜占庭的希腊人。以收复圣地为名的第四次十字军东征曾借机对君士坦丁堡大肆劫掠，给希腊人留下了极其恶劣的印象，以至于许多希腊人在15世纪拜占庭帝国崩溃后宁愿在政治上臣服于土耳其人也不愿接受西方天主教会的统治。近代的文艺复兴运动与其说是对希腊罗马文化的复兴，毋宁说是对希腊文化的复兴，因为罗马文化除了个别部分（法、政治）外都是对希腊文化拙劣的模仿。在中世纪真正遭到贬抑和排斥的也只是希腊文化，近代文艺复兴实际上是销声匿迹1000多年的希腊文化从东方向西方的流归。这种流归开始于11世纪，最初是通过阿拉伯人和居住在西班牙的摩尔人零星的影响，后来又得益于十字军东征无意中打开了东西方之间的文化交流通道，最后当拜占庭帝国1453年被土耳其人征服后，希腊文化更是大规模地流归西欧。

罗马社会从一开始就是一种强制的产物，它起源于拉丁平原周围的三个族群的区域，即拉丁人，萨宾人和伊特剌斯坎人的区域。古罗马历史学家李维将罗马的最初起源称为一种"垃圾堆"状态，黑格尔更是以鄙夷的口吻指出，罗马是由这三个区域的一伙亡命者和游手好闲之徒所建，对于这批创建者来说，最重要的工作就是征服和劫掠，所以尚武精神、自我牺牲和严明的纪律就成为罗马人的古朴道德。这种道德无论是在社会生活中还是在家庭生活中都充分表现出来，因此在古代罗马社会中是绝对不存在希腊生活中那种温情脉脉的人际关系的。关于罗马城的建立者罗慕洛斯和雷慕斯吃狼奶长大的传说、关于罗慕洛斯兄弟为争王位手足相残的传说、关于罗马人抢劫萨宾少女强行成婚①的传说等等，都反映了这种粗暴的野蛮之风。在上述那场柳特普兰德与尼基弗罗斯皇帝的争论中，起初双方出于维护罗马帝国的面子的缘故，在口头上都自称为"罗马人"，而把对方贬斥为非罗马人（柳特普兰德把拜占庭帝国说成是异端的希腊人的国家，尼基弗罗斯皇帝则把柳特普兰德贬为野蛮的伦巴第人）。到了后来，"罗马人"这个具有刺激性的字眼终于激怒了以罗马人自居的柳特普兰德，于是他转而站在日耳曼人的立场上来攻击"罗马人"和自称为罗马人的尼基弗罗斯皇帝，把"罗马人"大大地侮辱了一番。在柳特普兰德的出使记中，他这样记述道：

> 尼基弗罗斯拒绝给我以答辩的机会并且接着说了一番侮辱性的话："你们不是罗马人；你们是伦巴第人"。他想继续说下去，并且做手势叫我不要开口，但是我生气了，我发了言。我说："这是一件在历史上臭名远扬的事实，这就是指罗马人所奉为始

---

① 罗慕洛斯与雷慕斯传说为战神马尔斯与人间女子所生的孪生子，兄弟俩刚一出生就遭人陷害，被抛入台伯河中，被一头母狼哺育长大并建立了罗马城。后来兄弟俩为了王位而发生争执，罗慕洛斯杀死雷慕斯，成为罗马第一个国王。罗马草创之初，缺少年轻女子，罗马人借口举行节庆，邀请邻族萨宾人参加。罗马青年趁机抢劫了萨宾妇女，强行成婚。萨宾男人知道上当后，兴兵前来争战。在两军阵前，萨宾妇女不忍见丈夫与父兄之间发生流血，哭喊着迫使双方议和，后来罗马人与萨宾人遂结成一个国家。

祖的罗摩勒斯是一个杀死兄弟的人,是一个娼妓的儿子——我是指非婚生子,他建立了一个罪犯逃避所来收容债务者、逃奴、杀人犯以及其他罪大恶极的犯人。他包庇了这些罪犯,搜罗了一大群犯人,称他们为罗马人。这就是你们的皇帝或者如你们称为'世界的王'的奉为祖先的优秀的贵族。但是我们,我用'我们'一词来指伦巴第人、撒克逊人、法兰西人、洛林人、巴伐利亚人、斯瓦比亚人、布尔艮迪人,我们鄙视罗马人到这种程度,以至于我们对敌人发怒时,我们只要叫他们一声'罗马人'就够了,因为照我们的说法,这一个坏称呼包括一切卑贱、懦怯、贪婪、颓废、虚伪以及其他各种恶行的全部而无遗。"[①]

关于罗马起源的恶名声一直流传到中世纪和近代而不衰。柳特普兰德的描述固然有其过分夸张的一面,黑格尔对罗马人的敌视态度也有失公允,但是作为罗马人的李维的形容却是恰如其分的。罗马人的社会既然起源于一种人为的、强暴粗野的"垃圾堆"状态,全然没有天然的道德感,所以他们的一个典型性格特征就是极度的严酷无情,这种严酷无情构成了罗马人的礼俗与法律的心理基础。"罗马人从国家所遭受的苛刻严酷,得到了一种报偿,就是他可以用同样性质的苛刻严酷,任意行使于他的家庭子女的身上——他在一方面是奴隶,在另一方面他是专制君主。这点造成了罗马的伟大,它的特性就是各个人和国家、法律、命令的统一,森严无比,不能伸缩。"[②] 普鲁塔克

[①] 《柳特普兰德的君士坦丁堡出使记》,第 12 章,转引自汤因比《历史研究》(下册),上海人民出版社 1964 年版,第 238 页。

[②] 黑格尔:《历史哲学》,生活·读书·新知三联书店 1956 年版,第 332 页。

在《希腊罗马名人传》中记述了公元前 2 世纪时的罗马元老马尔库斯·卡图的事迹。老卡图代表着古罗马人纯正的严肃风尚，代表着一种"严峻的、僵硬的、愚蠢而又粗暴的道德规范"，他一辈子都过着一种清教徒式的、帝国主义的和严酷无情的生活，极力排拒希腊的颓靡奢侈之风对罗马人的腐蚀。普鲁塔克非常风趣地写道：

> 卡图把一个叫作马尼里乌斯的人赶出了元老院，这个人本来是极有希望在下一年被任命为执政官的，仅仅因为这个人在白天当着自己女儿的面太多情地吻了自己的妻子，并且卡图在谴责他做这件事时还告诉他说，除非在打雷的时候，他自己的妻子是从不吻他的。①

古罗马人淳朴的风尚、严明的纪律使他们在公元前 3—公元前 2 世纪的三次布匿战争中征服了地中海的两个强大国家——叙拉古和迦太基，在公元前 2 世纪又征服了马其顿王国治下的各个希腊城邦，到了共和国时期和罗马帝国时期，小亚细亚、西亚、高卢、埃及、不列颠也先后被并入罗马的版图。精细而完善的法律使得罗马成为西方第一个真正意义上的大帝国。希腊社会的"美"的理想在罗马社会中物化为国家现实，浪漫主义的成分消失殆尽，而理性主义则体现为法律和财产关系，体现为一种功利色彩浓重的世俗英雄主义。前面已经指出，宗教殉道精神与世俗英雄主义分别作为超越的浪漫精神的两种相互对立的形式一同构成了推动西方历史发展的有力杠杆，罗马的悲歌

---

① 普鲁塔克：《名人传》，转引自罗素《西方哲学史》（上卷），商务印书馆 1963 年版，第 301 页。

慷慨的英雄主义超越了希腊化时期狭隘而奢靡的个人自我完善，从而使历史摆脱了痼疾的折磨，获得了新的生机。作为个体，希腊化时期的人远比罗马人高雅，然而作为整体，罗马人却推动了历史。希腊人代表着自我意识，他们是感性意义上的个人；罗马人则代表着集体意识，他们是历史舞台上的英雄。历史始终在超越自我的过程中发展，因此罗马人征服了希腊人。

　　罗马人也具有一种宗教精神，但是这种宗教精神是形而下的。对于罗马人来说，现实的国家就是宗教的最高宗旨。从苏格拉底到斯多噶主义的"服从神应甚于服从国家"的思想遭到了否定，从罗马创建之初，宗教就被当作一种手段来推进这个新生的国家。在共和国时期，罗马的宗教状况是混乱的，罗马多神教"首先是礼拜祖先，是家族和氏族的宗教，这是没有教义的宗教，却具有严密遵行的仪式。罗马国家最初是由氏族的混合体组成，其中的每一个氏族都有自己独特的宗教仪式，它们的神都被这个信奉多神教的国家所接受；因此，罗马的宗教就成了许多彼此很少联系，而又长期不能发展的仪式和传统的命令的混合物。"[①] 到了共和国晚期和罗马帝国时期，在希腊神话的影响下，罗马多神教才逐渐开始系统化。从当时的宗教内容来看，罗马人信奉的神大多是从希腊人那里照搬过来的，只是把诸神的名字改为了拉丁文，如宙斯改为朱必特，赫拉改为朱诺、雅典娜改为密涅瓦、阿佛洛狄忒改为维纳斯、阿尔忒弥斯改为狄安娜、阿瑞斯改为马尔斯、冥王哈得斯一分为二成为死神俄耳库斯和地狱神狄斯，波塞冬变成涅普顿，阿波罗仍为阿波罗，成为奥古斯都的保护神。但是希腊

[①] 沙利·安什林：《宗教的起源》，生活·读书·新知三联书店 1964 年版，第 150 页。

的神一到了罗马人的眼中,就失去了"自由的狂想"的成分,而掺入了赤裸裸的功利观念。"罗马宗教的主要特性乃是一种肯定的意志目的的巩固,他们认为这些意志目的绝对地存在于他们的神明身上,他们要求这些神明有绝对的权力。他们便是为了这个目的而崇拜神明,为了这样的目的,他们就在一种有限制的方式下,从属于他们的神明。由此可见罗马宗教乃是一种完全不含诗意的、充满了狭隘、权宜和利用的宗教。"① 这种功利的宗教态度使得罗马人在对待那些想象的美的神明时表现得非常冷漠和浅薄。黑格尔说,罗马人在提到朱必特、朱诺、密涅瓦等神时似乎是在戏院里报告伶人的姓名,希腊神话中含有的丰富的智慧和鲜明的狂想荡然无存。希腊神话一到罗马人手中就变得索然无味,在维吉尔的诗中,神话成为"一种冷淡的'理智'以及模仿的产物"。

希腊人和罗马人对待宗教的不同态度反映到艺术方面,也形成了鲜明的对比。在希腊人那里,生活就是艺术,人人对艺术都采取积极参与的态度。丹纳在《艺术哲学》中描写了希腊人对艺术生活的普遍爱好,奥林匹亚竞技会即起源于这种爱好。在希腊,力与美是直接联系在一起的。丹纳谈道:"对于一个希腊人来说,最大的荣耀莫过于自己的儿子在竞技角逐中获胜。"② 前文已提到,亚历山大在东征小亚细亚时曾在阿喀琉斯的墓前与下属一起裸体竞走。诗人、艺术家在希腊受到人们的普遍尊重,享有与战争中的英雄同样高的声望。然而在罗马,艺术和生活是分离的,生活被限制在国家、法、财产关系的范围中,艺术则主要是下等人和奴隶的活动。罗马人崇尚力,在他们眼

---

① 黑格尔:《历史哲学》,生活·读书·新知三联书店1956年版,第336—337页。
② 参见丹纳:《艺术哲学》,安徽文艺出版社1991年版,第90页。

里，力只有在与战争相联系时才是美的，力与美的联系是间接的，通过功利的中介而实现。罗马人在游艺方面只是旁观者，他们唯一关心的"艺术"就是战争和立法，至于娱乐性的竞技角逐则主要由奴隶、职业角斗士和死囚去干。罗马人的游艺极其残酷，实际上是战争的一种缩影和变相形式。然而战争可以带来实际的利益，游艺则只是徒劳地流血，因此罗马人对后者只是采取一种高高在上的观赏态度。他们在战场上常常奋不顾身地为国家利益和个人利益拼杀，在游艺场中则始终冷漠地欣赏别人徒劳无功的搏斗。罗马人的享乐是纯粹物质方面的，如两性关系方面的放纵、狂欢的饮宴和终日在公共浴场排遣时光。他们对精神上的享乐不太在意，因此不愿参与艺术活动。在罗马人看来，暴君尼禄最不光彩的事情不在于他滥杀无辜，而在于他竟然不顾罗马皇帝的身份在公共舞台上扮演琴师和斗士，"尼禄坚持要参加音乐比赛和戏剧演出使罗马人深表愤慨，他们认为尼禄的行为有损帝王的尊严"。① 在这方面，尼禄倒是更具有一些希腊气质，乃至于在公元 68 年遭到贬黜后，他在罗马城郊的一个别庄中准备自杀时，曾反复地感叹："是怎样一位艺术家要死了啊！"②

但是在另一方面，罗马人所具有的勇悍无畏的英雄主义始终激励着以后的西方历史。一部罗马史充满了悲壮慷慨、可歌可泣的英雄业绩，罗马人之所以不像希腊人那样敬神，或许因为他们本身都具备了神性。英雄主义在希腊主要是一种"诗歌的理想"，只是在亚历山大大帝那里，才偶尔地成为"现实的理想"；然而在罗马，人人都是赫克托耳，人人都是阿喀琉斯。罗马历史是一部延长了的特洛伊战争

---

① 布林顿、克里斯多夫、伍尔夫：《西洋文化史》（第 1 卷），台湾学生书局 1984 年版，第 187 页。
② 科瓦略夫：《古代罗马史》，生活·读书·新知三联书店 1957 年版，第 733 页。

史。无论是马略还是苏拉,无论是克拉苏还是斯巴达克,无论是恺撒还是布鲁图,无论是屋大维还是安东尼,胜利者获得英雄的荣耀,失败者也像英雄一样死去。罗马军团将士不仅以其良好的军事素质著称,更以其对国家的绝对忠诚和为荣誉献身的英雄主义精神而闻名,以至于"罗马军人"这一称号成为后世西方军人效法的楷模和向往的光荣。罗马人在数百年的征战中拓广了国家疆域,使罗马成为一个地跨欧、亚、非三洲的大帝国。罗马人不可一世的自信心和踌躇满志的英雄情怀随着战争的胜利一起膨胀,在奥古斯都时代和安东尼王朝的罗马人眼里,罗马帝国就是整个世界。"从不列颠到埃及,从茅里塔尼亚到佩诺尼亚,没有一个比这单纯的肯定语句——'我是一个罗马公民'更引以为傲的话。"① 以至于罗马人用自信得近乎狂妄的口气宣称:"条条大路通罗马!"

二、罗马国家与罗马军团

人们一谈起希腊,就会油然想到荷马史诗、希腊悲剧和哲学,但是谈起罗马,就会自然而然地想到元老院、恺撒、罗马法和罗马军团。希腊人的文化表现为一种轻快活泼的个性艺术,像一个无忧无虑的天真少年;而罗马人的文化则始终被限制在生硬刻板的整体性的荣誉和功利之中,像一个在教官的呵斥声中不停重复着枯燥的规定动作的军士。事实上,罗马国家就是一台永不停歇地运转着的战争机器,而罗马人就如同一群终日为争夺地盘和抢夺食物忙碌不停的蚂蚁,这群蚂蚁因其铁一般严明的纪律和为国家及荣誉而献身的英雄气概,在

---

① 布林顿、克里斯多夫、伍尔夫:《西洋文化史》(第1卷),台湾学生书局1984年版,第193页。

争斗中表现得尤为凶悍。短短的数百年间,他们就把版图从弹丸之地的罗马城拓广至足以与亚历山大的马其顿王国相媲美的大帝国。罗马国家这个词就是战争和劫掠的代名词,罗马的历史就是一部充满血腥味和英雄气概的掠夺扩张史。孟德斯鸠在论及罗马的起源时说:"罗马这个城市没有商业,又几乎没有工业。每个人要是想发财致富,除了打劫之外,没有其他的办法""罗马因此永远是处于战争状态。"① 对于罗马人来说,不是去劫掠别人,就是被别人所劫掠,此外再无第三条路可走。因此,当那台战争机器终因内部齿轮的磨损和部件的老化而不再能够有效地进行扩张时,当那群由于饥饿而凶悍异常的蚂蚁终于吃得脑满肠肥、不愿再为荣誉和功利进行殊死拼杀时,罗马文明的历史使命就结束了。

亚平宁半岛最原始的土著是利古里亚人,西库利人和西卡尼人。在公元前 2000 年初,意大利人的祖先印欧人由东北进入拉提乌姆、坎佩尼亚等地,拉丁人即是其中一支。几百年后,萨宾人、萨莫奈人、伊特剌斯坎人等印欧部落移入半岛。公元前 400 年左右,北方的高卢人也向南进入波河平原,形成了多部族犬牙交错的格局。在这些部族中,地处意大利腹地的伊特剌斯坎人是文明程度最高的,他们建造了迈锡尼式的坚固城堡,发展了冶炼业和制陶业。相形之下,居住在台伯河东南岸的拉丁人要闭塞野蛮得多,但是他们的野蛮和剽悍却使他们在与较文明的伊特剌斯坎人的战争中赢得了胜利。文明民族战胜野蛮民族,那是在近代科学技术产生以后出现的情况,在古代,更多的情况往往是野蛮民族战胜文明民族,虽然作为征服者的野蛮民族

---

① 孟德斯鸠:《罗马盛衰原因论》,商务印书馆 1962 年版,第 4、5 页。

最终还是被它所征服的文明所同化。

在台伯河左岸有一块浅滩，拉丁人和伊特剌斯坎人常来这里做交易。后来许多来自周围地区的游民和逃难者把这块无人管理的地方当作避难所，他们在浅滩附近的 7 个小山丘之间建起了城市，这就是罗马城的起源。按照古典作家瓦罗的推测，罗马城建于公元前 754—前 753 年。罗马的最初国家形态是"王政"时期，这个时期由拉丁人、萨宾人和伊特剌斯坎人轮番掌权，前后一共经历了 7 个王的统治。公元前 509 年，最后一个王——"骄傲者"塔克文的残暴统治激起了罗马贵族和平民的不满，他们推翻了塔克文王朝，建立了罗马共和国。独立的拉丁罗马国家的历史从这里开始。

罗马共和国一建立，罗马人的那种务实性格和好战精神就显露出来，他们矛头指向的第一个敌人就是曾经统治过他们的伊特剌斯坎人。经过艰苦的战斗，他们终于打败并彻底征服了武器精良、文明发达的伊特剌斯坎人。在后来的一段时间，罗马人曾一度在外来入侵者的面前采取了守势，这大概是由于罗马国力尚未强盛。但是罗马人默默地记住了这些仇恨和耻辱，一旦羽毛丰满，他们将要十倍地报复敌人。"他们就总是按照他们失败的程度扩大自己的要求；因此他们就使战胜他们的人感到胆战心惊，并且他们下决心要自己非取得胜利否则决不罢休。"[①] 例如，高卢人曾在公元前 390 年洗劫了罗马，在接受了罗马人的赎金后撤回北方。当赎金过秤时，罗马人对秤的精准性提出了质疑，高卢人的首领布伦努斯就把他的利剑扔进秤盘里蛮横地说："Vae Victis！"（"打败的人活该倒霉！"）[②] 罗马人深深地记住了这

---

① 孟德斯鸠：《罗马盛衰原因论》，商务印书馆 1962 年版，第 5 页。
② 赫·乔·韦尔斯：《世界史纲：生物和人类的简明史》，人民出版社 1982 年版，第 451 页。

句话。300多年以后，恺撒征服了高卢，布伦努斯这句话的代价是数以万计的高卢人被屠杀，100多万高卢人沦为奴隶。再如，在第二次布匿战争中，汉尼拔率领迦太基军队突袭罗马，差一点将罗马共和国毁灭。罗马人也深深地记住了这个耻辱，以至于老卡图每次在元老院发表演讲时，不论谈及什么问题，最后一定要以一句粗暴的告诫作为结束语——"迦太基必须灭亡！"在老卡图等激进派的煽动下，公元前146年罗马人攻占并焚毁了迦太基城。为了泄愤，他们用犁翻耕了迦太基城的废墟，撒上食盐，并以神的名义诅咒说，任何人如在此地重建城市，必遭天谴。正是凭着这种不消灭对手决不罢休的顽强精神，罗马人在从共和国建立到屋大维开创帝制的近500年时间里，先后征服了意大利、北非（迦太基）、西班牙、希腊、小亚细亚、西亚、埃及、高卢和不列颠，使地中海成为罗马帝国的内海。

除了罗马人的好战本性以外，罗马胜利的原因可以归结为两点——它的政府和它的军队。早期的罗马共和国是一个实行贵族政治的国家，少数贵族家族控制着最重要的权力机构——元老院，并产生出两个为期一年的行政首长——执政官。处于无权状态的平民为了获得政治权利而进行了长期不懈的斗争，并取得了一系列的成果。公元前470年左右，平民迫使贵族同意设立保护平民权利的保民官，保民官对贵族们制定的侵犯平民权利的法律有否决权。公元前450年颁布了《十二铜表法》，它把以往由贵族们随意解释和滥用的习惯法变成了对所有公民一视同仁的成文法，从而使法律成为一种公正的约束力量。公元前366年产生了第一位平民出身的执政官，按照惯例，执政官任期满后即自动进入元老院，这样就打破了贵族垄断元老院的一元化局面。公元前287年通过的《霍腾西阿法》，规定特里布斯会议（即平民会议）的决议无须经过元老院批准即对罗马公民具有法律效力。这些胜利成果使平民与贵族在一段时间内（公元前3—公元前2世纪）携起手来，开创了一种较为和谐的政治气氛。为了共同的国家利益和荣誉，在"罗马公民"的统一旗帜下，平民和贵族齐心协力地投入对外扩张和掠夺的战争中。罗马对外的几场主要战争（三次布匿战争、征服希腊和小亚细亚的战争、向山南高卢、西班牙和阿非利加的扩张等等），都是在这一段时间中进行的，并且取得了辉煌的胜利。

到了公元前2世纪下半叶，国内开始出现动乱。新兴的骑士集团与元老院所代表的旧贵族之间、失去了土地的农民与占有大量土地的富豪之间、没有公民权的意大利人与享有全权的罗马人之间的矛盾日益激化，终于导致了格拉古兄弟的经济和社会改革。保民官提比留斯·格拉古在一次演讲中对平民的无权状态深表不平：

> 在意大利漫游的每一头野兽都有它的栖避之所，然而为意大利而奋战的人却除了空气和阳光之外，什么也无权享受。他们没有住所，携妻带儿四处流浪。他们的统帅悠然自得地躺在床上，鼓动他们为保卫祖先的墓冢和庙堂而战，但是没有一个罗马士兵拥有世袭的祭坛或灵牌，他们是在为保卫他人的财富和奢侈而战死。他们名义上是世界的主人，实际上却没有一块立锥之地。[①]

格拉古兄弟的两次改革虽然均以失败告终，他们俩也相继以身殉职，但是他们的精神和改革措施却鼓舞了以后的平民运动。此后，平民与元老院之间的矛盾演变成不可调和之势，激起了内战，并导致了

---

① N. Lewis and M. Reinhold: *Roman Civilization*, New York, 1951, I, p236—237.

军事独裁制的出现。马略和苏拉都以军事独裁的方式来统治罗马，但是他们两人在政治上却分别代表平民和元老的利益。格拉古兄弟尤其是小格拉古（盖约·格拉古）改革的另一个重要后果是使新兴的骑士阶层在政治上的地位提高了，小格拉古把法庭从元老院转到骑士阶层手中，从而使权力对比发生了根本性的变化。"所以不久以后，政治上的领导权颠倒过来了，政权掌握在骑士手中，只有光荣仍留在元老院。的确，骑士们发展到这样的地步，他们不仅掌握了统治元老们的权力，并且越过他们的权利来嘲弄元老们。"[①] 苏拉独裁后出现的"前三头同盟"（庞培、克拉苏、恺撒）第一次公开地表露了骑士阶层对元老院无上权力的蔑视。"三头同盟"分裂以后，恺撒更把这种"侮蔑"发展到无以复加的程度。公元前49年，庞培与元老们以元老院的名义解除恺撒的高卢总督职务，恺撒则以"保卫人民夙有权利"为名公然与元老院对抗。当元老院训令恺撒的军队留驻高卢时，恺撒傲慢地答复："我已经越过了卢比康河！"他以迅猛之势挥师南下，进入意大利境内，攻占了罗马，并且最终在希腊法萨卢斯战役中打败了庞培。恺撒统一政权后，依靠久经沙场的老兵的支持，自任终身独裁官，集执政官、司法官和大祭司长之职于一身，把元老院变为名存实亡的傀儡。

尤利乌斯·恺撒是罗马历史留给西方文化的最响亮的名字。恺撒出身于罗马的一个古老而中落的贵族家族，在维吉尔的《埃涅阿斯纪》中，把恺撒的家族渊源与传说中罗马人的始祖埃涅阿斯的儿子尤利乌斯联系在一起。恺撒的第一个妻子是罗马平民派领袖秦纳的女

---

① 阿庇安：《罗马史》（下卷）《内战史》），商务印书馆1976年版，第21页。

儿，此外他与马略也有着亲戚关系，因此当他还是个青年时就受到了苏拉和元老院的排挤。苏拉曾经警告说，在这个未成年的孩子身上远不止包藏着一个马略，这句话后来果然应验。恺撒刚一进入政界，就表现出少年老成、圆滑谨慎的特点，他用尽心机去笼络平民和骑士阶层，为了表现自己的慷慨和豪华而不惜四处举债，乃至于在他出任西班牙行省总督时，不得不乞援于克拉苏为他还债后方能轻松赴任。在西班牙，他的一系列辉煌的军事成就使他深受士兵的拥戴，士兵们自动地把象征着莫大荣誉的称号"英白来多"①奉献予他。恺撒这些居心叵测的行为引起了元老们的警觉，西塞罗第一个从他和蔼殷勤的伪装下看出了深藏的野心，西塞罗说："在他的一举一动当中，都可以觉察到他觊觎大权的野心，但当我看到他那么精心整理过的头发，以及他用一个指头去梳爬它的时候，我就怎么也想不明白，颠覆罗马国家的念头，怎么会钻到这种人脑子中去的。"恺撒的另一个政敌、以保守和严肃出名的元老卡都勒司也警告人们："恺撒现在不是在偷偷摸摸地挖掘坑道，进攻国家，而是公然地举着破城锤在赶。"②尽管如此，恺撒还是依靠他的名望和权术以及克拉苏、庞培等实力派的支持当选为公元前59年的执政官。当他受到元老们的刁难和反对时，他索性跑出元老院，与庞培、克拉苏站在一起，准备用"剑和盾"来对付摇唇鼓舌的元老。一年的执政官期满后，恺撒取得了高卢总督的职位，在统治高卢的9年期间，恺撒训练了一支忠实于他个人的能征善战的军队。公元前53年克拉苏在征战帕提亚的战役中阵亡，恺撒与

---

① 英白多来为"Imperator"，原意为"凯旋将军"，后来演化为皇帝。
② 普鲁塔克：《恺撒传》，参见"世界史资料丛刊初集"《罗马共和国时期》（下册），商务印书馆1962年版，第117、120页。

庞培之间的矛盾走向白热化。公元前49年恺撒率兵回师意大利，击溃了庞培与元老院的同盟，并穷追到希腊、埃及、阿非利加和西班牙等地，肃清了庞培的余党。在埃及他迷恋上托勒密王朝美丽风流的女王克丽奥佩特拉，她为他生了一个儿子，他则帮助她确立了对埃及的统治权。在小亚细亚，他以一句简洁的宣言来庆贺自己的胜利——"我来了，我看见了，我征服了！"回师罗马后，他一连举行了三个隆重的凯旋式来炫耀自己的丰功伟绩。据普鲁塔克《恺撒传》的记载，他在一次庆功宴会中款待了罗马城里的全体人民，饮宴的餐桌竟达22 000张（每张餐桌边可设三张进餐的卧榻）。

普鲁塔克这样描述恺撒的英雄主义抱负："恺撒是生来做大事业的人，天然有一种追求荣誉的热情，过去所成就的许多丰功伟业，并没有引诱他安于坐享成果，相反的却是刺激他、鼓励他更向前进的动力，唤起他心中从事更伟大的行动的念头，争取更新的光荣的希望，倒像现在所有的光荣，已经耗竭了似的。"[①] 这种不断渴望创造新成就的英雄主义激情把恺撒推向了罗马独裁者的高座，他的辉煌功勋招致了元老们的嫉恨，他的独断专权破坏了罗马人所习惯的共和国原则（尽管这些原则本身已在崩溃），他踌躇满志的傲慢触怒了素有反复无常禀性的罗马人，因此他遭到了他的政敌们的暗算——在一个名叫马可·布鲁图的贵族的精心策划下，一群元老们将他刺杀于元老院的庞培雕像下。这个马可·布鲁图是400多年前领导罗马人民推翻塔克文王朝并开创了罗马共和国的那个老布鲁图家族的后裔，在恺撒生前他曾是恺撒最信任的人之一。

---

① 普鲁塔克：《恺撒传》，参见"世界史资料丛刊初集"《罗马共和国时期》（下册），商务印书馆1962年版，第131页。

恺撒死后很快就成为罗马人的神，对自己的怯懦感到羞耻的罗马人把愤怒之矢对准了布鲁图和其他谋杀恺撒的凶手。屋大维依凭着与恺撒的亲戚关系跃居高位，与恺撒部将安东尼、雷必达结成反对元老院的"后三头同盟"。布鲁图和另一个杀害恺撒的主谋卡西乌斯兵败后自杀身亡，而最后一个出于高尚理想为共和国制度辩护的元老西塞罗被褫夺公权和杀害，他的头和手被挂在罗马广场上他过去经常发表演讲的地方，虽然他已不再能用慷慨激昂的雄辩来鼓动罗马人，但是前来观赏他的头和手的民众却比以前任何一次来听他演讲的人还要多。

共和国已经不可挽救地衰颓了，整个社会都在肆无忌惮地腐化堕落，不论是元老院的元老，还是平民和骑士阶层的领袖，都在公开地用贿赂人心和结党营私的方式为自己铺垫通向权力的道路。"竞选官职的人全都公开地捧出钱来，恬不知耻地贿赂人民，那些接了钱的人，也不只利用他们的选举权替他们的主子效力，甚至连弓、剑、飞石也都用上，多次械斗使在场遇害者的鲜血染红了选举的广场，都城终于被弄得好像完全没有政府，跟一艘没有舵手操纵的船一样地飘荡着。这样剧烈的混乱与疯狂，能够不以比专制政体更坏的结果来收场，所有头脑清醒的人已经感谢不尽了。"① 现在不仅是统治集团在腐败，整个罗马人民也同样堕落了。战无不胜的英雄业绩和共和国的公民权利宠坏了罗马人，他们对朝秦暮楚的共和政局开始厌腻，正如他们对流血的战争感到厌腻一样。他们希望换一种游戏规则，他们呼唤着一个强有力的"英白来多"来取代像乌鸦一样聒噪不休的元老院。

---

① 普鲁塔克:《恺撒传》，参见"世界史资料丛刊初集"《罗马共和国时期》（下册），商务印书馆1962年版，第126页。

在这样的情况下，奥古斯都和罗马帝国就应运而生了。屋大维是罗马共和国英雄史诗中的最后一位英雄，也是罗马帝国的开山鼻祖。他继承了恺撒的事业，并以更加机智和审慎的方式实现了恺撒的宏愿——从共和国向帝国的转变。他不像恺撒那样颐指气使、傲气凌人，公然把元老院推向对立面，而是通过安抚的方式收买已被战争弄得精疲力竭的元老院。"奥古斯都所建立的政府制度通常叫作'两头政治'，即由两个至高无上的权威——他自己和元老院所统治。然而，事实上，这两头政治却接近奥古斯都的君主政体。他重组元老院，并允许它保留所有从前的声望，却让他的朋友和拥护者加入元老院。他给予元老院任命高级政府官员的权力，但剥夺了元老院对政治上的两个最坚强的支柱之控制：军队和征税权。奥古斯都的政府可以称为一个皇帝与元老院的共营机构，但皇帝是一个有支配力的股东，而元老院通常是他的温驯的仆役。"① 奥古斯都虽然没有公然称帝，而是故作谦虚地自称为"第一公民"，但是他却在共和国的旧瓶中装上新酒，从这以后，帝国就堂而皇之地取代了共和国而成为罗马的政体形式。

罗马英雄主义赖以维系的物质基础是能征善战的罗马军团，迄今为止，罗马军人对于西方的军人来说仍然具有一种典范的意义。罗马军人强盛的战斗力来源于两点，即功利和荣誉。最初他们是为功利而战的，因为战争对于当时那个拥有弹丸之地、既无商业也无工业的民族来说，是唯一可以获得利益的手段。共和国早期的罗马人对于战争有一种狂热的爱好，战争成为他们维系生活的前提，只有通过战争他们才能获得财富和基本的生存资料——土地。掠夺来的土地最初是在

---

① 布林顿、克里斯多夫、伍尔夫：《西洋文化史》（第1卷），台湾学生书局1984年版，第184页。

参加战争的士兵中平均分配的，而在当时，每一个罗马人（除了妇孺病残外）都是士兵。虽然在后来的土地兼并过程中许多人丧失了土地，但是他们仍然可以通过新的战争去取得新的土地。而且对于罗马人来说，务农虽然是一种最初的生产经营方式，但是它远不如战争获利来得便捷和痛快。在罗马人眼里，通过流血的方式去获取利益，往往要比通过流汗方式去获得利益更加令人向往。罗马士兵一般在获得土地后就把它交给自己的另一个战利品——奴隶去耕作，而自己则投入新的劫掠战争中。共和国初期罗马的居民有44万人，而同期的雅典人有43万人；在罗马人中成年公民占1/4，在雅典人中成年公民只占1/20，由此可见罗马的实力比雅典要强5倍。①在紧急的情况下，这个小小的共和国可以一下子拿出10个军团来（每个军团约4 500人），李维感叹道，这种事情即使囊括了"全世界"的罗马帝国也未必能够做到。这种由于经常处于保护自己和抢劫别人的战争状态而形成的全民皆兵的军事体制，一方面锻炼了罗马军队的战斗力，另一方面也培养了罗马士兵遵守纪律的习惯，因为在战争中任何不服从指挥和放任自流的行为都可能招致战争的失败，而战败对于弱小的共和国来说则意味着死亡。因此，"军中执行严格的纪律，服从高于一切，不执行命令者处死刑。如全队临阵脱逃，得执行十抽一法，即令全队排立，依次将第十人处死。"②公元前2世纪的著名史学家波利比乌斯曾描写了罗马人对一个在值勤时入睡的士兵的惩罚情况：

  一个包括所有护民官的军事法庭立刻召开去审判他，如果发

---

① 参见孟德斯鸠:《罗马盛衰原因论》，商务印书馆1962年版，第13页。
② 周一良、吴于廑主编:《世界通史》上古部分，人民出版社1973年版，第295页。

现他有罪,他就得受罚……如下:护民官拿根小棒仅仅触碰那被罚者之后,所有营地的人打他或用石头掷他,大多数情形,在营地就地正法。就是打算逃走的人也不能被救;不可能!因为他们不允许回家,而且也没有一个家人敢在他的家中收容这种人。所以,那些只要有一次犯了这种过错的人就整个完蛋了。……因此,由于这种极为严厉而又无法避免的惩罚,罗马军队的守夜者都是很谨慎地执行任务的。

对于那些作战勇敢者,则当众予以慷慨的奖酬:

他们还有一种美妙的方法去鼓励士兵面对危险。在一次有些兵士成功立名的战役过后,将军便把军队集合起来,让那些他认为表现出特殊的勇气的士兵到前面来,首先用赞美的字眼述说每个人的英勇事迹……然后颁发如下报偿:伤了一个敌人的人一支矛,杀死一个敌人的人一个杯子,……在攻打一个城池时第一个登上城墙的人给予一个金冠……由于这种鼓励,不仅那些出席而听了这些话的人,就是在家中的人都激发出在战场上的竞争和对抗之心。①

这样就在功利目的之外又培养了一种荣誉感,罗马人不仅仅是为了掠取财富和土地而战,也是为了罗马国家的荣誉和个人的荣誉而战;罗马人不仅是一个剽悍的抢劫者,而且也是一个光荣的罗马军

---

① 波利比乌斯:《历史》,转引自布林顿、克里斯多夫、伍尔夫:《西洋文化史》(第1卷),台湾学生书局1984年版,第157—158页。

人。在功利和荣誉的双重动力驱使下，罗马人用自己的剑与血来开辟征服之路，终于使自己成为地中海世界的主人。

罗马共和国早期实行公民兵制，每一个成年公民在战时就自然地成为一个士兵，武器装备均由自己提供，政府只负责军队组织工作。从军对罗马人来说是一种权利，只有罗马公民才享有，而且还受到财产资格的限制。在战争期间，由元老院委派将领（通常是执政官）统率临时征集的军队去作战，因此军事大权实际上掌握在元老院手中。战火平息后，士兵们解甲归田，军队也就自行解散。但是由于罗马人获取财富的主要手段就是战争，罗马共和国的历史就是一部对外扩张史，所以罗马人的一生中有许多时间都用于战争。这样罗马就成为一个虽然没有职业军队却不断地以庞大的军队投入战争的国家，换言之，罗马是一台全民皆兵的战争机器，每个人都在为国家的和自己的利益而战斗。这种状况使罗马军团在最初的几个世纪里成为最富战斗力的非职业化军队，但是随着罗马版图的扩展，罗马军团作战的对象越来越多，战线越拉越长，而公民权始终只是罗马人的专利（直到罗马帝国的中期，卡拉卡拉皇帝才把罗马公民权授予帝国境内的所有自由民），这样就必然导致兵源危机。公元前2世纪末，马略进行了军事改革，他取消了当兵的财产资格限制，以募兵制取代了以往的征兵制，打破了以往兵农合一的状况，使罗马军团成为与社会生产相脱离的职业军队。随着职业军队的出现，军人成分发生了很大的变化，军队的主体由有财产的公民转变为贫穷的罗马无产者。这些人对共和国的理想和荣誉是漠不关心的，他们参军的主要目的是得到薪饷和获得瓜分战利品的权利和机会（以前这种权利和机会只属于义务服役的较富裕的罗马公民）。因而他们自然而然地把自己的利益与招募和统率他们的将领的命运联系一起，而对代表共和国利益的元老院的法令置若罔闻。军队成为那些野心勃勃觊觎大权的将军手中的工具,它所忠诚的对象不再是共和国而是将领本人。"士兵这时就开始只承认自己的将领了,他们把自己的一切希望都寄托在将领的身上,而且和罗马的关系也越发疏远了。他们已经不是共和国的士兵,而是苏拉、马略、庞培、恺撒的士兵了。罗马再也无法知道,在行省中率领着军队的人物到底是它的将领还是它的敌人了。"① 罗马既然是一个军事性的国家,军队就成为国家性命攸关的根本,以前非职业化的军队对元老院负责,现在职业化的军队只对自己的统帅负责。这样共和国的根基就开始动摇了,恺撒和屋大维正是依靠忠实于自己的职业军队奠定了罗马帝国的基础。

到了罗马帝国时期,这种以罗马无产者为主的职业军队又被由外族人和奴隶组成的雇佣军所取代,连罗马无产者也不愿为频繁的内战而流血了。罗马公民必须缴纳一定的军事费用以代替他们服兵役的义务,他们从战争的受惠者变为战争的承担者;而且由于帝国疆域不再扩展,战争由对外扩张转变为内战,他们从劫掠别人的人变为被人劫掠的人。那些曾经被罗马人征服的外族人现在终于找到了报复的机会,他们打着罗马军团的旗号对罗马人巧取豪夺,连统率他们的将领也不得不由着他们的性子去干,以换取他们的支持。在边境,由帝国境内的日耳曼人组成的雇佣军为了保卫统治他们的罗马人的疆域,而与自己的同族兄弟相对峙,一旦时机成熟,他们马上就会掉转枪口,成为多瑙河北岸的日耳曼蛮族进犯罗马帝国的先遣部队。

从罗马公民为了自己的利益和荣誉而战,到罗马无产者为了统帅

---

① 孟德斯鸠:《罗马盛衰原因论》,商务印书馆 1962 年版,第 48—49 页。

们的政治野心而战,再到外族雇佣军为了统治自己的罗马人而战,这种转变致使罗马军队的战斗力锐减,同时也标志着罗马英雄主义已然日薄西山。罗马英雄主义作为一种精神上的感召,曾鼓舞罗马人用自己的热血铸造了一个大帝国。现在罗马英雄主义已经变得苍白无力,再也不具有那种激动人心、雄浑悲壮的气势,这个大帝国也就如同骄阳下的冰山一样开始融化、崩塌,气息奄奄地等待着日耳曼人粗犷的野性和基督教阴郁的唯灵主义对它进行最后的清算。

三、世俗英雄主义的衰颓

如果说罗马共和国是罗马英雄主义的摇篮,那么罗马帝国则是它的坟冢。在帝国最初的一两个世纪中对外扩张的步伐虽然还在缓慢地迈进,一直到安东尼王朝时期才完全停止下来,但这只是罗马英雄主义的余晖,是一种病态的潮红,完全靠"往昔的荣光"的惯性所牵引,而且已经变了味——英雄们轰轰烈烈的业绩变成了小丑们鸡零狗碎的蚕食。在罗马共和国时期(尤其是在内战以前),每个罗马公民都怀着英雄主义的理想进行着慷慨悲歌的战斗;在罗马帝国时期,连皇帝(除了个别外)也像市侩一样干着蝇营狗苟的勾当。功利主义是整个罗马文化的基本特点,然而在共和国时期,功利是与荣誉联系在一起的,因此功利主义焕发出一种磅礴的气势,它是悲壮的、崇高的和理想化的。它既造就了像卡米路斯、克劳狄乌斯、卡图、西塞罗、布鲁图这样执着于共和国理想的英雄,也造就了像马略、苏拉、庞培、恺撒这样为追求个人荣誉而奋斗的英雄。到了罗马帝国,功利主义日益堕落为一种狭隘自私和穷奢极欲的物质主义,一切高尚的情操、坦荡的胸怀都荡然无存,剩下的只有卑劣的阴谋、贪婪的肉欲和麻木不仁的慵惰。在帝国的历史中,除了它的开创者奥古斯都之外,几乎看不到英雄的身影。安东尼王朝的几个皇帝虽然创造了罗马帝国的"黄金时代",但是他们的业绩与共和国时期的英雄相比,也只不过是小巫见大巫(可能唯有图拉真一人可以与共和国时代的英雄相媲美)。与其说他们是英雄,毋宁说是一些怀着英雄梦幻、穿着英雄盛装的伶人。

罗马英雄主义虽然不是一种彼岸性的宗教,但是它仍然具有理想的成分,这理想是指向现实的国家和荣誉的。为了国家的利益和个人的名誉,不惜牺牲生命,这是罗马英雄主义的灵魂。共和国中的罗马人和帝国中的罗马人一样,都受着功利目的的牵引,但是他们的区别在于前者所追求的功利目标与共和国的理想和光荣密不可分,后者的功利目标则完全是个人感官方面的享乐。共和国的公民为了国家而压抑私欲,帝国的公民却为了私欲而抛弃国家。在罗马共和国时期,人们常常可以看到为了政治理想和个人名誉而殉道的例子。对于那时的罗马人来说,一个人活着就应该真诚地忠实于自己的信念,荣誉是比任何金银财宝更昂贵的东西,与其在平庸中苟且偷生,不如在战场上轰轰烈烈地死去。在他们的词汇中,最可耻的字眼就是"叛徒"和"逃兵"。士兵们在疆场上宁愿战死也不愿当俘虏,将军们往往在兵败后杀身成仁,政治家们则宁死也不放弃自己的原则。盖约·格拉古在改革失败后借奴隶之手自杀身亡;小马略为了重建父亲的大业与苏拉进行了残酷的战斗,兵败后自戕,年仅20岁;布鲁图为了共和国的原则而刺杀了对他恩宠备至的恺撒,在大势已去的情况下,杀身取义。安东尼虽因迷恋埃及女王而导致沙场失利,但是在众叛亲离的逆境中竟然孤身一骑闯入罗马军中向屋大维索战,因未能遂愿而拔剑自刎。即使是起义的奴隶,也表现出十足的英雄气概,普鲁塔克在《克拉苏传》中描写了斯巴达克之死的情景:

斯巴达克看到大战已经无法避免，就把他的全军布下阵势，人们把他的马牵来给他时，他拔出剑来把它杀死，说：如果他一战成功，一定会得到敌人大批更好的马，如果失败，便再也用不着它。于是他就直向克拉苏冲过去，但在刀兵交集、遍地死伤之中，没有能顶得住他，只杀掉两个一同奔向他的百夫长。最后，伴随着他的人都散失了时，他还是屹立不动，在敌人的重重包围之中奋勇直冲，终于被砍得粉身碎骨。①

以道德严谨而著称的共和国末期元老小卡图（他是前文提到的老卡图的曾孙）因维护共和国的原则而屡次冒犯恺撒，终致被后者拘捕准备投入牢狱。恺撒原以为卡图会就范或向保民官上诉，然而卡图却挺身就道，一言不发。他的坚贞不屈不仅激起了贵族们的公愤，也博得了罗马人民的尊敬，恺撒不得不将其释放。后来在庞培战败之后，卡图也以身殉职。这件事对共和国保守派的影响甚深，布鲁图等人不惜冒天下之大不韪而刺杀恺撒，可以说这是共和国的忠诚精神的最后一次再现。布鲁图后来对他的朋友们说，即使是他的父亲重新回到地上来，他的父亲仍然会把他杀死的。孟德斯鸠对这种忠诚精神评价道："这是对祖国的一种主导的爱，这种爱脱出了罪恶和美德的常规，它所服从的只是它自己，它是不管什么公民、朋友、好人、父亲的：美德正仿佛是为了超越自己才把自己忘掉的。"② 这种至高无上的忠诚精神或对祖国的爱，正是罗马英雄主义的魅力所在，它基于功利却又超出功利，这就是罗马的世俗英雄主义所包含的超越的浪漫精神。罗

---

① 参见"世界史资料丛刊初集"《罗马共和国时期》（下册），商务印书馆 1962 年版，第 32 页。
② 孟德斯鸠：《罗马盛衰原因论》，商务印书馆 1962 年版，第 64 页。

马共和国的历史不仅表现了功利主义的高歌猛进,而且也散发着英雄主义的精神感召。没有一个血肉之躯在读了这部历史后会无动于衷,即使是那些最冷漠、最怯懦的人,也会因罗马人的英雄气概而感动得热血沸腾,豪气干云。如果说希腊文化体现了一种优雅的美,那么罗马文化则体现了一种粗犷的力。这种粗犷的英雄主义风格后来对于近代西方的历史尤其是法国人的历史产生了深远的影响。当罗兰夫人站在断头台上对法国人说:"自由啊,多少罪恶是假你的名字干出来的"时,当丹东拒绝把祖国"系在脚跟上带走"而凛然赴死时,当拿破仑率领金戈铁马横扫欧洲大陆时,仿佛是罗马的英雄们复活了。18世纪有教养的法国人都被罗马时代的梦幻所萦绕,知识分子们从罗马共和国的政治制度和法律中寻找对现实国家进行政治改造的理论根据,革命党人则直接把罗马共和国时代的英雄们当作行动的楷模——温和的吉伦特派效法西塞罗、卡都勒司等共和派元老;激进的雅各宾派决心实现格拉古兄弟和马略的平民政治理想;弱女子夏洛特·科黛刺杀马拉,据她自己供认是受了布鲁图的指使;而出生于科西嘉岛的共和国将军拿破仑,毕生把恺撒当作心中的偶像。"他曾是一个精通普鲁塔克的《名人传》和罗马历史的读者,他的极其活跃的想象力那时正忙于做着恢复罗马帝国东征的幻梦。"[①] 在恺撒精神的鼓舞下,拿破仑终于实现了称霸欧洲大陆的帝国梦想。基督教文化的唯灵主义对近代德国人的影响有多深,罗马文化的世俗英雄主义对近代法国人的影响就有多深!

然而到了罗马帝国时期,这种具有理想色彩的世俗英雄主义却无

---

① 赫·乔·韦尔斯:《世界史纲:生物和人类的简明史》,人民出版社1982年版,第1005页。

可拯救地衰颓了，罗马人既不愿意再去流血，也不愿去流汗，他们像鼹鼠一样躺在"往昔的荣光"的洞穴中享受着用前辈的鲜血换来的财富。追逐物质财富，本是世俗英雄主义的动力之一，但是物质财富一旦过于丰盛，就成为诱引世俗英雄主义堕落的罪恶渊薮。在整个罗马时代，英雄主义既不断地被物质目标所激发，又时时面临着被它腐蚀的可能性。在共和国的大部分时间里，由于受到追求荣誉的动机和传统道德力量的牵制，英雄主义在物质的诱惑面前始终能保持一种节制，没有滑向享乐主义和纵欲主义的泥淖，但是随着奢靡颓废的希腊文化的传入，罗马人严肃而粗鄙的心灵开始发生动摇。孟德斯鸠和罗素等许多作家都认为伊壁鸠鲁主义和斯多噶主义等希腊哲学思想腐蚀了罗马人的勇武精神。早在公元前2世纪时，严谨对待道德的老卡图就曾以激烈的口吻告诫罗马人不要让腐朽的希腊文化软化了他们的意志，但是老卡图所不愿看到的现象在共和国末期终于成为事实——骁勇好斗的罗马乡巴佬一头跌入了希腊文化的温柔乡中。罗素把罗马人与希腊人的关系比作1814年至1815年普鲁士人与法国人的关系。罗马人对纤巧柔美的希腊文化最初是持有一种征服者的骄矜和轻蔑态度，后来就逐渐在一种自惭形秽的复杂心理下开始模仿希腊文化，最终则被柔性的希腊文化弄得手脚酥软，成为如他们当年一般剽悍凶猛的日耳曼人的俎上肉。

这股源于希腊的奢靡之风在共和国晚期就已开始侵蚀罗马英雄主义的肌体，西塞罗和普鲁塔克曾对维累司、卢古勒司等人骄奢淫逸的生活进行了控诉和描述。到了罗马帝国时期，这股奢靡之风愈演愈烈，不仅使罗马英雄主义消失殆尽，而且还断送了罗马帝国的性命。

与苏格拉底的宗教殉道精神相比，罗马人的英雄主义始终只是一种世俗的英雄主义，它的动力是一种植根于功利观念之上的国家崇拜，它缺乏一种超功利的宗教意识的牵引。正因为如此，随着国家体制的逐渐完善（从较松散的共和国过渡到效率更高的罗马帝国），随着对外域的不断征服以及财富大量流入罗马，英雄主义渐渐地受到它所追逐的物质利益的腐蚀。"各行省数目的增加，造成了罗马人民财富的聚敛，腐化情形也就随着发生起来了。骄奢淫逸的风习从亚细亚吹入了罗马。源源流入的财富都是战争胜利的掠夺物，而不是作业勤劳的正当收获……罗马国家从剽劫掠夺到了富源，却又因为分赃不均发生了内讧。"① 由胜利和劫掠之财而导致的骄奢之风开始在罗马社会中蔓延，希腊和小亚细亚的怠惰而放荡的生活方式从公元前2世纪即对罗马青年产生了强烈的影响，到了奥古斯都时代愈演愈烈，成为普遍盛行的社会风习。罗马人不再是公元前2世纪以前粗鄙而愚昧的乡巴佬，而是沉溺于高雅奢侈的柔软之风中的暴发户。往昔的勇武剽悍在大量出现的浴场和宴饮场中被无形地腐蚀掉，膨胀的自我享乐意识使得终日沉溺于酒色之中的罗马人不愿意结婚和承担家庭责任，离婚之风盛行，以至于奥古斯都不得不在婚姻制度上实行一些强制性的改革，企图把罗马人的勇武精神和责任感从过度的颓靡中拯救出来。到了尼禄时代，放荡和享乐达到了穷奢极欲的程度，滑稽剧、逐兽、剑斗盛行，浴场遍布于各行省的城市，罗马人终日在浴场中消耗时光（后来的罗马皇帝阿德里亚努斯不得不为了商业生活的利益而限制浴场的开放时间），被时人称为"瘟疫时期的饮宴"。公元1—2世纪罗马每年要从印度、中国、小亚

---

① 黑格尔：《历史哲学》，生活·读书·新知三联书店1956年版，第353—354页。

细亚输入大量的奢侈品，使得巨款外流。普利尼感叹道："奢侈和妇女使我们付出了这样的代价！"① 再往后，罗马帝国开始踏上希腊化晚期马其顿王朝的覆辙，罗马国家的安身立命之本——世俗英雄主义已日趋瓦解，罗马帝国开始品尝使希腊文化断命的那杯鸩酒——狭隘而颓丧的个人自我完善。

到了公元 2 世纪后期，罗马帝国的疆界不再扩展，作为国家和公民个人资财的一个重要来源——劫掠所得的财富日益枯竭。为争夺财富和统治地位的内战频繁不断，罗马皇帝通常是由获胜的将军担任，但是要不了多久，他又被另一支军队和另一位将军推翻。帝国政府日益走向军事独裁，靠军队推举上台的皇帝自然懂得只有靠军队的支持才能维持统治。3 世纪初，阿非利加人塞维鲁通过 4 年内战登上了皇帝的宝座，他告诫自己的儿子们要让士兵发财而藐视其余子民。到了马克西米努斯统治时，为了补偿在战争中耗费的大量军费，竟然指使士兵没收富人的财产和劫掠公共财产。罗马帝国已堕落至此，罗马法律当然也就成为一纸空文，一切都听凭于作为军事首领的皇帝的个人意志，而皇帝的个人意志又必须服从于他下属的将军和士兵们。罗马帝国成了军队手中的玩物和待价而沽的商品。罗马军队的结构也发生了重大的变化，罗马公民们已被奢靡之风侵蚀，勇武精神和英雄主义荡然无存，他们再也不愿到战争中去冒险，况且战争已主要是内战，无利可图。当时的军队主要由蛮族雇佣兵组成，这些士兵既无文化素养，亦非为自己的国家和利益作战，因此他们只拥戴那些既能给他们提供大量金钱（包括对他们的劫掠行为采取默许态度），又能许诺他

---

① 科瓦略夫：《古代罗马史》，生活·读书·新知三联书店 1957 年版，第 791 页。

们终身不打仗的将领当皇帝。文明的罗马公民避免兵役义务的代价是他们必须承担各种赋税，此外还得提防随时可能降临的军队抢劫，无怪乎他们当时深有感触地抱怨道："凡人和诸神一齐讨饭，我们无法对付。"①

与政治混乱相应的是宗教信仰上的混乱，虽然传统的罗马多神教仍不失为国教，但是从东方传来的各种神秘宗教已把它挤压到万神殿的狭小神龛中，基本丧失了感召力。许多来自东方的皇帝把东方宗教带到罗马，与罗马的宗教混杂在一起供人信仰。公元218—222年在位的罗马帝国皇帝艾罗加巴鲁在被军队推举登基前曾是叙利亚太阳神的一位祭司，在他从叙利亚赴罗马任职的缓慢行程中，他的画像先被送到罗马元老院。吉本对此描述道：

> 他被画成穿着他那按照米底亚人与腓尼基人宽大飘垂的款式、用丝线与金线织就的祭司的长袍，头上戴着古波斯式高耸的冠冕，数不清的项圈和袖练上都饰满了无价的宝石。他的眉毛被涂得黑黑的，面颊画成一副人工造作的白里透红。深沉的元老们都叹着气，承认罗马在长期经历了自己本国人的严酷的暴政之后，现在终于卑躬屈膝于东方专制的奢靡之前了。②

与身穿战袍、头戴战盔威风凛凛的罗马帝国开国元勋恺撒和奥古斯都比起来，艾罗加巴鲁的画像简直像个东方的杂耍艺人。然而问题

---

① 罗伯逊:《基督教的起源》，生活·读书·新知三联书店1958年版，第279页。
② 吉本:《罗马帝国衰亡史》，转引自罗素:《西方哲学史》(上卷)，商务印书馆1963年版，第353页。

不在于他的滑稽可笑，而在于他把东方的宗教与罗马国教杂糅起来。在继任帝位的亚历山大（也是东方人）的私人教堂里，竟然同时供奉着犹太人的祖先亚伯拉罕、希腊神秘祭的奥尔弗斯、提阿罗的阿波罗和基督教的耶稣等神像。

宗教信仰上的混乱既表现了传统宗教（希腊罗马多神教）的危机，也预示着新宗教诞生的前兆。在东方传入的诸多宗教中，基督教具有强大的生命力，它很快就成为罗马民间流传最广的宗教。经过将近300年艰苦的"生存竞争"，基督教终于在公元313年君士坦丁与莱西尼乌两位皇帝联合发表的《宽容敕令》（即《米兰敕令》）中得到了法律上的认可，并于公元4世纪末取代多神教而成为罗马国教。尽管我们可以考虑一种普遍流行的意见，即认为基督教作为一种一神论取代罗马多神教是适应罗马帝国的政治需要，但是我们也绝不应忽视下述事实，即基督教的发展是在罗马国家政权衰弱的情况下才得以实现的，基督与恺撒始终是针锋相对的。宗教殉道精神与世俗英雄主义虽为超越的浪漫精神的相互补充的两个方面，但二者往往处于对立之中，统一的宗教神国只有在统一的世俗帝国分崩离析之时才能真正确立。

纵观罗马时代，可见西方文化的超越的浪漫精神在以世俗英雄主义的形式发展了几百年之后，再度沉沦于文化末流——狭义的个人主义，然后又回到体现着宗教殉道精神的高级宗教基督教中。世俗英雄主义在古代世界中的使命已完成，它日益蜕化为一具枯朽的骨架，并且正遭受着狭义的自我完善的个体的咬噬。在这个濒临崩溃的世俗世界的上空，渐渐地回荡起一种陌生却令人无法抗拒的声音——人们经过数百年的颠沛流离，终于又听到了神灵真挚的召唤。超越的浪漫精神开始步入它发展的下一个环节，这就是基督教文明。

基督教虽然是罗马帝国的国教，但它在本质上始终与罗马帝国处于不协调的关系之中。罗马这个民族从根本上来说是属世的、形而下的、非宗教气质的民族。罗马人（或拉丁人）的天性中物质主义的成分较浓，他们擅长于从事世俗政治活动，而不太适宜从事属灵的宗教活动。基督教的神国是不能在罗马帝国中真正建立起来的，上帝之国要想强大，必须以恺撒之国的废墟为根基，因此吉本在《罗马帝国衰亡史》中坚持认为基督教是罗马悲剧的真凶。基督教与罗马帝国只是形式上相称，实质上却是格格不入的，罗马帝国之所以承认基督教只是因为它已无力继续压制后者，不得不借助后者来支撑自己摇摇欲坠的躯干。然而矛盾并没有因此得到缓解，随着日耳曼蛮族的入侵，罗马帝国崩溃了，基督教作为古代世界唯一的文化遗产被保留下来，并且得到了长足的发展。但是上帝与恺撒之间的冲突却一直贯穿于整个中世纪，构成了中世纪西方历史的一个重要内容——教俗权力之争。

尽管如此，罗马世界作为超越的浪漫精神发展的一个环节毕竟为基督教文明的产生奠定了历史基础。黑格尔精辟地指出："罗马世界……由于它绝望的处境和被上帝摒弃的痛楚，终于跟现实发生公开的分裂，明白表现出那种普遍的要求一种满足的渴望，这种满足只能在精神中内在地达到，并且给高等的'精神世界'做了准备的工作。这种渴望就是那种'命运'，它把一切神祇和快乐的生活都压制下来为它服务，同时，它又是涤除人类心灵中一切特殊性的那种权力。所以它整个的情况就像一个诞生的地方，它的痛苦就像诞生另一个高等的'精神'的痛苦，这个'精神'和基督教连带地启示出来。"[①] 除了

---

① 黑格尔：《历史哲学》，生活·读书·新知三联书店1956年版，第363页。

这种一般性的历史因果关系之外，罗马帝国还为基督教提供了一个非常重要的观念，即世界性的观念。"罗马长期的统治使人们习惯于一种在单一政府之下的单一文明的观念"，"一个人类的家庭、一个公教、一个普遍的文化、一个世界性的国家，这种观念自从它被罗马差不多实现以来，始终不断地在萦绕着人们的思想。"[①] 正是受这种观念的支配，基督教才发展成为一种超民族、跨地域的统一大教会，才创造出一种世界性的宗教文化。

海涅形象地说："唯物主义在罗马帝国发展到惊人可怕的地步，大有摧毁人类精神的一切辉煌成果之势，基督天主教的世界观作为克制这种唯物主义的一剂灵药，是必不可少的。"[②] 世俗英雄主义的宏伟大厦终于在纵欲主义潜移默化的腐蚀下坍塌了，罗马国家在骇人听闻的放荡和淫乱中耗尽了精力。"当那个巨大的机体为公然的暴力所侵入或缓慢的衰朽所腐蚀时，一个纯洁而平凡的宗教徐徐潜入人心，在无声无息和微贱中成长起来，从受到反对中获得新的精力，终于在卡庇托尔的废墟上竖起十字架的胜利旗帜。"[③]

---

① 罗素：《西方哲学史》(上卷)，商务印书馆1963年版，第355、356页。
② 海涅：《论浪漫派》，人民文学出版社1979年版，第6页。
③ 吉本：《罗马帝国衰亡史》，第15章，商务印书馆1964年版，第7页。卡庇托尔为罗马小山名，罗马人在山上建有卫城和神庙。

第二章

基督教的起源

在世界上从来没有任何一种宗教像基督教那样对人类社会历史产生过如此重大的影响,以至于可以这样说,没有基督教就没有我们现在所面临的西方文化。有人曾把西方文化称为宗教文化,以与称为伦理文化的中国文化相比较。至少在西罗马帝国灭亡以后,在漫长的中世纪,基督教作为一种文化形态(甚至可以说是唯一的文化形态)对西方历史起到了难以估量的作用,而且这种作用并没有因为近代的一系列文化改革运动——文艺复兴、宗教改革和启蒙运动而结束,而是继续作为一种潜在的力量影响着近代和现代社会。基督教并不像东方宗教一样仅仅限于哲学和伦理学范围内,而是深深地渗入社会政治生活和经济生活中,以至于我们可以毫不夸张地说,不了解基督教的精神和历史发展,就无从了解西方文化。

罗素认为,基督教的来源有三个:它的圣教历史和道德观念来自犹太教,它的神学或哲学观念来自希腊(主要来自柏拉图与新柏拉图主义),它的教会法和政府观念间接地来自罗马。① 除此之外,对于基

---

① 罗素:《西方哲学史》(上卷),商务印书馆 1963 年版,第 19 页。

督教的发展具有重大意义的还有另一个因素，即作为"基督教原则的使者"或"担负者"的日耳曼民族。上文中已谈到，拉丁民族是一个属世的民族，宗教（无论是希腊罗马多神教还是基督教）在它那里都被外在化了。拉丁人拥有教会，但他们并不具有纯正的宗教意识，因此教会在他们那里发展为一种世俗的力量。在中世纪，真正具有宗教意识的是日耳曼民族，然而它始终被排斥在教会之外，不得不与世俗政权结成某种形式上的联系。这就是中世纪历史发展的悖论。这一点是我们了解16世纪宗教改革的重要契机，它可以解释为什么新教改革只在日耳曼民族中成为现实，而拉丁民族迄今仍奉守形式化的天主教。拉丁人制定了教会法，完善了教会机构，甚至创立了一套天主教哲学理论，但是真正意义上的信仰和形而上学却始终只属于日耳曼人（在古代，形而上学也曾属于希腊人）。黑格尔指出："日耳曼民族的特性为'自然的总体'这个意识——这一个特质便是我们所谓心。""'心'里所包含的便是要求得到无界限的满足，正就为了这种满足，我们在基督教原则里发现一种适当的运用。"[①]

作为一种高级宗教，基督教是从犹太教中发展出来的，因此它在许多方面保持了犹太教的特点，尤其是在圣教历史、律法和部分道德观念等方面。但基督教从本质上说是与犹太教截然不同的，这首先表现在基督教已经具有一套真正的神学理论或宗教形而上学（这一点得益于希腊唯心主义哲学），它克服了犹太教的此岸性和直观性，成为一种关于彼岸或来世的福音。其次，基督教接受了律法，但不拘泥于外在的律法，而是更侧重于内在的信仰。在道德观上，基督教加入了许多新的，并且往往是与犹太教的道德观相反的因素，特别是早期的

---

① 黑格尔：《历史哲学》，商务印书馆1936年版，第557—559页。

保罗派和宗教改革后的路德派提出了一种动机论的道德观,在这方面,基督教比犹太教更侧重个人的灵魂得救和精神自由。这些差别使得基督教虽然出自犹太教,但后来却成为一个敌视犹太教的宗教。

基督教的精神说到底就是灵魂对现实世界的超越,它体现在基督教的一些基本教义中。海涅对这些教义进行了概括,他指出:"上帝的道成肉身,克服肉欲,精神的自我内省等等,带来了禁欲的、沉思的僧侣生活,而这才是基督教观念的最纯正的花朵。"[①] 这些教义最初源于诺斯替教派和斐洛哲学,再往上可以顺着柏拉图主义和毕达哥拉斯主义一直追溯到奥尔弗斯精神。

罗马文化对基督教的影响主要体现在教会法和教俗职权范围的划分方面,上帝的采邑与恺撒的采邑的对峙贯穿于整个中世纪,双方都企图从罗马法令中寻找有利于自己的根据。关于这个问题,我将在下一章中结合教会发展史来论述。在本章中,则集中讨论基督教的犹太教历史、基督教的希腊神学观念和日耳曼民族精神。

第一节
基督教与犹太教

一、律法主义与道德主义

犹太民族是一个苦难的民族,在它的历史上几乎没有摆脱过外族人的统治和奴役,因此犹太人普遍具有一种浓郁的不幸意识。另一方面,犹太人又具有极其顽强的民族自尊心,现实的磨难使他们对未来

---

① 海涅:《论德国宗教和哲学的历史》,商务印书馆 1974 年版,第 16 页。

怀有强烈的宗教信念。犹太人确信，世界各民族中唯有他们才是上帝的选民，但是由于他们自身的罪过（祖先对上帝的种种不虔诚的行为），亚威（即上帝耶和华）只有在使他们受尽磨难之后才会降福于他们。犹太人必须通过惩戒才能得到净化。这种基于罪孽意识的虔信使犹太人在极其艰苦的环境中顽强地生存下来，虽经几度亡国仍未被消灭。黑格尔说："恰与罗马世界的普遍的命运相对照的，犹太民族有的是'恶'之意识和向往上帝之心。"① 作为个人，犹太人对世界历史的贡献是难以估量的，无论在经济领域、科学领域还是文化领域，许多巨匠都是犹太人或犹太人的后裔。在犹太人中产生的诺贝尔奖获得者高居世界各民族之巅，对于现代世界来说，著名的马克思、爱因斯坦、弗洛伊德，也都是犹太人。一个人数如此少而且在数千年间一直丧失了家园的民族，为世界文化提供了如此多的杰出人物，这在世界历史上是极其罕见的。然而，作为一个民族，一个整体，犹太人在2000年来却长期处于屈辱之中。

这是一棵枯朽千年的大树，然而在它的枝丫上却不断地结出丰硕之果。

犹太人的祖先希伯来人大约在公元前14世纪上半叶由沙漠侵入巴勒斯坦，与当地的迦南人逐渐融合，形成以色列部落。公元前13世纪末叶，埃及法老梅尼普塔征服了巴勒斯坦，并刻下碑文炫耀战功："以色列已化为废墟，但它的种族并未灭绝。"这是以色列第一次见于历史文献。梅尼普塔把大批犹太人作为奴隶掳到埃及，从而产生了犹太英雄摩西率领以色列人逃出埃及的传说。公元前12世纪，腓

---

① 黑格尔：《历史哲学》，商务印书馆1936年版，第512页。

力斯丁人取代了埃及的统治，入主巴勒斯坦。《圣经·旧约》中的《士师记》和《撒母耳记》记述的就是这一段历史。从公元前 11 世纪末叶开始，以色列各部落在扫罗、大卫和所罗门三王的先后统率下，打败了腓力斯丁人，形成了统一的国家，史称以色列王朝时期。从这时起，以色列人的历史才消除了传说的色彩，成为可以确证的历史事实。公元前 930 年所罗门王去世，统一的以色列王朝分裂成北部的以色列国和南部的犹太国，从此以后战乱迭起，国力日衰。公元前 722 年，亚述人攻陷以色列国首都撒马利亚，掳走大批以色列人。公元前 586 年巴比伦王尼布甲尼撒占领犹太国首都耶路撒冷，毁坏犹太教圣殿，将大部分百姓掳到巴比伦，犹太人从此进入历史上著名的"巴比伦之囚时期"。

公元前 539 年波斯帝国战胜巴比伦，开始了对巴勒斯坦两百年的统治，史称"波斯统治时期"。在此期间，波斯人释放了一批"巴比伦之囚"，让他们回巴勒斯坦重建家园。在民间宗教领袖"先知"的号召下，以色列人于公元前 516 年重建了犹太教圣殿。公元前 333 年马其顿王亚历山大击败波斯，入主巴勒斯坦。亚历山大死后，以色列人在埃及托勒密王朝和叙利亚塞琉西王朝的夹缝中苟延残喘。一直到公元前 165 年，以色列人才在玛喀比兄弟的领导下推翻了塞琉西王国的统治。然而曾几何时，以色列国又沦为新崛起的罗马帝国的附庸，隶属于叙利亚行省的罗马总督管辖（其中一个总督就是处死耶稣的彼拉多）。

经历了长期悲惨的历史过程，犹太人自然而然会产生浓厚的不幸意识。在现实世界中得不到幸福和安宁，于是只能到宗教中寻找安慰。在犹太教最早的经典"摩西五经"或"律法书"（即《圣经·旧约》中的《创世记》《出埃及记》《利未记》《民数记》《申命记》，约于公元前444年前编集）中，犹太人表述了这种基于不幸意识的宗教思想。上帝在创世之后，曾许诺犹太人的祖先亚伯拉罕子孙后代繁荣昌盛，上帝对亚伯兰（亚伯拉罕原初之名）说："你向天观看，数算众星，能数得过来吗……你的后裔将要如此。"①亚伯拉罕是个义人，他虔信上帝，他的子孙中也有许多义人，因此上帝拣选犹太人做自己的羔羊，"耶和华但喜悦你的列祖，爱他们，从万民中拣选他们的后裔，就是你们，像今日一样。所以你们要将心里的污秽除掉，不可再硬着颈项"。②然而亚伯拉罕也有许多不肖子孙，他们老是忤逆上帝的意愿，对上帝不虔敬，致使上帝发怒，上帝称其为"硬着颈项的百姓"。因此先知先觉的上帝必先使犹太人遭一番磨难，才会领他们去那"美好宽阔的流奶与蜜之地"。上帝对亚伯拉罕预言："你的后裔必寄居别人的地，又服侍那地的人；那地的人要苦待他们四百年，并且他们所要服侍的那国，我要惩罚，后来他们必带着许多财物从那里出来。"③400年后摩西应了上帝的预言，引导以色列人逃出埃及，在西奈山与上帝立约，定下十条诫命和许多律例，然而在去往"流奶与蜜之地"的途中，以色列人屡屡表现出对上帝的不诚，如崇拜上帝之外的神、对引导他们出埃及的摩西发怨言等等，致使上帝几次欲置以色列人于死地，多亏摩西苦苦哀求，才幸免于难。但是以色列人却为此付出了惨重的代价，逃出埃及后并没有过上幸福安乐的生活，而是一次又一次地沦丧家园，寄人篱下。正如摩西曾警诫他们的："你若忘记耶和华你的上帝，随从别神，侍奉敬拜，你们必定灭亡；这是我今

---

① 《圣经·旧约·创世记》，第15章，第5节。
② 《圣经·旧约·申命记》，第10章，第15—16节。
③ 《圣经·旧约·创世记》，第15章，第13—14节。

日警戒你们的。耶和华在你们面前怎样使列国的民灭亡，你们也必照样灭亡，因为你们不听从耶和华你们上帝的话。"①

犹太人的不幸意识在"摩西五经"中充分表现出来，他们不把失落家园的原因归结于外族的侵略，而是归咎于自己祖先的不洁，归结为天罚的结果。《圣经·旧约》中所记载的犹太人的圣教历史是一部充满负罪感的苦难史，祖先和国人对上帝的不诚始终像梦魇一般笼罩在犹太人头上，形成了一种比基督教的"原罪"（因人类祖先亚当、夏娃偷吃禁果而获罪）意识沉重得多的原罪感。这种原罪感是对苦难现实最好的心理安慰，也是对德行的最大鼓励。摩西在何烈山重申诫命时对以色列人说："我今日所吩咐的一切诫命，你们要谨守遵行，好叫你们存活，人数增多，且进去得耶和华向你们列祖起誓应许的那地。你也要记念耶和华你的上帝在旷野引导你这四十年，是要苦炼你、试验你，要知道你心内如何，肯守他的诫命不肯。"②诚如孟子所言："故天将降大任于斯人也，必先苦其心志，劳其筋骨，饿其体肤，空乏其身，行拂乱其所为，所以动心忍性，曾益其所不能。"③

于是悲凄切切的犹太民族就在苦难重重的现实中安身立命，一方面一丝不苟地谨守摩西与上帝订立的律法和典仪，一方面殷切地期待着弥赛亚的降临。

犹太教的律法主要有三部，分别记载于"摩西五经"的《出埃及记》《利未记》与《申命记》中。其中，《出埃及记》的第 21—23 章是现存最古老的犹太法典，它的前言和中心思想就是第 20 章的"摩

---

① 《圣经·旧约·申命记》，第 8 章，第 19—20 节。
② 《圣经·旧约·申命记》，第 8 章，第 1—2 节。
③ 《孟子·告子下》。

西十诫"。《申命记》的第12—26章是一个比摩西律法较宽容的改革提纲,除重申一神崇拜和《出埃及记》中已有的律法外,还提出一些新的律例典章。《利未记》是《祭司法典》,确定祭祀供奉、节日礼仪和某些经济生活方面的律例典章。据统计,犹太律法学者注释成文律法的口头传述一共设立了248条命令和365条禁令。这些命令和禁令都非常苛刻,要想全部一丝不苟地谨守是不大可能的,而且这些律法还带有浓厚的原始宗教的禁忌色彩。下面略举几例:

> 打父母的,必要把他治死。拐带人口,或是把人卖了,或是留在他手下,必要把他治死。咒骂父母的,必要把他治死。①
>
> 人若使他邻舍的身体有残疾,他怎样行,也要照样向他行:以伤还伤,以眼还眼,以牙还牙。②
>
> 若遇见人与有丈夫的妇人行淫,就要将奸夫淫妇,一并治死。这样,就把那恶从以色列中除掉。③
>
> 地里首先初熟之物,要送到耶和华你上帝的殿。不可用山羊羔母的奶煮山羊羔。④
>
> 在地上一切走兽中可以吃的乃是这些:凡脚蹄分两瓣、倒嚼的走兽,你们都可以吃。但那倒嚼或分蹄之中不可吃的乃是:骆驼,因为倒嚼不分蹄,就与你们不洁净……猪,因为蹄分两瓣,却不倒嚼,就与你们不洁净。……凡在水里、海里、河里、有翅有鳞的,都可以吃。凡在海里、河里,一切水里游动的活物,无

---

① 《圣经·旧约·出埃及记》,第21章,第15—17节。
② 《圣经·旧约·利未记》,第24章,第19—20节。
③ 《圣经·旧约·申命记》,第22章,第22节。
④ 《圣经·旧约·出埃及记》,第23章,第19节。

翅无鳞的，你们都当以为可憎，你们不可吃它的肉。……凡有翅膀用四足爬行的物，你们都当以为可憎。只是有翅膀用四足爬行的物中，有足有腿，在地上蹦跳的，你们还可以吃。①

你们不可吃带血的物。不可行巫术，也不可占卜。头的周围不可剃，胡须的周围也不可损坏。②

若献一只羊羔为供物，必在耶和华面前献上，并要按手在供物的头上，宰于会幕前。亚伦的子孙，要把血洒在坛的周围。从平安祭中，将火祭献给耶和华。其中的脂油和整肥尾巴，都要在靠近脊骨处取下，并要把盖脏的脂油和脏上所有的脂油，两个腰子和腰子上的脂油，就是靠腰两旁的脂油，以及肝上的网子和腰子，一概取下。祭司要在坛上焚烧，是献给耶和华为食物的火祭。③

诸如此类的律法竟多达几百条，对于犹太人来说确实苛刻至极，无怪乎他们的祖先难以谨守，招致了一次又一次的天罚。

所有律法的要义都体现在"摩西十诫"中，对于犹太人来说只要奉行"摩西十诫"并遵从某些典仪（如行割礼、洁净等）就可以称得上虔信了。"摩西十诫"包括：1. 崇拜唯一的上帝而不可拜别的神；2. 不可制造和敬拜偶像；3. 不可妄称上帝的名；4. 须守安息日为圣日；5. 须孝敬父母；6. 不可杀人；7. 不可奸淫；8. 不可偷盗；9. 不可作假见证陷害人；10. 不可贪恋别人的妻子、仆婢和财物。"摩西十诫"也

---

① 《圣经·旧约·利未记》，第11章。
② 《圣经·旧约·利未记》，第19章，第26—27节。
③ 同上，第3章，第7—11节。

同样为基督教所奉守，但在许多具体条款上却不像犹太教那样严格，例如基督教对于孝敬父母一条似不强调，耶稣对信徒们说："听了上帝之道而遵行的人就是我的母亲，我的弟兄了。"① 对待安息日的态度，基督教与犹太教截然不同。"摩西十诫"中对守安息日这一律令规定如下："当记念安息日，守为圣日。六日要劳碌做你一切的工，但第七日是向耶和华你上帝当守的安息日。这一日你和你的儿女、仆婢、牲畜，以及你城里寄居的客旅，无论何工都不可做。因为六日之内，耶和华造天、地、海和其中的万物，第七日便安息，所以耶和华赐福予安息日，定为圣日。"② 在外族的长期统治下，犹太人尤其是法利赛人（犹太中产阶级和宗教知识分子）一直奉守安息日，虽经统治者的多次强制和迫害仍不放弃。基督教产生伊始，法利赛人就指责耶稣在安息日为人治病，犯了诫命。耶稣回答道："你们中间谁有一只羊，当安息日掉在坑里，不把它抓住拉上来呢？人比羊何等贵重呢！所以，在安息日做善事是可以的。"③ 耶稣又说："安息日是为人设立的，人不是为安息日设立的。所以人也是安息日的主。"④

犹太教的核心就是律法和祭祀典仪，而基督教的核心则是道德和信仰。基督教也尊重律法，但是同时又认为，仅有律法是不够的。在《圣经·新约》中，耶稣确曾强调过："我实在告诉你们，就是到天地都废去了，律法的一点一画也不能废去，都要成全。所以，无论何人废掉这诫命中最小的一条，又教训人这样做，他在天国要称为最小的；但无论何人遵行这诫命，又教训人遵行，他在天国要称

---

① 《圣经·新约·路加福音》，第8章，第21节。
② 《圣经·旧约·出埃及记》，第20章，第8—11节。
③ 《圣经·新约·马太福音》，第12章，第11—12节。
④ 同上，第2章，第27—28节。

为大的。"① 但是整个《圣经·新约》却明显表现出，耶稣始终教导信徒们超出律法，不要拘泥于此。"上帝确实命你做比遵循律法更多的事。"②"人称义是因着信，不在乎遵行律法。"③ 在四大福音书中，耶稣与法利赛人的一个重大冲突就在于是否拘泥律法。至于祭祀，在基督教中完全被取消了，而代之以信徒发自内心的祈祷。在天主教中，祈祷尚与繁缛的仪式相联系，要通过教会的中介；而到了新教中，祈祷则完全成为信徒与上帝的私人交往，无须外在的仪式，只需有虔诚的信仰就够了。耶稣说："我喜爱怜恤，不喜爱祭祀。"④ 从祭祀走向信仰，从外在的宗教仪式走向内心的虔信，这意味着低级宗教向高级宗教的转化。汤因比在谈到原始宗教与高级宗教的区别时说："原始宗教的精髓不是信仰，而是行动；信奉宗教的判断标准，不是同意信条，而是参加祭祀行为。"⑤ 而高级宗教则以信仰和启示为基础，信徒们"每个人自己直接地接触到'终极的精神之存'"。在上一章中我们谈到希腊多神教是"通过人以外的自然力量"而接触到这种"终极的精神之存在"，而犹太教则是"通过人的集体力量所具体化的制度"（律法典仪）而达到这一目的，它们都是"间接地"而非"直接地"实现这一目标的，因此，基督教产生之前的犹太教与希腊多神教一样都属于低级宗教。唯有基督教使人"直接地"与"终极的精神之存在"相接触，从这一点来说，基督教比犹太教和希腊多神教更多地具有"灵"的成分和超越的色彩。

---

① 　《圣经·新约·马太福音》，第5章，第18—19节。
② 　汉弗雷·卡本明：《耶稣》，工人出版社1985年版，第93页。
③ 　《圣经·新约·罗马书》，第3章，第28节。
④ 　《圣经·新约·马太福音》，第12章，第7节。
⑤ 　汤因比：《历史研究》（下册），上海人民出版社1964年版，第115页。

基督教在许多礼仪和道德观上与犹太教迥然相异,如割礼制度本为犹太教祖传礼仪,在犹太教圣典《创世记》中记载了行割礼的由来。上帝对亚伯拉罕说:"你们都要受割礼,这是我与你们立约的证据。你们世世代代的男子,无论是家里生的,是在你后裔之外用银子从外人买的,生下来第八日,都要受割礼。……这样,我的约就立在你们肉体上,作永远的约。但不受割礼的男子,必从民中剪除,因他背了我的约。"[①] 可见,行割礼就是犹太人作为信奉唯一神耶和华的一种肉体上的永约,因此犹太人世代遵行,不敢有违。到后来,行割礼竟发展成犹太民族作为上帝选民的一种确证,以区别其他未行割礼的不洁民族。"犹太人竟以此礼骄人,视外邦未受割礼为可鄙恶,又显系流于偏狭之过。"[②] 因此之故,行割礼的制度引起了周围各族人的反感和憎恶,塞琉西王朝和罗马帝国的统治者都曾明令禁止这种习俗。例如公元前2世纪中叶,塞琉西王朝的安提阿古四世通令废止割礼,他下令对那些给自家男孩行割礼的妇女处以死刑,并勒死那些男孩,还掠夺了他们的家产,却仍然无法禁绝犹太人行割礼的习俗。然而在耶稣看来,洁与不洁的区别在于内心的虔信,而不在于肉体上的标记,"外面肉身的割礼,也不是真的割礼。……真割礼也是心里的,在乎灵不在乎仪文。"[③] 基督教之所以能突破犹太教狭隘的地域性和民族性而成为世界性的宗教,与它废除割礼制度有很大关系。

基督教与犹太教的另一个差别表现在对禁食与洁净的不同态度

[①] 《圣经·旧约·创世记》,第17章,第11—14节。
[②] 袁定安:《犹太教概论》,商务印书馆1935年版,第9页。
[③] 《圣经·新约·罗马书》,第2章,第28—29节。

上。在《利未记》中规定了犹太人不许食用的种种不洁之物,安提阿古四世曾通令犹太人废除洁食的律法,强制他们用猪肉献祭,但是犹太人宁死也不愿为不洁的肉类所玷污。到了基督教那里,对食物的禁忌取消了,因为人们无论食用什么食物都与精神的虔信无关。重要的不在于吃什么,而在于心里想什么。法利赛人曾指责耶稣的门徒不洗手就吃饭,犯了洁净的律例,耶稣回答道:"岂不知凡入口的,是运到肚子里,又落到茅厕里吗?唯独出口的,是从心里发出来的,这才污秽人。因为从心里发出来的,有恶念、凶杀、奸淫、苟合、偷盗、妄证、谤渎言。这都是污秽人的。至于不洗手吃饭,那却不污秽人。"①

在道德观方面,基督教也有许多改进。在男女关系上,犹太教虽然明令禁止淫乱,但从未提倡禁欲,且鼓励"要繁殖和增多"。而在基督教中,把禁欲当作一种崇高的德行,在《马太福音》中,耶稣告诉门徒,不是所有的人都能做到不娶的,"为天国的缘故自阉"这种德行"不是人人都能领受的,唯独赐给谁,谁才能领受。"② 耶稣本人在这方面就是一个典范。这种禁欲主义在后来的教父派和修道运动中发展到极端,超越的浪漫精神从灵魂扩展到肉体,导致了一种反人道的畸形生活姿态。在贫穷与富裕的问题上,犹太教采取一种劝人安于现状的态度,贫穷固然为上帝所愉悦,但富裕也不是邪恶,而是对正义的奖励。富人应该对穷人施与有分寸的援助,但不必过分。基督教则把贫穷与富裕截然对立起来,贫穷是一种美德,富裕却是罪恶的象征。《马可福音》中有这样一个故事,一个富有的

---

① 《圣经·新约·马太福音》,第15章,第17—20节。
② 同上,第19章,第11节。

人来请教耶稣，问如何获得新生。耶稣说到了一些戒律，这人说他都遵行了，当耶稣说到要他变卖财产，分给穷人时，他却面有难色地走开了。耶稣就对他的门徒们说："依靠钱财的人进上帝的国是何等的难哪！骆驼穿过针的眼，比财主进上帝的国还容易呢。"[1] 基督教的这种贫穷道德观与禁欲观一起导致了中世纪修道制度和托钵僧团的出现，同时也造成了教会实践与教义之间的尖锐的矛盾。基督教与犹太教在道德观上的另一个显著的不同在于对待仇敌的态度上，犹太教要求教徒们爱兄弟、朋友，但是对敌人却采取不宽容的态度。犹太人长期处于外族人的压迫之下，因此具有强烈的复仇心理，在"摩西十诫"中提到，对敌人要采取"以命偿命，以眼还眼，以牙还牙，以手还手，以脚还脚，以烙还烙，以伤还伤，以打还打"[2] 的态度。犹太人的上帝也绝不饶恕犹太人的敌人，耶和华就曾向摩西许诺要剪除与犹太人为敌的埃及人、亚摩利人、赫人、比利洗人、迦南人、耶布斯人。然而耶稣却在著名的"山上训众"中说："你们听见有话说：'以眼还眼，以牙还牙。'只是我告诉你们，不要与恶人作对。有人打你的右脸，连左脸也转过来由他打……你们听见有话说：'当爱你的邻舍，恨你的仇敌。'只是我告诉你们：要爱你们的仇敌，为那逼迫你们的祷告。"[3] 犹太教的上帝对世人爱憎分明，常常动怒要剪除恶人；而基督教的上帝则对一切人都充满了爱，把仁慈的甘霖遍洒于天下，表现出极度的豁达和宽容。

犹太教的律法虽然也包含着道德的成分，但它明显地带有强制

---

[1] 《圣经·新约·马太福音》，第10章，第17—25节。
[2] 《圣经·旧约·出埃及记》，第21章，第23—25节。
[3] 《圣经·新约·马太福音》，第5章，第38—44节。

性，它是通过一种否定的方式即惩罚来规范人的行为的，它注重的是人们的外在行为及其后果。而基督教的道德则更多地基于人的内心自觉，它通过一种肯定的方式即自我良心来协调人的行为，它强调内心动机与外在行为效果的一致。任何一种高级宗教都是基于人的内心动机和自觉信仰，而不是基于人的外在行为和律法强制。犹太教的律法虽多，但它们从未限制人的心念，它们衡量和裁决的只是人的外在行为及其后果。而基督教则深入人的内心，在耶稣看来，仅仅在行为上遵循律法是不够的，真正的善在于内心的虔信，在于动机的纯正。基督教创立了一种动机论的道德观，认为"一念之动即为恶"。正如耶稣所说："凡看见妇女就动淫念的，这人心里已经与她犯奸淫了。"① 这当然是一种圣徒式的道德观，在欲念蠢动的凡夫俗子的世界中是难以实现的，它提出了一种崇高的道德境界，它把善从外在行为归诸内心动机，使道德成为一种信仰，具有了浓重的宗教情感，从而使人的内心道德生活获得了一种超越现实的外在规范的倾向。

这种动机论的道德观反映到宗教信仰上就是对上帝和基督的信，这信是属于内心的，外在的形式并不能取代它。在四福音书中都强调了信的力量，"在信的人，凡事都能"。② 上帝的国并不出现在这个世界上，而在于信者的心中，凡是信的人就可以得永生。律法和诫命固然要遵行，但这并不是最重要的，最重要的是信仰是对上帝的爱戴之心。在基督教中，有两条诫命是最大的，即"你要尽心、尽性、尽意、尽力爱主你的上帝。其次就是说：'要爱人如己。'再没有比这两

---

① 《圣经·新约·马太福音》，第5章，第28节。
② 同上，第9章，第23节。

条诫命更大的了。"① 这两条诫命分别构成基督教的最基本的教义和最基本的道德。这是基督教的真义和精髓，其他一切教义和教规都是在此基础上发展出来的。尽心、尽性、尽意、尽力地爱上帝，是要人执着于宗教信仰，轻视世俗的物质生活，潜心于精神修养，超越现世，追求彼岸。神谕的迷信被取消了，信仰成为宗教的标准和权威。对上帝之爱构成了一种绝对的自由的基础，自由不再是对外在的命运和律法的依赖和屈从。爱人如己则是宣扬一种平等的理想，传播一种世界大同的福音。早期的基督教正是凭借这两点战胜了深陷于颓靡的物质泥沼中的罗马帝国，战胜了沉溺于直观的自然形态中的希腊罗马多神教和囿于外在的律法主义藩篱中的犹太教，为超越的浪漫精神的发展铺平了道路。到中世纪中期以后，罗马天主教会的实践离这两条诫命的精神越来越远，从而导致了基督教的堕落。一直到16世纪，宗教改革才在新的基础上恢复了这两条诫命的原旨，使宗教实践与宗教教义重新协调一致起来。

二、末世论与救赎说

从弥赛亚运动的末世论到基督救赎说的发展使基督教最终摆脱犹太教，成为一种独立的世界性宗教。在公元前2世纪，犹太人处于塞琉西王朝统治下时，预言著作盛行，汇集成《先知书》八卷，即旧约中的《约书亚记》、《士师记》、《撒母耳记》、《列王记》、《以赛亚书》、《耶利米书》、《以西结书》和十二小先知书。在这些著作中，民间的"先知"们一方面叙述了犹太民族在各个外族统治下的历史，另一方

---

① 《圣经·新约·马可福音》，第12章，第30—31节。

面又预言了犹太人未来的获救。当时在民间流传着一种说法：上帝将派一位"受膏者"①来复兴犹太国，这"复国救主"被称为"弥赛亚"。据说弥赛亚的降临将把公义带到人间，公正地审判世界，让上帝的选民获福，并降罪于那些压迫犹太人的外邦统治者。这种信念在2 000多年前的犹太人中流传很广，犹太人普遍相信，最后一个苦难的世代已经到头，上帝的国临近了，弥赛亚不久将降临，给犹太人带来"千禧年"，即引导犹太人过上一千年的幸福生活。这种"末世论"的信念反映了犹太民族强烈的不幸意识和渴望解放的心理。当时中下层犹太人屡次掀起弥赛亚运动，反对塞琉西王朝和罗马帝国的统治。基督教起初也是下层民众中流行的一种宗教，因此它也接受了弥赛亚主义末世论的影响。在犹太人的基督教（彼得派）中，对人间天国即"千禧年"的向往是非常强烈的，信徒们相信，上帝的国不久就要降临在这个悲惨的世界上，使受苦受难的人脱离灾难，在肉体和精神上都获得解放。

但是，随着公元1世纪非犹太人（外邦人）的基督教（保罗派）的崛起，弥赛亚主义的末世论逐渐被基督的救赎说取代。"千禧年"的理想消失了，上帝的国不再在这个世界上出现，而是在另一个世界即彼岸世界中存在，或者在信者的心中存在。进入天国的也不再是具有肉体的人，而是超脱了肉体的精神。此岸与彼岸对立起来，肉体与灵魂相分离，耶稣通过受难和复活已救赎了世人的罪过，成为灵魂获救的初熟之果。这种二元论构成了基督教的基本思想，"邪恶的撒旦和善良的基督对立着，基督代表精神世界，撒旦代表物质世界；我们

---

① 古代犹太人拥立君王时，要在受拥戴的人头上浇香膏，"受膏者"意指君王。

的灵魂属于精神世界，肉体属于物质世界；整个现象世界，即自然，根本是恶的；撒旦，这黑暗的主宰者，就想用它来引诱我们堕落；因此，必须谢绝人生中一切感性快乐，对我们的肉体，这个撒旦的采邑，加以折磨，这样才能使灵魂越加庄严地升到光明的天国，升到基督光辉灿烂的国度。"① 保罗派既然由外邦人组成，因此他们对犹太人的解放和"千禧年"显然不再重视。在思想来源上，保罗派深受斐洛哲学和诺斯替教派的影响（我将在下一节中详述这两派的思想），把眼光从此岸的人转向彼岸的灵。具有现实革命意义的弥赛亚运动在保罗派那里被灵化为一种灵魂获救的福音，保罗"宣传一种神秘教，把其中有关革命宣传的基督耶稣化成了一个能使凡人化为不朽的神灵。他把天国从现世搬到了来世。"②

基督就是弥赛亚，③福音书中提到，耶稣问他的门徒自己是谁，门徒说他就是基督。法利赛人因此而攻击耶稣，因为在法利赛人看来，弥赛亚将带来"千禧年"，但是耶稣却并没有带来上帝的国。在法利赛人眼中，耶稣是一个摇唇鼓舌的骗子。从法利赛人对耶稣的态度中可以清楚地看到犹太教的天国观念与基督教的差异。《路加福音》中记述，法利赛人问："上帝的国几时来到？"耶稣回答说："上帝的国来到，不是眼所能见的。人也不得说，'看哪，在这里''看哪，在那里'；因为上帝的国就在你们心里。"④ 耶稣的名言"我的国不属这世界"成为基督教区别于犹太教的一个重要标志，它体现了基督教的超

---

① 海涅：《论德国宗教和哲学的历史》，商务印书馆 1974 年版，第 16 页。
② 罗伯逊：《基督教的起源》，生活·读书·新知三联书店 1958 年版，第 133 页。
③ 希伯来语的"救主"发音为"弥赛亚"（Māshiah），而在希腊语中"救主"则发音为"基督"（Christós）。
④ 《圣经·新约·路加福音》，第 17 章，第 20—21 节。

越的浪漫精神。末世论是肉体获救的福音,它使人期待不久将至的人间幸福,它并没有超越此岸或此生,犹太教徒们相信在有生之年即可进入上帝之国。因此末世论只是对一种社会改良运动的承诺,它宣扬的与其说是一种宗教理想,毋宁说是一种社会理想。然而这种社会理想在现实中却屡遭挫折,无法实现,久而久之,就会成为一种空洞的理想,失去感召力。基督教的救赎说则通过耶稣的蒙难和复活传播了一种精神获救的福音,它告诉人们,幸福不在此岸此生实现,而是在肉体死亡后实现于复活的灵魂中。基督已通过死而复活救赎了人类祖先亚当犯下的原罪,只要在心中信基督、信上帝,人人都可像基督一样在彼岸的天国中获得灵魂的永生。"基督已经从死里复活,成为睡了之人初熟的果子。死既是因一人而来,死人复活也是因一人而来。在亚当里众人都死了,照样,在基督里众人也都要复活。"[①]救赎说使基督教获得了一种唯灵主义的性质,把犹太教所缺少的形而上学赋予了它,从而使基督教成为一种神学,即基督教神学。汉弗雷·卡本特指出:"基督教宣称,耶稣的死和复活是上帝在历史上的特殊的自我启示,是对人类罪孽的救赎,因此,凡是相信上帝及其儿子'主耶稣基督'的,便可以在上帝之国里得到永生。这是一个救世的宗教。"[②]

在早期基督教中,存在着观点对立的两派,即彼得派和保罗派。前者带有犹太教的深刻烙印,具有低级宗教的朴素性;后者则已摆脱了犹太教的影响,成为一种形而上学的神学。以后的整个基督教神学思想都是在保罗派的基础上发展起来的,许多神学家都认为,保罗才是基督教的真正创始人,他创立了一个以耶稣基督的救

---

① 《圣经·新约·哥林多前书》,第 15 章,第 20—22 节。
② 汉弗雷·卡本特:《耶稣》,工人出版社 1985 年版,第 186—187 页。

赎为中心的宗教。《圣经·新约》的前三部福音（《马太福音》《马可福音》《路加福音》）还明显带有彼得派的影响，这三部福音书因其基本观点相同而被称为"同观福音"。第四福音书即《约翰福音》和"保罗书信"则代表着保罗派的观点，与"同观福音"有很大的差异。在"同观福音"中，耶稣是一个历史人物，是基督教的教祖。在《约翰福音》中，耶稣却成为道成肉身的上帝之子，成为神和灵本身。"基督教对耶稣本质的观念来自《约翰福音》之处无疑多于其他福音；但另一方面，约翰对耶稣的描绘对于历史学家理解耶稣相对来说提供了更少的东西。"[①] 也正是由于它更少地具有历史成分，更多地具有宗教色彩，《约翰福音》及其"保罗书信"才体现出强烈的宗教意识和超越的浪漫精神，才成为基督教的思想基础，对西方文化产生了重大的影响。

"同观福音"与《约翰福音》的一个显著区别在于对待犹太人的态度上。在"同观福音"中，耶稣对罗马总督彼拉多默认自己是犹太人的王，敌视和迫害耶稣的只是犹太人上中层阶级的祭司、长老和法利赛人。在《约翰福音》中，耶稣不再承认自己是犹太人的王，而是宣称："我的国不属这世界。"迫害耶稣的是整个犹太人。基督教本是从犹太教中发展出来的，但是到了外邦人的保罗派那里，开始出现了敌视犹太人的倾向。[②] 保罗在给帖撒罗尼迦人的信中写道："这犹太人杀了主耶稣和先知，又把我们赶出去。他们不得上帝的喜悦，且与众人为敌。不许我们传道给外邦人，使外邦人得救，常常充满自己

---

① 汉弗雷·卡本特：《耶稣》，工人出版社1985年版，第36页。
② 保罗本人虽然也是犹太人，却是一个深受希腊文化熏陶的犹太人，他曾经迫害过耶稣的追随者，后来在基督圣灵的感召下洗心革面，成为基督福音的热情传播者。

的罪恶。上帝的愤怒降临在他们身上，已经到了极处。"[1] 随着外邦人基督教的势力发展，犹太人基督教开始被当作一种异端遭到排斥，基督教的中心已逐渐移到罗马。公元 2 世纪基督教灵智派试图把这种倾向推向极端，将基督教与犹太教截然对立起来，试图完全割断基督教的犹太教根源。这种极端的做法虽然遭到了基督教会的否定，但是基督教对犹太人的仇恨却深深地埋藏下来，在以后的许多世纪中酿成了基督教世界迫害犹太人的一幕幕惨剧。罗素说："基督徒对同时代的犹太人早就抱着敌对态度。公认的见解是上帝曾和先祖、先知等圣者讲过话，预言基督的来临；但基督降世后犹太人却不承认他，因此须把他们视为恶者。此外基督废弃了摩西的律法，代之以爱上帝和爱邻居两条诫命；而犹太人又执拗地未予以承认。所以一旦基督教变为国教，反民族主义以其中世纪的形式，在名义上便成为基督徒热诚的表现。"[2]

"同观福音"与《约翰福音》及"保罗书信"有许多不同之处，最重要的一点差别在于：《约翰福音》及"保罗书信"中基督由人子变为上帝之子，变为灵。"保罗所宣传的基督就是斐洛的'逻各斯'，即人类可赖以逃避这个罪恶世界而再生到一种新生命的神力。""保罗派的基督是'上帝子'，而不是'人子'。保罗派的'天国'不是'有血气者'王国，不是现世的王国，而是由于一个奇迹而从物质中解放出来的众神灵的王国。"[3]《约翰福音》开篇就写道："太初有道，道与上帝同在，道就是上帝。这道太初与上帝同在。……道成了肉身，住

---

[1] 《圣经·新约·帖撒罗尼迦前书》，第 2 章，第 15—16 节。
[2] 罗素：《西方哲学史》(上卷)，商务印书馆 1963 年版，第 403 页。
[3] 罗迫逊：《基督教的起源》，生活·读书·新知三联书店 1958 年版，第 149、153 页。

在我们中间，充充满满地有恩典，有真理。我们也见过他的荣光，正是父独生子的荣光。"① 这"道"即"逻各斯"，即灵。"上帝是个灵"，而"从灵生的，就是灵"，所以作为上帝子的基督就是灵。基督的死是体现着道的肉体的死，而"复活的是灵性的身体"。基督从降生到死而复活是道或灵的否定之否定，灵只有通过异化为肉体然后再扬弃肉体，才能实现自我认识。"基督（以一个人来说）他一身里表现了上帝与人类之合一，他的死亡与他的全部历史里表现了'精神'之永恒的历史。"② 在保罗派的神学中已经包含了黑格尔的绝对精神发展的辩证法。基督渴望着死，渴望着灵的解脱，正如绝对精神渴望着扬弃"堕落的"自然界一样迫切。"我应当受苦难的洗礼，在经历这苦难之前，我心里多么焦急不安！"③ 基督死而复活已经为沉溺于肉体和物质世界中的人展示灵魂得救的"初熟之果"，人若在心中信基督，背起自己的十字架跟随基督，就能与基督一样成为灵，进入灵的天国，获得永生。耶稣在与众人分别时祷告道："父啊，时候到了，愿你荣耀你的儿子，使儿子也荣耀你。正如你曾赐给他权柄管理凡有血气的，叫他将永生赐给你所赐给他的人。认识你独一的真神，并且认识你所差来的耶稣基督，这就是永生。"④ 基督的救赎说到底是对信者的救赎、对灵的救赎。基督作为上帝之子，作为灵，与上帝同在。对上帝的信仰变成了对基督救赎的信仰，"信子就是信父"这种上帝与基督（以及圣灵）一体的观点在公元 325 年的尼西亚宗教会议上得到确认，成为基督教神学权威性的"三位一体"教义。

---

① 《圣经·新约·约翰福音》，第 1 章，第 1—14 节。
② 黑格尔：《历史哲学》，商务印书馆 1936 年版，第 521 页。
③ 《圣经·新约·路加福音》，第 12 章，第 50 节。
④ 《圣经·新约·约翰福音》，第 17 章，第 1—3 节。

日本著名的无政府主义者幸德秋水认为，"基督教这个东西，从它的根本的教义到它的枝叶的仪式典礼，没有任何独创的事物，没有任何特殊的色彩，全是蹈袭古代太阳崇拜和生殖器崇拜的各种信仰的遗物，全是印度、波斯、埃及、犹太、希腊、罗马的残羹冷炙。"[①] 在这一段话下面，他还特意全部都加上了重点号。幸德秋水不愧为无政府主义者，对基督教这个影响西方社会1 000多年之久的文化现象也采取历史虚无主义的态度。基督教难道真是各种低级宗教的"遗物"吗？真是各个古代文明的"残羹冷炙"吗？如果确实如此，那么在上列的各个古代文化衰落之后，作为"遗物"或"残羹冷炙"的基督教居然还能长期存在，并且形成了长达1 000多年之久的基督教文明，至今仍对西方世界产生着不可低估的影响，这种现象又该如何解释呢？基督教的许多具体的仪式和教义确实可以在原始的低级宗教中找到[②]，但是基督教作为一种以内心信仰为基础的高级宗教，与那些以祭祀活动为基础的低级宗教是截然不同的，这种区别的根本之处在于基督教体现了一种超越的浪漫精神，即灵魂对现实世界的超越。它的目光不是朝向现世，而是投向彼岸。任何低级宗教都是为了人而祈求神，而基督教则是为了神而超越人。低级宗教都相信在天国中人的肉体将享受永乐，基督教则专注于人的精神自由。低级宗教的哲学基础是朴素唯物主义和感觉主义，基督教的哲学基础则是形而上学的唯心主义和唯灵主义。正因为基督教具有形而上学的性质，所以它成为一种严格意义上的神学，而一切低级宗教却始终未能超出图腾、祭祀、

---

① 幸德秋水：《基督何许人也》，商务印书馆1982年版，第68页。
② 关于基督教的某些教义和仪式的原始起源，在罗伯逊的《基督教的起源》和沙利·安什林的《宗教的起源》中均有记载，可参阅。

迷信、巫术的直观和感应的窠臼。

第二节
基督教与希腊哲学

一、奥尔弗斯精神与毕达哥拉斯

如果说基督教的圣教历史和部分律法植根于犹太教,那么基督教的神学思想则起源于希腊哲学观念。在希腊,这些哲学观点散见于哲学家的著作和民间流行的神秘教中,虽然在某些哲学家(如柏拉图)那里已达到相当的深度,却只是一些思想的闪光。基督教把它们系统化,成为一套完美的神学体系。这些哲学观念蕴含着超越的浪漫精神,它成为基督教借以挣脱犹太教母体的必不可少的理论基础。

在前面已经讲到,在希腊民间流传着一种与正统的奥林匹斯神话相对立的神秘教,即奥尔弗斯崇拜。对酒神狄奥尼索斯的崇拜与奥尔弗斯教有紧密联系,我们可以把它看作奥尔弗斯崇拜的一种较为原始和粗浅的形式。酒神祭是希腊人的一种自我迷狂和放纵的形式,它与性欲的宣泄直接相关。这是一种既美丽又野蛮的宗教仪式,参加这一仪式的都是妇女,她们头戴葡萄藤冠,身披兽皮,手持酒神杖,狂欢滥饮。"有身份的主妇们和少女们成群结队地在荒山上整夜欢舞欲狂,那种酣醉部分是由于酒力,但大部分却是神秘性的。"[①] 与象征着

---

① 罗素:《西方哲学史》(上卷),商务印书馆 1963 年版,第 38 页。

理性原则的奥林匹斯诸神相对立,狄奥尼索斯代表着遭到压抑的情感与欲念,对他的崇拜或许更具有原始意味,同时也更多地包含着超越现实的冲动。它煽动起一种回归混沌的忘我迷狂,使灵魂与肉体一同沉醉于焚毁消散的晕眩和轻扬中。它冲垮了一切法规、禁忌的藩篱,使精神情感得以绝对自由的宣泄,因而它是肉体与精神的共同放纵。尼采评论道:"这些庆典之中心观点乃是一种纯粹的性之乱婚;蹂躏了每一种业已建立的部落宗法。所有这些心中之野性的冲动,在这些机会里都得到解放,一直到他们达于一种欲望与暴戾之感情激发的顶峰。"①

但是狄奥尼索斯崇拜毕竟是原始而粗野的,它所导致的精神迷狂是在肉体迷狂、性的迷狂中实现的。肉体与精神的这种原始和谐也许确实令人向往,但它却为文明的进步所不容。在这一点上弗洛伊德是正确的,他认为文明的发展永远以压抑性欲为代价。在西方文化产生伊始,那面飘扬在西方文化头顶上并且感召着它的永恒的旗帜就是精神的自由,而这个目标也只有通过纯粹精神的途径才能真正达到。酒神祭所达到的那种原始和谐的迷狂在文明社会中始终只能作为一种迷人的梦境,一种永远失却了的童年时代的朦胧故事,激励着无可奈何地身陷于禁欲囚笼中的人们的想象力。因此狄奥尼索斯精神虽然与以后的许多哲学思想和宗教思想有着渊源关系,但这种联系并不是直接的。"狄奥尼索斯的原始崇拜形式是野蛮的,在许多方面是令人反感的。它之所以影响了哲学家们并不是以这种形式,而是以奥尔弗斯为名的精神化了的形式,那是禁欲主义的,而且以精神的沉醉代替肉体

---

① 尼采:《悲剧的诞生》,李长俊译,湖南人民出版社 1986 年版,第 27—28 页。

的沉醉。"①

奥尔弗斯崇拜可能是西方最早的禁欲主义宗教,教徒们对酒神祭的狂欢显然采取一种冷漠的态度。相传奥尔弗斯本人因为拒绝参加酒神的狂欢秘祭而激怒了狄奥尼索斯的崇拜者,最后被狂怒的色雷斯妇女们撕成碎片。由于相信灵魂的轮回转世,奥尔弗斯教严禁杀生和食肉,因为在动物身上可能附有人的灵魂。入教者必须行一种净洗礼,并且要严守教规,这样才能达到灵魂的"纯洁"。与热情狂放的酒神狄奥尼索斯相反,奥尔弗斯是一个忧郁悲观的形象,时时沉湎于他的音乐之中。对物质生活采取的禁欲主义态度在音乐中得到了补偿,肉体的狂欢让位于精神的沉静。梦幻、冥想、万劫的宁静和灵魂的永生,这就是奥尔弗斯向往的境界。里尔克在《致奥尔弗斯的十四行诗》中赞美道:

> 宛若处子,她飘逸而出,神采飞扬,
> 伴着歌声和七弦琴的无限欢欣。
> 她的芳容透过春日的面纱焕发荣光,
> 在我耳畔她将被褥轻轻铺平,
> 于我的躯体之中酣然入睡,
> 她的睡梦中有万般景象:
> 有我赞叹不已的树木;有来自远方
> 令人销魂的符咒;有幽深的草场,
> 还有那降临我身上的各种魔幻奇象。

---

① 罗素:《西方哲学史》(上卷),商务印书馆 1963 年版,第 40 页。

> 在她身上,沉睡着一个世界。啊!你歌咏的神明,
> 何以使她这般完美,以致她不愿
> 翩然苏醒?她的玉体起了床,可芳魂还在流连梦乡。
> 她的死神究竟在何方? ①

我们可以把奥尔弗斯看作狂热的狄奥尼索斯崇拜的改革者,他用一种禁欲的苦行主义代替了狄奥尼索斯秘祭纵欲的享乐主义,用"与神合而为一"的精神沉醉代替了肉体的沉醉。之所以禁欲是因为现实生活本身是痛苦和无聊的,而唯有通过精神的沉醉才能达到灵魂的净化,获得永恒的福祉。"我们被束缚在一个轮子上,它在永无休止的生死循环里转动着;我们的真正生活是属于天上的,但我们却又被束缚在地上。唯有靠生命的净化与否定以及一种苦行的生活,我们才能逃避这个轮子,而最后达到与神合一的天人感通。"②

奥尔弗斯教对希腊哲学的影响和它通过希腊哲学对基督教的影响主要在于它提出了一种肉体与精神相对立的二元论思想,以及灵魂轮回转世直至永生的观念。现实世界与肉体只是束缚灵魂的暂时的、有限的泥淖,是虚幻而罪恶的享受的源泉,而精神或灵魂在几经肉体的熬炼(轮回)之后将彻底抛弃这有限的定在形式,达到永恒的归宿地(这永恒的归宿地据说在星辰上)。有罪孽的灵魂如果不经过奥尔弗斯教的净化,则必将沦落于地狱,遭受万劫之苦。在获得永福或永罚以前,灵魂要经过一系列的形体变换即轮回。此生的德行将决定来

---

① 里尔克:《致奥尔弗斯的十四行诗》,转引自赫伯特·马尔库塞:《爱欲与文明》,农村读物出版社 1987 年版,第 122—123 页。
② 罗素:《西方哲学史》(上卷),商务印书馆 1963 年版,第 46 页。

世的生活，苦行的有德者仍将转世为人，如此循环往复，终至于神。在古墓中发掘的奥尔弗斯教的书版上写着："欢迎你，忍受了苦难的人。……你将由人变为神。"而纵欲的恶徒们则将投生为禽兽，如此每况愈下，最后沦入地狱。在偶尔的情况下，善人的灵魂也会转入动物的躯体中，那是神为了考验这灵魂，经得起考验的灵魂仍将升入永福的神国。

可以说，这种灵魂与肉体的二元论使奥尔弗斯教具有了一些形而上学的成分，从而把它与深陷于直观的自然形态中的其他希腊神话区别开来。这是发生在古希腊社会中的一场自发的宗教改革，它导致了与希腊民众普遍信仰的奥林匹斯宗教截然不同的一种新宗教的产生。这种新宗教就是从狄奥尼索斯秘祭开始到奥尔弗斯教达到最高峰的神秘主义宗教。以奥尔弗斯教为中介，这种神秘主义宗教思想与更加具有形而上学倾向的希腊唯心主义哲学连接起来，并把它所包含的、以宗教殉道意识的形式而呈现的超越的浪漫精神传递下去。

毕达哥拉斯是直接与奥尔弗斯教发生联系的第一个哲学家，以至于罗素认为"毕达哥拉斯主义是奥尔弗斯教内部的一种改良运动"。毕达哥拉斯确曾接受了奥尔弗斯教的一些思想，特别是关于灵魂不灭和轮回转世的思想，例如他曾经说："首先，灵魂是个不朽的东西，它可以转变成别种生物；其次，凡是存在的事物，都要在某种循环里再生，没有什么东西是绝对新的；一切生来具有生命的东西都应该认为是亲属。"[①] 而且他所建立的类似教会的团体中也有许多奇特的禁忌

---

① 罗素：《西方哲学史》（上卷），商务印书馆1963年版，第59页。

（如不许吃豆子等）和严格的规矩，但是我们毕竟不能把毕达哥拉斯主义与民间流传的奥尔弗斯教相提并论。奥尔弗斯教粗浅的精神沉醉在毕达哥拉斯那里已经发展成一种系统的唯心主义哲学理论，神秘主义开始寻找一种逻辑证明的支持，数学成为神学的基础。宗教到了毕达哥拉斯那里开始超出天人感应和因果报应，走向一种逻辑论证的理论体系，神学也开始把眼光从神秘的内容转向理性的形式。正是这种神学形式，使西方宗教走上了一条与东方神秘主义宗教截然不同的道路，发展成一种在启示和理性、信仰和逻辑之间寻求妥协的气势磅礴的普世性宗教。

基督教与东方宗教的一个显著不同在于：基督教强调一个"信"字，东方宗教则强调一个"悟"字。信与悟虽然都属于主观的范围，但是"信"需要某种外在的信仰对象，而"悟"则更多地依赖内心的感触。基督教所说的"上帝在你心中"与佛教所说的"佛祖心中坐"从字义来看似无差别，然而在基督教中，"上帝"与"心"是有区别的，上帝只是出现在心中，他并不是心，他是外在于心的形而上的造物主，是心的主宰。而在佛教中，佛即是心，心即是佛，心之觉悟，即可立地成佛。心乃直觉顿悟之本，佛则为心之外在形式，因而是心决定佛。按照目前哲学界流行的术语来说，基督教是一种客观唯心主义，佛教和其他东方宗教则属于主观唯心主义。在基督教中，上帝与心之间存在差别，因而心通往上帝之路（即信仰）是以上帝自身的毋庸置疑的存在为前提的，然而"毋庸置疑"本身又属于"信"的范围，也就是说上帝的存在又反过来以"信"为前提。这样一来基督教就处于一种两难的困窘中：要么它心甘情愿地陷入循环论证，要么它接受一种与它所奉行的心神有别的教义相对立的心神一体的观点。基督教欲避免这种矛盾，就必须在信仰之外来确证上帝的存在，而这种论证则有赖于与天启不同的理性和逻辑。① 基督教与任何高级宗教一样，是以个人信仰为基础的；但是基督教不仅仅是个人信仰，它也是一种神学体系。个人信仰通过启示而获得宗教内容，神学体系则需要一套逻辑的论证，需要一种形式。一种宗教如果只有个人信仰，只有通过神秘的启示而获得的内容，那么它只是停留在纯粹主观的范围内，没有走向客观，成为一种外在性的文化。唯其同时也具有了一套经过论证的、合逻辑的神学形式时，它才可能成为一种外在于个人并且支配个人的文化，成为一种不同于狭隘的神秘主义的气势宏大的客观唯心主义。基督教做到了这一点。在早期基督教（如保罗派）中，它还只是一种个人信仰，仅仅专注于启示，理性的成分被排斥在外，德尔图良甚至说："正是因为其荒谬，我才信仰。"但是到了安瑟伦那里，他开始为基督教的教义寻找论证，这个过程一直到经院哲学时期才完成。托马斯·阿奎那非常巧妙地把宗教内容与宗教形式、启示与理性、信仰与逻辑调和在一起，把基督教神学推向巅峰。16 世纪宗教改革后，基督教神学的形式方面又开始衰落。路德教完全抛弃了形式论证，回到保罗派的个人信仰中，开创了近代德国神秘主义形而上学的先河；而加尔文教则把形式论证从理论转向实践，通过禁欲和"天职观念"来论证"蒙恩状态"以获得"获救的确证"，促进了近代资本主义精神的发展。基督教从此再度回归到单纯的信仰，专注于宗教内容和启示，而作为手段的形式论证却转到了近代科学和哲学的手中，反过来成为基督教的克星，从而引出了被汤因比称为西方历史上

---

① 实际上，基督教始终未能摆脱这一矛盾，即使在经院哲学的论证中，上帝作为自明的公理或最基本的大前提仍然是信仰的结果，一切形而上的存在都只能是信仰的结果。当基督教神学在企图解决这一矛盾时，它建立起一套神学论证系统或逻辑形式。

"最大最重要的分水岭"的 17 世纪宗教改革（指科学崇拜、国家主义和共产主义对基督教的取代）。

毕达哥拉斯对基督教神学最重要的影响并不在于他作为一个中介把奥尔弗斯教的灵魂不朽观点和精神与肉体的二元论传给了柏拉图哲学，并通过后者传给基督教；他的最大的贡献在于把数学所具有的简明性和可论证性推广到一切存在中，包括推广到宗教信仰中。信仰不应该仅仅局限于神秘的天人感应，同时也要像数学或几何学命题一样得到合理的论证，一种宗教唯其具有了数学或几何学一般的精确性时才能获得真理。当罗素说到"神学得自数学""数学与神学的结合开始于毕达哥拉斯"时，他无非是指神学与一种逻辑论证相结合，从自明公理出发，按照严格的逻辑推理规则，演绎出各种定理，形成一套完善的、自恰的神学体系。这里所说的数学实指一种以自明公理为基础的逻辑演绎法，由此得出的一切信条都具有与数学命题一样的简明性和可论证性。这种方法在欧几里得的几何学中得以进一步系统化和精确化，从而成为到近代为止的一种普遍适用的形式论证方法（另一种方法是从弗兰西斯·培根那里才真正开始盛兴的归纳法），它以亚里士多德直言三段式的演绎形式在中世纪基督教神学（尤其是经院哲学）的论证中发挥了巨大的作用，使基督教的教义或教条获得了一种形式化的合理性。毕达哥拉斯通过这种数学方法把一种唯理论赋予宗教（虽然他也把不少神秘主义的成分注入宗教中），从而使天国成为一个奥尔弗斯教或其他原始宗教都难以想象的超感觉的理性世界。罗素评论道："有一个只能显示于理智而不能显示于感官的永恒世界，全部的这一观念都是从毕达哥拉斯那里得来的。如果不是他，基督徒便不会认为基督就是道；如果不是他，神学家就不会追求上帝存在与灵魂不朽的逻辑证明。"①

毕达哥拉斯的这种数学（逻辑）论证方法通过亚里士多德的形式逻辑和欧几里得的几何学影响了基督教神学，成为神学形式的重要依据。而在基督教神学的内容方面，柏拉图则起到了极其重要的作用。柏拉图是古代希腊唯心主义哲学的思想高峰，同时也是基督教神学理论的主要来源。

二、柏拉图与神秘主义

柏拉图是苏格拉底的弟子，他在许多著作中都记载了苏格拉底与别人的辩论，他的许多思想也都是借着苏格拉底之口说出来的。关于苏格拉底，我在上一章中已谈到，他因主张新神而被雅典城邦处死，这新神与城邦所信奉的旧神不同之处在于它是一个灵。苏格拉底对待生死的超然态度使他成为西方历史上最高尚的圣人和道德典范，即使在基督徒眼里，苏格拉底之死的重要性也仅次于耶稣受难。苏格拉底之死之所以对后世产生如此大的影响，并不在于他对死亡的无畏，而在于他对死亡的超然。他在面对死亡时阐述了许多关于灵与肉的二元论思想，这些思想也许更多地出自柏拉图，它们构成了基督教神学的理论来源。"圣保罗和教父们的神学，大部分都是直接或间接从这里面得来的；如果忽略了柏拉图，他们的神学就差不多是不能理解的了。"②不仅如此，鼓励苏格拉底去死的那个灵与基督教所宣扬的三位一体的上帝似同出一源，诚如基督教早期护教士查斯丁所指出的："鼓舞着苏格拉底的理性（即'道'），自那时以后便化为人形，

---

① 罗素：《西方哲学史》（上卷），商务印书馆1963年版，第65页。
② 罗素：《西方哲学史》（上卷），商务印书馆1963年版，第176页。

托生于耶稣基督。所以基督教徒是与苏格拉底及柏拉图崇拜同一个上帝。"①

柏拉图神学思想的基础是他的本质与现象、理念世界与感觉世界相对立的二元论哲学。柏拉图认为，可感觉的现象世界是虚幻的世界，它只是唯一真实的世界即理念世界的摹本或影子。所谓现象世界指一切具体的存在，而理念则指抽掉了一切具体的感性特性的一般概念或类概念。在柏拉图的理念论中包含着形式逻辑的最初模式，理念无非是一些抽去了具体内容的形式，而现象则是与具体内容结合在一起的形式。如果柏拉图只是把理念理解为主观的抽象，理解为思维能动性的一种结果，那么他的理念论只不过是一种认识论或逻辑学。但是他把这种主观的抽象当作客观世界的依据，把思维的结果当作存在的前提，这样他就走向了绝对唯心主义，使理念成为一种形而上学的本体。按照这种理论，在任何个别的具体存在物后面，还有一种更真实更原始的一般存在，前者只是由于分享了后者才得以存在。既是分享，当然是不完满的，正如分享了基督的肉和血的信徒们远远不如基督本身完满一样。然而，尽管不完满，诸多的具体事物也唯有当其作为理念的摹本才能存在，它们如群星拱月一样围绕和趋向理念。这种理念本体论深深地影响了基督教关于众信徒由于基督的蒙难和分享基督的神性而获救的神学理论，也构成经院哲学中实在论的理论来源。另一方面，这种本体论又导出一种唯理论的认识论，可感觉的现象世界既然是不完满的摹本或影子，因此它只能使我们的认识陷入谬误，唯有理念世界中才有真理，所以达到真理的途径只有理性。在柏拉图

---

① 罗伯逊：《基督教的起源》，生活·读书·新知三联书店，1958年版，第252页。

生活的时代，知识具有明显的等级性，大多数民众仅在生活实践的范围中与感性的具体事物打交道，而对一般问题的哲学思考只是少数有闲阶层的专利和奢侈品，因此柏拉图的理论具有强烈的贵族色彩。柏拉图认为，普通人只是对感官所接触的世界具有一种易犯错误的"意见"，唯有哲学家才具有对真理的洞见能力，才能获得"智慧"，而"智慧"是不会产生谬误的。这种真理观上的精英主义倾向使他在政治上向往一个由哲学王统治的理想国。

基于这种二元论的哲学思想，柏拉图在神学观念上必然宣扬一种鄙夷肉体的灵魂不朽论。既然感觉世界是不真实的、不可靠的，肉体和现世的物质生活当然也就是不值得留恋的囚牢；灵魂或精神可以达到理念世界，但是只有在挣脱了肉体的束缚后才能真正实现这一目标。肉体具有双重的罪恶，它一方面用粗俗的欲望来引诱暂居于它之中的灵魂堕落，另一方面又构成了妨碍灵魂认识真理的"歪曲的媒介"。因此我们可以理解为什么苏格拉底在面对死亡时会采取视死如归的超然态度。按照雅典城邦的法律，在受审判时他完全可以为自己选择一种较轻的惩罚来代替死刑，但是他却没有那样做，原因是他确信死后灵魂将进入一个与希腊先哲们为伍的"彼界"，在那里他可以自由自在地讨论哲学、追求真理，"那里的人绝不为这种事杀人；……那里的人除在其他方面福气更大以外，他们岁月无穷，是永生的。"[①] 后来当苏格拉底在狱中等待行刑时，他的好友克力同劝他越狱逃到外邦去，以避免一死。苏格拉底断然拒绝，对死亡表现出一种极其坦然的达观，临别时他对克力同明确表示，即将来临的死亡"是

---

① 柏拉图：《游叙弗伦·苏格拉底的申辩·克力同》，商务印书馆1983年版，第79页。

神所指引的路"。

柏拉图借苏格拉底的嘴表述道:"灵魂若是和肉体在一起的时候,就不能有纯粹的知识;知识如果真能获得的话,也必须是在死后才能获得。这样在解脱了肉体的愚蠢之后,我们就会是纯洁的,并且和一切纯洁的相交通,我们自身就会知道到处都是光明,这种光明不是别的,乃是真理的光。"① 因此在苏格拉底看来,死亡并非一件痛苦的事,从某种意义上来说倒是一件值得庆幸的事。

在灵魂不朽和轮回转世的观点上,柏拉图深受奥尔弗斯教和毕达哥拉斯的影响。在《蒂迈欧篇》中,柏拉图认为,一个人死后灵魂的归宿由他生前的德行所决定,罪恶的灵魂在来世附着于女人身上,如果仍然怙恶不悛,将堕落为畜生。头脑简单而又轻率的人将变成鸟,极其愚蠢的变为鱼,不懂哲学却有德行的人变为蜜蜂、蚂蚁等社会性的动物,只有既有德行又懂哲学的人的灵魂才会彻底摆脱肉体的桎梏,进入天国与众神一起享受永生的福祉。在这里,柏拉图似乎变成了一个生物学家,按照生物进化的顺序来安排不同灵魂的轮回转世。有时候,他又认为,善者的灵魂将升入天国,恶者的灵魂入地狱永受折磨,居中的则进入炼狱,以求净化。这种观点与基督教的教义更为接近。

柏拉图对基督教最重要的影响在于他提出了一种系统化的理念世界与感觉世界、灵魂与肉体相对立的二元论,这种二元论后来成为基督教神学最基本的内容。天国高于俗国、来世优于现世,这本是许多宗教的共同信条,但是认为现世只是天国的一个"叛逆的省份",人

---

① 参见罗素:《西方哲学史》(上卷),商务印书馆 1963 年版,第 182 页。

只有在对这个"叛逆的省份"再次叛逆后才能进入天国；认为肉体只是灵魂的魔沼，灵魂只有在摆脱和唾弃这个魔沼后才能获得永福，这种思想则是柏拉图哲学和基督教神学的核心。这种唯灵主义思想在实践上导致了禁欲主义的生活态度，虽然柏拉图本人并不是一个禁欲主义者，但是他的哲学却造就了基督教的许多禁欲主义圣徒。

柏拉图哲学具有一种狂信的神秘主义性质，这种性质也深深地渗透到基督教中。柏拉图的二元论与其说是一种理论论证的结果，不如说是出于一种热情的信念，它表现了主观性的一种妄自尊大的轻狂。然而基督教需要这种主观的热情，正如它同样需要亚里士多德的客观的审慎一样。柏拉图哲学构成了基督教神学的基本内容，而由毕达哥拉斯开创、由亚里士多德系统化的那种数学方法或逻辑论证则构成了基督教神学的基本形式。柏拉图主义为基督教神学提供了信仰的内涵，亚里士多德主义则为它提供了理性的证明。没有柏拉图，基督教神学就会蜕变为一种无聊烦琐的哲学；没有亚里士多德，基督教神学就会流于空泛的神秘主义。在基督教神学发展的早期阶段，从教父派一直到安瑟伦的时代（公元11世纪），柏拉图主义明显占了上风；但是到了11世纪以后，在新兴的经院哲学中，亚里士多德的影响后来居上。在整个中世纪的基督教思想史中，这两种势力始终在对立中存在着，相互消长、彼此促进。海涅评论道：

> 柏拉图和亚里士多德！这不仅是两种体系而且也是两种不同人性的典型，他们自远古以来，就披着各种不同的外衣，或多或少地互相敌对着。特别是经过整个中世纪，一直到今天为止，斗争还是这样进行着，而这场斗争也是基督教教会史的最根本的内容。即使在另外一种名义下，问题总还是关系到柏拉图和亚里士

多德。狂信的、神秘的、柏拉图式性质的人们从他们的内心深处显示出基督教的观念以及其相应的象征。实践的、善于整理的、亚里士多德性质的人们从这些观念和象征中建立起一种牢固的体系、一种教义和一个教派。教会终于包含了这两种性质的人们,一派大多盘踞在教士阶层中,另一派则大多盘踞在修道院中,但他们相互之间却进行着不断的斗争。在新教教会中也有同样的斗争,这就是虔诚派与正统派的纷争。这在某种形式上类似天主教的神秘主义者同教条主义者的纷争。新教的虔诚派是没有想象力的神秘主义者,而新教的正统派则是没有灵魂的教条主义者。①

富有天才想象力的海涅在论述时难免带有一些夸张的成分,但是柏拉图和亚里士多德所分别代表的浪漫主义和理性主义之间的冲突却确实始终贯穿于基督教神学乃至整个西方思想史。诚如罗素所说的,"审慎对热情的冲突是一场贯穿着全部历史的冲突"。②

三、基督教教义的理论基础

柏拉图哲学是通过普罗提诺的新柏拉图主义而与基督教神学相联系的。普罗提诺除了受柏拉图的影响外,也吸取和发展了斯多噶派的一些观点。这些观点大体上可以归纳为两点:第一,斯多噶主义强调一种道德生活的重要性,并把这种道德生活理解为灵魂对神的专注和虔诚。在罗马国家尚未出现衰弱的迹象时,斯多噶主义就在人对神的责任和人对国家的责任之间做出了明确的划分,认为后

---

① 海涅:《论德国宗教和哲学的历史》,商务印书馆 1974 年版,第 63 页。
② 罗素:《西方哲学史》(上卷),商务印书馆 1963 年版,第 39 页。

者应该服从于前者。这种见解对于基督教后来解释上帝王国和恺撒王国的关系具有很重要的作用，最终发展为 9 世纪的"君士坦丁赠礼"和 12 世纪的"两把剑"理论。究其思想根源，斯多噶主义的这种观点是从他们所推崇的苏格拉底那里承袭下来的，苏格拉底在受审判时曾宣称："我们应该服从神更甚于服从人。"第二，斯多噶主义侧重于一种内心的生活，即灵性的生活。爱比克泰德常常说："人就是一点灵魂载负着一具尸体。"在对待肉体的态度上，斯多噶主义比柏拉图更悲观、更阴郁，而且他们还身体力行，奉行一种恬淡寡欲的生活方式。斯多噶主义的福音是一种"忍受的福音"，一个有德的人必须克制肉体的种种激情和欲望，倾心于神，唯有这样灵魂才能与神合为一体，达到善的境界。

普罗提诺生活在公元 3 世纪的罗马帝国，罗素把他称为"古代伟大哲学家中的最后一个人"。他生活的时代恰恰处于被吉本称为"黄金时代"的安东尼王朝刚刚结束，而戴克里先和君士坦丁的新秩序尚未建立的混乱状态中，当时的罗马帝国成为军队手中待价而沽的商品，日耳曼人和波斯人不断骚扰边境，国内瘟疫和战乱不息，财政和经济陷入崩溃的边缘。罗马帝国已显示出衰亡的迹象，罗马人开始像希腊化晚期的人们一样龟缩于自我享乐，把脊背转向现实世界。传统的罗马多神教摇摇欲坠，基督教却仍然受到官方的压抑。面对悲惨的现实，普罗提诺像一个真正的柏拉图主义者所做的那样，把眼光集中于那个在现象背后的唯一真实的理念世界，集中于善与美的超感的永恒之域。如果说斯多噶主义者是一个不断地哀叹着现实的痛苦、满脸愁云的悲观主义者，那么普罗提诺则是一个始终赞美着超现实的神明之国的信心十足的乐观主义者，或者是"一个忧郁的乐观主义者"，因为他对形而上学具有不可动摇的信念，而忧郁则表现为他对物质世界和肉体的轻视。

　　普罗提诺的形而上学与基督教的神学具有异曲同工之妙，二者殊途同归地从哲学角度和神学角度提出了一种三位一体理论。普罗提诺创立了太一、奴斯、灵魂三者辩证统一的新柏拉图主义理论，而同时代的基督教神学却确立了圣父、圣子、圣灵的三位一体教义。普罗提诺的"太一"是一个非常神秘的概念，它有时被称为"神"，但它似乎比神更为广阔、原始。"太一"始终处于无定形的状态。它既不是存在，也不是非存在；既不是实体，也不是性质；既不运动，也不静止，既不在空间中，也不在时间中。它是一个什么都不是的东西，一个先于一切形式和内容的东西，世界上所有的有形事物都是从它里面流溢而出的。确切地说，"太一"就是包含着一切存在的非存在，即黑格尔《逻辑学》中的那个抽象的"纯存在"，或者是中国老子所指的那个恍兮惚兮、不可言说的"道"。普罗提诺的"太一"思想似乎与中国道家的本体论相似，黑格尔在设立他的绝对唯心主义体系的逻辑起点时显然也受到这种思想的影响。"太一"是"神""善""美"，然而它又超越了它们。总之"太一是不可定义的"，它既是一个绝对的肯定词，又是一个绝对的否定词；它什么都是同时又什么都不是。从这种意义上来说，"太一"表述了"上帝"这个概念的确切含义，"上帝"最初是一个无任何规定性的抽象存在，而在一切宗教（包括基督教）中，"上帝"的概念实际上都受到了限制，"上帝"成为某种存在，尽管是与一切其他存在不同的更高的存在。在创世的过程中和被创造物中，"上帝"被规定性所限制，从而丧失了这个概念绝对的否定意义和抽象性，因为绝对的否定或绝对的抽象是超越一切规定性的。当犹太教把上帝说成是至高无上的造物主时，当摩尼教把唯一的真神看作善恶由以流出的源泉时，当基督教把上帝当作产生万物的逻各斯时，它们都把上帝或神理解为一种与具体的世界相对立的东西，理解为一，理解为它自身，它们都对"上帝"做出了某种定义。然而"道可道，非常道"，原初意义上的"上帝"应该既是一，又是多；既是自身，又不是自身。在这方面，哲学中的"太一"比宗教中的"上帝"更纯粹、更玄奥。因此，对于普罗提诺的"太一"，没有任何语辞可以加以言说，只能保持神秘的沉思冥想。

　　普罗提诺所说的次一等的存在即"奴斯"（nous）或精神、心智，可以看作对"太一"进行规定的结果。他本人认为，"奴斯"是"太一"的影子，这无非是说，"奴斯"是具有某种定形的"太一"（这种定形不是从物质形态而是从精神形态的意义上说的），是"太一"的某种规定性。"奴斯"相当于基督教中上帝用以创世的那个"道"（即逻各斯），相当于黑格尔哲学中的"世界理性"。因此，"奴斯"与"太一"的先后不是时间上的，而是逻辑上的。"奴斯"并不是"太一"的派生物或另一种存在，而是"太一"借以认识自身的某种定在的形式。罗素的下述一段话有助于我们理解"太一"与"奴斯"之间的这种奥妙关系："普罗提诺告诉我们说，奴斯是太一的影子，它之所以产生是因为太一在其自我追求中必须有所见，这种见就是奴斯。这是一个很难理解的概念。普罗提诺说过，一个并不具有各个部分的'有'也可以认识其自身；在这种情形下，见者与被见者就是同一个东西。神是被柏拉图类比作太阳而加以想象的，而在神里面发光者与被照亮的东西就是同一个东西。按照这种类比来推论，则奴斯可以认为是太一看见其自身时所依恃的光明。"[①]

---

① 罗素：《西方哲学史》（上卷），商务印书馆1963年版，第364页。

"奴斯"是体现为一的"太一",它是一种整体性的精神,一般的精神,当它分化为多时就产生出诸多的"灵魂",这些"灵魂"居住于它们所创造的物质世界中,每一种生物或非生物都有自己的灵魂。这是一种万物有灵的泛神论,每个"灵魂"都通过与"奴斯"的联系而窥见"太一"和分享"太一"。众多的"灵魂"与单一的"奴斯"相结合就达到了至高无上的不可定义的"太一",在这里我们似乎看到了黑格尔的绝对精神自我认识的辩证法。显然,"灵魂"通过"奴斯"而对"太一"的领悟已经达到了一种神秘状态,超乎"理智、心灵和感情之上",与其说是一种认识,毋宁说是一种顿悟。由于"太一"不是任何具体的定在,而是抽象的存在,所以对它不能有认识,只能有一种顿悟。唯有在神秘的顿悟状态中,有限而具体的"灵魂"才能"窥见"玄奥而无限的"太一"。但是"灵魂"只能领悟到"太一"的存在,却不知它究竟是什么。普罗提诺的这种神秘的哲学三位一体思想,无疑为几乎同时确立的基督教神学三位一体信条提供了重要的理论支持。

物质世界和肉体都是"灵魂"的创造物,然而"灵魂"只有在摆脱和超越了它的创造物以后才能达到与"太一"或神明的合一。这里似乎包含着一种灵魂的苦肉计,"灵魂"只有经历了痛苦的异化(创造物质世界并囚禁于其中),然后抛弃这种异化,才能与"奴斯"相融合,达到领悟"太一"的"最崇高的境界"。普罗提诺说:"摆脱了自己的身体而升入于自我之中;这时其他一切都成了身外之物而只潜心于自我;于是我便窥见了一种神奇的美;这时候我便越加确定与最崇高的境界合为一体;体现最崇高的生命,与神明合而为一;一旦达到了那种活动之后,我便安心于其中;理智之中凡是小于至高无上者的，无论是什么我都凌越于其上。"[①] 这种思想与摩尼教、诺斯替教派和佛教的观点如出一辙，自然也成为基督教摈绝肉体享受、潜心与上帝交往的禁欲主义的思想根源之一。

普罗提诺三位一体的形而上学具有浓重的思辨色彩，同时也带有明显的神秘主义成分。在一个基督教徒看来，普罗提诺的"太一"就是上帝，"灵魂"就是圣灵，"努斯"则是连通二者的圣子。无定形的"太一"通过"努斯"而定型为一，就是上帝的道成肉身；"努斯"由一分化为诸多的"灵魂"，就是耶稣通过受难和复活而转化为圣灵进入众信徒的心中；"灵魂"摆脱物质世界，通过"努斯"与"太一"合为一体，即信徒通过基督的救赎以灵的形式与上帝的重新复合。无怪乎圣奥古斯丁说，如果普罗提诺再晚生一点的话，只需"改动几个字句，就是一个基督徒了。"

当然，在普罗提诺的哲学三位一体理论中，有一种过分灵化的倾向，在这一点上，他可能受到诺斯替教派尤其是公元2世纪的灵智派的影响。虽然他在其他许多问题上与诺斯替派的看法相反，但是在刚刚开始生长的基督教会看来，这种过分灵化的观点对于它摆脱犹太教的俗化影响是很有用处的，正如它曾在公元1—2世纪时以灵化色彩较浓的保罗派来反对较为俗化的彼得派一样。到了尼西亚大公会议前后，基督教的正统派又用灵化的"三位一体"学说批判了俗化的阿利乌派异端，虽然在451年查尔西顿宗教会议上它也曾驳斥过灵化色彩过于浓重的亚历山大教会的"一性论"（即认为基督与上帝一样只具有神性，不具有人性），但是灵化的倾向一直是天主教会中正统派的主流倾向。

---

① 罗素：《西方哲学史》（上卷），商务印书馆1963年版，页366。

普罗提诺哲学的玄奥性和晦涩性使它难以为理性所理解，但是这恰恰使它易于流入宗教信仰。正如艰深晦涩的黑格尔哲学最终成为黑格尔神学一样，普罗提诺的哲学后来也变为神学，即基督教神学。一位研究者评论道：

> 普罗提诺的体系对于理性是不易理解的。为了使他的哲学空论具有更容易理解的形式，普罗提诺的信徒们认为最好是使它们具有鲜明而缥缈的神秘主义宗教仪式的形式。塞拉皮斯、伊西达、阿泰密斯、赫卡蒂、狄奥尼索斯和基别拉，赋予这种形式以大批的象征，他们固执地运用了这些象征。从此新柏拉图派就准备以象征性的幻象的办法使灵魂返回到上帝面前。呼号、喧嚷和叫嚣，伴随着醉人的香气的刺激性音乐、灿烂的喷水池、移动的阴影，目光炯炯的幽灵，自动开启的门户，似乎复活了的木偶像，它们把时而温存、时而无情的目光注向信徒；最后，呈现出了闪耀夺目的光辉——一些诡计大体上就是这样的，这些诡计，并没有被占布理克学派的奇迹创造者所忽略。
>
> 当哲学是异教哲学的时候，它就变成了神秘教祭祀学，而当它是基督教哲学的时候，它就变成了神学。①

希腊哲学理论和犹太教的圣教历史一样，构成了基督教的思想来源。但是希腊哲学却具有与犹太教正好相反的趋向，它带有浓厚的形

---

① 比第：《比利时皇家学会公报》，转引自沙利·安什林：《宗教的起源》，生活·读书·新知三联书店 1964 年版，第 157—158 页。引文中的塞拉皮斯、伊西达、阿泰密斯、赫卡蒂、基别拉都是古代埃及、小亚细亚和希腊的神，占布理克（公元 280—325 年）是希腊新柏拉图主义哲学家。

而上学性质,这恰恰是犹太教所缺少的。(对于基督教来说,希腊哲学过于玄奥,犹太教又过于实际,基督教走的是一条中间道路,总的倾向是用希腊哲学思想来改造犹太教。)在基督教产生以前,一个希腊化的犹太人已经做了这种工作,这个人就是亚历山大的斐洛。

在希腊世界中,可能没有一个人比斐洛对基督教产生过更大的影响了。斐洛生活在公元前 30 年至公元 54 年间,是一个深通希腊文化的犹太人(当时埃及的亚历山大城是希腊文化的中心,柏拉图主义盛行),他深切地感受到希腊哲学的高深精邃和犹太教的民族狭隘性,因此决心用希腊哲学来充实犹太教,使它成为一种具有形而上的神学体系的宗教。他像当时的许多希腊化的犹太人一样,用寓言的方式来解释犹太教经典,从而使《圣经·旧约》从一部纪实性较强的历史典籍变成了一部具有象征意义的寓言启示。"按这些解释者的意见,整个《创世记》第一章全是叙述上帝所创造的、存在于善行之中的净化的理性的历史。上帝按照这个样子创造了更加世俗性质的理性(亚当),并且给了这种理性以感情(夏娃)作为必要的帮助和支持。理性则由于这种感情而陷入魔途,并且使自己陷入淫乐(蛇)。《创世记》的其他部分都是描述人类怎样通过各种各样的方法重新变成纯洁的理性的历史;家长恰恰体现了恢复纯洁理性的三种可能的方法:即禁欲的方法(雅各)、说教、启发的方法(亚伯拉罕)或天赋的和自然的神恩的方法(以撒)。"[①]这样一来,《圣经·旧约》就成了一部讲述理性或绝对精神堕落和重归纯洁的精神发展史,成了黑格尔哲学。斐洛对基督教的重大贡献在于他提出了一种与其说是类似于后

[①] 布莱赫:《哲学史》,转引自沙利·安什林:《宗教的起源》,生活·读书·新知三联书店 1964 年版,第 168 页注释④。

来的普罗提诺哲学,不如说是更类似于后来的基督教教义的三位一体理论,这个理论的核心是"道"或"逻各斯"。"逻各斯"是唯一先验的上帝与他所创造的世界和人交往的媒介,是一种世界理性,上帝的创造性和意志都体现于其中。"逻各斯"并非与上帝分离的某种独立实体,而是上帝的一种存在形式或属性。而且"'逻各斯'不仅仅是上帝的一种属性而已。斐洛将它人格化,称它为'上帝的长子'、'第二个上帝'、上帝和人间的'中保',把天粮分配给好人的经手者。如摩西等圣者都是具有肉体的'逻各斯。'"[1] 斐洛明确地说:"上帝的肖像和映相就是逻各斯,就是思维的理性,就是支配和统治世界的初生圣子。"[2] 犹太教的上帝耶和华和各个先祖、先知都是直观的,斐洛通过把希腊哲学中的"逻各斯"概念引入其中,而使犹太教的上帝和先知具有了形而上学的性质。普罗提诺的灵化色彩浓重的三位一体理论是在基督教确立以后才提出来的,它只是为基督教的三位一体教义提供了更有力的哲学论证。而《圣经·新约·约翰福音》中所说的"太初有道,道与上帝同在,道就是上帝""道成了肉身,住在我们中间""正是父独生子的荣光"等思想,显然是受了斐洛的作为上帝与人间之中保的"逻各斯"理论的深刻影响。

除了"逻各斯"的概念之外,斐洛还提出了另外一些对基督教教义有影响的学说,例如当他用寓言方式解释《圣经·旧约》时已经包含着"原罪"的观念,亚当的堕落即理性或"逻各斯"的堕落,只有通过"逻各斯"的重新纯洁才能解救。在基督教中这种"原罪"通过基督的蒙难而得到救赎。"在亚当里众人都死了。照样,在基督里众

---

[1] 罗伯逊:《基督教的起源》,生活·读书·新知三联书店 1958 年版,第 127 页。
[2] 黑格尔:《哲学史讲演录》(第 3 卷),商务印书馆 1981 年版,第 165 页。

人也都要复活。"① 斐洛还谈到过童贞女受"逻各斯"感应的问题,他说:"'逻各斯',大祭司,只能娶永不变为妇人的处女为妻子,这是令人难以相信的,可是事实相反,在她与丈夫的关系中并没有由少女变为妇人。"② 这种思想与东方神话中关于处女受神感应而受孕的传说一同构成了基督教中童贞女马利亚受圣灵感应而生基督的原型。

诺斯替教派大概是基督教最古老的支派之一,但是在犹太教中似乎也曾有过诺斯替派存在,有人认为斐洛就属于这个教派(如沙利·安什林),有人却否定这种看法(如罗伯逊)。诺斯替派在许多观点上与斐洛的思想非常相似,只是比后者更玄奥、更神秘,带有一些东方宗教的影响。海涅认为诺斯替派的世界观是从古印度得来的,诺斯替派最主要的思想是精神与物质、光明与黑暗相对立的二元论(在这方面它明显受到古波斯摩尼教的影响),以及关于灵魂超度的理论。"二元论在诺斯替教中占有统治地位;邪恶起源的问题,黑暗统治与光明统治的关系在这里占主要的地位。灵魂出自上帝,但是原罪却使灵魂堕落,这是一个悲剧。只有在那能够指出灵魂来自何处,并且应该回到哪里去,以便获得真正幸福的、具有人形的圣子的帮助下,灵魂才可能断绝与肉体的联系,摆脱肉体,在世界末日以后得到解脱。"③ 因此,超度灵魂的方法只能是禁欲、纯洁和节制。

诺斯替派的神学思想与普罗提诺的新柏拉图主义一样,具有过分浓郁的灵化倾向。公元2世纪时基督教会中出现的灵智派(又称为幻影主义)即属于诺斯替派,该派认为耶稣只是一个具有肉体的幻影,

---

① 《圣经·新约·哥林多前书》,第15章,第22节。
② 斐洛:《论神的一致》,转引自沙利·安什林:《宗教的起源》,生活·读书·新知三联书店1964年版,第170页。
③ 沙利·安什林:《宗教的起源》,生活·读书·新知三联书店1964年版,第185页。

而不是真正意义上的人，这样就把唯灵主义因素加入关于基督的神话中。由于诺斯替教派灵化色彩太浓，它所宣扬的思想对于一般的基督教徒来说过于艰深和晦涩，因此它后来被基督教会视为异教。"如果说诺斯替教是异教的话，那么这是因为它在实际上企图使上帝成为先验的，使上帝变成不可认识的绝对者，并且否认尘世有过耶稣。这就使早期基督教丧失了自己的一切威信和影响群众的一切可能性。"①尽管如此，诺斯替派的部分神学思想却被基督教接受下来，其中有一些成为基督教最基本的教义。海涅注意到神学思想上的这种联系，他认为，作为"基督教观念的最纯正的花朵"的上帝道成肉身、克服肉欲、精神的自我内省等教义以及那种禁欲的、沉思的僧侣生活，都是来自诺斯替派。②

希腊哲学思想由于其强烈的形而上学特点，是与经验性的犹太教截然对立的，而基督教则是这对立的两端之间的一种妥协。它的灵魂是希腊哲学的，肉身却是犹太教的，基督教本身就是道成肉身。如果没有圣教历史，基督教就会成为一种枯燥乏味的玄学，失去群众基础；如果没有形而上学，基督教就不能成为一种超出直观性的低级宗教的神学，不能构成一种具有深层理论基础的文化。基督教的圣教历史和部分律法、礼仪是来自对犹太教的继承和改造，但是它的神学思想和教义精髓却更多地来源于希腊哲学。基督教的精神基本上是希腊式的，只是更少地具有理性色彩，更多地具有浪漫倾向。在以后1000多年把持教会的拉丁人那里，只有少数神学家真正理解这种浪漫化了的希腊精神；倒是后来入侵罗马帝国的日耳曼人更具有从直觉

---

① 沙利·安什林:《宗教的起源》，生活·读书·新知三联书店1964年版，第189页。
② 海涅:《论德国宗教和哲学的历史》，商务印书馆1974年版，第15—16页。

中领悟这种精神的天性，虽然他们并未发展出系统化的理论。然而在中世纪他们对教会的影响只是外在的，他们被排斥在精神之外，不得不毫无成效地经营着分散而虚弱的世俗政权。这就是基督教自身的悲剧：在形式上代表着它的人不能领悟它的精神，而能够领悟它的精神的人又不能获得合适的形式。这场文化悲剧一直到16世纪宗教改革之后才结束，新教（尤其是路德教）才真正领悟了基督教的精神，把基督教的精神内涵与形式和谐地结合在一起，使其重归纯正状态。这就是基督教文化本身的失乐园和复乐园的艰难历程。

第三节
日耳曼民族精神

一、塔西佗时代的日耳曼人

人们对于日耳曼社会真实情况的认识，一直到塔西佗生活的时代（公元1世纪中到2世纪初），仍然可以说是处于朦胧状态。侵入莱茵河西岸高卢人土地的几支日耳曼人，在公元前58年恺撒远征高卢时就已经臣服于罗马了。他们所占的莱茵河西岸的狭长区域被划分为"上日耳曼尼亚"和"下日耳曼尼亚"。在当时罗马人的眼域中，莱茵岸以东、多瑙河以北的广大地区是一片蛮荒之地，因此他们对于未曾屈服于罗马帝国的广大的日耳曼社会（即所谓"大日耳曼尼亚"）的了解不过是一鳞片甲。

日耳曼人是紧随着凯尔特人（高卢人是其中一支）迁移到莱茵河和多瑙河地区的，这个迁移过程从公元前400年就已经开始了，一直延续到恺撒时代还没有完全结束。

日耳曼人是一个庞大的部落群,它由许多不同的部落组成。但是无论体格还是相貌,日耳曼人都不同于南欧和中欧地区的土著人(根据考古资料,证明这些土著人是身材较矮小、黑发的人种)。塔西佗在《日耳曼尼亚志》中描述了日耳曼人的外形,他写道:"他们都有着凶暴的蓝眼睛、金黄色的头发、高大的身躯。"[①]迁入中欧后,日耳曼各部落都有了相对稳定的定居生活,但迁移的躁动却从来没有停止过,这种躁动在日耳曼人与罗马社会不断改变着的关系中明显地表现出来。罗马帝国和日耳曼"蛮族"之间的矛盾和战争从恺撒时代起就从来没有平息过,在这场持续了400多年的抵牾中,罗马帝国由于其内外的原因,逐渐由强变弱,而日耳曼人则有相反的变化趋势。当游牧世界对农耕世界的第二次大冲击发生时,在匈奴人西进的压力下,终于酿成了日耳曼蛮族大入侵和罗马帝国崩溃的苦果。

古代日耳曼人居住的地域北濒波罗的海,南至多瑙河,东起维斯杜拉河,西界莱茵河。普林尼把基本的日耳曼部落分为5个,即温底尔族部落(或哥特部落)、印格伏尼安部落、易斯卡伏尼安部落、赫米诺尼安部落以及与达克人接壤的倍基尼安人和巴斯泰尔人所形成的部落。

恩格斯在《论日耳曼人的古代历史》一文中用语言学的考证来为普林尼的划分提供支持,并且在5个基本部落之外又加上了住在斯堪的纳维亚半岛的第6支派喜列维昂部落,而把倍基尼安人和巴斯泰尔人合并到哥特部落中。哥特部落位于整个日耳曼地区的最东端,包括汪达尔山(厉森山脉)、奥得河与直抵维斯杜拉河彼岸的波罗的海之

---

① 塔西佗:《阿古利可拉传、日耳曼尼亚志》,商务印书馆1959年版,第57页。

间的地区，由3个部族组成，即汪达尔人、勃艮第人和哥特人，都使用哥特语。印格伏尼安部落地处辛布兰半岛和易北河与爱姆斯河之间的沿海地带，包括夫利斯人（辛布兰半岛的辛布兰人和条顿人）、考赛人、撒克逊人、朱特人、盎格鲁人和凯鲁斯奇人，使用的是夫利斯－撒克逊语言。紧靠莱茵河居住的是易斯卡伏尼安部落，包括苏干部尔人、乌比人、卡马维人、布鲁克忒人、邓克忒赖人、攸西配特人，大部分人使用法兰克语，因而又被统称为法兰克人。这个部落由于分布在莱茵河沿岸，西有高卢人和罗马人的压力，东受赫米诺尼安部落的查提人和苏维汇人的限制，它的许多部族都曾隶属于罗马。莱茵河以西的部分被划为罗马行省，当地的部族都充当了罗马帝国莱茵防线的堡垒；莱茵河以东的部分都对罗马承担各种义务，有些部族如苏干布尔人、攸西配特人和布鲁克忒人也曾与罗马发生过战争。罗马帝国即使是在最强盛的时期，对日耳曼蛮族的进攻也没有超越易北河，因此罗马的主要同盟者和一部分对手都是易斯卡伏尼安部落的人。正因为这样，罗马人对该部落的了解要比对其他诸部落的了解详细得多。而哥特部落和斯堪的纳维亚的喜列维昂部落的情况，由于兵锋未及，罗马人对他们的情况几乎毫无了解。位于多瑙河以北的腹地居住的是赫米诺尼安部落，该部落的东部、西部和北部分别与哥特部落、易斯卡伏尼安部落、印格伏尼安部落毗邻，包括苏维汇人（阿勒曼尼－士瓦本人、伦巴第人、马科曼奈人）、赫蒙都利人（杜林根人）、查提人（黑森）。此外，恩格斯把地处现在荷兰地方的巴达维尔人和爱特卢利亚人也算在这一部落中，大概是出于语言学的分类。该部落主要使用高地日耳曼语。苏维汇人曾经是罗马帝国的劲敌，公元1世纪时，马科曼奈人的领袖玛洛波都斯组成了最强大的日耳曼部落联盟，得到了巴达维尔、伦巴第等部族的支持，拥有70 000步兵和4 000骑兵,足以与罗马帝国争锋问鼎。最后是斯堪的纳维亚地区的喜列维昂部落,这个部落远离罗马世界,与中欧的整个日耳曼部落的联系并不密切,从语言学上分析,它归附于夫利斯支派。

对于日耳曼蛮族的社会状况和生活习惯,塔西佗和恩格斯都有过很生动的描述。公元1世纪时,在日耳曼诸部落中已经出现了奴隶制的萌芽,无论是经济状况还是社会制度较之恺撒时代都已有了很大的变化。但是他们仍然过着半游牧的生活,畜牧业仍然占主要地位。塔西佗写道:"日耳曼人多以畜群的多寡相夸耀,这乃是他们所钟爱的唯一财富。"① 此时有些部落已开始重视农耕,土地是公有的,由于土地广阔,轮耕制度普遍流行。日耳曼人既不懂得灌溉也不懂得施肥,他们的作物只有谷物一种。恩格斯写道:"他们的生活主要依靠牧畜,依靠干酪、牛奶和肉,较少依靠粮食。男人主要的职业是打猎和军事训练。他们也搞一点农业,但只是附带的,采用的方法也非常原始。恺撒报道说,他们的耕地只种一年,第二年总要耕种一块新土地。"② 由于他们长期过着游牧生活,所以他们没有城市,住宅不相连,零星地追逐水草而居。因曾经与莱茵河附近的日耳曼部落发生过战争,恺撒对日耳曼人的生活习性有一定的了解,他在《高卢战记》中描写道:

> 他们对农耕不怎样热心,他们的食物中间,绝大部分是乳、酪和肉类,也没有一个人私人拥有数量明确、疆界分明的土地,官员和首领们每年都把他们认为大小适当、地点合宜的田地,分

---

① 塔西佗:《阿古利可拉传、日耳曼尼亚志》,商务印书馆1959年版,第57页。
② 《马克思恩格斯全集》(第19卷),人民出版社1963年版,第486页。

配给集居一起的氏族和亲属,一年之后,又强逼他们迁到别处去。对于这种做法,他们列举了许多理由:怕他们养成习惯,从而作战的热情转移到务农上去;怕他们从此孜孜追求大片田地,势力大的会把弱小的逐出自己的田地;怕他们从此为了避寒避暑,热心地大兴土木;还怕他们从此引起爱财之心,因而结党营私,纷争起来。①

总之,限制和重新分配土地的主要目的就在于维持一种原始的经济平等和旺盛的战斗意志。

各日耳曼部落由于所处地域不同,接受农耕世界影响的程度各异,所以各自的生活习惯和社会经济制度也互有差别。与罗马接壤的易斯卡伏尼安部落,由于长期与罗马帝国打交道,其文明的程度比起内地各日耳曼部落来要高一些,有些地区甚至已经开始使用罗马的货币。有些部落已逐渐适应定居生活,对农业的兴趣也随之增加。塔西佗提到在斯维比海东岸居住的伊斯替夷人,说他们在种植谷物方面比其他的日耳曼人更加吃苦耐劳。但是日耳曼的另一分支——查提人却对农耕毫不感兴趣,"他们没有居室、没有田地、没有职业;他们任意游荡,游荡到哪里,就由哪里的主人款待他们。他们挥霍旁人的财产,亦如轻视自己的财产一样,直到年老体衰,才失去当年的豪气。"②

总之,日耳曼人的生活习惯仍然是豪放而懒散的,在和平时期他们把大部分时间花在狩猎和吃喝享受上。他们宁愿游手好闲地消磨时

---

① 恺撒:《高卢战记》,商务印书馆 1979 年版,第 143 页。
② 塔西佗:《阿古利可拉传、日耳曼尼亚志》,商务印书馆 1959 年版,第 71 页。

光，也不愿去从事任何能取得预期效果的有计划性的工作。他们把一切都当作偶然发生的事，因此他们对整个生活采取一种不可知的乐观主义态度，而他们天生的犷悍性格和那种具有遗传性的争取新的生存空间的冒险精神又不断地刺激他们去开拓生活。愚昧使他们安于现世的粗鄙的生活享受，同时又启迪了他们的原始野性，激发了他们的尚武精神。塔西佗写道："他们有着极矛盾的性情：既贪于安逸，又不耐于宁静。"① 所以，尽管从事农耕可以大大地改善他们的生活条件，定居可以使他们避免自然界和人类社会的种种危险，但是游牧的习性却使他们宁可选择更为恶劣的生活方式。"他们觉得与其去忍受耕种田地的辛苦和营造建筑的艰难、与其把自己和旁人的命运悬置于希望和恐惧之间，那倒不如他们这样生活得既安且乐了。"②

如同一切粗犷的游牧民族一样，日耳曼人也把战争和抢掠当作生活中的常事。迁移居住地的必然结果就是战争，而战争的目的是劫掠。崇尚武力几乎是一切"蛮族"的共同特点，一个基本的事实是：频繁发生的战争使得勇敢和强壮成为一个人继续生存的必要前提，在日耳曼人眼里，掠夺是强者的权利，战利品是对胜利者的一种公平的恩典。孱弱和怯懦在日耳曼诸部落的习惯法中被当作最大的耻辱和罪过。武器是荣誉的象征，所以在日耳曼人那里，兵器总是不离手的。军事将领的推举不像国王或酋长那样依凭出身，而是以勇力为标准。日耳曼人的地区出产的马并不优良，远远比不过高卢的马，他们的骑术也不高明，因此日耳曼人不像别的游牧民族那样以骑兵为战斗主力（虽然有的部落如邓克忒赖人的骑兵具有很强的战斗力），而是以步兵

---

① 塔西佗：《阿古利可拉传、日耳曼尼亚志》，商务印书馆 1959 年版，第 63 页。
② 同上，第 80 页。

为主。他们的步兵往往是按照各个家庭和血缘关系来排列，这样更能激发起战斗勇气，因为站在身边的就是自己最亲密的人。日耳曼人在战斗时不讲究阵形，往往凭个人的意气，乱杀乱砍一阵。但是在有些部落如查提人那里，步兵已经具有了可以与罗马军队相媲美的军事素质和严明纪律，能够进行大规模的战役。

经常性的战争和劫掠也是使日耳曼人轻视农耕的原因之一。塔西佗写道："这些恩典的财源都是从战争和劫掠中得来的。要想劝他们像向敌人挑战和赢得创伤那样地去耕种土地和等待一年的收成，那是很困难的。而且他们还觉得：可以用流血的方式获取的东西，如果以流汗的方式得之，未免太文弱无能了。"① 在古代日耳曼社会中，流血可以给一个人带来荣誉和财富，流汗只能使人受到别人的耻笑。

日耳曼人的兵器是很原始的，公元1世纪时冶铁刚刚在日耳曼社会中萌芽，铁的使用并不广泛。塔西佗描述了日耳曼人所使用的一种名叫"夫拉矛"的兵器，它有一个狭而尖的铁头，非常轻便适用。由于罗马帝国禁止向日耳曼尼亚境内输运武器，所以日耳曼人使用的武器除了自己制造的以外，其他的来源就是在战争中获取。

公元1世纪的日耳曼社会中已经出现了奴隶制。与罗马奴隶的卑下身份比起来，日耳曼人的奴隶社会地位似乎要高一点。塔西佗认为在日耳曼尼亚，奴隶的地位相当于罗马的佃农。每个奴隶都有自己的房屋和家庭，奴隶主只是从奴隶那里索取一定数量的谷物、牛和衣服，奴隶很少受到主人的惩罚。由此可见，日耳曼的奴隶对主人并没有严格规定的人身依附关系。后来，日耳曼人入主西欧后建立起来的

---

① 塔西佗：《阿古利可拉传、日耳曼尼亚志》，商务印书馆1959年版，第62—63页。

封建隶农制，似乎就是以这种原始奴隶制为模型的。除了战俘这个来源以外，许多人还由于赌博而沦为奴隶。到了公元 3 世纪以后，奴隶对奴隶主的人身依附关系加强了，通过战争掠夺奴隶和贩卖奴隶的事在日耳曼人那里变得越来越常见。

从恺撒到塔西佗的这一时期，日耳曼人在文明的路途上有了显著的进步。但是在政治制度方面，军事民主制仍然很普遍。酋帅们有权决定小事，但大事必须由全部落成员议决。酋帅们可以商讨事务，但最后的决议权在人民手里。会议一般在月盈或新月初上时召开，大家都带着武器就座，祭司负责维持秩序。人们在酋帅中推举一个德高望重的人讲话，大家通过报以啧啧的叹息声或挥舞武器的方式来表示对讲话人的反对和赞同，对部落中重大事情的议决一般都是通过这种民主形式进行的。

二、日耳曼人与罗马帝国的冲突

据塔西佗记载，早在罗马纪元 640 年（即公元前 113 年），日耳曼部落中沿北海居住的辛布兰人就曾向高卢移民，并一度入侵罗马共和国境内。此后直到图拉真第二次任执政官时（即公元 97 年）的 200 多年间，罗马与日耳曼的战火一直没有真正平息过。塔西佗认为，在这段时间里，日耳曼人对罗马社会所构成的威胁远远超过萨姆尼特人、迦太基人、西班牙人、高卢人乃至帕提亚人对其构成的威胁。塔西佗是公元 2 世纪初去世的，罗马与日耳曼的冲突并未停止，此后又继续了 300 年。公元前 58 年恺撒远征高卢，莱茵河西岸的日耳曼人抵挡不住罗马军队的强大攻势，不得不对罗马俯首称臣。罗马帝国时期，莱茵河和多瑙河构成了罗马的自然疆界，公元 1 世纪时居住在莱茵河与易北河之间和多瑙河沿岸的日耳曼部落都受罗马的保护。居住在莱茵河右岸濒临北海的巴达维尔人和马提雅契人一直是罗马帝国的忠实盟友，"他们不受进贡之辱，也不受包税人的压迫"，① 只需为罗马的辅助部队提供兵源。巴达维尔人一向以勇猛著称，罗马皇帝的侍卫中有许多巴达维尔人。公元1世纪末，他们居住的地区被合并于罗马帝国，成为罗马帝国的一个行省。与巴达维尔人相邻的夫利斯人不承担为罗马帝国提供兵源的义务，却必须对罗马缴纳贡税，并长期受到罗马长官的监督。这些部落虽然也曾举行过反对罗马统治的起义，但最终都没能摆脱罗马的控制，直到蛮族大入侵的时代才改变了与罗马的隶属关系。赫米诺尼安部落是因效忠罗马而获准进入罗马行省尼西亚经营贸易的唯一部落，他们被罗马人设置在多瑙河沿岸，为罗马帝国构成了一道防御外族进犯的屏障。

恩格斯写道："自恺撒时代以来，罗马人和日耳曼人对峙在莱茵河上，从奥古斯都征服了勒戚亚、诺里克和潘诺尼亚以后，双方又对峙在多瑙河两岸。"② 罗马帝国在奥古斯都时代处于最强盛的状态，它在莱茵河沿岸配置了8个军团，由奥古斯都的继子杜鲁萨统率。杜鲁萨对日耳曼尼亚进行过几次大规模进攻。第一次是在公元前11年进行的，他从莱茵河三角洲上游巴塔夫岛地方渡过莱茵河，征服了攸西配特人和苏干布尔人的一部分地区，然后乘船向莱茵河下游挺进，慑服了夫利斯人。在征服考赛人的过程中，罗马水手因不懂得海潮的涨落而致使船只搁浅，依靠夫利斯人的援助，杜鲁萨才脱险而归。第二年，他又发动了另一次进攻，他率部渡过莱茵河和立贝河，侵入苏干布尔人的地区，并想利用苏干布尔人和查提人的矛盾来各个击破。这

---

① 塔西伦：《阿古利可拉传、日耳曼尼亚志》，商务印书馆1959年版，第69页。
② 《马克思恩格斯全集》（第19卷），人民出版社1963年版，第493页。

次进攻是有着严密计划的，杜鲁萨的意图是征服威塞尔河以西的整个易斯卡伏尼安部落，切断该部落与查提人的联系。进攻阵地的中心是鲁尔河和立贝河之间的平坦高原，这里是有利于罗马军团作战的地方，从而可以把将要征服的地区截为两半。查提人和苏干布尔人意识到共同的危险，因而联合起来，但是仍然抵抗不住罗马军队的进击，一部分人投降了。公元前 9 年，杜鲁萨再次进攻苏干布尔人和查提人的地区，并把战火一直推进到苏维汇人的地方，从而把整个莱茵河以东的易斯卡伏尼安部落都纳入罗马帝国的势力范围内。杜鲁萨向威塞尔河以北的凯鲁斯奇人地区进军，一直打到易北河才退兵。尽管在进军的途中遭到日耳曼人的强烈反抗，但就进军推进的纵深程度和战果而言，罗马人仍然能以胜利者的身份自慰。

这次进军的归途中，杜鲁萨没到达莱茵河就死了。他的继任者提庇留又对易北河以西的日耳曼人地区发动了几次进攻，提庇留交替使用武力征服和挑拨离间的方法，使这个地区的各个部落就范。他强迫 40 000 苏干布尔人迁徙，以便使这一支最富有战斗力的部落不再对罗马构成威胁。公元 4 年，提庇留被奥古斯都收为养子，同年和次年，他又向日耳曼尼亚发起了两次进攻，征服了布鲁克忒人，击败了凯鲁斯奇人和住在威塞尔河入海口地区的考赛人。至此，易北河以西的日耳曼诸部落几乎全被征服，但是罗马人的兵锋从未逾越过易北河，对于易北河以东幅员辽阔的哥特部落，奥古斯都时代的罗马人可能是完全陌生的。

公元 6 年，提庇留向多瑙河北岸的马科曼奈人进攻。当时马科曼奈人正在杰出的首领玛洛波都斯的领导之下。玛洛波都斯在罗马受过教育，深通罗马战术。他拥有的 70 000 步兵和 4 000 骑兵都是按照罗马军队的标准建立起来的。他组织了强大的部落联盟，得到伦巴第等部落的支持。提庇留集结了12个军团，并以多瑙河沿岸被征服的各部族为后备力量，准备向马科曼奈人大举进犯。但战端未开，内乱先起，多瑙河南岸的两个罗马行省达尔马提亚和潘诺尼亚发生了当地部落的起义，提庇留不得不匆忙与玛洛波都斯签订了和约，回过头来镇压罗马境内的起义。镇压持续了3年，起义被平息了，但罗马军队元气大伤，再也无力顾及马科曼奈人了。

到此为止，罗马帝国虽然没能完全征服易北河以西的全部日耳曼人领土，但至少在鲁尔河以北直到易北河的广大地区站稳了脚跟。这一地区的巴达维尔人和夫利斯人都是罗马的忠实盟友，攸西配特人、布鲁克忒人、考赛人、凯鲁斯奇人、伦巴第人都慑于罗马军威，俯首称臣。鲁尔河以南的苏干布尔人、邓克忒赖人和查提人也在罗马的控制之下。在莱茵河上游的东岸和多瑙河北岸地区，虽然罗马人和马科曼奈人处于对峙状态，但是由于玛洛波都斯并不想主动进犯罗马帝国，所以罗马人仍然保持着一定的势力范围。在提庇留担任日耳曼尼亚的罗马军队统帅时期，罗马帝国对日耳曼尼亚的控制可以说是处于鼎盛状态。

接任提庇留的是瓦鲁斯，这是一个极度腐化的罗马人，虚荣而贪婪，过去曾担任过罗马驻叙利亚的总督。用当时人的一句话说："他来时，他贫穷而叙利亚富足；他去时，他富足而叙利亚贫穷。"出任日耳曼尼亚的军事统帅后，瓦鲁斯想把日耳曼变成罗马的国库和他个人收入的源泉。他对军事毫无知晓，却一味流连于烦琐的罗马诉讼程序。他想把罗马文明社会的一套繁文缛节的法律强加给野蛮朴质的日耳曼社会，其结果只能引起日耳曼人的反抗。

凯鲁斯奇人在阿尔米尼乌斯的领导下爆发了起义，阿尔米尼乌斯曾在罗马军队中服役过，他既是一个杰出的军事统帅，又是一个优秀的政治家，他的目的是摧毁罗马人在莱茵河东岸的统治。瓦鲁斯获悉起义的消息后，带领三个罗马军团匆忙赶来镇压，行至立贝河北段的条陶堡森林时，遭到阿尔米尼乌斯的伏击，罗马军队溃败，三个军团被全歼，瓦鲁斯本人也自杀身亡。消息传到罗马，奥古斯都悲愤至极，大声疾呼："瓦鲁斯，还我三个军团！"当时罗马处于恐怖的气氛中，罗马人深恐阿尔米尼乌斯越过莱茵河进犯罗马。在罗马帝国北境，玛洛波都斯也率部越过多瑙河，解放了被镇压下去的潘诺尼亚人。

由于罗马帝国的大私有土地的不断扩张，自耕农越来越少，因此罗马帝国发生了兵源危机，奥古斯都不得不迫使服役期（20年）满的老兵和释放的奴隶来当兵。这样的军队无论是在战斗素质还是纪律性方面都不能与过去的罗马军团相提并论了。

提庇留赶到莱茵河地区去收拾残局，但是在当时，日耳曼人只是想摆脱罗马的统治，并不想进犯罗马帝国，因此罗马人担忧的事情没有发生。其后，罗马帝国又发动了对日耳曼地区的入侵，但是再也不能推进到提庇留时征服的地区。恩格斯评论道："同瓦鲁斯的会战是历史上最有决定意义的转折点之一。这次会战使日耳曼尼亚永远摆脱罗马而取得了独立。"[①] 奥古斯都死后，提庇留当政期间，杜鲁萨之子泽曼尼卡斯又对日耳曼尼亚进行了3次进攻，每一次都没有能取得实质性的战果。公元16年，他被皇帝提庇留召回罗马，罗马人深入日耳曼尼亚腹地的远征从此便告结束。

此后罗马帝国对付日耳曼人的主要手段从武力征服改为离间各部

---

① 《马克思恩格斯全集》（第19卷），人民出版社1963年版，第505页。

落之间的关系，使其互相牵制、互相削弱。塔西佗表述了这种思想："我默祷：如果这些部落不能对我们保持友好，但愿他们彼此仇视起来；因为我们帝国的隆运已经衰替，幸运所能赐给我们恩典也就无过于敌人内讧的了。"① 罗马人在使用权术方面并不比使用武力逊色，他们取得了一些成功：许多日耳曼部落在罗马人的唆使怂恿下互相征战，两个最强大的日耳曼部落（马科曼奈和凯鲁斯奇）之间发生了激烈的战争，玛洛波都斯战败，阿尔米尼乌斯的实力也大大受挫，而罗马却从中渔利，在相当一个时期内保证了莱茵河和多瑙河疆界的平安无事。

之后的罗马帝国和日耳曼蛮族的历史基本上是独立发展的，虽然互有渗透。从奥古斯都到"五贤帝"的100多年时间里，罗马帝国如日中天，歌舞升平，日耳曼诸部落则在罗马文明的影响下和自身变化的基础上，进一步发展了起来，力量越来越壮大。截至公元2世纪中叶，罗马帝国在与日耳曼尼亚的关系中一直处于主动地位，但是即使如此，罗马对日耳曼的控制也只限于莱茵河和多瑙河沿岸。罗马军队向大日耳曼尼亚内部只进行过几次进军，停留得并不久，而且也没有超过易北河。在其后的两个世纪中，双方处于对峙状态，罗马帝国仍以上邦之国自居，实际上只是保持了一个威慑性的空架子，再无实力征服日耳曼人了。

到了公元4世纪，游牧民族对农耕世界第二次大冲击的浪潮从东方涌过来。公元376年，在剽悍善战的匈奴人大举西进的压力下，哥特人退守到多瑙河畔。4世纪的罗马历史学家阿米安·马尔策林在其

---

① 塔西佗：《阿古利可拉传、日耳曼尼亚志》，商务印书馆1959年版，第72页。

撰写的《历史》中记载了这一过程:"这种惊人的消息传到哥特人其他部落那里,他们听到说一种从前没有听说过的一种人,不知从地球的何处,如高山上的暴风雪般地骤然来临,碰到他们的东西都遭到抢夺破坏,这时候,这些哥特人大部分都因饥寒交迫,疲惫不堪,遂叛离了阿塔那里克,企图逃到这些野蛮人不知道的地方,重新安家。"① 经过商量,哥特人准备移居多瑙河南岸的罗马帝国辖境内的色雷斯。他们派出代表与罗马帝国皇帝瓦伦斯谈判,表示愿意遵守秩序,在战时愿为罗马帝国提供兵源。苦于兵源匮乏的罗马帝国接受了哥特人的请求,帮助他们渡过多瑙河,定居于罗马帝国的边境地区。但是没过多久,罗马官吏的苛政激怒了野性未泯的哥特人,他们纷纷起兵反抗,并向罗马帝国纵深推进。公元378年在阿德里亚堡一役中,哥特人围歼了罗马军队,罗马皇帝瓦伦斯也在战斗中被杀死。阿米安对阿德里亚堡惨败评论道:"虽然罗马在以前也曾交过厄运,受过欺骗,在战争中遭遇失败,虽然希腊人在他们的挽歌中也曾经哀悼过不少的国殇,但是像这次损失这样的惨重,在以前的历史记载中,除了坎尼之战以外,还没有见过。"② 罗马帝国从此一蹶不振,从鱼肉四邻的侵略者变成了任人宰割的盘中之肴。匈奴人和日耳曼人对罗马帝国轮番攻掠的序幕也由此拉开。公元407年,西哥特人侵入高卢,公元409年汪达尔人经由高卢侵入西班牙,然后又越过直布罗陀海峡进入北非。公元410年,西哥特人在首领亚拉里克的率领下攻陷了西罗马帝国的首都罗马(罗马帝国于公元395年狄奥多西一世去世后正式分裂

---

① 阿米安·马尔策林:《历史》,转引自周一良、吴于廑主编:《世界通史资料选辑》中古部分,商务印书馆1974年版,第10页。
② 《世界通史资料选辑》中古部分,商务印书馆1974年版,第18页。

为东、西两个罗马帝国,此后再也没有统一过),这座1 000多年来一直屹立不动的"永恒之城"终于沦于蛮族的战火,被洗劫一空。公元455年,以"文化破坏者"之名而臭名昭著的汪达尔人再度攻陷罗马,洗劫城市达14天之久。至于野蛮凶悍的匈奴人,给罗马帝国留下的回忆就更为可怕了。提到匈奴人首领阿提拉的名字,即使日耳曼蛮族也是谈虎色变。"人们谈到阿提拉,都说他的马蹄过处,寸草不留。"①

公元476年,蛮族雇佣军首领奥多亚克废黜了西罗马帝国的末代皇帝,西罗马帝国从此灭亡。不久以后,东哥特人侵入意大利,杀死奥多亚克。在高卢,法兰克人打败了早些时候侵入高卢的西哥特人,在首领克洛维的统治下在高卢建立了墨洛温王朝的法兰克王国。其他蛮族部落纷纷在罗马帝国各处画地为牢,建立了蛮族王国——西哥特人控制了西班牙,东哥特人入主意大利,汪达尔人占据北非,盎格鲁人和撒克逊人则在不列颠建立了政权。到了公元6世纪,东罗马帝国的皇帝查士丁尼虽然曾一度收复了意大利、北非和西班牙南部,但是在他死后,西哥特人又重新控制了整个比利牛斯半岛,另一支从北方涌来的日耳曼蛮族伦巴第人占据了大部分意大利,而北非则于公元7世纪沦于阿拉伯人的统治之下。

三、"基督教原则的担负者"

在历史上常常有这样的情况,野蛮的征服者往往被他们所征服的更为先进的文化征服。但是,日耳曼蛮族入侵西罗马帝国之后,把先进的希腊文化和罗马文化几乎完全摧毁了,乃至到了公元6世纪以后,在西欧已经没有几个人认识希腊文,而能够正确地读写拉丁文的

---

① 柯思明斯基:《中世世界史》,中国青年出版社1955年版,第6页。

人也只有在僧侣阶层中才能找到。在经历了辉煌的古代文明之后，长达1 000多年的中世纪几乎是一个"文盲"的时代。日耳曼蛮族并没有接受任何属于罗马文化的东西，他们从罗马世界中唯一继承下来的文化遗产是基督教，而基督教就其精神来说恰恰是非罗马的。基督教是罗马文化的特洛伊木马，它的精神正是对世俗的罗马帝国的否定。与文明程度较高的罗马人相比，野蛮的日耳曼人似乎更适宜领悟基督教的精神，因此当他们入主西欧不久，在他们所破坏的古代文明的废墟上，很快就感受到一种神圣的呼唤，普遍地皈依了基督教信仰。在入侵以前，一部分与罗马帝国毗邻和处于罗马帝国统治之下的蛮族已经在不同程度上受到基督教，尤其是遭到基督教正统派贬抑的阿利乌教派的影响，但是从入侵西欧到公元7世纪这短短的200年间，几乎所有入侵的日耳曼人都接受或改信了正统派的基督教信仰（即罗马天主教信仰），这不能不归结于日耳曼民族的某种天性。所谓强制的理由是难以成立的，因为日耳曼人除了自己的内心以外不屈从于任何外来的压力。黑格尔曾说："古昔的日耳曼人即以爱好自由见著；罗马人自始就正确地知道他们这种爱好。"[①] 恺撒在《高卢战记》中谈到日耳曼人中的苏维汇人时也指出："从童年时代起，他们就不曾受过责任心和纪律的束缚，无论什么违反本性的事情都没勉强做过。"[②] 基督教在中世纪成为一种唯一的文化形态，而日耳曼人则构成了中世纪西欧社会的一个重要组成部分，基督教与日耳曼人的结合绝不可能是强制的。以物质形式而出现的强大的罗马帝国都未能成功地制住日耳曼人，到头来却玩火自焚，毁于它的强制对象之手，以精神形态出现的

---

① 黑格尔:《历史哲学》，商务印书馆1936年版，第561页。
② 恺撒:《高卢战记》，商务印书馆1979年版，第79页。

柔弱的基督教又如何能够用强力的方式慑服粗犷自由的日耳曼人呢？所以这种结合只能是发自内心的，与充斥着物欲和功利观念的文明心灵相比，蛮族人弥漫着"野蛮的暗晦"的心灵更容易感受宗教的召唤。纯正的宗教情感也许永远只属于那些愚钝未开的民族，这种与认知无涉的宗教情感往往伴随着一种不可名状的恐怖，正是这种恐怖震慑住了"野蛮的暗晦"之心。剽悍的野蛮人在现实世界中是无所畏惧的，因此他们常常征服了比他们先进得多同时也怯懦得多的民族；唯一使他们感到恐惧的是另一个世界，即死后的世界。野蛮人往往比文明人更关心灵魂的归宿，虽然在他们那里这种关注采取了一种直观的形式。与文明人的功利态度相比，野蛮人的迷信更适宜做宗教的温床。

这种基于恐惧的信仰一部分发自个人内心，一部分出于北方民族的集体无意识。德国大诗人海涅在谈到北方日耳曼人与南方拉丁人在宗教信仰上的差异时指出，日耳曼人的宗教远不像拉丁人的宗教那样明朗欢愉，而是如同北方的气候一样忧郁和阴暗，充满了血与雾的恐怖色彩。日耳曼人与推崇感觉主义的拉丁人相比更多地倾向于唯灵主义，"因为在德国，远比在那炽热的意大利的晴空下有可能奉行一种对肉欲做最少让步的基督教教义的。我们北方人的血比较冷，因此，我们无须慈父般的列奥为了肉体的罪恶给我们送来那么多的赎罪券。气候使我们容易奉行基督教的道德。"[①] 海涅谈的虽然是宗教改革时代的事，但是日耳曼人与拉丁人的整体性格及宗教素质却是基本不变的。北方的寒冷气候造成了北方民族的一种肃穆而阴郁的神秘主义，

---

① 海涅：《论德国宗教和哲学的历史》，商务印书馆1974年版，第31—32页。

暴烈的野性、粗犷的性格只受制于空灵的恐惧；而地中海的湿润和煦的暖风则使南方的灵魂沉溺于纤细柔腻的感官欢愉之中，灵性的精神被挤压到强大的物质世界的缝隙之中无可奈何地发出悲哀的叹息。希腊罗马世界创造出美丽明朗的诸神形象，宗教信仰在那个世界中与审美的享受紧密相连；然而被钉在十字架上的凄苦阴惨的基督形象是不美的，他仅仅象征着对罪孽的一种道德上的深沉而痛苦的忏悔。拉丁人毫无罪孽感，因而他们无法理解基督教的不幸意识和禁欲主义。人类祖先堕落的事实虽然在犹太人的经典中就早已记载，"原罪"的观念虽然在拉丁人的教父哲学中就已被定为教义，但是真正具有"原罪"意识的只有野蛮的北方民族。"原罪"意识是犷悍的野性在文明的废墟前所表现出来的一种深沉的悔痛和强烈的自卑。基督教的实质绝不是美的，而是阴郁悲凄的，它的形式也是如此。与凝重威严的罗马式建筑相比，轻盈幽深的哥特式建筑更适合基督教精神。置身于高耸阴森的哥特式教堂中，聆听庄严而深沉的圣歌，悔罪的灵魂就会自动地脱离肉体，轻扬而起，穿过色彩缤纷的小窗子，投入上帝的怀抱。海涅对于这种唯灵主义的意境描写道：

我们在教堂里感到精神逐渐飞升，肉身遭到践踏。教堂内部就是一个空心的十字架，我们就在这刑具里走动；五颜六色的窗户把血滴和脓汁似的红红绿绿的光线投到我们身上；我们身边呜呜地唱着丧歌；我们脚下满是墓碑和尸骸，精神沿着高耸笔立的巨柱凌空而起，痛苦地和肉身分裂，肉身则像一袭空乏的长袍扑落地上。从外面来看，这些哥特式的教堂，这些宏伟无比的建筑物，造得那样的空灵、优美、精致、透明，简直叫人要把它当作大理石的布拉邦特花边了：你这才真正体验到那个时代的巨大威力，它甚至能把石头都弄得服服帖帖，石头看来都鬼气森森地通灵会意似的，连这最顽强的物质也宣扬着基督教的唯灵主义。①

唯灵主义的基督教取代了恣意肆行于奢靡淫乱之中的罗马帝国，精神接替了物质的统治。正如灵魂只有在鄙弃了肉体之后才能真正获得自由一样，基督教的王国也只有在世俗大帝国的墓茔上才能真正确立。但是精神本身却无力杀死物质的躯体，基督教精神尽管对深陷于罗马帝国末期绝望之中的人们具有强大的吸引力，但是它却像海涅所讽嘲的"柏林的辩证法"一样，"既不能从灶窝里诱出一条狗，又不能杀死一只猫"，更不用说杀死一个庞大的罗马帝国了。物质的力量只能通过物质的力量来摧毁，基督教只有借助同样具有物质形态的"历史的天罚"或"上帝的鞭子"来惩罚和摧毁罗马帝国，这种物质的媒介就是日耳曼民族。然而当破坏性的工作完成以后，精神就开始了对新的物质力量的改造。基督教开始用纯净的圣水来洗涤蛮族惶恐不安的心灵，销蚀它那原始的野性。这种精神的治疗虽然引起了某种刺痛的感觉，但是它却为疲惫不堪的蛮族所接受。这一方面是由于日耳曼人的"野蛮的鲁钝之中深深地存在着真的性情和心灵"，它与基督教精神之间有一种神秘而深刻的默契；另一方面则是由于日耳曼民族面对着它瞬间所破坏的巨大而辉煌的文化废墟，产生了一种深沉的"罪孽"意识和发自内心的恐惧，它渴望逃遁到一种以忏悔为外部特征的宗教安慰中，以使羁绊于鲁莽的野性之畔的惴惴不安的负罪之心得到净化和升华。因此，日耳曼蛮族在摧毁了罗马的物质王国之后，

---

① 海涅：《论浪漫派》，人民文学出版社1979年版，第16—17页。布拉邦特是比利时的一个行省，盛产精美的花边。

很快就诚惶诚恐地俯伏在精神王国的上帝权柄之下，接受禁欲主义的酷烈鞭挞。黑格尔指出："这些野蛮民族的愚拙无知和恐怖的狂暴，必须用奴役或服役的办法去医治，而通过奴役或服役就可以完成对它们的教育或锻炼。人类在这样的桎梏之下服役，为的是把日耳曼民族提高到精神生活，人类必须经历过那样残酷的训练。"① 这种"精神的服役"对于被纵欲的淫乐弄得衰竭不堪的罗马人来说无疑是一种无法承担的重负，而对于精力旺盛、淳风未消的日耳曼人来说则是一种对纯洁灵魂的必要训练。正如他们曾经在寒冷的冬天跳进刺骨的河水中洗澡以磨炼自己身体的忍耐力一样，他们现在浸泡在忏悔和禁欲的冥河中以求得精神的解脱和净化。海涅说："使老人耗尽精力之物，却能使青年身强力壮。那种唯灵主义对于极其强壮的北方各族人民，却产生了良好的作用；在他们过于暴烈的野蛮身躯里，注入了基督教的精神；于是欧洲文明开始诞生。"②

与其他入主先进文化国家的蛮族不同，日耳曼人摧毁罗马帝国后并没有建立起一个统一的大帝国。罗马帝国崩溃后，在西欧出现了许多互不相属的蛮族国家，而这些国家下面又有许多诸侯国，后来又分裂出许多骑士领地。从公元6世纪到13世纪，虽然也曾出现了法兰克人的墨洛温王朝、加洛林王朝和撒克逊人建立的神圣罗马帝国，但是除了在极个别强有力的君主统治时期以外，日耳曼人经营的世俗权力大部分时间都处于一种分散的状态中。帝国名存实亡，皇帝更是徒有虚名，整个西欧社会陷入严重分裂的封建状态之中。15世纪后，"皇帝的权力一落千丈，照同时代人的说法，日耳曼人几乎根本忘掉

---

① 黑格尔:《哲学史讲演录》(第3卷)，商务印书馆1981年版，第277页。
② 海涅:《论浪漫派》，人民文学出版社1979年版，第8页。

他们是有一个皇帝的。有些地区全然脱离了帝国。余下的地区诸侯势力越来越强大,甚至皇帝也不敢跟他们对抗,因为皇帝是既无钱又无兵的。这就和俄罗斯、法兰西、英吉利、西班牙相反,在日耳曼没有建立起巩固的中央政权,日耳曼诸公国没有团结成为统一的国家。"①中世纪西欧的封建制是典型意义上的封建制,它不同于中国中古时代由中央集权的帝王所统辖的郡县制,而是权力分散的领土分封制。因此掌握世俗权力的日耳曼人始终未能长久地维持过一个中央集权的专制政体,这不能不归因于日耳曼人的天性。与他们在宗教情感方面具有敏锐的禀赋相反,他们在经营世俗国家方面的能力非常低下。在后一方面他们远远比不上拉丁民族,拉丁人在建立强大的世俗国家方面具有特殊的天赋,罗马帝国成为14世纪以后专制国家效法的典范。近代的第一个中央集权的专制国家是由法王腓力四世开始建立的,而近代的法兰西人虽然已非纯粹的拉丁人种,但在文化形态上却属于拉丁文化。自腓力四世以后,强大的专制政权在法国始终保持不衰的势头,一直延续到法国大革命前夕路易十六统治的波旁王朝,这当然不能仅仅归结为某种偶然性。而以纯正的日耳曼人为主体的德意志诸邦国在俾斯麦时代以前一直处于分散虚弱的状态(除了奥托一世和腓特烈大帝统治时期有过一段短暂的统一和强盛),这也不能仅仅归结为某种偶然性。当拉丁文化的近代后裔们忙于用人文主义和政治法权理论来营建强大的世俗帝国时,日耳曼人的"纯种血统"的继承者们却陶醉在宗教改革所产生的信仰晕轮中。因此当拿破仑帝国的金戈铁马横扫欧陆时,匍匐在铁蹄之下的德意志唯一可做的事情就是用宗教虔

---

① 柯思明斯基:《中世世界史》,中国青年出版社1955年版,第190页。

诚和哲学思想来振兴民族精神。

因此，诚如黑格尔所断言的，"日耳曼民族的使命非他，便是要做基督教原则的使者。""日耳曼人命定要做基督教原则的担负者，命定要把那'理想'作为绝对的'合理的'目标而实现。"[①] 这种"使者"或"担负者"的意义可以从两方面来理解，一方面日耳曼人的鲁莽粗野的天性中具有一种虔诚敬畏的"真的性情和心灵"，它时时向往着彼岸的灵境。这种天生的禀赋或倾向使他们很容易心甘情愿地皈依于基督教信仰，并且领悟基督教精神的真义。另一方面，日耳曼人在经营世俗政权上的愚钝无能使他们没有在罗马帝国崩溃之后重新建立起一个强有力的世俗大帝国，从而确保了统一的精神大帝国——基督教会的强盛。在中世纪的西欧，凌驾于分散闭塞的封建邦国之上的，是一个统一而强大的基督王国。只有在这种情况下，作为一种宗教形式的基督教才能成为一种具有普遍意义的文化形态，才能成为中世纪文明的主体和实质。在东罗马帝国，基督教（希腊正教）虽然也被确立为国教，但是它并没有获得一种一统天下的神国形式，它只是皇帝手中的一张颇有分量的王牌，是肮脏卑鄙的宫廷政治交易中的一个筹码。在拜占庭，上帝必须学会对皇帝和宫廷权贵察言观色、审时度势，主教们必须根据宫闱内部明争暗斗的政治形势来判定教义。在一切宗教问题的背后"实际上都隐藏着种种宫廷阴谋，它们的解决全依赖于教廷里密室中的窃窃私语和连连嗤笑……归根结底，一切都关系到妇女们和阉宦们的闲谈哓舌"。[②] 虽然在西欧，基督教（罗马天主教）最终也因其内容与形式、精神原则与教会实践之间的分裂和冲突

---

① 黑格尔：《历史哲学》，商务印书馆 1936 年版，第 543、563 页。
② 海涅：《论德国宗教和哲学的历史》，商务印书馆 1974 年版，第 14 页。

而走向衰落，但是它毕竟经历过独立发展的历史，它由盛转衰的过程是它作为一种独断文化自身矛盾发展的结果，是内在于它的发展过程中的。而在东罗马帝国，基督教从未独立地成为一种凌驾于一切之上的文化，它只是比它更强大的拜占庭帝国的精神附庸，是寄生于拜占庭这具死而不僵的庞大政治尸体上的蛆虫，它的整个发展过程对它自身来说完全是外在的、强制的、不自由的。

基督教在西欧和在拜占庭的这种截然不同的境遇，不能不归因于日耳曼人对西罗马帝国的入侵和其后在西欧建立起来的分散闭塞的封建制度。

可以说明日耳曼人淳朴的宗教素质和虔诚的宗教信仰的另一个有力论据就是宗教改革。与日益形式化的天主教相比，基督新教无疑更具有纯正的宗教精神，而新教改革几乎全部成功地发生在日耳曼人的国家（如德国、瑞士、英国和北欧诸国），这绝非偶然。对于拉丁人来说，基督教完全是外在的，拿破仑有一次说："好，我们做弥撒吧，于是我的部下就要说，'这是命令啊！'"这就是拉丁人的性格，他们往往屈从于外在的压力或命令。因此他们宁愿接受注重于外在繁缛仪式的天主教，而不愿接受强调个人内心信仰的新教，16世纪末胡格诺派宗教改革在法国的失败就是一个有力的证据。而在日耳曼人那里，基督教信仰是注入个人灵魂中的，因此新教在日耳曼人中间很快就得到了承认和拥护。在所有的新教教派中，最能体现基督教精神之真义和实质的莫过于路德教。路德教是德国的产物，它体现了日耳曼人最真实、最纯粹的宗教意识，其后德国具有浪漫情调的思辨哲学不过是这种日耳曼宗教意识和路德精神的延续光大。在近代法国，形式化的天主教掩饰着一种新兴的近代世俗英雄主义和国家崇拜；在近代英国和较晚出现的美国，带有强烈的禁欲色彩和天职观念的清教（加尔文教）发展出一种热衷于科学技术和生产实践的功利主义；唯有在近代德国，基督教精神仍然保留在信仰中，保留在思想和哲学中，并且最终衍生出一种对资本主义现实的理论批判和对人类美好的理想社会的热烈向往。

超越的浪漫精神和抽象的宗教意识在中世纪采取了基督教的形态，而承担这种宗教形态的历史主体就是那淳风未消而灵性浓郁的日耳曼民族。

第三章

基督教文化

在历史上，一般把从罗马帝国崩溃到文艺复兴运动和宗教改革之间的这一段时期称为中世纪。在1 000多年的中世纪里，唯一占统治地位的文化形态就是基督教，因此我们可以恰如其分地把这一段历史称为基督教文化。当我们这样说的时候，我们并无意于否定其他文化形态的存在，但这些文化形态（如哲学、文学艺术和政治理论）在中世纪都是作为基督教文化的附庸而苟延残喘着，虽然这些涓涓细流在近代汇成了滚滚洪流，但是在1 000多年的"上帝的文化"面前，它们始终未能形成独立的和强盛的气候。

从表面形态来看，或者从教会发展的情况来看，基督教在中世纪经历了一场从弱到强，在13世纪达到顶峰，然后走向衰落的过程，几乎所有的历史学家和文化学家都是按照这种表面上的发展趋势来描述中世纪历史或文化的。但是在表面的趋势背后还潜藏着另一种发展趋势，即基督教文化精神的发展趋势。尽管教会的历史是基督教文化的一个不可分割的部分，但是它并不等于基督教文化。除了显性的教会史外，基督教还有其隐性的精神历史。于是在我们面前出现了两条历史线索，一条是基督教外在的形式发展史，一条是它内在的精神发展史。这两条线索的发展趋势是如此不同，甚至完全相反，以至于当我们考察了这两条线索之后，会得出这样的结论：基督教文化之所以让位于近代文化，并不是由于外在的原因（如古代希腊文化的复兴和科学、经济等因素的发展），而是由于它的精神与形式之间的内在矛盾。

与它的外在形式（天主教会）的发展趋势相反，基督教精神在中世纪经历了一个由纯洁到堕落，而后又复归纯洁的过程。中世纪是基督教精神从自身走向异化（被其形式所异化），而后又扬弃异化回归自身的历史，是精神的伊甸园失而复得的历史。基督教精神的发展需要一个外在的表现形式，然而这个形式与精神结合以后就走上了一条背叛精神的道路，它为了世俗的利益而出卖了基督教精神，正如犹大为了30个银币而出卖了基督一样。教会作为上帝设在人间的机构，作为拯救灵魂的媒介，其实践恰恰是与基督教的原旨背道而驰的。教会涉足于世俗事务越深，它的权力越臻于鼎盛，基督教精神就越是衰微，越是支离破碎、面目全非。罗素评论道："凡是组织都各有其自己的生命，并不以其缔造者的意志为转移。于此，最显著的例证就是天主教会，天主教会是会使耶稣甚而保罗大吃一惊的。"[①] 形式与内容的这种深刻的矛盾从一开始就存在于基督教中：一方面基督教作为一种高级的宗教信仰，其实质特征就在于它的信徒与"终极的精神之存在"之间的接触是直接的（如在早期保罗派和后来的新教中那样），无须任何外在的和人为的媒介；但是另一方面，作为一种占统治地位的文化形态，基督教又不得不借助于某种外在的形式来确立自身和表

---

① 罗素：《西方哲学史》（上卷），商务印书馆1963年版，第464页。

现自身。因为基督教的宗旨既然是要在人间传播天国的福音，它就必须在人间设立一个宣扬机构，这个机构就是教会。但是教会一旦设立，它就很难在天国和人世、上帝和魔鬼等二元对立之间保持一种理想的纯洁状态。虽然在理论上教会应该代表上帝的意志，但是教会的成员都是有血有肉的人，他们更容易受魔鬼的诱惑。况且有人类祖先亚当所犯下的"原罪"作为根据，有忏悔、朝圣、参加十字军东征和"善功圣库"理论等赎罪方式作为心理安慰，因此教会可以放心大胆地去堕落、去犯罪，然后再心安理得地去忏悔，乞求上帝的宽恕和赦免。教会就如同康德哲学中的理性，它本是先验的、神性的，但是它老是不守本分，硬要逾越那条不应逾越的界限，痴迷于那客观的"自在之物"，从而造成了本质与存在之间的矛盾和谬误。

这就是基督教自身的矛盾，但是如果基督教没有作为一种占统治地位的文化形态凌驾于世俗生活之上，教会就不会被当作一种必不可少的媒介而获得如此大的权力，那么这种矛盾本可以缩小到不至于引起基督教发生尴尬的自我否定过程的程度。然而事实却与此相反，罗马帝国的崩溃使得罗马天主教会成为中世纪唯一的统一"神国"。现实生活的痛苦使人们纷纷把目光投向天国，于是基督教就被历史不由分说地置放到文化旗手的位置上。另一方面，由于天国是不可见的，统一的精神王国只能表现为统一的大教会，于是罗马教会就趾高气扬地走上了历史的前列，精神则只能默默地向隅而泣，听凭教会把世界引入堕落的魔窟。

当我说超越的浪漫精神和抽象的宗教意识在中世纪采取了基督教的形态时，我指的主要是基督教精神的发展。超越的浪漫精神在中世纪呈现为一种纯粹的信仰和宗教殉道精神，正如它在罗马世界呈现为一种功利的理性和世俗英雄主义一样。但是形式与内容是不可分割的，因此超越的浪漫精神与基督教精神一样也遭到了它的形式的凌辱。虽然基督教作为一种神学需要一套相应的形式论证，作为一种道德观需要相应的实践方式，作为一种文化形态需要相应的社会机构，但它的精神主要地体现在个人内在的信仰中。如同任何高级宗教一样，这种内在的信仰是它的基石。如果偏离或抛弃了这种内在的信仰，基督教就只能成为一个空洞的形式，成为一具没有灵魂的僵尸。中世纪体现在罗马天主教会中的基督教就是这种情况。

在这一章中，我将论述基督教精神如何在与它相背离的形式的强制下遭到扭曲的过程，如何在丧失了它的信仰基石的情况下发生自我异化的过程。至于它的复归或异化的扬弃，则是下一章的内容。

我将从基督教的神学、道德和教会的发展这三个方面来论述基督教精神的堕落过程。在神学上，它表现为从纯粹的信仰走向理性的论证，最后更进一步发展为感性的直观。基督教的教义和信条本是只属于信仰的对象，唯有在信仰中它才具有意义。信仰乃是人类精神结构中区别于理性和感性的另一个构成部分，它绝不是像某些人所理解的那样只是科学不发达时代的愚昧的产物，或者是某种外在强制的结果。在任何时代（包括科学和自由高度发展的今天），那些最具有科学精神的人和最向往自由的人也常常把信仰当作一个不可替代的支撑点（他们反对的只是某种具体的信仰，而不是信仰本身）。即使是那些坚持认为信仰是迫于某种外在强制的人，他们也不得不面对这个事实：一种外在的信仰对象之所以能够强加于人，正是因为人具有一种内在的信仰需要。信仰并不是一种历史性的主观范畴，而是永恒的精神机能。信仰就其根本来说是超理性的，因此，正如用信仰来把握理性的对象会造成蒙昧一样，用理性来论证信仰的对象则会流入枯燥空疏的形式化。中世纪经院哲学家就是这样做的，而且他们甚至更为荒诞地试图把信仰的对象放入感性关系中来加以观察，于是就产生了诸如"上帝是否有可能显现为驴子或南瓜的形象？""基督是否有生几个儿子的可能？""亚当和夏娃有没有肚脐眼？"之类的荒唐绝伦、滑稽透顶的问题。

在道德观上，基督教精神表现为一种动机论，道德的标准不在于外在行为或善功，而在于内心的信仰和纯洁。基督教唯灵主义的精义在于强调内心的圣洁，而不是侧重外在的苦行和"善功"。只要怀着一颗真诚之心和敬业精神，追求爱情和财富并非一种罪恶。然而，随着中世纪忏悔制度、"善功圣库"理论的发展和十字军运动的兴起，这种动机论的道德观被抛弃了，于是在基督徒中出现了一种奇特的矛盾现象：一边是肆无忌惮的放纵，另一边则是痛哭流涕的忏悔。灵魂的堕落可以通过外在的"善功"（如参加十字军运动、购买圣徒遗物等）来赎救，而真诚纯洁的善意如果不相应地表现为被教会所认可的"善功"，则不会被上帝所喜悦。善恶标准被外在化和形式化了。而在另一个极端，在修道院中，禁欲主义则畸形地发展成为对肉体的残酷折磨，成为对贫穷和贞洁的近乎变态的崇拜，最终导致了托钵僧团的出现。基督教的道德观念竟然堕落到如此地步，似乎只有那些衣不遮体、跣足垢面、四处乞食的孤独乞丐（托钵僧），才是上帝所钟爱的选民和德行崇高的圣徒。

信徒与上帝的沟通原本并不需要任何外在的媒介，只需在真诚的内心中进行。最初的教会只是信徒们公共用膳和救济贫穷教徒的一个机构，它体现了信众在基督中合为一体的一种团契精神。但是随着这个机构的逐渐扩大和复杂化，教阶制度建立起来了，教会的财产也与日俱增，并成为教皇和主教们的私产，教会成为中世纪最大的庄园主。教会的权限从安抚人的灵魂发展为干涉人的世俗活动，从而与世俗的国家发生了尖锐矛盾。11世纪教皇格利哥里七世与神圣罗马帝国皇帝亨利四世的斗争使得天平开始倒向教会一边，从此进入了教会统治的全盛时期。教会一方面掌握着灵魂进入天国的钥匙，另一方面拥有强大的经济实力和政治实力。教会成为进入天国的阶梯，教皇成了上帝。同时，罗马教会也在物欲的诱惑下堕落为最黑暗污秽的地狱。在教会中充满了奸诈、贪婪、淫乱、虚伪、卑劣的行径和惊世骇俗的丑闻，中世纪西欧社会中的一切最卑污的罪恶无一不出自教会。精神的形式完全非精神化了，成为对精神的最极端的否定。上帝之城也就是魔鬼之渊，在教会中，那些在行为上最接近魔鬼的人最有希望得到上帝的恩宠。教会拥有对教义和教条的解释权，并把这些教义和教条从内心信仰的对象变成了不可触犯的外在的强制性法律，最后发展出灭绝人性的异端裁判所和"火刑法庭"。基督教精神在罗马天主教会的实践中遭到了极大的讽刺和凌辱，即使是一个无神论者，也远比中世纪的许多神职人员更加接近基督教的真精神。罗马教会终于变成了基督教精神的"各各他"[①]。

第一节
基督教神学

一、超理性的信仰

基督教与犹太教的一个最显著的差别在于基督教包含着一整套形而上学的神学理论。这套神学理论最初得益于希腊唯心主义哲学，

[①] 各各他即髑髅地，是基督耶稣的殉难地。

在罗马帝国晚期，教父派对它进行了系统的阐述，从而使其成为基督教的理论基础。到了11世纪安瑟伦开始用逻辑来论证神学教义，随着亚里士多德的影响在西欧的逐渐扩大，这种用逻辑理性来论证神学教义的风气日益浓厚，经院哲学把它推到了顶峰。在这个论证过程中，信仰的内容渐渐消隐，空疏而枯燥的理性形式却越来越突出。基督教的教义作为信仰的对象本来是超理性的，真正意义上的上帝永远只能是一个不可限定的否定词。它只能得自启示，而不可能来自理解。宗教的意义和生命力也正在于此，它始终都是超逻辑的，因为逻辑是理性的产物，而宗教则是信仰的结果。宗教教义一旦被纳入理性的范围内来加以论证，它的内容必定为论证形式所取代，因为教义的内容本身是不可论证的。于是经院哲学就陷入了"正规呆板的三段论式的形式推论……为了灵明世界的利益而在抽象概念中绕圈子。"[①]更为糟糕的是，当信仰被理性强行解读之后，感性也站出来呼吁自己的权利，在逻辑上得到论证的东西进一步渗透到感性认识中，于是教义又被强行纳入直观之中。人们最初是凭着信仰和启示来确认上帝，然后开始用理性来论证上帝，最后则从经验直观的角度来感知上帝。形而上学的上帝通过理性的中介而被感性化了，于是各种庸俗而荒唐的问题纷至沓来，使中世纪神学给后世留下了遭受讥笑的话柄。

基督教神学是一个纷繁庞杂的体系，限于篇幅，我在这里只撷取其中的某些内容，这些内容是基督教神学的最基本的教义，也是贯穿于整个中世纪的最基本的信条。我将根据历史时期把基督教神学的发

---

① 黑格尔:《哲学史讲演录》(第3卷)，商务印书馆1959年版，第282页。

展划分为三个阶段,这三个阶段的总的发展趋势是神学教义日益由信仰走向理性,并最终沦于粗俗的感性关系中。在第一阶段,我们的讨论集中于早期基督教三位一体的教义和奥古斯丁关于罪孽和得救的理论;在第二阶段,专门论述安瑟伦的上帝存在的本体论证明;在第三阶段则围绕着经院哲学进行探讨。

三位一体的教义是基督教最原始、最基本的教义。在讲述希腊神学观念时,我已经提到,普罗提诺和斐洛等人的哲学中就已经包含着三位一体教义的雏形。只是在他们那里(尤其是在普罗提诺那里),形而上学的思辨色彩太浓。在公元2世纪出现的《约翰福音》中,曾提及"太初有道,道与上帝同在,道就是上帝"和"道成肉身"等思想,但是它并没有明确地提出三位一体的思想。关于圣父、圣子、圣灵的三位一体教义最初可能是由拉丁教父德尔图良在公元3世纪中叶明确提出来的。在那个时候,对于大多数不具有哲学素质的信徒来说,这种神秘玄奥的三位一体教义是难以琢磨的。然而对于推崇信仰、贬低理性的德尔图良而言,三位一体的思想恰恰最能够表达基督教的真义。神只有一个本体,却呈现为三个位格或三种相。上帝与基督耶稣具有不同的形式或形象,他们通过圣灵而联系,但是他们不是三个,而是一个。这种玄妙的关系不是理性所能理解的,只有信仰才能把握。三位一体的概念由于其玄奥性,最初并没有被信徒广泛地接受,相反,公元4世纪初亚历山大城的神父阿利乌提出的"基督与上帝不同性"的学说倒是更多地赢得了信徒(尤其是东方教徒)的支持。阿利乌认为基督作为上帝之子是低于和后于上帝而存在的,基督是上帝所创造的。基督只具有人性,而不具有神性,他只是在死而复活之后才获得神性的,而当他获得神性时他已不再具有人性。神、人两性不可能同时兼具于一身,因此基督与上帝是不同的两个。阿利乌的观点具有朴素的色彩，接近于公元 1 世纪的彼得派对基督的看法，它很容易被理性接受和理解。也正因为如此，信仰的地位却遭到了贬低，因为单纯作为人的基督显然比同时兼具神、人两性的基督更少具有神秘性和可信仰度。信仰从根本上来说是指向神而不是指向圣人的。阿利乌学说由于其直观性和可理解性而得以广泛地流传，但是它破坏了信仰的基础，因为其缺少神秘主义。因此在 325 年的尼西亚宗教会议上，阿利乌的东方教派受到西方正统教派的贬斥，被责为"异端"。基督一身兼具紧密相关的神、人两性的观点成为尼西亚信经中关于三位一体教义的基本内容。

到了 5 世纪，东、西两派教会关于三位一体教义的分歧越来越细微，有时甚至流于琐碎。从公元 431 年的以弗所宗教会议到 451 年的查尔西顿会议，其中心议题都是关于三位一体的问题（虽然在议题背后隐藏着东、西方教会·"谁是基督教会首席"这个权力问题）。以弗所会议主要是为了解决东方教会的内部之争，君士坦丁堡主教聂斯脱利主张基督有两位，一位是神，一位是人，作为神的基督是上帝之子，并非马利亚所生，也未在十字架上被钉死；那个被童贞女马利亚所生、后来钉死在十字架上的是作为人的基督。因此马利亚并没有生育神性的基督，"她只生育了一个人，一个神的器官"。聂斯脱利虽然承认基督具有神、人两性，但是他却把这两种格位截然分开，从而背离了尼西亚信经中关于三位一体教义的神秘主义精神。聂斯脱利的观点遭到了亚历山大里亚教会和罗马教会的激烈抨击，"亚历山大里亚教会的主教西里尔同罗马主教西莱斯丁联合了起来，坚决反对聂斯脱利的基督二性分立论。西里尔主教的基本论点是'上帝——逻各斯的肉体化的同一性质''从二性合而为一'（即一个位格）。他认为，人性是不具位格的，它只是逻各斯的外衣，基督具有人性，只是因他有

人类的属性，而不是因为他是一个世人"①。西里尔的这种观点被称为
"一性论"，该观点的关键在于认为体现在人性中的基督只是一种类的
属性，一个共相或人格，而不是一个具体的个人。逻各斯或道确曾成
为肉身，但肉身并非逻各斯，并非基督，而只是一种外在的形式。这
种形式并不具有"位格"（Personam），具有位格的只有那同一的基
督、逻各斯、上帝。因此基督只有一个位格和一个本性，即作为共相
的神性。"一性论"派的观点在以弗所会议中占了优势，聂斯脱利被
判为异端，该派神学思想后来流入波斯，并通过印度于隋唐年间传入
中国（即景教）。

　　"一性论"的观点走向了另一个极端，由于它否定了基督具有人
性的位格，所以使得人与神之间的沟壑无限地扩大了。三位一体教义
并非只是一套表现神灵自身变化的魔术，也不是普罗提诺的思辨哲学
的辩证法。三位一体教义应该具有形而上学的性质，但是仅有形而上
学是不够的，它还必须具有人性味，否则它就不能成为信仰的对象和
教义，而只能是一套纯粹的哲学形而上学。如果基督的人性只是由于
他具有人类的属性，而非一个世人，那么作为个体的世人就无法克服
他与基督之间的距离感，无法进入基督，"救赎"的理论就失去了现
实意义，因为人是不能踏上一条神的道路的。因此，除非基督既是一
个神，又是一个人，而且这两者又非常巧妙地结合在一起，而不是像
在聂斯脱利那里被截然对立起来，基督的救世主形象才具有感召力，
基督教信仰的最基本的心理前提——不幸意识和罪孽感才能得到保
证，基督才具有道德上的价值。纯粹形而上学只能是哲学思辨之源，

---

① 张绥：《中世纪"上帝"的文化》，浙江人民出版社 1987 年版，第 31 页。

不能成为信仰之源，能够激起信仰的只是那种具有形而上学性质的神秘主义。它本身是形而上学的，但是它却有一条通向具体人生的神奇之路。

因此，"一性论"派的观点在451年的查尔西顿宗教会议上遭到了罗马教会的驳斥，并被贬为异端。"会议诅咒了基督的一性论者后，确定了基督道成肉身的正统教义。以弗所会议确定基督只有一位，但查尔西顿会议却确定基督存在于双重本性之中，一为人性，一为神性。"①而且二者是同等完整、互不可分的。"按神性而言，他和父本质相同；按人性而言，他和我们本质相同，除了他没有罪以外，他的其他各个方面都和我们一样。从神性来说，他是在万世之先，为父所生；按人性来说，他是在这末世中，由'上帝之母'童贞女马利亚所生；这同一个基督、圣子、主和独生的，处于两个性质之中，二性互不混淆，互不变换，互不割裂，互不分开；二性不因联合而失去区别，相反，每一属性仍保持其特点，并汇合于同一性质和同一本体之中。"②查尔西顿会议确立的这种具有浓重的神秘主义色彩的教义奠定了西方教会中三位一体神学思想的基础，它那种模棱两可的、难以揣摩的特性使得理性无法对它进行理解，从而为信仰开辟了广阔的驰骋之地。

早期教会关心的另一个神学问题是"原罪"问题。在犹太教的圣典中，就曾说到过人类祖先亚当、夏娃偷食禁果而犯罪的故事。前已谈到，犹太民族是一个具有强烈的不幸意识的民族，在《圣经·旧约》中这种不幸意识随处可见。基督教虽然在许多方面与犹太教大相

---

① 罗素：《西方哲学史》（上卷），商务印书馆1963年版，第454页。
② 张绥：《中世纪"上帝"的文化》，浙江人民出版社1987年版，第34页。

径庭，但是在不幸意识和罪孽感上却是与犹太教一脉相承的。二者不同的是，犹太教中在人类祖先所犯的原罪与后来人们所犯的本罪之间并未做出严格的区分，一概被视为违背上帝意志的罪孽。而在基督教中，"原罪"的地位非常明显地突出起来，乃至成为整个基督教信仰和教义的起点和前提。如果没有"原罪"意识，基督教的救赎理论（这是基督教的核心理论）和其他理论都将失去意义。

把人类始祖所犯的"原罪"当作整个宗教神学的出发点，并使这种"原罪"意识深深地植根于人的主观世界中，从而成为信仰的一种痛苦的心理保证，这是基督教不同于其他高级宗教的特点之一，它使基督教具有强烈的悲剧色彩。基督教信仰绝不是一种轻松的享乐和安逸的超度，而是一种悔罪的迷狂和"痛苦的极乐"。中世纪的建筑物、绘画、短歌和其他艺术都表现出基督教的这种悲痛的沉迷，正是这种在罪孽的痛悔中产生出来的得救快感深深地慑服了西方人尤其是日耳曼人的心，使他们在对"原罪"这把高悬于头顶上的达摩克利斯之剑的恐惧和悔恨中，虔诚地匍匐于基督之前。诚如海涅所说，"基督教最可怕的魅力正好是在痛苦的极乐之中"，而这种"痛苦的极乐"恰恰产生于"原罪"意识。

中世纪西方基督教会所崇奉的"原罪"教义最初是由教父奥古斯丁（公元354—430年）加以系统论述的。奥古斯丁关于"原罪"的理论及其相关的上帝恩典、拣选、预定等理论奠定了基督教神学的基础，在基督教会中一直被奉为正统教义。后来随着基督教神学日益走向形式化和外在化，奥古斯丁的神学思想也逐渐被修改，到中世纪晚期竟发展成为一种与原初的思想正好相反的理论。尽管奥古斯丁在整个中世纪神学界一直被尊为圣徒，但他的衣钵继承者们却把他的神学思想变得面目全非。他的决定论思想被自由意志说所取代，预定论让位于善功论，而善功则进一步流于形式化。遭到篡改和歪曲的奥古斯丁思想直到在宗教改革后的加尔文教中才得以复原和纠正，但是真正领会奥古斯丁学说真髓的加尔文教却被自称为奥古斯丁神学思想继承者的罗马天主教会斥为异端邪说。

奥古斯丁的"原罪"理论是在与裴拉鸠斯的争论中提出来的。裴拉鸠斯是不列颠的一名隐修士，公元401—410年曾到罗马宣扬他的神学观点。他否定"原罪"的概念，认为亚当、夏娃的罪孽只应由他们本人负责，而不应累及他们的子孙。一个人来世得以永生还是遭受永罚，取决于他此生的道德行为，而后者又取决于人的自由意志，与上帝的恩典无关。罪孽同善行一样都是自由意志的产物，不应由上帝负责。针对裴拉鸠斯的自由意志说，奥古斯丁提出了他的决定论的"原罪"理论。奥古斯丁指出，亚当的堕落固然是他滥用自由意志的结果，但是由于他的犯罪而造成的"从恶"倾向却从此在他子孙的天性中扎下了根，这种世代相袭的"原罪"是任何人，包括刚刚呱呱坠地的婴儿也不能避免的。人固然可因自由意志而再次犯罪（本罪），但即使他是一个绝对的圣徒，一生中从未因自由意志而犯过任何"本罪"，决定论的"原罪"仍然是不可逃避的。人类始祖亚当的一次自由意志的堕落构成了人类永难逃脱的"原罪"宿命。由于"原罪"对于亚当的后代来说是一种与自由意志无关的必然性或决定论，因此源于个人自由意志的善功和德行并不能使人从"原罪"中得救（它们充其量只能解除人的"本罪"）。如果想摆脱根深蒂固的"原罪"，只有依靠上帝的恩典。

奥古斯丁早年曾信仰摩尼教，摩尼教的善恶二元本体论对他的思想产生了一定的影响，以至于他认为"并不是我们本身犯罪，而是其他某种天性在我们内部犯罪"。他的"原罪"理论也是基于这种思想。

但是另一方面，基督教从根本上来说是一元论的，上帝是至善，他并不包括恶。所以"原罪"并不是起源于上帝创造的某种实体，而是出于人类始祖意志中的一种从恶的倾向；这种从恶的倾向也不是原始的存在，而只是善的缺乏。奥古斯丁说："我探究恶究竟是什么，我发现恶并非实体，而是败坏的意志叛离了最高的本体，即是叛离了你天主，而自趋于下流。"① 这种善的欠缺所导致的"原罪"由于基督的救赎而得以弥补，正是上帝以基督为中介把他的救赎恩典白白地赐予我们，上帝用他自身的正义和救恩，而不是我们的功德，使我们从罪人成为义人。但是基督并没有把所有的人都从"原罪"中解救出来，他只是向人们预示了上帝的恩典。人们可以通过对基督的信仰而恢复善意和爱心，克服恶欲，成为义人，但他并不一定会处于蒙恩状态。善行只是获救的外在表现，只有上帝的恩典才是获救的充分必要条件。善行可以通过自由意志而达到，而上帝的恩典却非个人的自由意志所能左右的。虽然我们可以相信明察秋毫的上帝绝不会把恩典赐予十恶不赦的恶棍，但是即使对于那些行善的义人，上帝的恩典也仍然是与个人的德行和意志无关的某种外在的决定论。

于是问题就集中到如何才能蒙受上帝的恩典？奥古斯丁认为上帝不是根据人们的功过，而是按照他自己的理由（这理由我们凡人无法了解）把人们分成被拣选和不被拣选的两部分，这种划分早在创世之初就已经做出了。上帝的划分肯定是有其充分根据的，但是这根据是我们的有限理性永远无法获知的。所以我们只是知道上帝按照自己的旨意拣选了一部分人获得永生这个事实，我们却无法追问它的根据。

---

① 奥古斯丁：《忏悔录》，商务印书馆 1963 年版，7 卷 16 章。

上帝是万能的，他的预先拣选是不可能不实现的，他的恩典也是无法改变和不可抗拒的。上帝的拣选和恩典虽然是白白施给某些人的，但是这恩典同时也伴随着一种从善的信仰之光，蒙恩的人心中必然会产生出"从善的倾向和行善的愿望"。由此可见，并非行善者必定被拣选，而是被拣选者必会行善；并非义人才能蒙受恩典，而是蒙受恩者必成为义人。在这个过程中，个人的自由意志是丝毫无济于事的，一切全取决于上帝的"预定"，取决于那种外在于人并且不依人的意志和行为而转移的决定论或宿命。从整个人类来说，一部分人将由于被上帝拣选从而赎清"原罪"，进入永生，其他的人则将带着深重的罪孽而遭受永罚。从个人来说，谁也不能在生前确定自己是否被拣选，因为他无法了解上帝的意志。他只能对此抱有希望，只能通过信仰来加强自己的灵魂与上帝之间的联系。在信仰中，他增加了上帝的荣耀，并且可以指望能从上帝那里获得荣耀，从而对获救（蒙恩状态）产生一定的信心。

由于"原罪"，人类全体都被打上了堕落的烙印，所有人都要因始祖亚当的犯罪而遭受万劫不复的惩罚。作为亚当的子孙，我们都是有罪之身，理应受到惩罚，我们对此不应该有任何怨言，因为这种因"原罪"而落到我们身上的永罚恰恰体现了上帝的公义。但是另一方面，由于上帝白白施与的恩典，一部分人将得到拯救，免受永罚而进入永生，这又体现了上帝的仁慈。公义和仁慈都是上帝的美德，"二者同样显示出他的善良"。因此如果我们被上帝所选中，我们应该感激上帝的仁慈；如果我们未被选中，则应该悦服于上帝的公义。

尽管得救完全取决于上帝的"预定",但圣事①仍然是不可免的,因为圣事是领受上帝恩典的一种必要的仪式,信众只有在这些仪式中才能获取上帝的救恩。圣事是获救的必要条件,因而教会成为获救的必要场所。"得救者是上帝预先决定拯救的人;这是灵魂和神的一种直接关系。但一个人若不接受洗礼成为教会的一员则绝对不能得救;这就使得教会成为灵魂与上帝之间的媒介。"②

奥古斯丁的整个思想中流露出一种深重的罪孽感,这可能与他早年"堕落"的生活经历有关。但是奥古斯丁的个人思想恰恰可以看作基督教精神的缩影和理论化形式,因为罪孽感和不幸意识是基督教的一个典型特征。正是这种深沉的罪恶感,使得奥古斯丁提出了一套决定论的神学体系。在他看来,自由意志只能导致罪恶,不能使人获救;能够拯救人的只有上帝预先决定的拣选和恩典,而这些对于人来说是一种不可改变的外在的决定论或永恒的宿命。由于排除了自由意志在拯救中的作用,个人的善功和德行就被置于次要的位置,而信仰却被突出出来,因为对于那种个人意志无能为力的决定论或宿命,只能付诸信仰。纯粹的信仰永远只能是对外在的决定论的一种惶恐不安的诚服,这种外在的决定论是超自由意志的,超理性的,唯有信仰的渠道可以通向它那神秘的境界。而当自由意志占了上风时,信仰就会流于形式化,变成具体的行为和善功。后来基督教会关于"原罪"和得救的解释就逐渐走上了这一条道路,背离了奥古斯丁建立在上帝恩典、预先拣选等神秘主义信仰基础上的决定论,转向了善功得救甚至

---

① 圣事(sacrament)的希腊文原意是"奥秘",原指洗礼、圣餐、悔罪三种仪式,到12世纪发展为七件,即洗礼、坚振礼、悔罪、圣餐、婚配、终傅、圣职。
② 罗素:《西方哲学史》(上卷),商务印书馆1963年版,第427页。

金钱拯救的实用主义的自由意志说。随着中世纪罗马天主教会的世俗权力日益强化，奥古斯丁决定论的救赎理论也逐渐被自由意志的救赎理论取代，后者又进一步背离信仰而走向形式化，最后导致了中世纪晚期的各种荒唐透顶的救赎理论。

从基督教神学发展的第一阶段来看，柏拉图主义的色彩浓重，超理性的神秘主义渗透于教义之中，信仰具有绝对的权威，这种权威不仅是表面上的，而且也是实质上的。信仰不是与理性相协调，而是超越于理性之上，对理性加以排拒。三位一体的教义深受柏拉图和新柏拉图主义的神秘哲学思想的影响，它所表达的奥秘是理性难以把握的。上帝的恩典和拣选也无法根据理性来确定，纯属信仰的对象。奥古斯丁继承了柏拉图主义的神学思想，并把它推向极端，奠定了基督教神学的神秘主义传统。这种传统直到托马斯·阿奎那的时代才真正受到了富有理性色彩的亚里士多德主义的强劲挑战，信仰与理性的关系发生了微妙的转变。其实在此以前，用理性来论证信仰的苗头已经开始出现，其中最引人注目的就是公元11世纪安瑟伦的上帝存在的本体论证明。

二、上帝存在的逻辑证明

虽然德尔图良曾把信仰与理性绝对对立起来，把信仰看作对理性的否定和超越，但后来的神学家们却希望用理性来为信仰提供支持。在他们看来，信仰虽然是超理性的，却并不是反理性的，一种信仰如果能通过逻辑论证而获得可理解性，将比不可理解的信仰更有感召力和说服力。他们的愿望固然是无可指摘的，然而他们忽视了一个基本事实：信仰之所以为信仰，正在于它的不可理解性和超逻辑论证性；上帝如果可以被理性论证，他就不再具有信仰的意义了。上帝作为神学体系的公理或大前提，其本身是超逻辑的，不可论证的。上帝只是信仰的一种设定，对这种设定加以论证只能导致一种逻辑上的恶循环。因此，与其说安瑟伦的上帝存在的本体论证明论证了上帝的存在，不如说它论证了这种恶循环本身。

在安瑟伦做出这个证明以前，上帝的存在一直被信徒们当作毋庸置疑的事实，因为《圣经》上明明白白地记载着上帝的业绩。当时人们提出的问题不是"上帝是否存在"而是"上帝是什么"。上帝的存在是由信仰所保证的，它是自明的，无须进行任何逻辑论证。而安瑟伦却不满足于信仰的结果，他要用理性来加强信仰，在他看来，"基督徒应该由信仰进展到理性"。他认为信仰虽然是至高无上的，但理性也是一种必要的手段，上帝是不会拯救那些单靠信仰来领悟他的福音的懒虫和傻瓜的。他说："当我们在信仰上有了根基之后，如果我们对所相信的不努力追求进一步的理解，就未免是一大缺陷。"[①] 因此，他试图对千百年来一直被人们当作天经地义的真理接受的"上帝存在"这一命题进行论证，而不再囿于单纯的信仰之中。黑格尔评论道："从这方面看来，安瑟伦特别可以被认作经院神学的奠基人。因为用简单的推论去证明所信仰的东西（即上帝存在）这个念头使他日夜不得安宁。"[②]

安瑟伦证明的逻辑形式大致如下：甚至一个愚顽人，在他的头脑中也会有一个"最完美的东西"的观念；而一个"最完美的东西"不能仅仅局限在头脑中，而且也应该在头脑之外客观存在，否则它就不

---

① 安瑟伦:《神何故化身为人》，第2章，载"基督教历代名著集成"之《中世纪基督教思想家文选》，金陵神学院托事部、基督教辅侨出版社1962年版，第208页。
② 黑格尔:《哲学史讲演录》(第3卷)，商务印书馆1959年版，第290页。

是最完美的了（因为缺少了客观实在性）；所以，上帝作为"最完美的东西"，必定存在。①

安瑟伦是中世纪第一个试图寻找思维与存在的同一性的哲学家，他所使用的方法和17世纪的笛卡儿是一样的（笛卡儿在论证上帝存在时深受安瑟伦方法的影响），即从关于上帝的思维直接推出上帝的存在。这种方法后来遭到了休谟、康德等西方哲学家的激烈批判，康德认为思维与存在是有区别的（他把这种区别绝对化了），从思维中并不能必然地推出存在。而黑格尔却在批判康德割裂思维与存在的同一性时，赞赏了安瑟伦的立场，但是他认为安瑟伦把思维与存在同一于一个第三者（上帝）之中，从而使这种同一性成为一种外在的抽象的"理智的形式"，而不是思维与存在自身的辩证发展过程，这种做法同样也是有问题的。

我们所关心的主要问题并不是安瑟伦的本体论证明中所蕴含的思维与存在的同一性，而是这个论证本身的逻辑程序。当安瑟伦从头脑中的一个"最完美的东西"的概念必然地引申出上帝存在这个结论时，他的论证可以简要地表述为如下这个三段式推理：上帝是"最完美的东西"（大前提）；"最完美的东西"必然包含存在（小前提）；所以上帝存在（结论）。对于这个三段式推理，欲使结论成为真的，则大、小前提必须真。而且，上帝存在这个结论既然是理性论证的结果，它的真应该具有理性意义，那么它的前提的真也同样应该具有理性意义。对于安瑟伦的小前提，康德已经做了批判，康德认为安瑟伦的证明首先假定了存在与思维的统一是"最完美的东西"（即"最完

---

① 关于安瑟伦证明的具体内容，请参见安瑟伦：《上帝存在论》，第2章，载"基督教历代名著集成"之《中世纪基督教思想家文选》，金陵神学院托事部、基督教辅侨出版社1962年版。

美的东西"必然包括存在），而这一点本身是有待证明的。对于安瑟伦的大前提，后来的哲学家们并没有过多地进行推敲，而安瑟伦上帝存在的本体论证明的关键恰恰在于此。在安瑟伦以前，人们认为"上帝存在"这个命题与"上帝是最完美的"这个命题一样是不证自明的，它们同属于信仰的对象。当安瑟伦试图用理性的逻辑推论来证明"上帝存在"这一信仰命题时，他所借助的大前提却是另一个信仰命题（即"上帝是最完美的东西"）。这样一来，理性的论证就成为两个信仰命题之间的一种空洞的形式，一种毫无内容的抽象而枯燥的逻辑推演。在这一点上，安瑟伦可以称得上首开经院哲学烦琐论证之先河。黑格尔评论道："在中世纪，哲学的特征是先有一个前提的一种思维、把握、哲学论证。它并不是思维的理念的自由活动，而是为一种外在性的形式或前提所拘束着。"因此，"这差不多 1 000 年的历史是建立在同一观点、同一原则上面的，即教会的信仰和形式主义，这只是一种无穷的自问自答和在自身内绕圈子。"① 前提是信仰，论证过程是空疏的形式主义，而结论则是本来无须论证的另一个信仰。如果前提本身不具有理性意义的真理性，那么无论怎样用理性的逻辑来加以论证，其结论也始终不会具有理性意义的真理性，仍旧超不出信仰的范围。形式逻辑只能确保形式的真，而不能确保内容的真。以一个内容不真的命题为前提而进行的逻辑推演，从逻辑论证形式本身来看是无可挑剔的、无矛盾的，但是结论的内容却并非必然真。建立在信仰和形式主义之上的中世纪经院哲学的一切神学论证都是这种情况。当安瑟伦根据"上帝是最完美的东西"这一信仰来论证上帝存在时，

---

① 黑格尔:《哲学史讲演录》(第 3 卷)，商务印书馆 1959 年版，第 279、287 页。

他并没有真正地从理性的角度来解决问题，而是把问题推到了另一个信仰层次上，于是对"上帝存在"这一命题的论证就要进一步上升为对"上帝是最完美的"这一命题的论证。而后一种论证又有待于另一个大前提，这个大前提当然也只能从信仰中寻找。从而这种以信仰为起点和终点的逻辑论证就陷于一种无限上溯的恶循环中。

安瑟伦的论证使我们想起了古代印度的一个故事，一个凡夫俗子问一个哲人："世界被什么东西所支撑？"哲人回答："世界在一头大象背上。"凡夫俗子又问："大象在什么之上？"哲人回答："大象站在一只大乌龟背上。"凡夫俗子到此就满足了。实际上，这样的问题可以无止境地问下去。当哲人说世界载于一头大象背上时，他已从经验世界走入了超验的信仰；而当他说大象立于一只大乌龟之上时，他是用另一个信仰来支持一个已知的信仰。这时论证已成为一种可有可无的外在形式，理性并不能有效地论证信仰，信仰只能靠信仰本身来保证。牛顿当年苦于无法解答万有引力的动因时，不得不求助于信仰，搬出上帝来作为"第一推动力"。诚如黑格尔所嘲笑的，上帝仿佛是一条大阴沟，一切难以解决的矛盾都可以掷入其中。当牛顿找出上帝来解决第一推动力的问题时，他本人至少是在心理上觉得问题已经得到了解决。但是，倘若在宗教氛围仍然十分浓郁的17世纪的英国突然冒出来一个怀疑主义者，他以一种大逆不道却又十分天真的口气问道："当上帝在进行第一次推动的时候，他自己的动因又是什么？"我们的牛顿大师该如何回答呢？

当然，牛顿可以说上帝是自因的，或者像亚里士多德那样说上帝是"不动的推动者"（牛顿实际上正是这样确信的）。然而这一点仍然是无法论证的，它只属于信仰。在一个宗教情感深深地影响着人们的思维方式的时代里，用一个信仰的命题作为一切棘手难题的原因或前提，是能够得到人们普遍的心理认可的。但是，问题因此就真正得到解决了吗？

正如信仰无法为理性和经验的世界提供真正有效的根据一样，理性和经验同样不能真正有效地为信仰提供论证。然而，安瑟伦却试图把信仰与理性结合起来，在他看来，一种不能得到理性论证或支持的信仰是片面的。仅就这一点而言，他比他以前的神学家更为理智和更加具有哲学家的气质，更多一点理性色彩，更少一点神秘主义。黑格尔说："安瑟伦是这样一个人，他鼓舞了经院哲学家的哲学，并且把哲学和神学结合起来了；中世纪的神学比近代的神学高得多。天主教徒绝没有野蛮到竟会说永恒的真理是不能认知的，是不应该加以哲学的理解的。这一点在安瑟伦这里是很突出的。"① 然而安瑟伦的功绩恰恰也就是他的失误，因为信仰的"永恒的真理"本身确实是不能用理性来认识和理解的。② 当信仰借助于理性来论证自身时，它获得了形式，却失去了内容。在逻辑证明的过程中，信仰在外在的形式中发生了异化，它丧失了它自身。罗素在谈到安瑟伦的本体论证明时指出："在安瑟伦以前从来无人以该论证赤裸裸的逻辑纯洁性来阐述这个论证。在获得纯洁性的同时它失掉了似真性。"③ 这种用理性来论证信仰、用形式逻辑来论证教义内容的风气自从安瑟伦首开先河之后，在经院哲学中很快就发展成为一股汹涌澎湃的浪潮，无形地开始侵蚀和动摇信仰的根基。

安瑟伦的上帝存在的本体论证明在中世纪神学中的重要意义在于

---

① 黑格尔：《哲学史讲演录》（第 3 卷），商务印书馆 1959 年版，第 296 页。
② 黑格尔之所以坚持这一点，只是因为黑格尔哲学本身就是一种用理性来论证信仰的尝试，在黑格尔那里，信仰说到底是一种理性的信仰，理性与信仰最终要在辩证的运动实现统一。
③ 罗素：《西方哲学史》（上卷），商务印书馆 1963 年版，第 510 页。

它构成了从以柏拉图的神秘主义信仰为特征的早期神学（教父派）向以亚里士多德的理性主义逻辑论证为特征的后期神学（经院哲学）过渡的中介环节。在他以前，神学建立在超理性的纯粹信仰之上；在他之后，神学开始寻求逻辑论证。信仰在得到理性的论证的同时不可避免地发生了自身异化，理性及逻辑的蓬勃发展同时也就意味着信仰的衰弱和基督教精神的沦丧。鉴于安瑟伦在基督教神学发展史中的这种承先启后的重要地位，他被后世的哲学家称为"最后一个教父和第一个经院哲学家"。

三、经院哲学与神学的形式化

黑格尔在谈到经院哲学的内容时说："经院哲学家所特有的主要思想和思维的兴趣在于：第一，唯名论与唯实论的争论；第二，对于上帝存在的证明。"[①]

唯名论与唯实论（或实在论）之间的争执实际上反映了支配中世纪神学思想的两大哲学体系（柏拉图主义与亚里士多德主义）之间的抵牾。十字军东征以后，在西方失传多年的亚里士多德著作的希腊文本和阿拉伯文译本重新流入西方，西方天主教会的神学家们惊讶地发现亚里士多德的哲学和形而上学体系竟是如此博大精深，远非柏拉图主义所能相比。以前，西方神学家只是承袭了亚里士多德的部分逻辑学，现在他们开始研究和接受亚里士多德的哲学和形而上学。于是亚里士多德的许多哲学术语如"实体""偶性""形式""质料""意向""质量""范畴""特性"等开始在经院哲学中流传。亚里士多德

---

① 黑格尔：《哲学史讲演录》（第3卷），商务印书馆1959年版，第289页。

主义是严格意义上的哲学，在它那里，一切都被纳入理性的逻辑范围内。亚里士多德的形而上学是一种理性主义的形而上学，而柏拉图主义则更多地具有神学色彩，它的形而上学是一种神秘主义。亚里士多德主义强调的是理性的论证，柏拉图主义侧重的是超理性的信仰。处于源远流长的柏拉图主义传统和气势磅礴的亚里士多德主义冲击之间的西方神学家们不得不竭力调和二者，力图把它们融为一体。在这个调和的过程中，不同的神学家会有不同的侧重，从而造成了唯名论与实在论的哲学分野。

唯名论与实在论所热衷的共相问题是属于严格意义的哲学范围的问题，虽然从这个问题中可以引申出许多属于神学的衍生意义，但它本身却并不属于神学。在唯名论者那里，共相问题所具有的神学含义更是含混难辨，因为唯名论者（如邓斯·司各特、威廉·奥卡姆）通常都在神学与哲学之间划了一条不可逾越的鸿沟。他们认为哲学不能论证神学对象，神学也不能包括哲学，哲学应从神学中分离出去，成为一门独立的科学。虽然唯名论者具有更纯正的宗教意识，强调信仰高于理性，神学高于哲学，但是他们无意中却使哲学成为一门独立于神学的科学，从而为近代确立哲学（以及科学）的至高无上权威铺平了道路。而在实在论者那里，共相问题却与神学有着紧密的联系。"从本质上看，'实在论'者实际上是通过论证既然一般比个别更实在，一般高于个别，因此越是一般的东西也就越高、越实在这样一个问题来证明：上帝的观念是最一般的，所以上帝是最高的实在。"[①]实在论者力图把神学与哲学融为一体，通过哲学和理性来论证神学和

---

① 张绥：《中世纪"上帝"的文化》，浙江人民出版社 1987 年版，第 150 页。

信仰。从这种意义上来说，真正把哲学当作神学的"奴婢"的只是实在论者而非整个经院哲学。唯名论者虽然也像实在论者一样认为神学和信仰高于哲学和理性，但是他们却把哲学看作与神学风马牛不相及的东西。从原则上说，哲学虽然不应该悖逆神学的真理（启示真理），但它也不能为神学提供什么论证。唯名论者具有双重身份，当他们谈论共相问题时，他们是哲学家；而当他们谈论"三位一体""道成肉身"和"纯洁受胎"时，他们是神学家。作为哲学家，他们具有明显的唯物主义倾向（马克思曾对邓斯·司各特提出"物质能否思维"的问题大加赞誉）；而作为神学家，他们具有比实在论者更为纯洁的唯灵主义和宗教神秘主义。这种双重身份在他们身上并没有扬弃差别、融为一体，而是在一种非常奇妙的对峙关系中共存着，从而使得后人在谈论唯名论者时，往往会觉得比谈论实在论者更加费解。

  实在论者则不同，他们虽然也兼具神学家和哲学家的身份，但是这两重身份在他们身上未曾分化，而是始终融为一体，他们之所以是哲学家只是因为他们也是神学家。实在论者并不像唯名论者那样把共相问题当作一个纯粹的哲学问题来对待，而是把它当作一个从属于神学并服务于神学的哲学问题来谈论。在他们看来，如果失去了这种从属关系，共相问题将毫无意义。自从安瑟伦首开对神学教义进行理性的逻辑论证之风气以后，实在论者把亚里士多德强行拽进了神学之中，不由分说地把这个异教的哲学家装扮成供奉上帝的大祭司，让他把博大精深却空疏枯燥的逻辑论证奉献于信仰的祭坛前。然而，亚里士多德正如同希腊神话中的普罗米修斯，他把成块的牛油供奉到宙斯面前，而牛油下面掩盖的却是一堆剔净肉的骨头。实在论者在大量运用亚里士多德的理性逻辑来论证神学教义时，并没有觉察到这种泛滥的逻辑论证之风正在悄悄地动摇着基督教信仰的根基。

在这一点上，唯名论者要明智得多，他们知道亚里士多德体系虽然包含着琳琅满目的宝藏，但是对于信仰来说却是一个掩藏着灾祸的潘多拉盒子。因此他们只把亚里士多德局限在哲学的范围内，而让神学仍然沐浴着柏拉图的神秘主义信仰之光。亚里士多德哲学虽然出自柏拉图哲学，但亚里士多德主义与柏拉图主义却是截然对立的两种体系，罗素曾把二者分别冠以"理性主义"和"浪漫主义"。亚里士多德的理性主义从根本上说是与信仰格格不入的。信仰的动力是超越可感知、可理解的世界的一种浪漫主义冲动，用理性来论证信仰无异于饮鸩止渴，其结果必然是信仰的内容消亡于空洞的论证形式中。亚里士多德体系与中世纪神学的关系，恰如公元4世纪时西哥特人与罗马帝国的关系。罗马皇帝瓦伦斯允许西哥特人迁入罗马帝国境内，本想让这些剽悍的蛮族来保卫罗马帝国的疆界，结果却是西哥特人反戈一击，致使罗马帝国迅速走向衰亡。亚里士多德的理性哲学犹如一副猛烈的泻药，它逐渐掏空了基督教神学的内容，使其只剩下一具枯槁的躯壳。

尽管如此，在经院哲学中亚里士多德主义仍然占了上风，其原因在于神学不甘于信仰的寂寞，一意孤行地寻找理性的论证形式。基督教神学必须经历这场异化过程，才能完善自身。信仰本来是超形式的，它无须一种定在的形式，然而在亚里士多德哲学的诱惑下，它却执着地寻觅着形式，甚至不惜丧失本质。在经院哲学中，尤其是在实在论者那里，理性的形式被空前地加强了，信仰本身却变得黯然失色，名存实亡。信仰被理性代替，信仰变成了对理性的信仰。实在论者本想把理性当作信仰的奴婢，结果却使理性成为真正有实力的权威，信仰反而隐退到幕后去，成为一名默默无闻的观众，观赏着理性穿着它的袈裟演着另一出戏。理性在信仰面前的奴婢身份颇类似于土耳其王宫中的阉奴,这些阉奴名义上地位低下,然而昏庸愚昧的君王往往对他们言听计从,实际上成了他们的傀儡。托马斯·阿奎那的巨著《神学大全》倒不如说是一部"哲学大全"和"伦理学大全",尽管他的动机始终是想通过哲学来论证神学。经院哲学意味着中世纪哲学的勃兴,同时也意味着中世纪神学的衰落。然而,中世纪哲学又始终披着神学的外衣,它关心的内容常常被强行地与神学的教义联系在一起,从而使这些内容失去了独立的意义,成为神学的附庸(虽然唯名论者反对这样做,但他们的主张在经院哲学中不占主流)。这样一来,经院哲学就成为一种典型的形式哲学,一种煞有介事的、空洞无聊的形式论证。因此,哲学的勃兴只是一种徒具其表的虚假的勃兴,而神学的衰落却是一种名副其实的衰落。

在神学发生异化的情况下,坚持神学的纯洁性的唯名论自然在经院哲学中成为孤立的支流,而促进这种异化过程的实在论则处于主导地位。但是唯名论的神学观点(而不是它对于共相的观点)却被那些柏拉图主义倾向强烈的神学家们继承下来,对13世纪以后的神秘主义者产生了重大的影响,并通过这些神秘主义者(如14世纪德国的艾克哈特和陶勒尔等人)而影响到马丁·路德。

唯名论与实在论的区别颇类似于康德哲学与黑格尔哲学的区别。在康德那里,信仰与理性是泾渭分明的和互不相干的。科学真理是理性的对象,关于上帝的知识则属于信仰。神、自由、永生虽然是三个"理性的理念",但是纯粹理性并不能论证它们,否则就会产生理性的谬误。这些"理念"的意义是实践方面的,与道德相关,只有靠信仰和启示才能把握。唯物主义者们常常指责康德把科学与宗教截然对立起来,为宗教向科学争夺地盘。殊不知在康德生活的时代(18世纪唯灵主义氛围浓郁的德国社会),使科学从宗教中独立出来是一件伟大的壮举，从此以后科学可以理直气壮地发展自身，而无须顾及宗教的纠缠。因此，与其说康德是为宗教向科学争夺地盘，毋宁说他是为科学向宗教争夺地盘。① 从这种意义上来说，黑格尔哲学是对康德的反动和倒退，黑格尔哲学把科学与宗教重新混合在一起，剥夺了科学刚刚争得的独立性。知识说到底是对绝对精神的认识，或者更确切地说，是绝对精神的自我认识。绝对精神就是上帝，而科学只是绝对精神自我认识和自我实现过程中的一个环节。上帝是理性的对象，唯有通过理性上帝才能实现自我认识。信仰是必要的，但它必须建立在理性的基础上，信仰必须理性化。这就是黑格尔哲学的主要内容。黑格尔年轻时曾热衷于神秘主义，成年后则开始推崇理性的绝对权威，然而早年的思想影响仍是消除不掉的，"他后日的见解多少可以看成是最初他以为是神秘洞察的东西的理智化"。② 因此，在黑格尔哲学中到处可见神秘主义的幽灵，散发着浓烈的宗教气息。黑格尔的整个哲学体系无非是一个经过理性论证的信仰体系，黑格尔哲学同时也就是黑格尔神学。

　　关于唯名论与实在论争论的焦点——共相问题，在这里我只打算简略地谈几句。这个问题现在看来已是毫无困难的了，因为自从黑格尔以后，几乎再也没有任何哲学家把共相看作一种脱离具体的个别事物而独立存在的客观实在。然而在中世纪，这个问题却因柏拉图"理念论"的影响弄得非常复杂。在柏拉图那里，理念就是共相，而理念却是比个别的事物更加真实和完善的实在。在亚里士多德那里，理念

---

① 在这里我要再一次提醒读者们注意 18 世纪德国的状况，当时德国的政治经济及社会状况比英、法落后何止一个世纪；而另一方面，宗教气氛却比英国、法国浓郁得多。

② 罗素:《西方哲学史》（下卷），商务印书馆 1976 年版，第 276 页。

的客观实在性遭到了否定，亚里士多德认为理念或共相只是主观的思维范畴（在判断中共相为主词的宾词，在三段式中共相则为大词）。经院哲学中的实在论和唯名论分别接受了柏拉图和亚里士多德的观点，实在论把共相当作超验的实在，它独立于和决定着个别事物，而且比个别事物更为真实更为完善。唯名论则认为，共相只是事物的类或主观的表象和概念，个别极端的唯名论者（如洛色林）认为共相只是一个空洞的名称和符号。在唯名论者看来，共相不能脱离个别事物而独立存在，作为事物的类，它的实在性寓于个别事物之中，因此它并不比个别事物更实在。而极端的唯名论者则否定共相具有任何实在性。

从这种差别来看，唯名论者在共相问题上所持的观点确实是与后来的唯物主义关于一般与个别的观点比较接近，但是我在前面已经提到，唯名论者通常是把哲学与神学分开来对待的。在哲学问题（如共相）上，他们似乎较多地受到亚里士多德主义的影响，但是这种影响被严格地限制在哲学范围内；而在神学观点上，他们仍然是最为顽固的柏拉图主义者。由于哲学与神学之间存在一条不可逾越的鸿沟，所以唯名论者丝毫无意于通过哲学来论证神学，从唯名论关于共相的观点中是引不出任何有利于上帝存在、三位一体、道成肉身等教义的论据的，恰恰相反，这种观点只能导出一些有利于无神论的结论。因为如果一般或共相不比个别存在更具有实在性，那么上帝的存在就失去了理性的依据。然而唯名论者恰恰是要剥夺上帝存在的理性依据，而把它归于纯粹的信仰。上帝存在和其他神学教义从根本上来说是理性的推理方法所不能论证的，只有根据信仰和启示来领会。这样一来，唯名论者就使哲学成为一门与几何学、修辞学等学科相类似的独立学科，它虽然低于神学且应该服从于神学的教义，但它所研究的问题却不涉及神学内容。逻辑属于哲学的范围，它并不能为神学提供论证，因为信仰的真理本身是超逻辑的。这一观点在威廉·奥卡姆那里表现得尤为突出，"由于主张逻辑和人类知识的钻研无须牵涉形而上学和神学，奥卡姆的著作鼓舞了科学研究"。①

实在论者则正好相反，虽然在共相问题上他们更具柏拉图主义的气息，但是在试图通过共相问题来为神学信仰提供理性依据这一点上，他们却深受亚里士多德主义的影响。这种影响主要表现为：通过理性和逻辑来论证神学教义（这一点充分表现在温和实在论者托马斯·阿奎那的神学论证中）。因此当实在论者谈论共相问题时，他始终念念不忘一个至高无上的最实在的共相——上帝的存在，他研究哲学的过程同时也是论证神学的过程，这两个过程在实在论者那里并未区别开。因此，当我们谈论一个唯名论者时，我们可以说他既是一个神学家，又是一个哲学家；而当我们谈论一个实在论者时，我们只能说他是一个神学哲学家。

因此，关键之处不在于把共相说成"抽象的实在"，还是"主观的表象"，而在于是否从共相问题中引申出神学的结论。共相究竟是"抽象的实在"，还是"主观的表象"，这是一个纯属哲学的争论。但是一旦把上帝作为最实在的共相提出来，哲学争论就变成了神学论证。唯名论者由于坚持把哲学与神学分开，拒绝从哲学中引出神学结论、从理性中提取信仰的论据，所以他们在经院哲学的这场旷日持久的共相问题争论中处于劣势，虽然在神学方面他们往往比实在论者具有更纯真的信仰。

---

① 罗素：《西方哲学史》（上卷），商务印书馆1963年版，第576页。

用理性的逻辑去论证纯属信仰的神学教义，其结果只能是一种空洞的形式主义，而这种形式主义典型地表现在那种被强拽进神学体系内的亚里士多德的形式逻辑中。亚里士多德的逻辑学在基督教经院哲学中获得了形式上的发展，空洞无物的抽象概念充斥于神学论证的过程中。论证的目的是要为那些信仰的教义提供理性支持，然而论证所据以展开的大前提仍然是信仰。因而经院哲学就陷入了一种恶性的循环论证中，"为了灵明世界的利益在抽象概念中绕圈子"。黑格尔指出，经院哲学家的这种通过空洞的抽象概念来论证神学教义的方法"正是受了亚里士多德哲学的支配，不过他们并没有接受他的哲学的全部规模，而只是采取了亚里士多德的'工具论'，即他的逻辑学，既采取了他的思想律也同样采取了他的形而上学概念、范畴""因此哲学研究在这里便成了正规呆板的三段论式的形式推论"。[①] 这种形式推论在安瑟伦的上帝存在的本体论证明中已经初现端倪，而在托马斯·阿奎那的上帝存在的宇宙论证明和目的论证明中得到了进一步的发展。

阿奎那关于上帝存在的五个证明深受亚里士多德形而上学的影响，在他的巨著《神学大全》中，他提出论据如下：1. 世界上每一事物的运动均由他物推动，他物亦被另一个他物所推动，因而在一切事物之后必有一个最终的存在，它本身是不被推动的，但它却推动其他事物。这个"不动的推动者"就是上帝。2. 世界上每一事物作为一个结果，必有一个原因，原因亦有原因，因而在一切他因的事物之前必有一个自因的存在，它的原因在于它自身，同时又构成了万物存在的

---

① 黑格尔：《哲学史讲演录》（第3卷），商务印书馆1959年版，第281、282页。

"第一原因"。这个"第一原因"就是上帝。3. 世界上一切个别事物的存在都是偶然的和可能的，它必须以某种绝对必然的存在为其终极的根据。这个"绝对必然的存在"就是上帝。4. 世界上的一切事物都具有程度不同的完善性，这种有缺陷的完善性所构成的序列必定以某种至善至美的存在为其顶点。这种"至善至美的存在"就是上帝。5. 我们发现自然界的许多无生物都在完成一个目的，这个目的必定是外在于这些无生物的，因为只有生物才能有内在目的。为这些无生物制定目的、并使整个世界具有一种合目的性的，必为一最高智慧。这个最高的智慧就是上帝。

在阿奎那的五个证明中，前四个证明都是建立在一种假设之上，即"没有首项的级数是不可能的"。为了避免无穷上溯，阿奎那确信世界的序列必有一渊源或起点，这起点就是"不动的推动者"、"第一原因"、"绝对必然的存在"和"至善至美的存在"。这是第一步，这一步实际上根本就无须通过什么证明，因为它仅仅出于一种确信，即相信世界上的事物序列必定有一个首项或终点。第二步他又把这些终点说成是基督教的上帝，这同样也是出于一种确信，而不是出于什么理性证明。关于以级数形式存在的事物序列（如时间、因果序列、推动和受动序列等）是否必定有一个首项的问题，理性是无法提供令人满意的答案的。罗素曾举了以"–1"为末项的负整数级数没有首项为例，来驳斥阿奎那关于事物序列必定有一个首项存在的假定，这一类的例子还可以列举许多。但是人类现有的理性水平同样也不能确切地证明事物序列的无限性（注意在这里我们谈论的不是抽象的数学级数序列，而是以级数形式存在的事物序列）。从这一点来说罗素的驳斥并没有切中要害，因为从以"–1"为末项的负整数级数没有首项这一数学事实并不能推论出实存的事物序列也没有首项，①数学的无限并不能等同于实存的无限。因此对于经验的事物序列是否有起点的问题，只能归于确信，而这种确信与其说是建立在理性证明之上，不如说是建立在信仰之上。关于"不动的推动者""第一原因""绝对必然的存在""至善至美的存在"这些信念，理性并不能提供什么有力的论证。人们关于事物序列有无起点和终点的信念是源于经验，发自信仰，至少到目前为止，理性还不能提供一个被人们普遍接受的标准性答案。因此阿奎那的证明只是徒劳地煞费苦心，他企图用理性来论证这些信念，然而当他把这些信念当作结论得出时，他所依凭的并不是理性，而仍然是信仰，因为这些信念在论证之前就已在他心中被确定了。阿奎那并不是在探求结论，而是想通过理性来论证结论，结论在事先已被确定为不可动摇的，因而理性论证就显得形式化和滑稽可笑了。罗素对这一点看得很清楚，他评论道："阿奎那没有什么真正的哲学精神。他不像柏拉图笔下的苏格拉底那样，始终不懈地追逐着议论。他并不是在探究那些事先不能预知结论的问题。他在还没有开始哲学思索以前，早已知道了这个真理；这也就是在天主教信仰中所公布的真理。若是他能为这一信仰的某些部分找到些明显的合理的论证，那就更好，设若找不到，他只有求助于启示。给预先下的结论去找论据，不是哲学，而是一种诡辩。"②

其次，即使我们承认事物序列必有一个首项，我们也并非必然地要把这个首项等同于天主教中的上帝。实际上哲学中的一切形而上之

---

① 目前宇宙学中最具有权威性的宇宙大爆炸理论就蕴含着对时间无起点这一传统确信的质疑，而热寂理论则颠覆了时间无终点的信念。因为根据相对论，既然时间与运动过程相关，当一切运动过程停止了，时间也就不再具有存在意义。
② 罗素：《西方哲学史》（上卷），商务印书馆1963年版，第562页。

存在或本体都可以理解为某种上帝，如柏拉图的理念、黑格尔的绝对精神、德谟克利特的原子，甚至唯物主义的抽象意义上的物质，但它们并不同于天主教中的那个上帝、那个耶和华。截至近代，几乎所有的哲学家都把某种本体当作世界事物的"第一原因"、"终极动力"和"绝对必然的存在"，但是他们并不都是天主教的圣徒。因此把这个首项当作上帝耶和华，同样也是一种形而上学的确信、一种超理性的信仰。就这一点而言，阿奎那与那些热衷于形而上学的哲学家并无根本的区别，他们都是在一种形而上学的确信基础上建构哲学大厦的。形而上学是哲学的灵，而形而上学严格地说来产生于确信或信仰。哲学就如同希腊神话中的半神赫拉克勒斯，他涉足于人间事务，屡建奇勋，但他的血管中却流着宙斯的血。形而上学就是哲学的神性，没有形而上学的哲学是狭隘可怜的哲学，如同一个发育不全的侏儒，丧失了气势磅礴的神性和蓬勃旺盛的阳刚之气。因此当近代经验主义在狭窄的实证甬道中踽踽独行，最终竟喊出了"摈弃形而上学"的口号时，不是表现了哲学的怯懦就是意味着哲学的堕落。

阿奎那的证明无非是重复了亚里士多德的做法，即通过世间被创造的和可感知的存在物来推论出造物主的存在。但是确信世间的事物都是被某种超绝的东西所创造的，这一前提本身就已包含了结论，从而证明就显得是多余的。因此阿奎那干脆直接从上帝的概念中分析出上帝的存在。他认为，在一切被创造物中，本质与实存是有区别的，可以说是本质先于存在；但在上帝那里，二者是同一的，上帝的本质就是上帝的存在。"上帝"这个词与上帝实存是同一个意义，当我们一接触到这个概念，我们就知道上帝是存在的。我们对上帝的本质是无从了解的，因为一个有限的存在是不能把握一个无限的本质的，因而关于上帝的本质我们只能说："上帝存在。""在《神学大全》论证上帝的实存和本质没有区别时，阿奎那说，任何与其相应的本质不同的实存必定都是由外在于这个实存物的事物造成的实存。他论证说，正因为我们不能说上帝有一个外在的原因，我们就必须说，上帝的本质与实存没有区别。"[1] 于是，在这里又回到了自因论中。然而，我们为什么不能说上帝也有一个外在的原因呢？仅仅还是由于信仰！

由此可见，每当阿奎那援引理性来进行论证时，他的前提总是信仰，而他要达到的结论则是另一个事先确定的信仰，这种介乎两个信仰之间的理性论证当然就只能流于一种空疏而枯燥的形式了。

理性的逻辑推理方法在托马斯·阿奎那那里成为一种系统化的论证方法，但是阿奎那毕竟还是感到有许多神学教义是无法用逻辑来推论的，例如三位一体、道成肉身和最后的审判等等，他把这些不能被理性论证的信仰与那些能够被理性论证的信仰（例如上帝存在、灵魂不死等）区分开来，作为一种更高的真理。这种真理只有靠启示才能领悟。在理性的真理和启示的真理之间做出区别表明阿奎那在使用理性论证时还比较谨慎，他并没有把逻辑滥用于一切信仰的教义中。但是在他之后，逻辑论证之风就开始无限制地泛滥开来，使得一切信仰的内容都沦丧于空洞的论证形式之中。而且随着理性论证的泛滥，感性的直观也出现了。神学家们不仅要在逻辑中证实神学教义，而且还要在感性中直观这些教义，把形而上学的对象加以经验的曲解，从而产生出许多荒诞不经的问题。黑格尔就此评论道：某些经院哲学家"不仅把一切可能的理智的形式关系带进教会的教义，而且又把这种自身灵明的对象、理智的表象和宗教的观念（教条和幻想）表述为直

---

[1] 安东尼·肯尼:《阿奎那》，中国社会科学出版社 1987 年版，第 93 页。

接的感性的现实的东西,并把它们拉下到完全感性关系的外在性,而且按照这些感性关系予以系统考察。诚然,精神的东西原来是基础;不过由于首先从那样的外在性去了解,他们已同时把精神的东西弄成某种完全非精神性的东西了。因此人们可以说,他们一方面深刻地研究了教会教义,另一方面他们又通过极其不适当的外在的关系把教义世俗化了。于是在这里我们看见了那种最坏意义下的世俗性。"[1]

这种把教义加以世俗化和感性化的倾向而产生出来的种种无聊问题,表明了基督教精神已经堕落到了何等地步!例如经院哲学家们喋喋不休争执的一个问题是:亚当和夏娃有没有肚脐眼?亚当和夏娃不是由人所生,而是上帝所创造,既然他们的出生未经分娩,他们就不应该有肚脐眼,因为上帝从不创造任何没有用处的东西。但是如果亚当、夏娃没有肚脐,他们的子孙为什么会有肚脐呢?诸如此类的问题真是数不胜数,例如天堂里的玫瑰花是否有刺?上帝能否创造一块连他自己也举不起来的大石头?一个针尖上能站多少个天使?死去的人将在什么年岁上复活?复活时相貌如何?体格如何?胖子是否仍为胖子?瘦子是否仍为瘦子?男女的区别在复活后是否继续存在?那些在今生脱落了指甲和须发的人在复活后是否会重新长出指甲与须发来?在创世以前,上帝在哪里?上帝是否能够知道比他所知道的更多的东西?天使们被创造出来后待在什么地方?此外还有更为荒唐的问题,如亚当是在多大年岁被创造的?为什么夏娃是从男人的肋骨而不是从男人身上别的部位中取出来的?为什么夏娃被取出是在人睡着的时候而不是在人醒着的时候?为什么那些最初的人在天堂之中没有男

---

[1] 黑格尔:《哲学史讲演录》(第3卷),商务印书馆1959年版,第314—315页。

女交媾？如果人们不曾犯罪，他们如何会繁殖起来？在天堂中婴孩诞生下来肢体是否得到充分发育，器官是否得到充分使用？为什么只是圣子，而不是圣父或圣灵变成了人？上帝是否也可能具有女人的形象？① 人文主义思想家伊拉斯谟在他的《愚人颂》中嘲讽道："基督是否有生几个儿子的可能？像这样的话是否可能：作为圣父的上帝是否恨他的儿子？上帝是否可以被假定为妇人？上帝是否可以变成魔鬼？上帝是否也可以显现为驴子或南瓜的形象？在什么方式下南瓜会说教，会创造奇迹呢？如何可以被钉在十字架上呢？"②

这一类的问题还可以提出无数个，恰如一句俄国谚语所说："一个傻瓜可能提出的问题是十个聪明人也回答不了的。"何况提出这些问题的都是一些饱学的经院哲学家！神学的教义作为信仰的对象原本是超理性与超经验的，更不能通过感性直观的外在性来加以描述或把握。当我们说上帝创世或基督死而复活时，我们只是表述了一种超于理解的信仰；如果硬要追问这些信仰的一切细节，那么信仰就将成为滑稽可笑的。信仰之所以为信仰，其一个显著特征就在于它的不可深究性和朦胧性。如果信仰也具有了精确性，那么它就不再是信仰，而成为科学了。正如我们相信某种乌托邦的理想，只需对它具有一种轮廓性的观念，而不必拘泥于一切琐碎细节的考证一样，对于基督教教义的信仰也是如此。信仰所专注的只是一种整体性的精神原则，这种精神原则正是由于尚未分化为具体的细节，正是由于其超理性和超感性的特点，才对现实世界中辗转不安的心灵

---

① 参见黑格尔：《哲学史讲演录》（第3卷），商务印书馆1959年版，第316—317页。
② 伊拉斯谟：《愚人颂》，转引自黑格尔：《哲学史讲演录》（第3卷），商务印书馆1959年版，第317—318页。

具有魅力,才能引导心灵不断地超越现实,向往彼岸。宗教的感召力往往产生于一种朦胧感,如果宗教信条的一切细节都成为清晰可辨的,天国就成为现实了。经院哲学家们起初想用理性的形式来论证这些宗教信条,继而必然地要把这些束缚于理性形式中的信条置于外在的感性关系中来进行直观。在理性的论证中,宗教信条丧失了其似真性的内容,成为空洞而枯燥的形式;而在感性的直观中,宗教信条则成为完全世俗化的东西,任凭基于日常经验之上的想象随意揉捏摆弄,从而引出了一系列令人啼笑皆非的荒唐问题和结论。黑格尔对此愤怒地评论道:"这种理智的野蛮作风乃是完全无理性的。看起来这就有点像给猪的颈上戴上一条金项链。基督教的理念乃是太一,高贵的亚里士多德的哲学也是如此;两者都已遭到极度的污蔑。基督徒亵渎他们的精神理念竟然到了这样的地步。"[1]

纵观整个中世纪基督教神学的发展,我们看到信仰如何由于理性的论证而走向形式化,最终在感性关系中被扭曲得面目全非。这是基督教神学深刻的自我异化过程,在这个过程中,内容完全沦丧于形式之中。具有超越倾向的基督教精神全然被非精神地加以处理了,形而上学被拽入经验的泥淖中,关于上帝的庄严肃穆的信仰成了一场具有讽刺意味的滑稽剧。天真质朴的基督教神学在理性这条蛇的引诱下无可挽回地堕落了,丧失了纯洁信仰的恬静乐园。只是当新教(尤其是路德教)出现以后,基督教神学所犯下的这种"原罪"才得到了救赎。

同样的自我异化过程也发生在基督教的道德观方面。

---

[1] 黑格尔:《哲学史讲演录》(第3卷),商务印书馆1959年版,第318页。

第二节
基督教道德

一、动机论的原道德观

基督教道德与其神学一样，侧重于内心的信和爱。这种强调内心的信和爱，轻视外在的形式和效果的道德观构成了西方伦理思想中的唯动机论。基督教的道德观最初是动机论的，基督教正是凭借这一点超越了犹太教的律法主义。把外在的强制性的律法变成内在的自觉的道德律令，这正是基督教之所以能够慑住人心的力量。然而，在基督教的发展过程中，这种动机论的道德观也像神学一样不甘于纯粹信仰的寂寞，不愿长期局限于内心的范围，它要求走向心外，获得形式。而当它一旦获得了各种恒定的外在形式（如忏悔、善功及各种赎罪方式），它就由动机论走向效果论，道德的标准也就由内心的信和爱变为外在的善功。上帝变成了一个只关心人的外在行为、不在乎人的内心动机的功利主义者。即使是魔鬼，只要他在每次作恶之后肯痛哭流涕地忏悔，肯出钱购买圣徒们多余的善功，肯骑上他的那匹魔马为基督去夺回圣寝，他的灵魂也可以升入天堂。基督教道德发生了异化，导致了一种奇特的现象：人们一面暴戾恣睢地放纵，一面又痛心疾首地悔罪。反正罪孽可以通过善功来消除，而善功又可以用金钱来购买，所以只要有了钱，你就尽可以放心大胆地胡作非为。上帝在教徒心中成了天堂入口处的守门人，不论你怀着多么肮脏的灵魂，心中充满了多少邪恶的歹念，只要你付足了门票钱，他就会放你进去。在道德实践方面，这种形式主义在修道运动中走向另一个极端。禁欲主义的真实意义在于排除内心杂念,纯洁灵魂,它并不应拘泥于外在行为,因此它应叫作合理的节欲主义。基督教早期奉行的正是这种节欲主义。但是在修道运动中,尤其是在托钵僧团那里,禁欲主义的侧重点不再是人的内心纯洁,而是转向人的外在苦行。独身、贫穷、忍受和各种残酷的肉身自我折磨成了善的标志和形式。当人们刻意追求这些形式时,他们显然不理解圣洁的灵魂并不必局限于任何固定的外在行为方式中。而马丁·路德是理解这一点的,约翰·加尔文也理解这一点,然而是从另一个角度。他们扬弃了基督教道德的异化:路德通过"因信称义"的理论重新确立了动机论的道德观;加尔文则通过宣扬"天职观念"而恢复了合理的节欲主义的道德实践本义。

基督教的道德观最初是针对犹太教的律法主义的。"摩西十诫"在犹太教中并不是一种内心的道德律令,而是一种外在的强制性律法。"摩西十诫"之后派生出来的几百条律法更是强调人的外在行为,而不关心人的内心动机。"摩西十诫"几乎全为戒律,告诫人们不应做什么,并以上帝的惩罚作为威慑力量,迫使人们不得不遵从。律法告诉人们什么是罪,在律法产生以前人们并不知什么是罪,只是借着律法,人们才知道了罪。"只是非因律法,我就不知何为罪。非律法说'不可起贪心',我就不知何为贪心。然而罪趁着机会,就借着诫命叫诸般的贪心在我里头发动,因为没有律法,罪是死的。我以前没有律法,是活着的;但是诫命来到,罪又活了,我就死了。那本来叫人活的诫命,反倒叫我死,因为罪趁着机会,就借着诫命引诱我,并且杀了我。"[①] 律法使人知罪,而人则因知罪而获罪,因此律法并不能

---

① 《圣经·新约·罗马书》,第7章,第7—11节。

使人的灵魂得救，它们只是外在地规范人的肉体的律，是此岸的律。律法主义充其量只是叫人避罪，因此它是消极的、否定性的道德观。

在基督教的道德观中，真正的善或义并不在于避罪，而在于信仰。因为避罪只是为了免受外在的惩罚，而信仰则体现了对上帝的超功利的爱；律法是针对人的行为效果的，信仰则是发自人的内心动机。律法与信仰的关系颇类似于康德实践理性中的假言令式和定言令式，二者分别代表着道德观中的效果论和动机论。与犹太教的效果论的律法主义相反，早期基督教强调动机论的"因信称义"。"所以凡有血气的，没有一个因行律法能在上帝面前称义，因为律法本是叫人知罪。但如今，上帝的义在律法以外已经显明出来，有律法和先知为证。就是上帝的义，因信耶稣基督加给一切相信的人，并没有分别。因为世人都犯了罪，亏缺了上帝的荣耀，如今却蒙上帝的恩典，因基督耶稣的救赎，就白白地称义。上帝设立耶稣作挽回祭，是凭着耶稣的血，借着人的信，要显明上帝的义。因为他用忍耐的心，宽容人先时所犯的罪。好在今时显明他的义，使人知道他自己为义，也称信耶稣的人为义。"因何法而称义呢？"是用立功之法吗？不是，乃用信主之法。所以我们看定了，人称义是因着信，不在乎遵行律法。"[①] 从肯定的方面来看，善与义的标准不在于遵行律法或行善功（"立功之法"），而在于信仰；从否定的方面来看，恶与不义的标准也不在于触犯律法的外显行为，而在于心中萌动的邪念（"凡看见妇女就动淫念的，这人心里已经与她犯奸淫了"[②]）。这样一来，基督教就把犹太教的效果论道德观改变为一种动机论道德观，把道德从外在的强制的产

---

① 《圣经·新约·罗马书》，第3章，第20—28节。
② 《圣经·新约·马太福音》，第5章，第28节。

物变成了内在的自觉的过程。律法虽然未被公开废弃,但仅有律法是不够的。基督教的基本道德律只有两条,即爱上帝和爱人如己。爱上帝即是信,爱人如己则是爱,而对未来美好事物的爱则是望。基督教道德观与希腊道德观的一个重大差别在于希腊道德思想是建立在知识论之上的,认识能力的知识被当作道德的前提,因而在柏拉图所列举的四大美德(智慧、勇敢、节制、正义)中智慧被列为首位。基督教的道德思想则建立在情意论的基础上,实践能力的意志被当作道德的前提,基督教徒所奉守的三大美德(信、望、爱)均是实践意志的体现。三德中信是核心和灵魂,爱则为基础,这爱是发自内心的、超功利的圣洁情意,是与知识无涉的天启的内在道德律令,它体现了基督教的与律法主义的道德他律相对立的道德自律思想(当然,这一思想在中世纪并未得到贯彻,而是日渐衰微,直到路德宗教改革后才得以重振)。正如信是基督教原神学思想的关键所在一样,爱构成了基督教原道德思想的基础。诚如日本学者三浦藤作所指出的:"爱是基督教徒最尊重的,所以很可以说爱是基督教道德的根本原理。"[①]

早期基督教的道德观在否定了律法主义的同时,也贬低了善功的意义。从表面来看,奥古斯丁的恩典理论似乎包含着一种"道德律废弃论"的倾向,因为既然救赎是由于上帝的恩典和预先拣选,而非人力所获,而且这种拣选与人的善功无关,那么人在行为上就无所羁绊了,道德律也不再成为必要的。赫尔顿对此评论道:"由于救赎不存在于现世的生命活动中,而只能逃避到全然神秘的现在或在他世的未来中找到,道德也就失去了力量和重要性。上帝掌握了这权力,只有

---

① 三浦藤作:《西洋伦理学史》,商务印书馆 1925 年版,第 113 页。

上帝能从事这工作，那么为什么人还要关心他这血肉之躯存在时该有的责任呢？"[①] 关于这一点，我在论述奥古斯丁的神学思想时已做过说明，这里仍需补充几句。恩典理论并没有废弃道德律，而是把道德律从外在的律法变为内心的动机。因为它的一个基本假定是：全知全善的上帝绝不会拣选恶徒或不义的人，蒙恩者必定为义人。一方面，上帝不会因某人行善而拣选他（上帝的意志不为人的行为所动，况且拣选是预先的）；另一方面，为上帝所拣选的人必为善人。这一矛盾的解决不可避免地导致了下述理论：上帝在拣选某人时已预先把一种从善的道德律令置于被拣选者心中，上帝赋予蒙恩者的只是一种善的愿望或倾向，是一种善的动机。至于这种动机是否外化为相应的善功，这并非上帝所预定的，而是人为的结果。因此心中充盈着善之动机的人无须刻意追求外在的善功，更无须把善功理解为获救的必由之路，因为仅仅凭着如春光一般洋溢于他心中的善之动机，他就自知已获得上帝的恩典。在上帝眼里，善意比善功要高尚得多。善意是上帝拣选的产物和确证，是必然性的道德；善功则是人的自由意志的产物，是偶然性的道德。善意可以表现为善功，但并不必然表现为善功。因此关键在于内心的善或善的动机，而不是善的行为。这种动机论的善恶观展示了一种非常高的道德境界，事实上，在现实生活中只有很少的人能达到这种境界。这些人是真正的圣徒，而其他大多数人都始终摆脱不了效果论道德观的影响。

善意（善之动机）与善功（善之行为）之间的区别以往很少被研究基督教道德的人们重视，然而这一区别却是理解基督教原道德思想

[①] 参见汉弗雷·卡本特：《耶稣》，工人出版社 1985 年版，第 191 页。

以及中世纪基督教道德堕落的重要契机。动机论道德观具有阳春白雪式的天国意味,一般人很难达到;而道德观又不同于神学理论,可以仅仅停留于超感的信仰中。道德是实践性的,它必须具有可行性,否则就将为人们所抛弃。基督教的原道德思想强调内心的圣洁,把善恶标准均归于动机,心存信、望、爱即为善,邪念一动即为恶。作为一种超尘脱俗的道德境界,这种动机论在基督教尚未摆脱罗马帝国的桎梏时具有强大的感召力,因为它当时只是作为一种比现实中的道德实践更高的道德理想而吸引着生活中悲观失意者的心灵。这种道德理想之所以吸引人是因为它对一般人来说难以达到,因此那些诚心实践这种道德理想的早期基督徒就日益显示出其德行的伟大和魅力。吉本认为,原始基督教徒是以德行来表现信仰的,他们很少触犯刑律,憎恶时人的骄奢逸乐,自觉地恪守贞洁、克己、俭朴等美德,养成了谦虚、温和和忍耐的习惯。这种崇高而圣洁的德行使得基督教的信仰在陷入精神危机的罗马人中间迅速传播。"热诚的教父,抱着使福音的完美高出哲学智慧之上的雄心,躬行禁欲、清静和忍耐诸义,其境界之高,非我们现在萎靡、腐化的情况所能及,尤其难以保持。一个如此非凡崇高的教义,必然不可避免地博得人民的崇拜。"[1] 然而,当基督教成为中世纪一统天下的主宰文化后,这种道德理想从理论上来说就不再仅限于少数圣徒,而应该成为一切基督徒的道德境界。但是那种圣徒式的动机论道德观又不可能在民众中普遍实现(民众永远是热衷于立竿见影的效果论道德观的),于是它自身就不得不发生变化,即从动机论转向易于被人接受的效果论。这种转变在理论上表现为善

---

[1] 吉本:《吉本〈罗马帝国衰亡史〉选》第15章,商务印书馆1964年版,第37页。

功取代善意而成为道德评价的准则。基督教的道德违背了它的原旨，从而导致了道德形式主义的蔓延和各种虚假道德现象的滋生，酿成了基督教道德堕落的悲剧。

由于动机论是无须任何外在的律法来限定的，所以它的道德保证只能是发自内心的某种情感。在基督教的原道德观中，这种使动机论得到保证的内心情感是一种深沉的负罪感。在中世纪，由于"原罪"理论的宣传，每一个教徒在表面上都承认自己是有罪的，但是并非所有的人在内心深处都具有这种深沉的负罪感。只有那些不是迫于外在舆论的压力，而是确实感到自己负罪的人，才有可能奉行一种动机论的道德观。自觉的负罪感只有通过自觉的道德来赎偿，这自觉的道德就是发自负罪者内心的善之愿望和动机。因为罪既然由自己确认，那么善也必定由自己确定，完全不必顾及外在的标准，每个人只需以自己的内心圣洁向上帝负责，并根据自己的善意而行动。如果一个人确认自己有罪并非受外在宣传的影响，而确实是自己的灵魂赤裸裸地直面基督时的一种深切感受（如奥古斯丁在《忏悔录》中所表述的），那么他所奉行的善也不会拘泥于社会的认可，而只需求得上帝的认可。这种发自内心的负罪感和与此相应的动机论的道德观构成了人与上帝直接交往的神秘渠道，① 这一点与基督教的"因信称义"的宗教原旨是完全一致的。

然而，如前所述，道德既然是实践性的，而基督教在中世纪又成为普遍性和强制性的唯一文化形态，那么基督教道德在其实践过程中

---

① 关于深沉的负罪感与相应的动机论道德观之间的有机联系，可以在奥古斯丁的生活和18世纪卢梭（他是近代动机论道德观的创始人）的生活中得到验证，此外还可以列举出托尔斯泰等许多人。历史上的圣徒们往往都具有深沉而强烈的负罪感，或许正是因为这种负罪感时时折磨着他们，所以促使他们到动机论的道德观中去寻求内心的圣洁与宁静，从而成为圣徒。

就不可能继续保持那种圣徒式的动机论特点，而是逐渐外在化和形式化为一种效果论的道德观。与道德的这种"堕落"相应的，是个人负罪意识的日益淡薄。道德不再靠内心的负罪感来维持，而是系于某些外在的力量和全然无关的形式上，概括而言可分为两个方面，一是想象中的各种外在性的惩罚（如魔鬼和各种人格化了的自然现象对人的威胁）和对欲念对象的变态扭曲；二是各种形式化的赎罪方式。

二、魔鬼与女巫

就第一个方面而言，随着中世纪历史的演进，在教会文学艺术题材中和民间传说中，妖魔鬼怪的形象和数量越来越多，关于地狱的描绘也越来越令人毛骨悚然。促使人们遵从道德的主要力量不再来自对天堂的向往，而是来自对地狱的恐惧。深沉而内在的负罪意识和道德纯洁化渴望变成了肤浅的和外在性的避罚恐怖。上帝感召力的削弱必定导致魔鬼威慑力的增强，人的内心自觉既然已不足以构成道德的保证，这种保证就只能由某种外在的强制性力量来提供，这就是魔鬼形象产生和强化的原因之一。在道德标准外在化的情况下，魔鬼成为上帝的强有力的同盟者，成为遏制人作恶的有效藩篱。对于一个其道德律令是发自自觉的内在动机的人来说，外在的压力是不足为虑的；而对于一个其道德行为是迫于外在压力的人来说，避免惩罚就成为维持道德的主要动力。

从早期基督教的观点来看，人间不过是天国的一个"叛逆的省份"，这个"叛逆的省份"的状况是令人沮丧的，因此有信心的人力图抛弃这个省份重新回到失落了的天国。在这种情况下，生活说到底无非有两种：即天国的生活和人间的生活，虔诚的信徒们所追求的就是从人间的生活走向天国的生活。由于只有两种生活，所以人间与天国相比就是地狱。人的现实生活已经是一种不能再坏的苦难境况了，人除了维持现状外，就只可能走向更好的生活。信者可进入天国，不信者充其量不过是继续滞留于不幸的现实世界中，不可能再糟糕到什么地步了。《圣经·新约》中一再强调，那些不义的和不信的人，在天国中将成为"最小的"。"最小的"固然可悲，然而毕竟是在天国中。人已经输得一无所有了，当然也就不在乎再输，相反就加强了赢的信念。在早期基督教徒中，道德是受一种向上的力量的吸引，而不是出于对一种下坠的力量的回避，因为他确认自己已经处于生活的最底层。这样就使道德成为一种自觉的东西。然而在中世纪，在天国和人间之外又加上了一个新的生存状态，即地狱。于是人间的现世生活就成为悬浮于天国和地狱之间的一种不稳定的中间状态，从它里面可能升华，也可能堕落。这种情况的出现固然是道德外在化的结果，但是它反过来又强化了道德外在化的趋势。人不再是一无所有，而是还有剩余，因此行为的驱动力主要不是为了去赢得更多的东西，而是为了避免把所剩无几的那一点存余输得精光。道德实践所基于的主要动机不再是想进入天堂，而是想免入地狱。而关于地狱的描绘完全是以教会的宣传为转移，流入民间则更是添油加醋，乃至于虚构出一幅燃烧着硫黄之火、蠕动着鲜血淋淋的躯肢的阴森可怖的地狱图景。这种并非出于自觉信仰，而是迫于教会恐吓的地狱观念和表象如同达摩克利斯之剑一样悬在中世纪蒙昧的芸芸众生的头顶，使他们诚惶诚恐、小心翼翼地恪守教会所规定的各种道德规范。这些规范当然已不再是内心的善意和圣洁动机，而是外在的善功和行为效果，因为对于作为道德监督的教会来说，只有后一种道德才具有定量的可验证性。

魔鬼和地狱的梦魇在中世纪人们心头的加重是与道德外在化的过程同步的。在犹太教的《圣经·旧约》与早期基督教的经典和文献中，关于魔鬼的描述是粗略而模糊的。在《圣经·旧约·创世记》中，只说了是蛇引诱亚当、夏娃偷食禁果，并未说蛇是魔鬼所变。在《圣经·旧约·约伯记》中，撒旦是神子之一，充当耶和华的巡按使，在人间往返逡巡。①在《圣经·新约》的同观福音书中，都曾提到基督耶稣在旷野中受魔鬼试探的事，②但是魔鬼只是一个概念，只是作为上帝的对立面而设立的一个抽象存在，用以反衬上帝的正义和耶稣的圣洁。在以上文献中，对魔鬼的描述尚未感性化。在《圣经·新约·启示录》中，魔鬼撒旦才有了具体的形象，呈现为一条"七头十角"的大红龙，并且与《圣经·旧约·创世记》中的那条引诱夏娃堕落的蛇联系起来。在《启示录》中记载了关于魔鬼的较为完整的传说，而且第一次出现了对燃烧着硫黄之火的"火湖"（尚未使用"地狱"，而是使用了"火湖"一词）的描述："有一条大红龙，七头十角，七头上戴着七个冠冕。……在天上就有了争战。米迦勒同他的使者与龙争战。龙也同他的使者去争战，并没有得胜，天上再没有他们的地方。大龙就是那古蛇，名叫魔鬼，又叫撒旦，是迷惑普天下的。他被摔在地上，他的使者也一同被摔下去。""那迷惑他们的魔鬼，被扔在硫黄的火湖里，就是兽和假先知所在的地方。他们必昼夜受痛苦，直到永永远远。"③《启示录》是基督教最早的文献之一，但是它却被放在《圣经·新约》的最后，这是因为它还带有显著的现世性和物质性印痕，尚未摆脱犹太基督教的弥赛亚运动和千禧年的影响，乃至于到了公元4世纪时，基督教的文献编纂者们对于它究竟应归于圣典还是归于

---

① 参见《圣经·旧约·约伯记》第1—2章。
② 见《圣经·新约·马太福音》第4章，《马可福音》第1章和《路加福音》第4章。
③ 《圣经·新约·启示录》，第12章，第3节、第7—9节；第20章，第10节。"撒但"为早期译法，现多用"撒旦"。

伪书仍然犹豫不决。[①]对于早期基督教的道德思想,《启示录》的影响是微乎其微的;但是随着中世纪基督教道德的日益外在化,《启示录》中关于魔鬼和地狱的思想在社会中的流传就越来越广泛,民间和教会中各种恐怖而离奇的魔鬼传说也越来越繁杂。在弥尔顿的《失乐园》中(它虽然写于17世纪,但仍然深受中世纪魔鬼传说的影响),魔鬼已不再是一个或几个,而是以撒旦为领袖的一支庞大的队伍,其数量竟占了千百万天使大军的1/3。

在古代日耳曼人和凯尔特人(居住在不列颠群岛和西欧西部的土著)中,曾流传着万物有灵论的原始宗教,在民间有一些据说能与神相通的巫师。随着基督教在欧洲的传播,这些原始的民族宗教和传说日益遭到正统教会的排斥,对巫师魔法的迷信被斥为异教。教会宣称,基督教的上帝足以保护教徒不受任何邪灵鬼怪的侵害。然而到了11、12世纪以后,基督教会为了维系日益崩毁的道德观念,不得不从这些从前被斥为异教的原始宗教中寻找威慑性的力量,用外在的恐怖来弥补人们内心信仰的不足。于是基督教的"魔鬼撒旦"概念就与欧洲各民族民间流传的古老的邪灵鬼怪形象结合在一起。撒旦成了上帝势均力敌的对手,他的麾下有一大群妖魔鬼怪或恶天使,正如上帝统率着许多长着洁白翅膀的善天使一样。从而,关于善天使(如米迦勒、加百列等)与撒旦争战以及圣徒们施行神迹战胜恶魔的故事也流传开来。撒旦与上帝一样深深地进入了人们的日常生活,并与上帝在每一桩鸡毛蒜皮的小事上争战不休。一切自然灾害、个人不幸和生活失意都是由于魔鬼作祟,甚至走在路上摔了一跤,也是因为魔鬼的恶

---

① 参见罗伯逊:《基督教的起源》,生活·读书·新知三联书店1958年版,第202—206页。

作剧。怙恶不悛的恶徒是因为被魔鬼蛊惑了心窍,妇女患歇斯底里症是由于魔鬼钻入了她的子宫。魔鬼无处不在、无孔不入,附身于各种自然物上,一块顽石、一头懒惰的驴子、一场瘟疫、一阵雷电,都可能是魔鬼的化身。12世纪的一位修道院长对不能虔诚地从事圣事的修士们说:"人们通常认为,只有一个魔鬼折磨一切人,这是大错特错。请您想象,您全身淹入水中,上下左右都是水,这就是从四面八方围攻您的魔鬼的准确形象。他们像我们从阳光中看到的那些灰尘一样,多得不计其数;它们充满着一切空间。"[①]托马斯·阿奎那在他的巨著《神学大全》中强调,妖魔鬼怪能呼风唤雨、制造电火、掀起风暴,"这是不容置疑的信仰"。到了中世纪后期,魔鬼学成了教会学术研究的一个重要内容。为了对付这些神通广大的魔鬼,教会绞尽脑汁编出了各种祷文和咒文,并且时常举行宗教游行,出售圣徒遗物、圣水和赶鬼符以消灾避祸。例如特拉主教在一个驱除蝗虫的咒文中这样写道:

  愿上帝保佑,阿门。鉴于在特拉主教区内,维勒诺斯居民申诉说:蝗虫、毛虫以及其他害虫蹂躏本地葡萄园,为时已达数年,使居民蒙受巨大损失。他们请求我们对上述害虫给以警告,并以宗教处罚迫使害虫离开本地区。
  为此,现在我们,根据在本主教区享有的职权,对上述蝗虫、毛虫及其他害虫,不管叫什么名字,提出警告,限在六天内离开维勒诺斯的葡萄园与土地,如上述虫类胆敢违抗,六天期满

[①] M.波克罗夫斯基:《中世纪异端和宗教裁判所》,转引自董进泉:《黑暗与愚昧的守护神——宗教裁判所》,浙江人民出版社1988年版,第48页。

后,我们将诅咒它们,决不宽贷。①

咒文经隆重地颁布后,埋在田地的四角里,据说能驱除害虫。在中世纪,信心薄弱的教徒们对这些荒唐可笑的把戏却深信不疑。由于内心信仰不足,人们只得求助于种种外在的宗教仪式,从而使得基督教道德日益外在化,同时也无形地提高了教会在中世纪道德生活中的主宰地位。

通过外在的惩罚来克制内心的邪念,这种消极的道德实践在迫害"女巫"的活动中表现得尤为突出。克制淫欲是基督教的基本道德要求,在"摩西十诫"中就有"不可奸淫"一律。在基督教的《圣经·新约》中,对洁身自好的要求更为严格。但是这种严格是有区别的,基督并不要求所有人都能"为天国的缘故自阉",只有那些蒙受主的隆恩的人才能领受这种特殊的圣洁恩赐。在中世纪,神职人员为了表明自己是沐受神恩的信者,纷纷采取独身奉主的方式。如果说早期基督教的圣徒们洁身奉主是出于内心的信仰和真诚的动机,那么中世纪的僧侣和主教们这样做则是迫于外在的压力,迫于一种近乎变态的虚荣心和某些功利目的。对于后者来说,迫于教会的法规限制而洁身(罗马天主教会明令规定神职人员必须独身奉主)只是一种标榜圣洁的外在方式,而内心的欲念却没有被消除,而且由于肉体受到严酷的压抑,这些欲念往往因压抑而变得更加强烈。早期圣徒的禁欲注重灵魂的纯洁,中世纪僧侣的禁欲则仅限于肉体的自我折磨。因此,许多修士一方面残酷地折磨自己的身体,另一方面,心中却升腾着炽烈

---

① J.W. 汤普逊:《中世纪社会经济史》(下册),商务印书馆 1963 年版,第 401 页。

的爱火，强烈地渴待着人间的温存和男女之娱。灵与肉之间的这种不可调解的矛盾导致了心理上的转移作用和反向作用的发生，于是僧侣和主教们由自我谴责转向对淫欲对象的谴责，被压抑的爱火转化为一种变态的仇恨，并且凝聚成一种对淫欲对象的集团仇恨情结，疯狂地发泄到那些无辜的妇女身上。这就是中世纪大规模迫害"女巫"活动的心理根源。

维克多·雨果在《巴黎圣母院》中非常精彩地描绘了这种心理。当波西米少女爱斯梅哈尔达被教会诬为女巫而判处绞刑时，因嫉妒而陷害她的罗桑教区副主教克罗德·孚罗诺终于压抑不住心中燃烧的爱欲，来到死囚的牢房中向爱斯梅哈尔达表明陷害她的原因：

在没有认识你以前，我是快乐的，至少我以为我快乐。我是纯洁的，我的灵魂里布满一种透明的光辉。没有谁的头抬起得像我的一样高傲和光明。牧师们同我谈论教义，医生们同我谈论学理。是的，科学对于我就是一切，那是一个姊妹，一个令我满意的姊妹。并不是没有别的念头随着年岁到来。好多次我曾因一个女人的影像经过我面前而在肉体上受了感动。这个男人的生理和血液的力量，使我在很年轻的时候，就以为能够压碎生命的，我好多次痉挛地解开将我这可怜人拴在神坛的冰冷的石头上的铁链。但是斋戒，祈祷，学习和修院的灭欲制度，又使灵魂做了我身体的主人。于是，我回避一切女性。此外，我只能打开书本，使我脑子里一切不洁的烟雾在科学的崇高之前消灭。几分钟后，我便觉得来自地下的东西向远处飞游。我重又恢复平静，灿烂澄清于永恒的真理底安静的光辉之前。魔鬼多次来偷偷地把许多女人的模糊影像送到我面前，多少次她们在教堂里，在大街上，在田野中打我的眼睛底下出现，但在我沉思时她们就很难到来，我很容易地把她们征服了。唉！如果胜利已不在我这里，那是上帝的过错，他没有使得人和魔鬼有同样的力量。听着。有一天……

副主教接着讲述了那一天他如何被爱斯梅哈尔达优美的舞姿、美丽的面容和悦耳的歌声所吸引，心中的欲火再也不能自抑和平息，从而坠入忘情的爱河，时时忍受着淫欲的煎熬。爱的欲火使他想用任何手段去得到她（如果得不到，就要将她置于死地），甚至不惜将她诬为女巫，以便在牢狱中据为己有。他坦白道：

我知道你是什么人了：埃及人、波西米人、吉卜赛人，那还有不会巫术的吗？听着。我希望一种法律能够替我破除妖法。曾经有一个女巫把勃芋罗·达斯特迷住，他把她烧死了，自己就好了。我知道这件事。我决意尝试一下这种祓除法。我首先禁止你到圣母院的境界里来，以为你不再来我便能够把你忘掉。你不在乎这个禁令。于是我想把你偷过来。有一天晚上我捉到你了。我们是两个人，我们已经抓住你的时候，那个倒霉的军官来了。他救了你。从此就开始了不幸——我的和他的。最后，我不知道怎么做和应该怎么做，只好把你放弃给那个军官。我想我会好了，就像勃芋罗·达斯特一样。我又混乱地想着用法律把你取到我手里，想着我可以把你关在一个监牢里，我就会得到你，在那儿你就不再能逃避开我，你长久占有着我，轮到我也将长久占有你了。人做了一件坏事，就得做一切坏事，除非发了疯才会在中途停止！罪恶的极端有一种令人昏迷的狂欢。一个牧师同一个女巫能够在一个牢房里的草席上溶化于那种狂欢里呢！

于是我告发了你。①

深受欲火煎熬的教士们无力克制内心淫念，又迫于教会教规不敢正视人间的享乐，于是把强烈的情欲转化为对美丽妇女的仇恨。漂亮的女人成了魔鬼引诱纯洁灵魂堕落的诱饵，成了诱惑虔诚信徒步入地狱的阶梯。起初，女巫的范围只限于那些"向偶像祈祷献祭，与魔鬼相通"的"明显的异端"，而后又推广到一切非基督教信仰的民族，如埃及人、波西米人和吉卜赛人，最后一切行踪诡秘的妇人都具有了女巫之嫌。女巫被说成是"魔鬼与妇人交配所生，因此天生就沉湎于巫术之中"。辨认女巫没有统一的标准，完全由教会裁定。15世纪多明我会修道士海因瑞希·克莱默与雅各布·施普林格合著的《巫士的铁槌》一书声称"女巫或是年老不育的妇女，或者不是"，含糊其词，模棱两可，完全听凭教会的任意解释。总之，一切能够成为被压抑的淫欲之对象的妇女都有可能被诬为女巫。

这种集团变态心理的宣泄导致了中世纪教会对女巫惨绝人寰的迫害。妇女一旦被指控为女巫，无须任何证据，就被提交至教会法庭或国家法庭审理。法庭对被告施以酷刑，拒不招供者，被冠以"不肯改悔的异端分子"之名处以火刑或凌迟之刑；挨不过重刑者，违心招供，则被法庭证明确实是女巫，处以绞刑或斩首。更有荒谬绝伦者将被告投入水中，如浮出水面，则以女巫之名处死；如沉入水底，则不予追究。总之，只要一旦被怀疑为女巫，就是死路一条。耶稣会修士弗里德里希·什佩在对几百名受过维尔茨堡宗教裁判所拷问的女巫进

---

① 维克多·雨果：《巴黎圣母院》，贵州人民出版社1980年版，第423—427页。

行了调查后总结道:"如果被告过着不道德的生活,那么这当然证明她同魔鬼有来往;而如果她虔诚而举止端庄,那么她显然是伪装,以便用自己的虔诚来转移人们对她同魔鬼来往和晚上参加狂欢晚会的怀疑。如果她在审问时显得害怕,那么她显然是有罪的:良心使她露出马脚。如果她相信自己无罪,保持镇静,那么她无疑是有罪的,因为法官认为,巫女惯于恬不知耻地撒谎。如果她对向她提出的控告辩白,这证明她有罪;而如果她由于对她提出的诬告极端可怕而恐惧绝望,垂头丧气,缄默不语,这已经是她有罪的直接证据。……如果一个不幸的妇女在行刑时因痛苦不堪而骨碌碌地转动眼睛,对于法官来说,这意味着她正用眼睛来寻找她的魔鬼;而如果她眼神呆滞,木然不动,这意味着她看见了自己的魔鬼,并正在看着他。如果她发现有力量挺得住酷刑,这意味着魔鬼使她支撑得住,因此必须更严厉地折磨她。如果她忍受不住,在刑罚下断了气,这意味着魔鬼让她死去,以使她不招认,不泄露秘密。"① 可见,无论她如何表现,都只是增加了其有罪的证据。

到中世纪晚期,迫害女巫的活动愈演愈烈。据有人统计,从 14 世纪到 16 世纪,被"火刑法庭"处死的巫士近 10 万人,其中 90% 是女巫。这种畸形而可怕的社会现象典型地反映了教士阶层的集团变态心理和道德堕落。

与迫害女巫活动相应的是对圣母马利亚的崇拜,教士阶层被压抑的爱欲一方面转化为对众多淫欲对象的仇恨,另一方面则升华为对某一情爱对象的崇拜。马利亚最初只是一个人间女子,因上帝施

---

① H. 斯佩兰斯基:《巫师和巫术》,转引自董进泉:《黑暗与愚昧的守护神——宗教裁判所》,浙江人民出版社 1988 年版,第 150—151 页。

行奇迹（童贞女受孕）而生了基督耶稣。在《圣经》诸福音书中，对马利亚及其童贞受孕之事只是一笔带过，并未大肆渲染。9世纪以后，爱尔兰教会首先规定了童贞女受孕节，11世纪以后为整个罗马天主教会所接受。马利亚逐渐由人变成了神，由一个蒙上帝恩幸的平凡女子变成了拯救苦难、施行奇迹的圣母，甚至大有与圣父、圣子、圣灵并称为"四位一体"的趋势。教会圣典中出现了赞美马利亚的《玫瑰经》，礼拜仪式上高奏起颂歌《圣母马利亚》，天主教神学中发展出"马利亚学"。对马利亚的狂热崇拜与对一般妇女的疯狂仇恨形成了鲜明的对比，从相反的角度说明了教士阶层的扭曲的和畸形的心态。

正如修女们被教会誉为"基督的新妇"一样，修士们在敬拜马利亚的活动中将童贞圣女升华为理想中的异性楷模，马利亚成为僧侣和教士们禁欲苦修的心理安慰，圣母的纯洁成为引导膜拜者们心中的欲念净化的动力。在敬拜马利亚的过程中，信徒们把粗鄙的肉欲净化为崇高的爱情，并将它倾注到崇拜的对象上。就这样，修士们以一种升华了的方式满足了心中的欲念。然而这种自欺欺人的满足方式丝毫也不能挽救基督教的道德崩毁，马利亚的纯洁作为教士阶层的道德保障仍然是外在于心的，它只是岌岌可危的基督教道德的一道炫目而虚幻的折光。这种满足方式宛如一场梦中"为伊消得人憔悴"的爱情，并没有真正缓解肉欲的紧张，相反更是增添了几分醒时的惆怅。

对魔鬼形象的大肆渲染，对女巫的疯狂仇视和迫害，以及对马利亚的狂热敬拜，这一切都表明了基督教的动机论的原道德观在中世纪日益外在化的趋势。

三、赎罪券与十字军

基督教原道德观"堕落"的第二个方面表现为各种荒唐离奇的形式化赎罪方式的出现和发展。由于内在的负罪感和善意的减弱，外在性惩罚和对欲念对象的变态扭曲成为基督教道德的唯一保障，而形式化的赎罪方式则成为基督教道德的衡量标准和补救手段。检验一个人是否有德行，不再根据他是否怀着善良的动机，而是看他是否做出了符合教会要求的行为，看他是否积极地购买圣徒遗物和赎罪券，是否主动地向教会捐赠财产，是否热忱地参加十字军东征。另一方面，即使一个人的肉体和灵魂已经犯了罪，即使他怀着淫邪和贪婪的欲念，只要他愿意做出上述行为以表示对上帝的悔改和皈依，他的灵魂同样可以获救。这种强调外在效果的形式化道德标准不可避免地导致了基督教道德的普遍虚伪化。

早期基督教徒曾以道德严谨而著称，"在使徒时代，教会无疑被想象为纯粹又富有灵性经验的基督教徒组成。其中虽然有坏人，也有教规惩罚他们，但是教会可以被理想地描绘为'没有瑕疵没有任何污点或皱纹'。……基督教以一种新信仰出现，那些加入教会的人是出于个人信仰，为此付出很大牺牲。"[①] 那些诚心向主的信徒往往以惊人的毅力克制心中的邪念，用"心中的律"来战胜"肉体的律"，这种毅力来自对基督的信仰。一种真正的宗教信仰常常可以使人表现出超乎寻常的忍耐力和意志，在基督教产生的初期，这种坚韧不拔的忍耐力和意志一方面表现为教徒们在罗马帝国屠刀下的坚贞不

---

① 威利斯顿·沃尔克：《基督教会史》，中国社会科学出版社1991年版，第118—119页。

屈的精神，另一方面则表现为教徒们洁身自好的道德品行，而且后一方面往往需要做出更多的自我牺牲。但是人毕竟是血肉之躯，种种邪恶的欲念作为魔鬼的诱惑不断地骚扰虔信的心灵。"我觉得肢体中另有个律，和我心中的律交战，把我掳去叫我附从那肢体中犯罪的律。"[①] 这时候对信徒来就说是一种严峻的考验，早期基督教的圣徒们都是以一种骇人听闻的自我折磨来接受这种考验的。公元4世纪的基督教教父杰罗姆早年曾在罗马过着放荡的生活，为了赎清自己的罪过，他到叙利亚的荒漠中隐居了5年。"他住在沙漠里的时候过着一种严格的忏悔生活；其间交织着眼泪、呻吟，与精神恍惚的状态；同时并被罗马时代生活的不时回忆所缠绕。他住在一间小屋或一个洞穴里；赚得自己每天的食粮，并以粗麻布蔽体。"[②] 借着这种痛苦的自我折磨，杰罗姆终于成为基督教的圣徒。另一位基督教圣徒本尼狄克在荒野中隐修时也多次凭着对上帝的信念和对肉体的自我折磨而抵御住了魔鬼的诱惑，有一次"恶魔使他忆起从前见过的一个女人，这个回忆在上帝仆人的灵魂中，唤起了强烈的淫念。它有增无减，几乎使他屈服于享乐，并兴起了离开荒野的念头。然而在上帝恩惠帮助下，他突然清醒过来了；当他看到附近长着许多茂密的荆棘和丛生的荨麻时，他立即脱下衣服，投身在内翻滚了许久，以致当他爬起来之后，他已可怜地弄得全身皮开肉绽：他就这样借着肉体的创伤医治了灵魂的创伤。"[③] 圣奥古斯丁在其《忏悔录》中也以真挚的情感和优美的文笔叙述了他自己如何从道德的堕落走向

---

① 《圣经·新约·罗马书》第7章，第23节。
② 《尼西亚会议以来诸教父选集》（第6卷），转引自罗素：《西方哲学史》（上卷），商务印书馆1963年版，第420页。
③ 同上，第466页。

纯洁，从魔鬼的泥沼投入上帝的怀抱。他从19岁那年读了西塞罗的《荷尔顿西乌斯》一书以后，一直"流连希冀于世俗的幸福"，12年来随心所欲地恣享淫乐。虽然也曾萌发过向善之心，却始终缺乏勇气，以致越趄不前。最后终于在上帝的感召和帮助之下斩断了淫欲的锁链：

> 我被这种心疾折磨着，我抱着不同于寻常的严峻态度责斥我自己，我在束缚我的锁链中翻腾打滚，想把它全部折断。这锁链已经所剩无几，可是依旧系縶着我。主，你在我心坎中催迫我，你严肃的慈爱用恐惧悔恨的鞭子在加倍地鞭策我，不使我再松动不去拧断剩下的细脆的链子，任凭它获得新的力量，把我更加牢牢束缚。①

基督教早期圣徒们的这种近乎疯狂的自我折磨固然是一种灭绝人性的表现，但是它同时也表明了圣徒们的道德自律和信念的坚定性。在他们那里，道德的纯洁性不是依靠外在的压力和种种补偿手段来保证，而是凭借着内在的意志、真诚的忏悔之心和痛苦的肉体折磨来维系（这种方式导致了基督教道德实践的另一个极端，即修道运动）的。当然，即使在基督教发展的最初几个世纪中，能够达到这种道德境界的也毕竟只是少数圣徒。但是对于早期基督教的大多数信徒来说，在道德的纯洁化方面，他们虽然达不到这种极端的程度，却是自觉地朝着这个方向努力的。早期教会实行公开忏悔制度，有罪的人不

---

① 奥古斯丁：《忏悔录》，商务印书馆1963年版，第八卷，第11节。

像中世纪那样在密室中对着神父一人单独悔罪，而是当着众教徒的面公开忏悔。"忏悔者要低头公开认罪，因斋戒而形容枯槁，身穿丧服，匍匐在教会门口，含泪请求恕罪，并恳求信徒的祈祷。"[①] 由于当时基督教还没有成为一种强制性的社会团体，信徒入教皆凭信仰，所以这种公开悔罪的做法也是出于有罪人的自愿，它发自人们内在的道德自觉和良心谴责。这种公开悔罪的方式虽然在痛苦程度上不及圣徒们的自我折磨，但是仍需要付出极大的毅力和忍耐性（有时候这种忏悔要持续数年之久才能得到赦免），因此可以肯定忏悔者通常都是怀着一颗真诚的向善之心的。

到了中世纪，随着教会权势的确立和信仰强制化倾向的出现，赎罪方式发生了很大的变化。以对上帝的信心为依托的肉体自我折磨的赎罪方式，除了在修道院中以一种刻意标榜的变态形式走向极端外，在广大信徒的道德生活中却被各种以教会允诺为依托的替代性赎罪方式（如购买圣徒遗物和赎罪券等）取代；而在信众面前进行的公开忏悔也让位于悔罪者与神父在密室中私下进行的灵魂拯救交易。赎罪方式一旦走向外在化和形式化，灵魂就成为无所羁绊的。人们可以一边肆无忌惮地堕落，一边痛心疾首地忏悔，用外在的善功和种种替代性手段（如金钱）来补偿内心善意的缺匮。中世纪基督教徒的道德生活就这样陷入了一种自身分裂和普遍伪善的状况。

公元 5 世纪，当众公开忏悔的制度被教会改为向神父私下悔罪，这样就为花钱救赎有罪的灵魂打开了方便之门。一方面，教会和神职人员具有解救灵魂的权力，待价而沽；另一方面，负罪的人有了一条

---

① 吉本：《吉本〈罗马帝国衰亡史〉选》，第 15 章，商务印书馆 1974 年版，第 52 页。

赎罪的捷径，可以随时用金钱来弥补道德的罪过，而无须像早期基督教徒那样经受长时间的自我折磨。这确实是一桩于买卖双方都有利的交易，教徒们把自己的灵魂交给了教会和神父，换得了肉体的快乐，就如同浮士德与靡非斯陀的交易一样。抢占和朝拜圣徒陵墓、购买圣徒遗物和向教会捐赠财产都成为教会赞许的有效赎罪方式，到7世纪出现了对苦行赎罪的折算制度，如把几年的斋戒苦行折算为多少次的祷告和唱诗，或者一定的济贫物质和罚金。"由朝拜圣地发展到神职人员发掘'圣徒'墓，出卖所谓'钉死耶稣的十字架'以及各种'圣徒遗物'。起初出卖所谓'圣徒'的沾血的衣服，还有据称沾过圣徒血的海绵出卖，以后又出卖所谓圣徒的骨骸、头发之类。"[①] 圣徒遗物被教会确认具有赎罪功能，每件遗物可赎罪的年限从几十年到数百年不等，出售的价格也各不相同。到了中世纪后期，出售具有赎罪功效的圣徒遗物的活动达到了惊人的规模，其数量之多和品种之杂也达到了荒谬绝伦的程度。撒克逊选侯腓特烈拥有 5 000 件圣徒遗物，足够 50 万年赎罪之用。迈因兹大主教宣称自己拥有 42 具圣徒的完整尸体和 9 000 件圣徒遗物。在这些圣徒遗物中，据说有耶稣被钉在十字架上时流下的汗珠，童贞女马利亚哺乳耶稣的乳汁，耶稣睡过的稻草，耶稣进耶路撒冷时骑过的驴子的驴腿，最后的晚餐的餐桌木板，以及上帝创造亚当时用剩的泥块！[②]

与出售圣徒遗物相应的是推销赎罪券的活动。13世纪英国神学家、方济各会修士亚历山大提出了"善功圣库"的理论，该理论认为，基督的一滴血就足以救赎全人类的罪孽，而其他的基督教圣徒也

---

① 杨真：《基督教史纲》（上册），生活·读书·新知三联书店1979年版，第121页。
② 参见杨真：《基督教史纲》（上册），生活·读书·新知三联书店1979年版，第292页。

以自己的殉道业绩创造了远超过救赎他们自己灵魂所需的额外善功或神恩。基督剩余的血和圣徒们超额的善功由教会掌握，每一个有罪的基督徒都可以用钱向教会购买圣徒剩余的善功，来弥补自己善功的不足，使灵魂免受地狱或炼狱之苦。托马斯·阿奎那进一步完善了这个理论，认为赎罪券的效用不仅限于生前赎罪，而且也可以为那些正在地狱和炼狱中受苦的灵魂代赎罪愆。赎罪券是罗马教会发行的一种专门证书，它的价值根据所赎罪过的性质和轻重程度的不同而不同。教皇约翰二十二世（1316—1334 年在位）最先制定了各种罪行赎买的价目表，后来又经他的后继者们修订完善，到 15 世纪广泛流传。这些价目表如同法律条文一样规定得非常具体细致，例如："谁若杀害了父母、兄弟、姊妹、妻子或其他任何一个亲属，只要缴纳 5—7 枚土耳其金币，便可洗清罪恶"，"如果一人同时同案参与谋杀数人，只要缴纳 131 枚利维尔、14 个苏和 6 个杰尼叶，就可免予任何惩罚"，"谁若杀害了妻子，并想另娶，要是缴纳 8 枚土耳其银币、2 枚杜卡特，便可获准"，"凡血亲相奸者，缴纳 4 枚土耳其银币即予以赦宥"，等等。总之，"神恩是一种商品，必须向教会购买。因此以神恩赦罪的买卖，大规模地开展起来"。[①]1476 年教皇西克塔斯四世的上谕宣称，赎罪券将为死者颁发大赦。当时的一个罪人说：我不关心我在上帝面前罪孽的轻重，因为我能够借助于教皇赐给我的宽恕和赎罪券，轻易地、迅速地获得对种种罪孽或惩罚的完全赦免。有人曾问英诺森八世的枢机主教，为什么犯罪的人不受到上帝的惩戒？这位主教大人直言不讳地回答道："上帝不愿罪人死去，宁愿让他们活着出钱。"到了 16

---

① 约·阿·克雷维列夫：《宗教史》（上卷），中国社会科学出版社 1984 年版，第 225—226 页、第 224 页。

世纪,多明我会修士台彻尔在德国境内兜售赎罪券时竟然像推销伪劣商品的奸商一样厚颜无耻地吹嘘:"只要当买赎罪券的钱落到箱底叮铃一响,那灵魂马上就飞升到天堂"。正是这种邪恶的灵魂交易激起了马丁·路德的宗教改革运动。

霍尔巴赫在《袖珍神学》中以尖刻的嘲讽口吻对赎罪券做了注释:"这是教皇和主教为了某种奖赏而发的作恶许可证。由于赦免,不许可的和犯罪的行为就成了合法的,甚至是值得表彰的,因为赦罪费充实了天父和他的钱柜。"① 现在教会成为发放精神债券的大银行家,信徒则成为精神债券的认购人,只要购足了赎罪券,生前可以恣意放纵,死后灵魂也可以顺利地进入天国。赎罪由个人内心的良知发现和道德自觉变成了外在的金钱交易。基督曾说过:"有钱财的人进上帝的国,是何等的难哪!骆驼穿过针的眼,比财主进上帝的国还容易呢!"② 而现在有钱财的人则最容易进入"上帝的国"。富人不仅可以购买大量的赎罪券,而且可以用钱雇请人代替他进行斋戒忏悔或参加十字军远征。《爱德迦王忏悔规条》中规定:"富人可以在三天内完成七年的忏悔。办法是:首先招来 12 个人斋戒 3 天,只吃面包、清水和蔬菜;然后再招来 7×120 人照样斋戒 3 天。结果斋戒日共计 7 年";而"穷人无权用这种方式进行悔罪。他必须自己替自己专心致志、一丝不苟地完成全部忏悔。"③ 穷人之所以无权使用这种简便的悔罪方式,只是因为他没有钱财。看来,没钱财的人进入上帝的国,真比骆驼穿过针的眼还要难了。

---

① 霍尔巴赫:《袖珍神学》,商务印书馆 1972 年版,第 77 页。
② 《圣经·新约·路加福音》,第 18 章,第 24—25 节。
③ 参见约·阿·克雷维列夫:《宗教史》(上卷),中国社会科学出版社 1984 年版,第 225 页。

从发自良心的清修苦行和公开忏悔到形式化的朝拜圣墓、捐赠财产和购买圣徒遗物，再到买卖赎罪券等赤裸裸的金钱交易，赎罪方式的变化意味着基督教道德的沦丧和虚伪化。在这些荒唐离奇的赎罪方式中，基督教的原道德精神遭到了最粗暴的玷污。"赎罪——那是灵魂乞求着的最高的满足，它借此可以有把握同上帝合而为一，这是人类最深刻和最内在的东西，现在却用一种最外在、最轻浮的方式来举行——就是，只要金钱就能够买到；而且所以要出售'赎罪'的目的，不过是借此得到挥霍的资财。"①金钱成为灵魂进入天国的通行证，而上帝则成为见利忘义的天国守门人。教会完全沉浸在铜臭气中，把解救灵魂的神圣职责转变为对信徒钱财的巧取豪夺，挖空心思去榨取每一个小钱，恰如宗教改革先驱胡斯所揭露的，即使是穷老太婆藏在头巾里的最后一个铜板，也会被无耻的神父搜刮出来，诱使其花在忏悔、弥撒、赦罪、祈祷、埋葬或者购买圣徒遗物上。总而言之，"钱"网恢恢，疏而不漏，教会通过出售赎罪券和其他替代性的赎罪手段而成为中世纪最大的财主。另一方面，信徒们在付足了灵魂进天国的入场费以后就开始放心大胆地去犯罪和堕落，无须再顾虑任何良心的责问。

中世纪基督教的另一种替代性的赎罪方式就是参加十字军东征。黑格尔认为："十字军乃新觉醒的基督教世界之特洛伊战争，合力对付穆罕默德主义之简单的和谐的纯净。"十字军东征"其目的并非参加的各国企图达到任何特殊利益，而是简简单单地和完完全全地为了要克服和光复这个'圣地'"。②虽然黑格尔对十字军战士在个人品质

---

① 黑格尔:《历史哲学》，生活·读书·新知三联书店 1956 年版，第 461 页。
② 黑格尔:《历史哲学》，商务印书馆 1936 年版，第 368、623 页。"圣地"指耶路撒冷。

方面的堕落现象进行了无情的抨击,但是他仍然强调了十字军东征的理想主义的宗教动机。然而霍尔巴赫则认为十字军东征就是罗马教会有目的地组织的一场祸水东引运动,它"是根据教皇的命令组织的神圣远征,其目的是把欧洲从大量的虔信坏蛋手中解放出来,这些坏蛋为了获得上天对他们在本国所犯罪行的宽恕,便不顾一切地走到异邦去犯新的罪行"。[①]虔诚的天主教神父们一直坚持认为十字军东征是出于崇高的宗教目的(收复圣寝),虽然在实践的过程中产生了一些不道德的副产品。而近代的人文主义者、启蒙思想家和非基督教世界的历史学家们则把十字军运动的原因归结为罗马天主教徒掠夺和扩张的世俗动机。我认为,十字军东征的最大感召力在于:它是一条便宜而简捷的赎罪途径,这条途径对于那些无钱购买天国入场券的下层信徒来说,尤其具有魅力。因为舍此之外,他们再也没有通往上帝国门的其他道路。在关于十字军远征的动机问题方面,美国教会史专家威利斯顿·沃尔克的观点是比较全面的,他指出:"十字军战士无疑受对冒险的酷爱、对掠夺的热望、对扩张领土的渴求以及宗教上的仇视等世俗刺激的推动。但如果我们不同样明白地承认他们自认为自己所做的一切对他们的灵魂和基督都具有头等重要的意义,那我们就冤枉他们了。"[②]

耶稣蒙难和复活之地耶路撒冷在西方基督教徒心中一直是一个光辉的圣地,由于朝觐圣地被罗马教会确认为赎罪方式之一,所以到耶路撒冷朝拜圣寝的西方基督教徒络绎不绝。公元 638 年,耶路撒冷被阿拉伯穆斯林占领,西方基督徒的朝觐活动并未中断。然而自 1071 年

---

① 霍尔巴赫:《袖珍神学》,商务印书馆 1972 年版,第 85 页。
② 威利斯顿·沃尔克:《基督教会史》,中国社会科学出版社 1991 年版,第 277 页。

第三章 基督教文化

耶路撒冷落入凶悍的塞尔柱人之手以后，西方基督徒的朝圣活动开始受到阻碍，不得不中止，圣地也遭到异教徒的破坏和亵渎。格利哥里七世出任教皇时（1073—1085年）就曾经策划组织十字军东征之事，但该计划由于格利哥里七世和神圣罗马帝国皇帝亨利四世的主教叙任权之争而搁置，直到乌尔班二世任教皇时才开始付诸实施。1095年，乌尔班二世在法国东部克勒芒宗教大会上的演说词成为十字军远征运动的总动员令，在这篇著名的演说词中，我们可以看到教皇对十字军参加者的赎罪承诺：

> 我现在恳求你们，勖勉你们；不，不是我，乃是主在恳求，主在勖勉；我只是作为基督的使者向你们勖勉，督促一切等级的人，骑士、步兵、富人、穷人，都必须迅速起来，及时地给予基督教徒以援救，将这个邪恶的种族（指塞尔柱土耳其人）从我们兄弟的土地上（指东罗马帝国）消灭干净！应当知道，虽然是我在这里向你们这些与会的人呼吁，也向那些缺席的人号召，但下令的却是基督。凡动身前往的人，假如在旅途中（陆上或海上）或者在反异教徒的战争中丧失了性命，他们的罪愆即将在那一项间获得赦免。上帝授权给我，让我把这个赎罪的权利赐给一切参加的人。①

50年以后，在教皇尤金三世给予第二次十字军参加者的特权书中，不仅是那些在远征中死去的人，而且所有怀着虔敬之心踏上这一

---

① 周一良、吴于廑主编：《世界通史资料选辑》中古部分，商务印书馆1964年版，第152页。

神圣征途的人，他们的全部罪孽都可以得到赦免，"并且将自赏善罚恶之主那里得到永恒报酬的果实"。

这样一来，参加十字军的人就得到了双重的好处，一方面他们在国内的前愆可以不花一分钱而赎清，另一方面他们可以继续到异邦去胡作非为，无须承担任何法律的和道德的责任。而且恰恰相反，这种对异教徒的胡作非为构成了对上帝的最大的善功。富人和贵族们参加十字军是为了表示虔敬和劫掠财富，穷人参加十字军则是为了赎清罪过和劫掠财富。随着圣战热情的逐渐消减，在后几次十字军远征中，富人和贵族们开始花钱雇佣替身来表示虔敬和进行劫掠，穷人和流浪汉、囚犯等却自始至终是十字军的主力。这些贫穷如洗的流浪汉和罪恶深重的囚徒，因其所处的绝望境况，故而对于可获得双重利益的十字军远征充满了兴趣。他们怀着一颗对上帝的悔罪之心去进行"显主荣耀"的屠杀和掠夺，把最深沉的谦卑忏悔与最凶残的血腥暴行奇妙地结合在一起，"耶路撒冷惨遭屠杀的居民犹在鲜血淋漓之中，那些基督徒却已屈身稽颡于'救世主'之坟前，向他做热诚的祈祷了"[①]。

首批十字军于1096年在"穷汉"瓦尔特和"隐士"彼得的率领下于法国出发，这群乌合之众一路上杀人放火、打家劫舍，在匈牙利和巴尔干半岛遭到了当地居民的残酷报复，到达君士坦丁堡时已经人数寥落。后来与十字军主力部队汇合在一起，终于在1099年7月15日攻占耶路撒冷。入城后，虔诚的基督徒们表现出穷凶极恶的野蛮本性，对居民进行了惨无人道的屠杀和劫掠，当时亲临其境的弗尔

---

① 黑格尔：《历史哲学》，商务印书馆1936年版，第625页。

舍·沙特尔在《耶路撒冷史》中记载了这些暴行：

> 如果你站在那里的话，你的脚直至大腿上，全染着死人的鲜血。还有什么可说？他们中谁也不能保持生命。妇女与幼孩，均不得幸免。
>
> 你们可看到……我们骑士的侍从和比较穷的步兵，由于知道萨拉森人的狡猾，怎样剖开了死人的肚皮，要取出他们生时所吞下的金币……为了这个，他们若干天里把尸体堆积起来，然后烧为灰烬，以便容易地找到这黄金。①

然后十字军战士们就去侵占民宅，抢劫财产，"很多穷汉遂变为富翁"。

第一次十字军东征是历次十字军中唯一在军事上取得圆满成功的一次，基督教的胜利者们按照西方的封建制度在东方土地上建立了拉丁王国和几个小公国，由一些新组建的骑士团领有。第一次十字军东征结束后，在大批基督徒带着劫掠的财富满载而归后，穆斯林又开始卷土重来并逐渐蚕食十字军骑士设在东方的那些军事据点。于是基督教世界又组织了一系列不成功的十字军东征。第二次十字军东征在大马士革遭到惨败；第三次则因内讧而中途流产；第四次十字军东征并没有构成对穆斯林的威胁，而是演变为对信奉希腊正教的君士坦丁堡的抢劫，从而加深了基督教世界内部希腊人与拉丁人及日耳曼人之间的仇恨。第五次十字军东征是一场荒唐而悲惨的游戏，法国牧童斯蒂

---

① 周一良、吴于廑主编：《世界通史资料选辑》中古部分，商务印书馆1964年版，第157页。

芬和德国少年尼古拉组织了一支儿童十字军，这支毫无战斗力的童子军尚未到达目的地，其中大多数人就被商人拐卖到埃及和东方成为奴隶。最后的几次十字军则完全成为一种历史的余波，基督徒的战斗力随着宗教热情的下降而大大地减弱，再也无力收复圣地了。1291年拉丁王国在叙利亚的最后一个据点亚克城落入穆斯林之手，喧闹一时的十字军东征运动从此偃旗息鼓。

十字军运动既表现了基督教信仰的高涨和宗教热忱，也表现了基督徒内心深处的贪婪残忍，它是一场在真诚的悔罪动机驱使下进行的惊世骇俗的犯罪活动。在这场活动中，基督徒心中的各种虔诚信念和卑劣欲望复杂地纠合在一起，在耶稣殉难的圣地面前得到了淋漓尽致的宣泄。这是罗马教会在冠冕堂皇的旗帜下引导的一场祸水东引运动，由于教会的怂恿和承诺，最不道德的行为获得了最神圣的名义。

出售赎罪券和十字军东征如同对地狱惩罚的渲染和对女巫的仇视迫害一样，都表明了基督教原道德观的沦丧和异化。内在的动机论道德观转化为外在的功利性道德观，虔诚的信仰、爱和深沉的负罪意识都湮没在种种替代性的和虚假的赎罪手段中。基督教道德如同基督教神学一样走向形式化和外在化，黑格尔尖锐地指出："罪恶应该消除，而消除罪恶也必须通过外在的方式：通过赎罪、绝食、责罚、参加十字军、朝拜圣地等等方式。这乃是认识和意志在最高事物方面以及在最琐屑的行为上的一种失掉自我、非精神性和缺乏性灵的情况。"①

---

① 黑格尔:《哲学史讲演录》(第3卷)，商务印书馆1959年版，第276页。

四、修道运动

中世纪基督教道德的堕落一方面表现为教职人员和信徒们的道德沦丧和虚伪,另一方面则表现为近乎变态的禁欲主义和修道运动。在早期基督教中,虽然教徒们都自觉地过着严谨的道德生活,恪守"清贫""贞洁""顺从"三大信誓,但是这种行为与其说是一种极端的禁欲主义,毋宁说是一种合理的节欲主义。在《马太福音》中,耶稣在回答法利赛人关于休妻的问题时指出,上帝当初造人时是造男造女,并且叫男女结合,成为一体。当耶稣的门徒认为人还不如不娶妻时,耶稣回答道:"不娶的福分不是人人都可以领受的,唯有上帝赐给谁,谁才能'为天国的缘故自阉'。"① 在这里,已经表现出一种把独身理解为最高的"贞洁"的思想,但是耶稣并没有号召他的门徒都这样做。耶稣把人分为两种:对一种人只是提出"不可休妻"的要求,这要求是所有基督教徒应遵循的起码准则;对另一种人则进行独身的劝勉,这种人由于受到上帝的格外恩赐,因此具备了更高的道德秉性,有可能领受"为天国的缘故自阉"的福分。"基督教的要求,全体基督徒必须做到;而劝勉则针对那些想过更圣洁生活的信徒而发。"② 这种区别对于我们了解早期基督教的道德观和整个基督教的道德精神是非常重要的,它如同奥古斯丁的"恩典说"一样包含着一种道德决定论的思想。凡处于一种蒙恩状态的人,无须强制也会走上独身奉主的光明之路;而那些未被上帝拣选的人,"与其欲火攻心,倒不如嫁娶为妙"。对于前一种人采取积极的劝勉和启发,使其能动地追求至高的道德境界;对于后一种人则进行消极的要求和限制,使其被动地遵

---

① 《圣经·新约·马太福音》,第 19 章,第 4、5、10、11、12 节。
② 威利斯顿·沃尔克:《基督教会史》,中国社会科学出版社 1991 年版,第 120 页。

循基本的道德准则。这样一方面使那些真心想过圣洁生活的人产生一种受上帝"特恩"沐浴的心理慰藉,从而坚定其独身奉主的决心;另一方面使那些无力压制欲火的人不至于过分难堪,他只需不触犯基督教的消极要求或禁忌(如"不可休妻""不可贪人财物"等),而无须刻意去强求禁欲主义的道路生活,就算得上是一只顺从上帝的羔羊了。保罗对这种合理的节欲主义思想表述道:"我说男不近女倒好。但要免淫乱的事,男子当各有自己的妻子,女子也当各有自己的丈夫。……我对着没有嫁娶的和寡妇说,若他们常像我就好。倘若自己禁止不住,就可以嫁娶。与其欲火攻心,倒不如嫁娶为妙。……据我看来,人不如守素安常才好。你有妻子缠着呢,就不要求脱离;你没有妻子缠着呢,就不要求妻子。你若娶妻,并不是犯罪。"[①] 保罗对贞洁的要求是建立在量力而行的自知之明上的:你若确信自己有坚定的信念和强韧的意志,那么就可以像保罗一样独身奉主,以一种真诚的禁欲主义来体现贞洁;如果你对自己信心不足,则可以去过一种道德的婚姻生活,以一种合理的节欲主义(而非禁欲主义)来体现贞洁。恰如《十二使徒遗训》所言:"你若能完全担负主的轭,你就是完善的;但如果不能,就尽力而为吧!"两种方式都符合基督教道德,都是通向上帝国门的。二者的区别在于:前者出于对上帝劝勉的领悟和向往,后者基于对上帝要求的谨守和遵从;前者是自觉的、主动的奉献,后者是自在的、被动的顺从;前者刻意追求清贫和独身,后者安于财富和婚姻的现状;前者将使人的灵魂经历更多的考验,后者则使人通向天国的路途更为漫长。

---

① 《圣经·新约·哥林多前书》,第7章,第1—28节。

真诚的禁欲主义与合理的节欲主义之间的区别是非常重要的。在基督教发展的最初几个世纪中，少数圣徒真诚地奉行禁欲主义的道德理想，更多的基督徒则采取了合理的节欲主义的生活态度。按照教父们的观点，如果亚当和夏娃当初能够保持对上帝的顺从，他们就会永保童贞，并且会有一个由无害的繁衍方式而产生的无罪和永生的种族将生活在天国之中。由于人类始祖的堕落，上帝在将他们逐出伊甸园时就将婚姻制度赋予了他们作为繁衍子孙的手段和约束情欲的保障。然而婚姻制度毕竟具有缺陷性，它是一种消极的保障，是对那些不能自觉控制情欲的人所设置的一道外在性的鹿寨。但是对于那些已经把道德要求内在化的人来说是不需要这道鹿寨的，他可以把独身生活当作与上帝沟通的捷径。但是对于大多数人来说，这道鹿寨仍然是必要的，如果他们能够始终节制自己的情欲，不逾越上帝所设置的婚姻制度，那么他们仍然可以称得上是有道德的人。早期基督教徒小心谨慎地保持着一种严肃的家庭生活的美德，虽然他们不能像少数圣徒那样在清贫和贞洁方面走向极端的禁欲主义，但是合理的节欲主义却使得他们足以保持洁身自好，很少发生不道德的行为。吉本指出："俾斯尼亚的基督徒，当他们被带到小普林尼的法庭上的时候，就曾向这位总督做证，说他们负有一种庄严的义务，不犯偷窃、抢劫、奸淫、作假誓和欺诈等扰乱社会公私安宁的罪行，更加说不上什么违法的阴谋。此后约一个世纪，德尔图良理直气壮，夸称除了宗教的原因，基督徒绝少死于刑吏之手。"[①] 无论是自觉地选择了禁欲主义的圣徒，还是奉行合理节欲主义的一般信徒，都能使道德生活保持较高的水准，

---

① 吉本:《吉本〈罗马帝国衰亡史〉选》，第15章，商务印书馆1964年版，第36页。

从而使得早期教会在德行方面具有一种典范的意义。

早期教会在德行方面的这种圣洁性在很大程度上是由于其受压抑的地位所导致和维持的。早期基督徒们普遍的贫穷状况（基督教最初是罗马帝国下层民众信奉的宗教）使他们极力标榜清贫，对罗马上层社会放荡淫乱行为的痛恨（其间也掺杂着一种酸葡萄的嫉妒心理）使他们拼命赞美贞洁。"对人类中的低等阶级来讲，因为命运把豪华享乐置于他们的力所能及之外，所以他们就很容易而且乐得自称具有一种鄙弃这一切的美德。原始基督徒和早期的罗马人一样，他们的美德常常是由贫穷和愚昧保卫着的。"① 但是，随着基督教信仰从下层民众向上层社会扩散，尤其是在基督教成为罗马国教以后，美德赖以维系的社会土壤不复存在了，于是基督教道德就开始发生两极分化，一方面是道德的普遍沦丧和形式化，另一方面则是以矫枉过正的形式出现的灭绝人性的禁欲主义和修道运动。

修道运动是基督教社会中的一场旷日持久的道德纯洁化运动，它的本义是为了维护基督教道德的严谨性和纯正性，结果却演变成为对人的一切自然欲望的酷烈摧残。刻意追求清贫和独身生活并不是所有基督徒都能做到的，只有那些确信自己蒙受上帝的特别恩典的圣徒才会这样做。然而当3世纪隐修主义兴起后，越来越多的基督徒陷入了这种疯狂的禁欲旋涡中，从个人的隐修体验发展到集体的修道制度，最终导致了大量的修道院和修道僧团的出现。独身、清贫和脱离尘世的沉思默想由少数圣徒的典范道德变为所有修道士普遍追求的理想，其结果必然会导致骇人听闻的暴行（对自己和对他人的暴行）。

---

① 吉本：《吉本〈罗马帝国衰亡史〉选》，第15章，商务印书馆1964年版，第39页。

关于隐修主义兴起的原因，沃尔克解释道："由于在260年至303年的和平时期以及君士坦丁皈依基督教后，大批人涌入教会，教会道德状况随之降低，这导致一些严肃的基督徒更加看重禁欲生活。为教殉道的事已不再有，禁欲主义便成为基督徒可能达到的最高造诣。在这个世界上，违背基督教道德的事随处可见，最好避而远之。古人把沉思冥想的实践看得比积极的德行更值得尊重。而更重要的是，公共崇拜中的形式主义日渐增加，在3世纪末进一步发展，这导致个人较自由地接近上帝的愿望的产生。"[①]个人的隐修活动便由此而出现。隐修主义的创始人是埃及的安东尼，他20岁时因有感于耶稣让财主变卖财产分给穷人的劝勉，弃家到尼罗河畔的荒冢中隐修。在几十年的隐修生活中，他克制情欲，靠着对上帝的坚强信念抵御了魔鬼的种种诱惑。复出后四处讲道，并组织追随者集体隐修。不久以后，越来越多的人开始效法安东尼，纷纷到荒野中去隐修，通过折磨自己的肉体和克制情欲来磨砺对上帝的信心，他们的理想就是做一个为基督而舍弃一切的圣徒。隐修的方式也越来越极端化，成为一种苦行和自我摧残的竞争。"著名的五世纪叙利亚苦修僧西缅·斯太莱，原是牧人，后来出家当苦修僧，先把自己用铁链拴在岩石上，最后爬到一根石柱顶上，靠一个绳篮系送食物，据称这样苦修了三十年。"[②]315—320年间，帕科米乌斯在埃及南部的塔本尼希建立了第一所基督教修道院。在修道院里，修士们过集体的修道生活，按时举行崇拜，并从事农业劳动。帕科米乌斯还为决心终身侍奉上帝的妇女们创办了一所女修道院，到346年去世时为止，他已在埃及设立了10所修道院。

[①] 威利斯顿·沃尔克:《基督教会史》，中国社会科学出版社1991年版，第157页。
[②] 杨真:《基督教史纲》(上册)，生活·读书·新知三联书店1979年版，第122页。

修道运动最初是由亚历山大里亚主教阿塔纳修斯介绍到西方来的，而西方教会的三位教父圣杰罗姆、圣安布罗斯和圣奥古斯丁以其典范性的身教言传为修道主义在西方基督教社会中的广泛传播奠定了基础。尤其是杰罗姆，为修道主义进行了理论上的论证。在前面我们已经谈到过他早年在叙利亚沙漠中所经历的隐修生活，他在规劝妇女过修道生活方面则更显示出征服人心的非凡才能。他把修女称为"基督的新妇"，并把修女的母亲称为"神的岳母"。他在给修女尤斯特修慕（后者是经他劝告而宣誓做修女的）的信中写道："希望闺房的秘密永远守护着你；让新郎永远和你在内心中嬉戏；你祈祷吗？那时你就在和新郎谈话；你读经吗？那时他就和你交谈。当你睡觉的时候，他将从后面来到并把手放入门孔，这时你的心将为他感动；并会惊醒起来同时说出，'我害了相思病'。于是他会回答说：'我的妹妹，我的新妇，你是一座圈起来的花园，一泓闭锁的泉水和一道密闭的喷泉'。"①

西方早期修道运动最著名的代表人物当推本尼狄克，他出生于意大利斯波莱托的一个贵族家庭，20岁左右时放弃了富足奢靡的生活，独身来到罗马附近的一个荒僻洞穴中进行隐修，达数年之久。公元530年他创建了著名的蒙特·卡西诺修道院，并为该院起草了"本尼狄克教规"。这个教规在一定的程度上遏制了修道僧们愈演愈烈的苦行竞争，使修道院成为以修道和农业劳动双重活动为主的封闭性社团，成为"基督战士的自给自足的永久性要塞"。修道士们必须遵从严格的教规，宣誓保持清贫、贞洁和顺从，甘心过清苦而勤勉的生

---

① 《尼西亚会议以来诸教父选集》，转引自罗素：《西方哲学史》（上卷），商务印书馆1963年版，第422页。

活。他们每天要做七次祈祷,要不断地流泪叹息,向上帝忏悔自己的邪念和罪过。不许发怒和说笑,不许贪图享乐。在心理上要保持绝对的谦卑,像《圣经》所教导的,确信"我是虫,不是人"。在行为上要勤修苦练,守斋戒食,并努力从事农业生产,因为"懒惰是灵魂的仇敌"。在修道院中,清洁被视为可憎之事,虱子被称为"上帝的珍珠",成为圣洁的标志。修道士们以除非涉水过河外脚上未沾过水而自豪。而另一方面,在修道院中也发展了农艺,维持和复兴了学术(在中世纪早期,修道院是西欧社会中唯一保存了古典文化的场所)。但是随着修道院数量的增多和所辖田产的扩大(来自富人的馈赠和对穷人土地的兼并),修道士们在道德方面也开始堕落,修道院和教会一样成为藏污纳垢的渊薮。吉本转述了一个本尼狄克派修道院长关于遵守三大信誓的结果的自白:"我那清贫的誓言每年给我带来十万克朗;我那服从的誓言把我提升到一个君主般的地位",但是吉本却忘记了他关于宣誓贞洁的结果。①

公元910年,勃艮第的阿奎丹公爵威廉在法国中部的克吕尼创建了克吕尼修道院,其宗旨是重振"本尼狄克教规",加强纪律,整饬修院制度。这是修道主义内部的一场改革运动,它极力反对教会和修道院的世俗化倾向,力图革除世俗封建主把持教会、出售教职以及神职人员结婚等弊端。11世纪强硬的教会改革派领袖格利哥里七世(希尔德布兰)即出于克吕尼派修会。教皇权力至上的思想是克吕尼派修会的基本主张之一,因此随着教皇在与世俗封建主的较量中的权势上升(尤其是在主教叙任权之争以后),克吕尼派修会的势力在12世纪

---

① 吉本:《罗马帝国衰亡史》,第37章,转引自罗素:《西方哲学史》(上卷),商务印书馆1963年版,第464页。

时达到了鼎盛状态。其修士达 1 万多人，有 300 多座修道院遍布西欧，修道院建筑华美，修道僧们以讲究艳服美食和富裕奢华而出名，并拥有大量的田地、磨坊、牧场和葡萄园，成为当时社会中最富有的阶层。关于克吕尼派修会的改革意义，汤因比和许多西方学者都认为它"成为以后所有西方社会的宗教或世俗改革的原型"，[①] 而且对于恢复和维护基督教的精神力量具有重要的作用，尽管它后来的发展结果与最初的理想相背离。"克吕尼改革运动的重要，仅在于它是 16 世纪以前几股宗教改革热潮最早的一股而已，这种改革的热潮曾不断地恢复了教会的精神力量，而无损于教会组织的统一性。如同所有的基督教精神伟大复兴运动一样，克吕尼改革运动有清教主义的特质。清教主义通常信仰权力统治，因为他们认为要使一大群人们长期地远离肉欲的唯一方法似乎就是强力管制他们。"[②] 由于克吕尼派的坚持，教士独身生活的原则被确定下来，买卖圣职的行为也受到了一定的遏制。而且由于克吕尼派开创了教会改革之先河，所以当它开始由追求贫穷和谦卑转向沉溺于富有和骄矜时，息斯特西安派修会就马上起来重新把教会改革的车轮推向前进，到 13 世纪又出现了托钵僧团的改革运动。这些改革运动虽然都相继重蹈了克吕尼派修会初严后懈的覆辙，却使基督教的禁欲主义精神得以延续，从而与教区教士们的道德沦丧现象形成了强烈的对照，并或多或少地对后者构成了一种遏制力量。

托钵僧团与以往的其他修会不同之处在于他们不局限在修道院内进行个人德行的隐修，而是像耶稣和使徒们一样深入民间去宣扬福音。托钵僧团中影响最大的是意大利的方济各会（一译法兰西斯

[①] 汤因比：《历史研究》（下册），上海人民出版社 1964 年版，第 230 页。
[②] 布林顿、克里斯多夫、伍尔夫：《西洋文化史》（第 3 卷），台湾学生书局 1986 年版，第 259 页。

会）和西班牙的多明我会（一译多米尼克会），两派皆标榜赤贫，不置恒产。其修士（会中称为"兄弟"）衣衫褴褛，跣足垢面，靠乞食为生。多明我会的创始人多明我明确地宣称："我们的兄弟们不应占有任何的东西，无论是房舍或是土地，无论租金，或是任何其他形式的财产，我们要像世上的朝圣者或异乡人一般，以贫穷、谦恭来侍奉全能的主。我们应该虔诚、勇敢、谦卑地去求施舍。我们不要以贫穷为耻，因为我们的主也使他自己成为世上一穷人。"①托钵僧团一方面激烈地抨击教会中的各种腐败现象，一方面又残酷地压制各种"异端"思想；一方面兴办了许多慈善事业和学校，另一方面又成为组建宗教裁判所的急先锋。多明我会的口号是"铲除异端，消灭邪恶，宣讲信仰，培养道德"。这种理论宗旨与乞食宣道的实践活动结合在一起，必然把修道运动引向一种仇视一切物质享乐和人性要求的变本加厉的禁欲主义。所以当那些产生过大量在当时无疑是最优秀的学者的修道会，②竟然毫不手软地把最具有新时代思想的人当作异端分子烧死在火刑架上时，我们就可以看到一种禁欲主义发展到极端时是多么野蛮。尤其是当它与一种被奉为权威的理论体系相结合时，这种野蛮就更是达到了无以复加的地步，而且在精神上，它还始终保持着一种理直气壮的神圣感！

当托钵僧们以乞食宣道的方式把禁欲主义的理想向着野蛮的极端发展时，修道院却从禁欲主义走向了另一端。修道院和教区教会一样成为罪恶和污秽的阴沟，在堕落的路途上甚至比教会走得更远。修道

---

① 布林顿、克里斯多夫、伍尔夫：《西洋文化史》（第3卷），台湾学生书局1986年版，第262页。

② 经院哲学家们多出于托钵僧团，阿奎那等实在论者来自多明我修会；司各特、奥康等唯名论者则出于方济各修会。

院不仅成为拥有大量田产的庄园主，而且也成为神职人员寻欢作乐的淫乱之窝。14世纪开始的英法百年战争和遍及欧洲的黑死病使大量男人丧生，许多失去依靠的妇女迫于穷困，不得不到修道院当修女。结果，女修道院就成为神职人员半公开的妓院，各种伤风败俗之事层出不穷。1512年，方济各会修道僧多玛·慕纳在讲道中揭露，在女修道院中，孩子生得最多的修女就当上了院长。① 修道运动发生了严重的分裂——一边是苦修苦行、摒除一切世俗享乐的托钵僧团，另一边是恣意妄为、极尽人欲的修道院。"一边到了最严酷的束缚，另一边到了最不道德的放纵过度——每一种热情都是放任到了野蛮的极度。"②

从早期基督教徒自发奉行的合理的节欲主义到后来变态的禁欲主义和修道运动的发展过程，表现了基督教道德面对教俗世界的普遍堕落而采取的一种消极应战姿态，这是道德在普遍的邪恶氛围中的垂死挣扎，是一种有气无力的自救企望。到了中世纪后期，连这种自救企望也开始变得虚伪，从而修道运动和禁欲主义也如同维系道德的力量和赎罪方式一样走向形式化和外在化。在伪善的道德旗帜下，人性中的邪恶因素肆无忌惮地表现出来，"基督教世界里可以说是被一种罪恶的心煽动着。到了11世纪，大多数欧洲人都抱着最后的末日裁判将到的恐惧，并且相信世界将迅速没落。灵魂的沉沦逼着人们去做最不合理的事情。有些人把全部家私送给教会，而把一生消磨在长期的苦行中，还有些人则把产业在纵欲中挥霍着。只有教会用幻觉来迷惑人，收受各种赠遗，一天一天富裕起来。……在这种情形下，不法横行、

---

① 佛立克：《中世纪教会的没落》，转引自杨真：《基督教史纲》（上册），生活·读书·新知三联书店1979年版，第293页。
② 黑格尔：《历史哲学》，生活·读书·新知三联书店1956年版，第389—390页。

兽欲放纵、野蛮残暴、奸刁诈欺，就是当时道德人心的特征。……任何'德行'都不是当时的人所能有的；结果，'德行'这个字也丧失了正当的意义：它通常只指暴虐和压迫，有时竟然指着奸淫大恶。这种腐败局面，在世俗人民是这样，在教会人员也是这样。"①

基督教道德已经无可挽回地走向了腐败，在这片不断蜕化的道德环境中，罗马天主教会却在与世俗权力的较量过程中茁壮成长起来。

第三节
基督教教会

一、上帝之城与恺撒之剑

基督教最初三个世纪的发展史是一部用殉道者的鲜血谱写的悲怆曲。从公元64年罗马帝国皇帝把罗马"纵火案"迁罪于基督徒，到313年君士坦丁皇帝颁布承认基督教合法地位的《米兰敕令》，在250年的时间里，罗马帝国对基督教会和基督教徒进行了多次大规模的残酷迫害。由于早期基督教徒对信仰持坚定态度、对生死问题持宿命论思想（"人的一切包括生、死均由上帝安排"），罗马帝国的屠刀不仅没有剿灭基督教信仰，反而使信仰之火越烧越旺。"基督教徒的鲜血成为基督教会的种子"（拉丁教父德尔图良语），罗马帝国的残酷镇压加深了基督徒的苦难意识和对上帝考验的信念。在对这种"痛苦的极乐"的体验中，基督徒们以前仆后继的无畏精神表现了一种新兴宗

---

① 黑格尔：《历史哲学》，生活·读书·新知三联书店1956年版，第420—421页。

教在遭受磨难时所焕发出来的强盛生命力。早期基督徒由于其非政治化的生活态度，虽然并未公开地从事过颠覆罗马帝国的活动，但是他们拒绝敬拜罗马古老神明和皇帝偶像，拒绝服兵役和担任公职，并且在无形中把组织严密的基督教会发展为罗马的"国中之国"，这些行为实际上已经暗含着对罗马帝国的蔑视和否定。因此，基督教从一开始就用"上帝之城"与恺撒的帝国相对立，以严谨的道德、简朴的生活和不屈不挠的信仰体现出宗教殉道精神。"上帝之城"与恺撒帝国之间的对立并没有因为基督教获得合法地位而消解，在君士坦丁大帝以后的罗马帝国中，它仍然以潜在的形式发展着。西罗马帝国的崩溃虽然是日耳曼人入侵这个物质性因素导致的，然而在基督徒眼里，罗马帝国的毁灭则是上帝"天罚"的结果。基督徒坚信"多行不义必自毙"的法则，在他们看来，"内部混乱和来自北方人所不知之处的最凶恶的蛮族的入侵；疫疬和饥荒；彗星和日月食；以及地震和水灾……这一切又只是罗马浩劫的许多先行的、示警的征兆，预示西庇阿和恺撒诸族的国家，必遭天火的焚毁；这座七山之城，连同它的宫殿，神庙和凯旋门，都要埋葬在火和硫黄的巨浸之中"。① 上帝既然曾经使有罪的世界沉沦于洪水，他也一定会使邪恶的罗马帝国毁于世界大火之中。② 后来西哥特人和汪达尔人对罗马的劫掠焚烧，就被看作这一预言的应验。因此，虽然狄奥多西一世已经把基督教确立为罗马帝国的国教，但是基督教并未伴随罗马帝国的倾覆而衰竭；相反，它在罗马帝国的废墟上得到长足的发展。它成为征服者的征服者，它用

---

① 吉本：《吉本〈罗马帝国衰亡史〉选》，第15章，商务印书馆1964年版，第28—29页。
② 关于上帝降罚洪水的故事见《圣经·旧约·创世记》；关于世界大火的预言见《圣经·新约·启示录》。

上帝的福音感召和抚慰着摧毁罗马帝国的凶手——日耳曼蛮族的晦暝惶恐的心灵，终于成为中世纪占统治地位的文化形态。

象征着"上帝之城"的教会与掌握着世俗权力的帝国始终处于尖锐的对立之中，这种对立就如基督徒所理解的灵魂与肉体的对立一样不可调和。精神的胜利必须在毁弃物质的基础上才能真正取得；基督教会对苦难生灵的普遍拯救，只有在统一的罗马帝国的废墟上才能够实现。因此上帝与恺撒、统一的大教会与统一的大帝国始终处于势不两立的对峙中。罗马帝国曾经残酷地镇压基督教，它因此付出了十倍惨重的代价。罗马帝国灭亡之后，对峙并没有消失，而是转向了另一种形式。"上帝"趾高气扬地走向了历史的前台，然而"恺撒"的阴魂却始终不散，成为西方中世纪（以及近现代）那些雄心勃勃的世俗统治者们魂牵梦萦的理想。因此，贯穿中世纪西欧历史的一条红线，就是教会神权与世俗王权之间旷日持久的冲突。

教会与世俗国家之间的冲突（即教俗之争）并非一般意义上的权力冲突，它还包含着欧洲两大种族即拉丁民族和日耳曼民族之间的文化抵牾。罗素认为，这种冲突不仅是一场"教士与俗人的冲突"，而且也是"地中海世界与北方蛮族之间的冲突的重演"，"教会的统一就是罗马帝国统一的反响；它的祷文是拉丁文，它的首脑人物主要是意大利人、西班牙人和南部法国人"，然而另一方面，"世俗权力则掌握在条顿血统的王侯们的手中，他们企图极力保持他们从日耳曼森林里所带出来的种种制度"。[1] 然而，正如我在前文中所指出的，拉丁人从本性上来说是属世的，因此当他们不得不在罗马

---

[1] 罗素：《西方哲学史》（上卷），商务印书馆 1963 年版，第 16 页。

帝国的废墟上转而经营教会时，他们仍然沿用经营帝国的那套方法，从而使得教会越来越深地陷入世俗化和形式化的泥沼中。纯粹的宗教意识对于拉丁人来说可能永远是陌生的和不可把握的，形而上的东西在他们那里常常被赋予了一种直观的和功利的诠释。所以教会在他们手中就变成了一种世俗的力量，无休止地卷入世俗权力的纷争中。基督劝导世人轻视此生、向往彼岸，中世纪的基督教会却始终追逐着此岸的财富和荣耀。当俗人们听从教会的宣传把目光投向天国时，教皇和主教们却念念不忘觊觎现世的权柄，从而使教会的实践与它的宗旨发生了严重的分裂，导致了基督教会在中世纪的腐败和堕落。

另一方面，具有浓郁的宗教情感的日耳曼人在中世纪却一直被排斥在教会之外，罗马天主教会对于日耳曼人的宗教情感来说，始终是一种外在的和对立的东西，是"罗马人"的教会。教会逐渐把信仰湮没在一种呆板而虚假的形式中，而日耳曼人却坚持要用他们从北方森林中带出来的那种神秘主义禀赋来表达他们的虔诚信仰。基督教在罗马天主教会中越是变得形式化和规范化，它就越是与日耳曼人的灵性禀赋格格不入。因此，虽然日耳曼人在心灵上最能够领悟基督教的原旨和真谛，但是在现实中他们却与拉丁人所掌握的罗马天主教会处于尖锐的矛盾中。具有原始而粗野的宗教情感的日耳曼人既然被文明的教会拒之门外，他们就不得不徒劳无功地经营世俗的王国。然而日耳曼人的属灵本性使他们完全不具有恺撒及其拉丁后裔们在经营世俗权力方面所具备的卓越才能，因此恺撒的帝国在他们手里就被弄成了一种支离破碎的封建状态。正如拉丁人把教会弄得面目全非一样，日耳曼人也把帝国弄得面目全非。从而中世纪的对立就呈现为一种病态的和荒唐的形式——一方面是徒具其表的虚伪狡狯的教会，另一方面是同样徒具其表的粗鄙笨拙的国家。对立成为一种异化的对立，对立双方实质上都是站在对方的立场上来与自己对立，都是以自己的存在来与自己的本质相对立。于是对立也就流于形式化和虚假化，从而使得中世纪的历史成为一幕荒诞不经的闹剧。

教会中的拉丁教皇和主教们虽然缺乏真诚的宗教情感，但是他们却具有投机钻营、挑拨离间和玩弄种种政治权术的才能，尤其擅长于用上帝的名义来煽动和利用信徒的宗教热情，因此教会就被他们逐渐发展成为凌驾于分散的国家之上的统一的权力中心。而日耳曼人虽然在表面上控制着国家，而且剽悍勇武、能征善战，但是由于其宗教情感远远超过其政治管理才能，所以在与并无一兵一卒的罗马教会的对峙中常常处于劣势。"所有的武装力量都在国王这方面，然而教会还是胜利的。教会获得胜利……主要地却是因为统治者和人民都深深地相信教会掌握着升天堂的钥匙的权力。教会可以决定一个国王是否应该永恒地升天堂还是下地狱；教会可以解除臣民效忠的责任，从而就可以鼓动反叛。"① 早在日耳曼蛮族入侵罗马帝国时，教会就利用他们的宗教情感征服了他们，使他们拜倒在基督的十字架之下。在整个中世纪，教会依然是这样做的。用日耳曼人的宗教热情来驯服日耳曼人的剽悍野性，这是罗马教皇对付德意志皇帝的灵丹妙药。因此，只要对教会的反抗是由德国王侯们发起的，教会都可以轻而易举地利用德国人的宗教情感来加以平息；但是如果反抗是在法国人或意大利人中间产生的，教会就真正地陷入了危机，因为在这时罗马教皇就会面

---

① 罗素：《西方哲学史》（上卷），商务印书馆 1963 年版，第 16—17 页。

对着一些同他一样以实用主义态度来对待信仰的拉丁对手。对于这些敌人，以上帝名义设置的信仰圈套很难奏效。德意志皇帝亨利四世与教皇格利哥里七世冲突的结果，是亨利四世一连三天披毡赤足站在卡诺沙城堡前的雪地里向教皇表示忏悔；而法王腓力四世与教皇卜尼法斯八世的冲突，则导致了长达70年之久的"阿维农之囚"的教会耻辱史。

西罗马帝国崩溃以后，从496年法兰克国王克洛维皈依基督教会到格利哥里七世（1073—1085年在位）登上教皇宝座的这一段时间，是基督教会潜在地积蓄力量的时期。在数百年的时间里，基督教已经在欧洲大陆和不列颠诸岛确立了稳固的精神统治地位。如果说在墨洛温王朝时代基督教会还是在法兰克人国家的羽翼下小心翼翼地发展，教会的权限和财产均处于世俗政府的控制之下，那么当矮子丕平建立了加洛林王朝以后，教会就逐渐羽翼丰满，开始企图与世俗国家平起平坐了。751年丕平把墨洛温王朝的最后一位懦弱无能的国王奇尔德里克三世逼进了圣梅达尔修道院，自己则取而代之。当时的罗马教皇为他举行了加冕礼，以上帝的名义确认丕平登基的合法性，从而用上帝"拣选"国王的新形式取代了以往由各部落首领选举国王的旧传统，使基督教不仅在名义上而且在实际上成为法兰克王国统治者的精神支柱。作为回报，丕平把拉文那总督区以"赠献"的形式交给罗马教皇，"丕平赠土"遂成为"教皇国"（教皇的世俗君主权）的开端。"这笔交易在当时看起来平淡无奇，但其影响极其深远。因为由此可得出结论：王位的授予和废黜都属于教皇的职权范围。这一件事的重要性当时虽未看出，但在西方重建帝国——神圣罗马帝国以及教皇和该帝国间的相互利用、相互斗争皆孕育其中，而这构成了整个中世纪史的非常庞大的一部分。"① 教会与国家之间的这种相互借重的关系在加洛林王朝统治时期一直被维护着,796年丕平的儿子查理在给教皇利奥三世的信中明确地划分了双方应承担的职责:"我的天职是用武力保卫教会,使它不受异教徒的攻击蹂躏,在教会内部确保教会的纯正信仰。而圣父,你的职责则是用祈祷支持我的武力。"② 这样就使得"上帝之城"(教会)与"恺撒之城"(国家)相互协调,并承认教会具有相应的权力。公元800年查理由法兰克国王加冕为罗马帝国皇帝(从而使自476年以后中断了300多年之久的罗马帝国得以重建),同样也是在罗马教皇的主持之下完成的。但是在查理的强权统治下,教会仍需仰承帝国的鼻息,教会的存在须以效忠皇帝为前提,因此在这种相互利用中已经蕴含着难以调和的矛盾。这矛盾在查理大帝死后即开始明朗化,随着法兰克帝国的解体,教会也开始摆脱皇帝的控制,不再履行向皇帝效忠的职责,并极力为把自己的权力提高到国家之上而制造理论根据。教皇不满足于拉文那的弹丸之地,在领土和世俗统治权方面表现出更大的野心。于是在9世纪中叶就出现了伪造的《艾西多尔文献》,该文献收集了一封据称是君士坦丁皇帝致罗马主教西尔维斯特的信,在信中君士坦丁宣称:为了感谢基督教会对他的拯救,他把罗马之外的4个宗教区的一切信仰事务的宗教管辖权与"罗马城和所有意大利的或整个西部地区的行省、地区和各城市"的世俗统治权均授予西尔维斯特及其继承者。这就是教会史上著名的"君士坦丁赠礼"。"君士坦丁赠礼"从理论上确认了宗教事务的独立性以及

---

① 威利斯顿·沃尔克:《基督教会史》,中国社会科学出版社1991年版,第235页。
② 《日耳曼史记:通信汇编》(第4卷),转引自杨真:《基督教史纲》(上册),生活·读书·新知三联书店1979年版,第153页。

罗马教会对整个原罗马帝国西半部的统治权，成为后来教会与世俗政权斗争的重要法理依据。由于该文献盗用了罗马帝国皇帝君士坦丁的名义，所以使得后来的神圣罗马帝国的皇帝们（他们都是以古罗马帝国的继承者名义而行使统治）在与罗马教皇的较量中常常在理论上处于不利地位。格利哥里七世在与亨利四世争夺主教叙任权时，所凭借的重要依据就是"君士坦丁赠礼"。

法兰克帝国的衰败是与教会权势的上升同步发生的，这也再一次说明了教会的兴盛只能建立在世俗权力的衰颓之上。然而教会在帝国转换的短暂间歇期中并没有确立起绝对的统治地位，到了10世纪，随着神圣罗马帝国的建立，教会与国家又重新开始了旷日持久的艰苦斗争。但是这场斗争已经与以前大不相同了，在罗马教会方面，由于其精神统治地位已经得到欧洲各国统治者和人民的普遍认可，而且教皇们据有"君士坦丁赠礼"等理论上的依凭和在长期政治斗争中所积累的丰富经验及权术手段，教会的力量已非昔日可比。因此虽然在某些时候迫于武力和种种世俗的压力而不得不对帝国皇帝表示妥协，但是它在对德意志神圣罗马帝国的斗争中从未真正地丧失过独立的地位。而在神圣罗马帝国方面，帝国皇帝虽然在理论上是欧洲各基督教国家的世俗首脑，但是其真正拥有的权力却比当年法兰克帝国查理大帝的权限要小得多，在大多数时候，神圣罗马帝国的皇帝充其量不过是徒有虚名的德意志国王罢了。而且帝国皇帝均须到罗马去经由教皇加冕才具有法律效力，这样就使得帝国至少在名义上要受制于罗马教会。因此在相当长的一段时间里，在罗马教皇与德意志皇帝的斗争中并没有哪一方能占有绝对的优势，双方力量彼此消长、互有胜负，斗争的结果在很大程度上取决于德国的诸侯们以及处于直接对峙之外的法国国王、英国国王和南意大利各城市的态度。但是总的趋势却是天平逐渐向教会一端倾斜，尤其是从希尔德布兰登上教皇宝座（即格利哥里七世）到英诺森三世统治的那一段时间里，教会的势力日益强大，终于在对德意志神圣罗马帝国的艰苦而漫长的斗争中取得了决定性的胜利。

格利哥里七世是中世纪最有才干和最擅长政治权谋的教会改革派人物，早在尼古拉二世任教皇期间（1058—1061年），他就已经是教廷中的实权人物。在他的挚友亚历山大二世去世之后，他被人们拥立为教皇，开始大刀阔斧地推行他一贯坚持的扩大教皇权限的种种改革措施。他把教皇看作由上帝选派的普世的最高统治者，所有的教俗人士包括尘世间的君王都必须对教皇负责。他在1075年发布的《教皇敕令》中宣称："唯有教皇一人具有任免主教的权力""一切君主应亲吻教皇的脚""教皇有权废黜皇帝""教皇可以解除臣民对邪恶统治者的效忠""教皇永不受审判"等观点。他把教皇和皇帝分别比作太阳和月亮，认为教皇的权力是至高无上的和不容亵渎的。当格利哥里七世为争夺神圣罗马帝国境内的主教叙任权而与德皇亨利四世发生冲突时，他以革除教籍和废黜皇位对后者相威胁，并以种种手段离间德意志的贵族和主教们，迫使亨利四世不得不负荆请罪。格利哥里七世在致日耳曼诸侯的信中描述了亨利四世忏悔的经过：

> 最后他自动地携带随从数人，毫无敌意或鲁莽的态度，来到了我所逗留的卡诺沙堡。在那里，他卑微地除下了一切属于国王的尊荣表记，赤足披毡，连续地三日之久站在堡垒的门前。恸哭流涕，哀求我仁慈的救助与安慰，直到所有在场的人都被感动，甚至不少的人为怜悯与同情所激动，哭泣哀恳，为他代求，而且对我当时异乎寻常的刚硬心肠，表示惊奇。另外一些人则指斥我

并不是在施行使徒的严峻,而是在表现暴君的残酷。

最后,我为他那坚定的痛悔,和那些在场者的代求所动,终于松开了咒逐的锁链,接纳他回到圣餐的恩典中和圣母教会的怀抱中。

亨利则发布誓词,表示悔改之心:

余,亨利王,因各大主教,主教,公爵,伯爵,日耳曼国内诸侯,暨在争端中附和上述诸人者对我的怨言与仇恨,愿在我们的主人,教皇格利哥里所拟定的范围内,遵照他的判断改正前愆,或依据他的主张签订和约。①

虽然亨利四世在积蓄了力量以后又卷土重来,迫使格利哥里七世逃离罗马而求助于诺曼人的庇护,但是罗马教廷在主教叙任权的问题上并未做出让步。这场斗争一直持续到1122年,以《沃尔姆斯宗教和约》的签订作为结束争端的标志。在这个和约中,因树敌过多而战败的德皇亨利五世不得不放弃主教叙任权,交出了象征宗教权力的权戒和牧杖。而教皇卡利克斯特斯二世则承认皇帝拥有世俗册封权,并承诺德国主教和修道院院长的选举须受皇帝的莅临监督。《沃尔姆斯宗教和约》是双方妥协的结果,但是它至少把意大利境内的主教叙任权从神圣罗马帝国皇帝手中转到教皇手中;而且对于德国境内主教的任命,皇帝也不再像以前那样包揽一切,而只具有"莅临"和监督的权

---

① 周一良、吴于廑主编:《世界通史资料选辑》中古部分,商务印书馆1964年版,第53页。

力。因此，它仍然表明了教会的胜利。"这场斗争的结果，要是希尔德布兰仍然在世，他是不会全然满意的。不过教会还是取得很大的胜利。它证明教会即使没有凌驾于国家之上，至少也同世俗权力处于平起平坐的地位了。"①

如果说在争夺主教叙任权的斗争中罗马教皇与德意志皇帝打了个平手，那么在此后的 100 多年中，形势变得越来越有利于教会一方。虽然在这一段时间里神圣罗马帝国也产生了像红胡子腓特烈大帝这样野心勃勃的皇帝，但是他扩张王权的尝试却遭到了教会方面同样强有力的教皇的遏制。在此期间，教会的法学家们从《路加福音》中又搜寻到新的理论根据，用以加强教皇的权力。《路加福音》第 22 章第 38 节记载："他们说，主啊，请看，这里有两把刀。耶稣说，够了。"这段话就成为教会的"两把刀"理论的雏形。教会人士解释道，这两把刀分别指神权和王权，它们都属于彼得（即教会）。教皇拥有神权这把刀，他在为国王加冕时把王权这把刀暂时授予国王，他随时保留着收回这把刀的权力。及至英诺森三世（1198—1216 年在位）登上教皇宝座后，这种"王权来自教皇"的理论就被他付诸实施。英诺森三世利用德国政权的分裂局面，翻手为云，覆手为雨，把皇帝的废立玩弄于股掌之间。在法兰西和英格兰，他也取得了空前的控制权，从而使教廷的世俗权力达到了顶峰。英诺森死后，他的继承者们继续卓有成效地与控制神圣罗马帝国皇位的霍亨斯陶芬家族进行较量。1268 年，受到教皇克雷芒四世绝罚的霍亨斯陶芬家族的末代统治者康拉丁被支持教会的安茹的查理（他是法王路易九世的兄弟）击败、俘获并斩

---

① 威利斯顿·沃尔克:《基督教会史》，中国社会科学出版社 1991 年版，第 270 页。

首，霍亨斯陶芬家族对神圣罗马帝国的统治也随之告终。从此德意志陷入了分裂混乱的状态，后来虽有哈布斯堡等家族在名义上对帝国进行统治，但是皇帝实际上只是受诸侯们摆弄的傀儡，再也无力与罗马教皇分庭抗礼了。

自从奥托一世建立神圣罗马帝国（962年），一直到13世纪中叶，帝国皇帝始终是教皇的主要对手。在这场旷日持久而又错综复杂的冲突中，教皇们发挥了拉丁人擅长玩弄政治权谋的优势，通过煽动和利用日耳曼人的宗教情感，最终取得了对帝国皇帝的胜利。这场斗争大大地削弱了德意志神圣罗马帝国，使它在13世纪以后成为一个徒具虚名的松散的联合体。教皇之所以取得了最终的胜利，在很大程度上也要归功于法国国王们的支持。这种支持使得罗马教会对于神圣罗马帝国不仅具有精神上的绝对优势，而且也具有了必要的物质后盾。此外，德国诸侯们在宗教情感方面的狂热性和盲目性、在政治素质上的幼稚性和软弱性，以及原始野性中遗留下来的反复无常、多疑猜忌等秉性，也构成了教皇胜利的必要条件。当精于算计的教皇与虔诚而野蛮的德国王侯相对峙时，教皇赢得了最终的胜利。但是到了13世纪以后，当教会开始把法国人当作主要对手时，教皇就遇上了一些与他同样具有文明的拉丁文化因子、同样以一种实用主义的态度来对待信仰和同样精于算计、擅长权谋的敌人。而且尤其令教皇们头痛的是，这些法国对手具有双重的恶棍特点：一方面他们具有德国皇帝和王侯们的那种动辄诉诸武力的蛮横脾性，却又不具有德国人的虔信和愚钝；另一方面，他们具有罗马教皇和主教们的种种奸狡、机智和阴险特性，却不具有后者"君子动口不动手"的温文尔雅的风范。这些法国人把德国人的野蛮恶习和意大利人的文明恶习熔于一炉，因此当罗马教会开始面对这样的"双料恶棍"时，它就不可避免地走向了衰落。

如果说罗马教会是德国封建王侯的克星,那么法国集权君主则成为罗马教会的克星。

13世纪下半叶,在法国和英国兴起了几股新势力,这些新势力使得罗马教廷以往的那种统治方式再也难以奏效了。这些势力包括新兴的民族意识、中等阶级(第三等级)和对罗马法的研究。这些势力导致了法国君主专制的迅速发展,使法国从罗马教廷的帮凶变为它的对头。"这些正在增长的势力是教廷必须认真对付的。从世俗观点看,教廷的弱点在于它缺乏足够强大的供自己支配的实力。教廷必须用一种敌对势力来抵销另一种,这种策略导致德国的毁灭,结果为法国大开方便之门,教廷这时却找不到其他势力足以与之抗衡。"① 在英国方面,世俗王朝虽然没有像法国那样公开地与教廷对立,却利用罗马教廷无力旁骛的困境悄悄地发展自己的实力和具有民族特点的教会。到15世纪末,英格兰不仅牢固地确立起君主专制的政体,而且教会也大体上成为国家教会了。唯有在陷入严重封建状态的德国,罗马教廷还能利用其分散混乱的局面继续发挥影响。

罗马教会与法国国王交手的第一个回合,就以惨败告终。14世纪伊始,雄心勃勃的法王腓力四世为了筹集与英格兰交战的经费,公然向法国境内的教士征税,引起了教皇卜尼法斯八世的抗议,腓力便以禁止法国贵金属和钱币出口相要挟,迫使教皇让步。一年以后,当腓力以叛逆罪而审判一名法国主教时,争端又起。卜尼法斯八世发布了著名的《神圣一体敕谕》,援引阿奎那的观点宣称,"任何人要得救都必须服从罗马教皇。"腓力则针锋相对,于1302年召开第一次三级会

---

① 威利斯顿·沃尔克:《基督教会史》,中国社会科学出版社1991年版,第330—331页。

议，反对教皇充当法国的太上皇。更有甚者，腓力为了让教皇尝尝法国人的厉害，派遣了一群凶汉去绑架教皇。"这群凶汉在意大利的安纳尼镇冲到了教皇面前，凶猛地恫吓他，但是并不敢去抓他以实现他们的计划。虽然只是这样，因为他已过八十，年迈力衰，受此奇耻大辱之后不久，他便死了。于是腓力选举出一个根本未曾到过罗马的法兰西教皇（即克雷芒五世）。因此，所谓教皇在阿维农的'巴比伦的流亡'时期（1305—1377年）开始了。"①

"阿维农之囚"是罗马教会在中世纪所遭受的最沉重的打击和最难堪的耻辱。在教廷被迫迁居法国南部的阿维农期间，几任教皇全是法国人，教廷成为法国的一个行政机构，成为法王与其他国家进行政治交易时的一个筹码。70年后，教皇格利哥里十一世将教廷迁回罗马，但是第二年他就死了。继任者乌尔班六世想实行教廷改革，以消除法国势力的影响，结果却遭到了全体枢机主教的反对，他们宣布乌尔班六世的当选无效，另推举日内瓦的罗伯特为教皇，称为克雷芒七世，并与新教皇一起重返阿维农。乌尔班六世则在罗马重新组建枢机主教团，与阿维农的教廷相抗衡。至此，"阿维农之囚"时期结束了，却又出现了40年之久的"西方教会大分裂"。在这段时间里，西欧同时存在两个甚至三个教皇，相互攻讦，各行其是。教皇之间的教务之争又与欧洲各国的政治斗争搅和在一起，意大利北部和中部、德国的大部分、斯堪的纳维亚诸国和英国承认罗马教皇；法国、西班牙、苏格兰、那不勒斯、西西里和德国部分地区则拥护阿维农教皇。"两位教皇滥用职权，尤其是滥增捐税以维持两个教廷的开支，使欧洲蒙受

---

① 布林顿、克里斯多夫、伍尔夫：《西洋文化史》（第2卷），台湾学生书局1971年版，第168—169页。

耻辱，备受痛苦煎熬。尤为严重的是，有形教会只有一个的这种感情大受伤害。在民众的心目中，教皇的权威一落千丈。"[1] 这种分裂的局面直到 1417 年才结束，康斯坦茨宗教会议废黜了并立的三个教皇，选出了新教皇马丁五世。分裂的状态虽然结束了，但是罗马教廷却已元气大伤，教会再也无力与法国这样强大的君主专制政权相抗衡了。

　　从理论上说，基督教会原本是上帝设在人间的一个代理机构，是一座"上帝的城堡"，它的职责是拯救人的灵魂。因此，教会不应该过多地插手世俗事务，而应该成为一个收容忏悔灵魂的庇护所，就如同教会在基督教刚刚产生的几个世纪中所做的那样。然而，"在教会的存在理由中天生有一个大难题。教会要为圣城而赢得这个世界，为了这个目的，它在人世间是好战的，这意味着一个教会必须处理世俗事务像它处理精神事务一样，而且必须在人世间把自己组织成为一个机构。教会为了在逆境中奉行上帝的事业，不得不在它的灵妙的裸体上覆以粗劣的机构外皮，这层外皮和精神的本质是不相符合的。……在这个世界里教会不卷入和世俗问题的斗争就不能进行精神上的工作，而在斗争中就得用机构作为进攻的工具。"[2] 其结果，教会组织就如同毒蕈一般在欧洲各地生长起来，这些教会机构不仅要关怀人们的灵魂，而且要插手种种俗务，从而与世俗政权处于尖锐的矛盾之中。在这个过程中，教会一方面用其在世俗事务上获得的成就来证明自己的精神胜利，另一方面却不知不觉地为自己挖下了陷阱。欧洲中世纪教会与国家的对立，其根本原因就在于教会逾越了它应当恪守的本分，从追求彼岸的荣耀转变为追逐现世

---

① 　威利斯顿·沃尔克：《基督教会史》，中国社会科学出版社 1991 年版，第 339 页。
② 　汤因比：《历史研究》（下册），上海人民出版社 1964 年版，第 138 页。

的权势。黑格尔指出:"这种对峙之所以存在,还是由于那个主管'神圣的东西'的教会竟然自己沉溺在各种各样的世俗性中——这种世俗性,更因为一切感情都假托了宗教的神圣,所以越发显得可鄙。"① 随着这种对峙的继续,罗马教会终于在达到了权力的巅峰之后,从外在而虚幻的世俗权力顶点跌落下来,越来越深地陷入它自己挖掘的陷阱中。在中世纪,基督教教会经历了同基督教神学和基督教道德同样悲惨的异化过程,只是到了宗教改革时代以后,罗马教会才最终放弃了在人世间建立神国的野心和幻想,无可奈何地收缩回它最初的出发点,安分守己地重操起拯救悔罪灵魂的旧业。

二、天国之阶与地狱之门

罗素指出:"中世世界与古代世界对比之下,是具有不同形式的二元对立的特征的。有僧侣与世俗人的二元对立,拉丁与条顿的二元对立,天国与地上王国的二元对立,灵魂与肉体的二元对立等等。这一切都可以在教皇与皇帝的二元对立中表现出来。"② 然而,教皇与皇帝的二元对立及其所代表的其他二元对立只是一些外在的对立,而基督教文化最深刻的二元对立却是它的理想与实践之间的对立,这种对立导致了基督教文化的一系列矛盾现象。基督教文化既不像希腊文化那样呈现为一种和谐之美,也不像罗马文化那样呈现为一种暴戾之力,它不像希腊文化和罗马文化那样仅仅表现为某种直接的单纯性,而是如同黑格尔逻辑学中的本质论一样,是以一种对立的范畴形式而呈现出来的。因此在基督教文化中,触目之处皆为一些深刻且无法调

---

① 黑格尔:《历史哲学》,生活·读书·新知三联书店1956年版,第390页。
② 罗素:《西方哲学史》(上卷),商务印书馆1963年版,第377页。

和的矛盾。丑与美、恶与善、虚假与真挚、地狱与天国、痛苦与极乐等对立范畴均以一种奇特的方式融为一体。所以在中世纪基督教社会中，我们可以看到种种由无比虔诚的动机而造成的滔天罪恶，受到普遍赞美的令人作呕的丑行，在骇人听闻的自我折磨中所体验的心旷神怡境界，以及在上帝的采邑中肆无忌惮地进行的卑鄙勾当。这一切矛盾的融合在中世纪都是那样自然，毫无勉强拼凑的痕迹。正如那个被钉死在十字架上的基督，那样羸弱，那样枯槁，丝毫也不具有希腊罗马式的协调之美和遒劲之力，然而在那高耸的十字架上，在那痛苦悲惨的面容和那一缕从心口流出的鲜血中，却透出一种震撼人心的力量，一种令人战栗、令人惶恐、令人迷狂的无以言状的感召力。这种从被撕裂的痛楚中升发出来的解脱感，这种"痛苦的极乐"，这种尖锐的二元对立，正是基督教的魅力所在。同样，那种真挚的虚伪、善意的邪恶以及在崇高纯洁的宗教理想指引下所进行的各种卑污残酷的实践活动，对立的双方是如此水火不容，却又奇妙地熔铸为一体。这一切构成了中世纪基督教文化的内在矛盾和本质特征。

从理论上来说，教会是上帝设在人间的一个拯救灵魂的机构，是信徒与上帝进行精神沟通的唯一渠道。公元3世纪的罗马主教卡利斯托斯把教会比作诺亚方舟，认为教会的职责就是在现实生活的洪水中拯救那些虔信的灵魂。奥古斯丁认为"上帝之城"即体现于教会中，因此教会对于信徒来说是苦难现实中的灵魂避难所，是通向天国的阶梯。

早期基督教会的建立和发展情况在《圣经·新约·使徒行传》中可见一斑。耶稣复活后，在加利利会见了他的门徒，"他们聚集的时候，问耶稣说：'主啊，你复兴以色列国，就在这时候吗？'耶稣对他们说：'父凭着自己的权柄，所定的时候、日期，不是你们可以知道的。但圣灵降临在你们身上，你们就必得着能力；并要在耶路撒冷、犹太全地和撒马利亚，直到地极，做我的见证。'"① 遵从耶稣的嘱托，彼得和雅各在耶路撒冷建立了初期教会，会众过着"凡物公有"、互通有无的集体生活，并遵守犹太教规，参加犹太教圣殿的崇拜。这是彼得派的本邦教会。不久以后，从法利赛人转变为基督徒的保罗遵从耶稣要他"远远的往外邦人那里去"的使命，和巴拿巴一起在安提阿建立了教会，从而成为外邦教会的创始人。再往后，希腊、北非和罗马等地的教会也逐渐建立起来。早期各地教会之间虽然书信交往频繁，却并没有联合成一个共同组织，而是各自为政，这种分散的状况为以后东西教会的分裂埋下了种子。然而尽管如此，各地基督徒在心理上仍然有一种认同感，觉得自己是一个宗教大团体中的成员，伊格纳修斯把这种与各地教会相区别的宗教大团体称为普世教会，即大公教会。这种"国中之国"的信念极大地触怒了罗马帝国的统治者，成为罗马帝国对各地基督徒进行残酷迫害的一个原因。另一方面，这种心理上的认同感，尤其是这种认同感与上帝的国度相联系大大地加强了基督徒的团结和勇气，使他们在罗马帝国的屠刀下不屈不挠地为实现基督教的理想而奋斗，最终促成了统一而强大的基督教会的发展。

在公元1世纪末，教会中已出现了以主教（即监督）为主、长老和执事为辅的三级教职制，但主教集权制尚未确立，教职人员的职责主要在于管理教会的慈善事业和主持洗礼、圣餐等圣事。他们由各地教会的会众选出（在理论上，他们被认为是使徒所指派的），坚定的信仰、崇高的德行和自我牺牲精神成为他们出任圣职的必要条件。保

---

① 《圣经·新约·使徒行传》，第1章，第6—8节。

罗指出有三种教会领袖是从圣灵得来的恩赐，即使徒、先知和教师，他们是上帝在教会中设立的。[①] 使徒的工作是建立教会，先知和教师的工作是宣扬和阐释上帝的信息，而使徒派遣到教会中进行监督的人就是主教和执事。《十二使徒遗训》明确指出："因此你们要委派监督和执事，他们应该是不辜负主，性格温顺，不贪钱财又真实可靠的人。他们为你们行先知和教师的职责，所以，不可轻视他们，因为他们和先知教师一样是你们应尊敬的人。"早期教会的许多神职人员确实具有出众的美德，他们在俭朴节欲、克己奉公和以身殉道等方面均堪为典范，有些人后来被教会奉为基督教的圣徒。

由于教会组织的分散状态和主教权力的限制性，早期基督教社会中洋溢着一种平等自由的气氛，信徒之间、教会之间均可就教义和教仪问题展开讨论，而无须担心因此会受到惩罚。保罗曾责备哥林多教会中激烈争吵的场面，由此可见宗教问题方面的分歧在当时的教会中是很普遍的现象，而解决分歧的途径是平等自由的讨论。每个人都可以用自己的方式来接近上帝，他必须坚持的只有两点：在内心，他必须保持真诚的信仰；在外在形式上，他必须身在教会中。"在罗马帝国城市中建立的宗教团体，都仅仅是以信仰和仁爱的纽带联合起来的。独立与平等，成为它们内部组织的基础。"[②] 这种以信仰和仁爱为基础的平等自由气氛，使得基督教会无论是在对外还是对内时，都以一种非暴力的和平姿态出现，它是依靠自觉的信念而非强制的恐怖来维系组织的生存和发展的。这时的教会虽然仍处于襁褓阶段，且时时面临着罗马帝国的迫害，但是它的感召力却是最强大的。这种感召力

---

① 《圣经·新约·哥林多前书》，第12章，第28节。
② 吉本：《吉本〈罗马帝国衰亡史〉选》，第十五章，商务印书馆1964年版，第42—43页。

在当时是直接作用于信仰者的心灵，而不是像中世纪那样靠着强制性的制度作为中介才与心灵联系起来。就这一点而言，早期教会表现了基督教纯真的处子之情，它是整个教会史天真无邪的伊甸园时代。

然而，教会既然是上帝设在人间的一个机构，当它久居地上时，就不可能不在"一个软弱和堕落的人类中"受到种种谬误和腐败的污染。尤其是当它开始在一个坍塌的帝国的废墟上贪婪地扩张自己的管辖范围和世俗权力时，这种被腐蚀的危险更是成几何级数地增长。同样，主教们虽然是"基督的代理人"和"使徒的继承者"，但是由于他们生活在尘世之中，人的七情六欲很难根本净绝，因此他们也时时经受着魔鬼诱惑的严峻考验。当教会处于受压抑状态，整个外部环境被笼罩在险恶的浓雾中时，教会领袖们尚能洁身自好，以身奉主；一旦教会取代帝国成为统治机构，主教们和作为"总主教"的教皇就开始利用自己手中迅速增长的权力来填补欲壑。美德只有在逆境中才能很好地被保持，而权力则成为滋生邪恶的土壤。而且由于他们具有"上帝的代理人"这种特殊身份，从而使得一切罪恶都获得了冠冕堂皇的名义。正是凭借着这种心理上的依据，中世纪的罗马教会就随着权力地位的上升而日益走向了堕落的深渊。

在奥古斯丁等教父的具有浓烈决定论气息的"原罪"理论和救赎说中，就已经包含着提高教会地位、使教会与俗人相分离的倾向。因为既然个人的被拣选是不依他的自由意志及其道德行为而定的，那么这种神秘的蒙恩状态只有作为上帝在人间的代言人的教会才能够领悟，这就使教会成为代理上帝颁发赦罪令的"领忏人"。随着教会对赎罪权的垄断，它所扮演的角色也从名义上的"代言人"和"领忏人"变成了实际上的救世主或上帝。信徒与上帝之间内在的信仰关系转变为信徒与教会之间的外在的服从关系。教会据有了良心的地位，成为真理、美德和救赎的化身，由沟通人与信仰对象的中介变成了信仰对象本身。所以在中世纪，教皇、主教以及教会的各种外在化和形式化的仪式成为信徒们真正的崇拜对象，而"对于'精神'内上帝的崇拜就丧失掉了，基督本人也被置之高阁了。上帝和人类间的调和因素便被理解为某种外在的东西。自由的原则既然被颠倒歪曲，绝对的不自由便成为固定的法律"。[①] 教父们曾把教会比作"基督的新妇"，然而这"新妇"在中世纪却变成了一个凶狠刁泼的悍妇，基督则成为一个惧内的丈夫。恰如霍尔巴赫所讽刺的，"教会是耶稣基督的妻子。她把年轻老实的丈夫管得服服帖帖。丈夫只求家庭和睦，什么也不过问，而且百依百顺。实际上，妻子不是一个温柔妇人。她有时对自己的孩子极端严厉，如果爸爸敢开口，那他是决不同意这样严厉的。"[②] 这是一种深刻的异化，手段遮掩了目的而成为目的本身，教会由上帝派驻人间的代理人变成了上帝形象及其权力的制造者，成为中世纪真正的上帝。由于教会据有与上帝直接交往的特权，其假托上帝之名来贩卖种种赝品教义和信条；而平信徒则因为教会的中介作用而丧失了与上帝直接联系的可能性，他们唯有通过教会才能与上帝相沟通。因此教会成为他们罪孽灵魂获救的唯一希望，他们不得不对教会百般依从，把教会奉为神圣。久而久之，竟使暴虐的教会悄无声息地取代了仁慈的上帝，成为信徒们精神和肉体的绝对主宰；而上帝本身却如同他的独生子基督一样，成为教会十字架上的牺牲品。黑格尔对信仰的这种外化和异化状况评论道："教义的全部发展、精神的识见和神圣的东西的

---

① 黑格尔：《历史哲学》，生活·读书·新知三联书店 1956 年版，第 425 页。
② 霍尔巴赫：《袖珍神学》，商务印书馆 1972 年版，第 49 页。

知识完全属于教会所有：教会必须命令，世俗的人只有直截了当地信仰；服从是他们的天职——这只是信仰的服从，他没有任何的识见。这种情形使信仰变成了一种外界规定的事情，而结果便流为强迫和火刑。"①

教会拥有了绝对的权力，在俗人眼里，教会和上帝一样是万能的和全知全善的。知识在中世纪一直是教会的专利，良心和道德也为教会所独据，因此教会可以任意地宣布一个人有罪或者为另一个人赎罪，并且武断地把一些于它有利的行为规定为得救的必由之路，例如做弥撒、修苦行、密室忏悔、朝拜圣地、购买赎罪券和参加十字军等等。而这些行为由于其非精神化和形式化的特点，对于当事人来说不仅是纯粹外在的仪式，而且是可以请人代庖的虚文，其结果使得教会控制下的宗教生活流于一种普遍的虚伪化。

中世纪教会实践对基督教精神和教会天职的背离表现为教会日益从超度信徒灵魂的彼岸性机构转化为贪婪和权力欲恶性膨胀的世俗性机构，从培育美德的温室转化为滋生罪恶的渊薮。引起这种背离的原因有两个，这两个原因恰恰是处于鲜明对照和截然对立中的。第一个原因是全然世俗性的，即植根于神职人员的天性中的种种卑劣成分，如贪婪、淫邪和世俗权力欲等等。这些人性的弱点导致了教会内部的普遍腐化，造成了神职人员荒淫奢靡、道德败坏的现象。第二个原因却是出于宗教性的动机，即捍卫基督教纯洁性的目的。这种宗教的虔诚由于与反理性的狂热以及对世俗感性享乐的刻骨仇恨相结合，就表现为一种野蛮的残忍，一种必须通过火与血的献祭才能表达的宗

---

① 黑格尔：《历史哲学》，生活·读书·新知三联书店 1956 年版，第 424—425 页。

教忠诚,其结果造成了令人发怵的宗教不宽容现象,例如宗教裁判所对各种"异端"的血腥迫害和"火刑法庭"。第一个原因更多地存在于罗马教廷和教区教会中,它使教皇和教士们背离基督教关于"清贫""贞洁""顺从"的三大信誓,使教会成为邪恶淫乱之薮。第二个原因则更多地存在于修道会中,它鼓励和助长了修士们因长期苦行而造成的心理扭曲和对人类一切美好事物的仇恨心态,促使那些面目阴沉、心如铁石的修士怀着变态的宗教虔诚去进行灭绝人性的大屠杀。这些修士拿起了罗马帝国曾经用来迫害基督徒的火和剑,却把基督教所具有的宽容精神和和平主义宗旨绑上了火刑柱。

教会的腐败主要表现在买卖圣职和神职人员蓄妾两个方面。教皇由于具有全教会的圣职卖主这种身份(在 11 世纪以前这种特权由教皇和国王共同分享),所以成为最大的财主。其他神职人员则一手从教皇那里买到较高级的圣职,一手卖出自己辖区内较低级的圣职。一位主教直言不讳地承认:"我付出黄金,而当了主教;只要我按照自己分内的权限行事,我也不怕捞不回这笔款项。我任命一个祭司,于是我收到黄金;我安插一个执事,于是我收到一堆白银,看吧,我付出的黄金,现在又重新返回了我的钱囊。"这种买卖关系层层相叠,低级的神职人员则利用自己手中的权力向平信徒搜刮勒索。总之,"当一个人买到了高级圣职以后,他自然要急于收回为此而付出的代价,于是这人对属世事物的关心势将超过他对于精神事务方面的关心"。[①]除买卖圣职之外,神职人员的蓄妾现象也是中世纪教会的一大弊端。前已提及,保罗对信徒的嫁娶之事并未禁止,只是劝勉圣洁者当独身

---

① 罗素:《西方哲学史》(上卷),商务印书馆 1963 年版,第 500—501 页。

奉主。神职人员既自认为是圣洁者，而且教会方面也是如此认定，所以独身对于维护其宗教性的道德权威是必不可少的。但是人的情欲又时时在心中发动，于是在独身奉主这种道貌岸然的幌子背后，蓄妾（而非结婚）之风气在教会中彼此心照不宣地盛行开来。蓄妾现象表现了教会和神职人员的虚伪性，他们一方面依然保持着"独身"的美名，另一方面却可以尽情地享受男女之娱，甚至有些神父沉浸在爱河中不能自拔，最终置圣职于不顾。11世纪的教皇本尼狄克九世竟然为了结婚而决心辞去教皇职位，其情形类似于后来的英国国王爱德华八世"不爱江山爱美人"的故事。所不同的是，精明的本尼狄克没有白白地辞去教皇职位，而是把这一职位卖给了继任的格利哥里六世，从而一举两得，既得了美人，又赚了钱财。

格利哥里七世曾力图改革教会中买卖圣职和蓄妾这两大弊端，并且取得了一些成效。但是在他死后，这些现象又开始复苏，而且愈演愈烈。事实上，贪图钱财和迷恋女色这两种人性的弱点，如果不是像早期圣徒那样凭着坚定的信念和顽强的意志来自觉地抵御，任何外在的禁令都是难以将其根除的。教会的堕落是人性的弱点所必然导致的悲剧结局，其所以如此，是因为教会的理想过于崇高，过于圣洁，而准备实现这些理想的神职人员却是血肉之躯，无法逃避人性弱点的影响。因此，虽然他们始终打着上帝的旗号，却不由自主地投入魔鬼的怀抱。教会的崇高理想与人性中的卑劣欲望之间的反差越是强烈，这种二元对立越是尖锐，教会实践在虚伪和堕落的路上就走得越远，其趋势就越是不可逆转。乃至于到了阿维农教廷时期，教会成了一个公开买卖圣职的自由市场，各种实缺和"候补"的圣职均可标价出售，教皇则巧立名目收取种种"任命费"、"授牧杖费"、"初熟之果"、施恩赦罪的"特别费"以及"十字军什一税"等等。各地主教和神父也挖空心思去榨取各种弥撒费、赦罪费、殡葬费等。稍晚一些时候，教皇、主教和大小神父们又都同心协力地投入兜销赎罪券的活动中。在蓄妾方面，也由偷鸡摸狗的苟且之欢走向肆无忌惮的放纵淫乱，一些女修道院成了半公开的妓院，许多神职人员的私生子由于教皇和主教"施恩"而获得合法权利，并且子继父业，成为新一代神父。教会这个理论上最圣洁的场所，实际上却已经成为人世间最肮脏腐臭的藏污纳垢之地，故而人文主义大师彼特拉克轻蔑地将其斥为"全世界的臭水沟"。

基督教世界里的仇恨和残忍在很大程度上是由那些身穿黑色修士服、面目阴郁冷酷的修士煽动起来的。这些修士由于怀着为了上帝而舍弃一切人间享乐的忠诚，经受了长期的禁欲煎熬，因此对人的各种情欲和世俗欢乐都抱有一种变态的仇视心理。这种由于人性的扭曲而产生的铭心刻骨的仇恨，使得他们把一切具有感性魅力的事物都当作魔鬼的诱惑而任意蹂躏，对人类本性中的许多美好愿望严加压抑，把现实生活中真善美的东西碾为齑粉以作为他们对上帝献祭的牺牲。这是一种以信仰的名义掩饰着的愚昧和野蛮，一种发散着虔诚的宗教呓语的疯狂。它的目的就是要摧折人类文明苗圃中的一切色彩斑斓的鲜花，让整个世界沉浸在一片阴暗的禁欲苦海之中。这种仇恨心理由于是在对人的正常情欲的变态压抑中培养出来的，它的根须浸饱了残忍和阴险的毒汁，所以它对人类文明的摧残比起任何原始的野性都更为无情和可怕。原始野性对文明的摧残或多或少还带有一些粗犷的壮美色彩，而变态的情欲对文明的仇恨和摧残却始终笼罩着一层阴沉沉的鬼气，令人浑身直起鸡皮疙瘩，就像在火刑宣判仪式上宗教裁判所的刽子手们从遮盖全身的长袍中唯一露出的那双眼睛一样阴森可怖。

中世纪臭名昭著却又令人谈虎色变的宗教裁判所就是修士们这种

变态的仇恨心理的杰作。英国著名历史学家韦尔斯谈到宗教裁判所时指出："教会的职责本是诱导，而选择了强迫。"尽管许多教会人士把宗教裁判所的起源上溯到上帝和基督（如16世纪西西里的宗教裁判员帕拉莫以《圣经》为根据来证明亚当和夏娃是最初的异端分子，上帝本人是第一任宗教裁判员；教皇庇护九世的密友马里诺·马里尼认为：耶稣基督是宗教裁判所的创造者和立法者），但是基督教的真正精神是和平主义的和非暴力的，而且早期基督教会在对待异端者时基本上采取了一种较温和的态度。对于诺斯替派、芒泰纳斯派、多那图斯派、阿利乌派、一性论派、裴拉鸠斯派、聂斯脱利派等早期异端，教会施加的惩罚仅限于精神方面，最重的惩罚不过是革除教籍。正是由于早期教会没有对异端采取中世纪宗教裁判所那样赶尽杀绝的不宽容态度，所以阿利乌派在被西方正统教派斥为异端后仍然得以在哥特人和汪达尔人中广泛流传，而聂斯脱利派的神学思想在以弗所宗教会议上被判为异端后则掉头东去，流入波斯、印度和中国。

相形之下，中世纪尤其是12世纪以后"异端"的遭遇则要悲惨得多。虽然在中世纪早期，教会和世俗统治者也曾以极刑处死过意大利、法国和德国境内的一些异端者，但是那时对异端的迫害尚未形成规模，只是零星地发生，而且还没有建立起专门性的组织。到了12世纪，由于华尔多派、阿尔比派等"异端"思想广泛流传，教会联合世俗国王和贵族们组织了讨伐阿尔比派的十字军。英诺森三世认为，异端乃是叛逆上帝，其罪行远过于背叛国王，因此对异端者不仅要使用"开除出教的精神之剑"，而且还要对他们的肉体使用"铁剑"。他收容了一群游手好闲的无赖和杀人越货的歹徒，组织他们对阿尔比派发动了新的十字军远征。这伙人一路上烧杀劫掠，把死亡和暴行带到"法兰西王最和平的臣民中间"，使得许多城市被焚毁，成千上万的法国人被屠杀。虽然阿尔比派异端被镇压下去,但是罗马教廷却产生了提心吊胆的危机感。"到了十三世纪,教会显然已经感到那使人痛苦的怀疑可能很快会摧毁它的整个权力机构而焦急不安。它没有了灵魂上的宁静。它到处搜索异端,就像传说中的胆小的老妇在睡觉以前到床下和碗橱里搜索窃盗一样。"[1] 这种惶恐不安的感觉使罗马教廷决心建立一个镇压异端的常设性机构。在 1215 年的拉特兰大公会议上,英诺森三世和与会的教俗人士讨论了根绝异端和改组旧僧团的问题。1220 年教皇洪诺留三世通令,由新组建的多明我会和方济各会修道士组建并主持异端审判法庭,直属教皇领导,不受地方主教管辖。1233 年教皇格利哥里九世发布通谕,赋予多明我会以审判异端的全权。1252 年教皇英诺森四世颁布了从组织上批准建立异端审判法庭和准许使用体刑的训谕《论连根拔除》,标志着宗教裁判所的正式确立。此后不久,异端审判法庭在各教区纷纷建立,成为凌驾于地方主教和世俗领主之上的"神圣"法庭。

如果说罗马教廷是出于恐惧而搜索和迫害异端,那么修士们则把迫害异端当作一种具有强烈刺激性的娱乐,通过对异端者灭绝人性的折磨和杀戮来发泄积郁于心中的变态的疯狂,从而使因长期禁欲而积满仇恨和嫉妒的心灵获得一种报复的快感。霍尔巴赫嘲讽道,宗教裁判所的火刑"是偶尔献给神的美味肴馔。它是隆重地用异教徒和犹太人烧烤而成的,其目的在于更有把握地拯救他们的灵魂并教育观众。不言而喻,仁慈的父总是特别喜爱这道菜的"。[2] 实际上,这道美味肴馔更投合修道士们嗜血狂的病态心理。作为宗教裁判所的主要支柱的

---

[1] 赫·乔·韦尔斯:《世界史纲:生物和人类的简明史》,人民出版社 1982 年版,第 738 页。
[2] 霍尔巴赫:《袖珍神学》,商务印书馆 1972 年版,第 21 页。

多明我会修士是"罗马教会常备的使徒",是"真正信徒的警犬",该会的标志是一头口衔熊熊燃烧的火炬的狗,象征着火刑和流血。"多明我的特点是对教廷的愚忠,属于那种为了'神圣事业'而不惜犯任何罪行的冷酷的狂热分子。"① 然而在这种表面的愚忠背后,还深深地埋藏着对人类文明和世俗幸福的刻骨仇恨。托钵修士们既然能跣足披发,乞食为生,心甘情愿地忍受贫寒和自我摧残,唾弃人类文明的一切成就,他们那阴暗的心灵必定已泯灭了所有的人性良知。因此,当他们把这种变态的折磨从自身转向他人时,必然表现为一种令人毛骨悚然的残忍,一种铁石心肠的冷酷无情,一种绝对的不宽容和一种以神性相掩饰的渴血的兽性!

于是我们就看到修士们所把持的宗教裁判所法庭是如何灭绝人性地迫害所谓的异端者——"女巫"、犹太人、持不同宗教见解者和具有新思想的先驱,如何对这些人施以酷刑并最终庄严隆重地把他们送上火刑场。其荒唐和野蛮的程度是健全的理性所无法想象的,堪称有史以来人的疯狂和兽性的登峰造极之表现。董进泉的《黑暗与愚昧的守护神——宗教裁判所》是迄今国内研究宗教裁判所的一部最权威的专著之一,下面摘引该书的几段资料,从中可见宗教裁判所劣迹之一斑:

> 1597年,67岁的德国寡妇、打日工的克拉拉·盖斯勒,由于另一个因巫术被处决的女人告发她同三个魔鬼姘居及其他罪行而被捕。克拉拉在审讯时否认自己有罪。于是开始对她用刑。审

---

① 董进泉:《黑暗与愚昧的守护神——宗教裁判所》,浙江人民出版社1988年版,第69页。

讯记录说，用钳子钳她的脚趾，但"魔鬼使她顽抗，并坚持了下来"。当"足发痛并钳得更厉害"时，她"苦楚地号叫起来：向她询问的一切都是真事——她喝过偷来的小孩的血"，等等。但只要一停止用刑，克拉拉就否认说，"她说这一切都是出于苦痛，都是撒谎，没有一句是真话"。在重新用刑后——这一次是"非人的"，她彻底招认了："我同许多魔鬼淫乱了40多年。他们有时变成猫和狗的样子到我这里来，有时变成蠕虫和跳蚤的样子到我这里来。我已经使240多个老人和青年惨死，吃他们的肉，喝他们的血。三四十年来，我好多次在大范围内掀起风暴，9次使房子起火。我想把这座城市统统烧毁。但名叫布尔西安的魔鬼不让我这样做，他说，他在这里还能够使许多妇女变成巫女，迫令她们像为上帝效劳一样为我效劳。"她的口供到这里中断了，因为她在刽子手严刑拷打下咽了气。侦讯记录上写道："魔鬼不想让她再供出什么，因此勒紧了她的脖子。"

1616年初符腾堡的一个巫女的口供（当然离不开严刑）说："我从记不起的时候就当了巫女。我折磨死了104个小孩，包括我亲生的3个。他们后来全都被从坟中挖了出来。一部分煮了吃掉，一部分加工成药膏及其他用于妖术的药剂。腿骨制成笛子。我折磨过我的媳妇和两个小孩，我折磨了我的两个丈夫好多年，最后使他们死掉。我无止境地同魔鬼淫乱，40年来我在直到盖赫尔伯格多座山的好多好多里路范围内掀起了无数次风暴。在这些山上，每年举行5次狂欢晚会。会上集中了2500名形形色色的人：穷人、富人、青年、老人，也有名门望族。"不言而喻，她被押上了火堆。

在班贝格，在德国中部，1609—1633年，那里公开处决了近 900 名被控进行巫术活动的人。受难者中不仅有普通居民，而且有城市当局的代表人物，包括 5 名市长，甚至连法官也被告发同魔鬼往来。1625 年，该城参事约翰·尤尼乌斯被捕。3 个证人、包括他本人的儿子供述说，曾看见他参加巫女狂欢晚会。约翰断然否认，于是动起了大刑。他被吊上绞刑架 8 次，并警告说，刑罚将继续到他彻底招认为止。约翰为了免遭进一步的痛苦而"部分招认"了：有一次在田野里，一个姑娘向他走来，突然变成了一只山羊，对他说："你将是我的！"并以咬断他的喉咙要挟他抛弃上帝。约翰同意了，于是给他举行了"信仰魔鬼的洗礼"，并送他去参加狂欢晚会。法官要求他举出同他一起参加狂欢晚会的居民的名字。这位被捕者在严刑的"感召"下招出了 30 个人。刽子手迫令他承认扮演了男梦魔角色，从魔鬼那里取得了想用来毒死儿子的白药粉，并承认亵渎圣饼。非刑使约翰到了准备供出任何人和交代任何事情的地步。他在法庭上确认了侦讯时招认的口供，结果被处以火刑。但他通过女儿成功地转出了一封翻供信："这一切全是谎言和捏造。……在取得任何口供前，他们永远不会停止用刑。"

……

由于对异端犯大规模处决的需要，在行刑的田野里或城郊建起了宣判台（断头台），就近用石头砌起了高高的火刑台。它被称为"凯马德洛"——火盆或火葬场。"凯马德洛"的四角耸立着《圣经》中的先知的大石雕像，用来捆绑和处决被宗教裁判所判处火刑的异端者。这些雕像的塑建，是由热心的天主教徒梅萨捐助的。但梅萨本人后来被揭露是"新基督教徒"，宗教裁判所认为他的这种"虔诚的"姿态证明他有罪。结果梅萨自尝苦果，被烧死在他不惜资产装饰得非常富丽堂皇的"凯马德洛"上。由于监狱拥挤不堪,塞维利亚发生了瘟疫。宗教裁判员被迫撤离这座城市,并准许"新基督教徒"离开,但仅限于无财产者。有8 000多名"新基督教徒"和犹太人趁此躲过了这场劫难。瘟疫一过,宗教裁判员就返回城内,从头开始了血腥的活动。由于惩治的对象已经大大减少,他们便掘墓暴尸,审判已故"新基督教徒"的遗骸,借此从死者的亲属那里劫掠遗产。就这样,西班牙宗教裁判所开动了一整套阴险毒辣的机器,使成千成万无辜的受难者(用宗教裁判员的话来说是"狐狸")落入"神圣"法庭无所不在的陷阱,走向通向"凯马德洛"的苦难之路。①

这些血淋淋的记载表明,宗教裁判所是一座令人不寒而栗的人间地狱,而那些面色阴冷的修道士则是一群杀人不眨眼的嗜血魔王。

一方面是教皇、主教和神父们的恣睢放纵、声色犬马;另一方面是修道士们兽性的残忍和对世间一切美好事物的变态的仇恨。一方疯狂地想要穷尽人的一切情欲和享受,领略人欲横流的极乐;另一方则同样疯狂地想要摒绝人的一切情欲和享受,实现非人的禁欲理想。其结果,一方面教会堕落为"淫乱的巴比伦";另一方面修道会演变为燃烧着硫黄之火的恐怖地狱。双方尽管在表现形式上相互对立,但是在背离基督教真精神的道路上却走得同样远,而且双方都戴着同一张道貌岸然的面具,举着同一具拯救灵魂的苦难十字架,在背地里还不时地相互反串角色。因此,二者实际上是狼狈为奸、沆瀣一气,分别

---

① 董进泉:《黑暗与愚昧的守护神——宗教裁判所》,浙江人民出版社 1988 年版,第 147—149、207—208 页。

构成了中世纪基督教会这把污秽之剑的两面刃。由于教士们和修士们在邪恶方面的相互竞争，教会加快了堕落的步伐。在教皇和主教们道貌岸然的慈爱面目背后，掩藏着惊世骇俗的滔天罪恶；在基督救赎的十字架后面，令人不堪入目的种种丑行竞相媲美。教会在表面上仍然一本正经地把自己标榜为"天国的阶梯"，暗地里却为入教者敞开了地狱的大门。

第四节
基督教文化的历史影响

在前面的三节中，我们考察了基督教文化在中世纪的发展过程，这个过程同时也是基督教的真精神即超越的浪漫精神发生异化和堕落的过程。但是即使是那些对中世纪的黑暗和愚昧深恶痛绝的非基督教世界的历史学家，如果他们愿意站在一种不带有感情色彩的公正立场上来评判那一段历史，他们就会发现在腐败的教会中仍然有一些德行高尚、信仰纯正的基督教徒，在阴暗的教会中也不乏勇于追求真理和具有科学探索精神的真正殉道者。在被教会判为"异端"加以迫害和被宗教裁判所送上火刑柱的人们之中，有一些成为西方近代人文精神和科学文化的启蒙者，还有一些则成为宗教改革和新兴的民族意识的先驱。这些殉道者并非像当时判处他们为"异端"的教会和后世为他们辩护的非基督教人士所认为的那样，是反基督教的；恰恰相反，他们往往是最虔诚的基督徒，如威克里夫、胡司、冉·达克等人。乃至于后来连教会也不得不承认它可能搞错了，竟把"圣徒"当作了异端。在宗教气氛浓厚的中世纪（甚至一直到17

世纪宗教宽容出现以前），无神论在西欧是没有立锥之地的，这一点不仅是对于正统的教会，而且对于那些所谓的异端者本人来说，也是毫无例外的。真正的无神论是在 18 世纪才从法国人那里产生的。在此之前，即使是那些极力伸张人性和赞美感官享乐的人文主义者，也仍然脱不掉宗教的外衣。他们充其量只是想使基督教变得更富有人性味一点，而不是用人性来否定基督教。① 中世纪的许多革新者之所以被教会斥为"异端"，并非因为他们不具有信仰，恰恰是因为他们具有更加纯正的信仰，因为他们比出卖基督精神的犹大——罗马教会更接近基督教的真理。通过这些人的命运以及他们所表现出来的圣徒般的殉道精神，我们可以看到，基督教的真精神尽管在中世纪遭到了教会的极大凌辱和践踏，但是它并没有泯灭，它的火种被这些勇敢的殉道者保存和传递下来，并在 16 世纪的宗教改革运动中重新发扬光大，对近现代西方人的文化生活产生了巨大的影响。正如基督教曾经从希腊文化中汲取了精神养料一样，近代西方文化也把基督教文化作为植根的土壤。西方文化的基本精神——超越的浪漫精神从希腊文化到近代西方文化的发展是一脉相承的，在这个漫长的历史接力过程中，基督教文化充当了一个必不可少的重要角色。西方近代文代如同一个巨大的蓄水池，它汇聚了希腊罗马文化和基督教文化的所有精华与糟粕。不承认这种相互承接的内在逻辑关系，而一味强调近代西方文化对基督教文化的否定性，就无法说明整个西方文化发展的连贯性和有机联系。

那么，基督教文化对后世所产生的历史影响究竟是什么呢？我认

---

① 许多人文主义者都是教皇的密友和教廷的御用文人，在他们的作品中洋溢着浓重的中世纪气息。关于人文主义的实质，我在下一章中将详加论述。

为它最重要的精神遗产就是一种对理想生活或"天国"状态的不渝追求。这种意欲超越现实状况的躁动，早在苏格拉底关于"追求好的生活远过于生活"的思想中和柏拉图的"理想国"模式中就已经初现端倪，基督教文化的贡献在于它以一种明确的理论形式使天国与尘世、理想与现实之间的差异变成了对立，并且使这种对立深深地渗透进基督徒直接的生活实践。更重要的是，基督教用它的一整套神秘主义的教义、教仪煽动起现实世界中的人们对更高更好的彼岸生活的坚定信念，从来没有哪一种文化像中世纪基督教文化那样使人们如此普遍和痴迷地陷于对理想境界的渴望中。在中世纪，想象中的彼岸生活方式构成了现实生活的重要内容（甚至是主要内容），在人的生活中到处映现出神性生活的影像。整个中世纪的基督教社会就是一所培训彼岸生活方式的预修学堂，每个人从生到死都在进行着单调乏味的演习，为来世进入另一种生活状态做准备。从而一方面造成了生活的异化，另一方面培育了人们一种超越现实的宗教意识。

这种非人性的生活状态虽然是愚昧的，但是能够使人们如此普遍和心甘情愿地沉溺于这种愚昧状态，绝非"强制""欺骗"等字眼所能解释的。毫无疑问，在中世纪基督教信仰中确实掺杂着不少强制的成分，但是这些外在性的强制因素之所以能够普遍奏效，是由于西方人尤其是日耳曼民族天性中具有内在的宗教情感。这种积淀为一种集体无意识的宗教情感，是史前生活状态和文明历史共同作用的结果。我曾在《协调与超越——中国思维方式探讨》一书中从发生学的角度追溯了传统中国人天性中伦理意识产生的过程，并说明了中国人的伦理意识和西方人的宗教意识分别对中西两种文化的面貌所产生的巨大影响。传统中国人处于大千世界之中，始终以协调人与人的伦常关系（如君臣、父子、夫妻等）为安身立命之本，这种强烈的伦理意识使中国文化呈现出一种力求和谐中庸的特点。传统的西方人则始终关注人与上帝之间的宗教关系，常常处于准备让渡现实生活去追求更高的生存状态的躁动不安中。这种痛苦的宗教意识致使西方文化时常处于两极对立和嬗变更迭的状态。梁漱溟先生谈及中西文化的差别时指出："生活的根本在意欲而文化不过是生活之样法，那么，文化之所以不同由于意欲之所向不同是很明显的。"他在对中西文化的特点进行了研究后总结道："西方文化是以意欲向前要求为根本精神的""中国文化是以意欲自为调和，持中为其根本精神的。"① 梁先生所言的意欲实指一种主体性的文化整体冲动或意识，我认为驱动中国文化发展的意欲即伦理意识，而驱动西方文化发展的意欲即宗教意识。②

基督教文化成为宗教意识生长的温床。虽然宗教意识在希腊唯心主义哲学中就已萌发，但是它从少数先知者的"圣徒意识"转化为平民大众的普遍意识却是在罗马帝国的物质主义坍塌之后，是在基督教的唯灵主义与日耳曼蛮族"真的性情和心灵"相结合之后。中世纪教会虽然把宗教意识束缚在种种外在化的形式中，但是它仍然使这种意识深入人心，使其成为西方人精神世界中根深蒂固的基质。所以16世纪宗教改革的目的就是要扬弃那些扭曲宗教意识的异化形式，使之复归纯正。如果一味强调基督教文化的异化形式，不去探讨基督教文化的内在本质，把长达近千年的中世纪文化史仅仅说成是强制和欺骗的结果，而否认在这些表面现象背后始终潜藏着一种深沉的和发自内心的信仰（虽然它常常通过一些扭曲的形式来表现），那么这种见解倘若不是一种有意的偏见，就必定是一种浅薄的臆断。

---

① 梁漱溟：《东西文化及其哲学》，商务印书馆1922年版，第53—55页。
② 梁漱溟先生由于把西方近代文化作为研究对象，所以认为西方文化的意欲体现为"科学的精神"。

基督教文化不仅提出了一种理想的生存状态与令人失望的现实生活相对立，而且还把对立本身作为一种抽象的原则确立起来，从此以后，对立就取代了希腊罗马世界的单纯性而成为西方文化的本质特征。海涅认为，"天主教乃是上帝和魔鬼，亦即精神和物质之间的一种妥协"，[①]但是这只是基督教的形式即教会的特点，而基督教的本质恰恰是一系列矛盾范畴之间的对立。这种深刻的二元对立就是基督教留给西方文化的最重要的遗产。"西方人的思维为一种难以调和的观念的二元分裂和对立所困扰，人夹在上帝和魔鬼、天堂和地狱、理想和现实、灵魂和肉体的永无休止的冲突之间，受着来自双方的诱惑和折磨。恰如维克多·雨果所说，人有两只耳朵，一只听从上帝的声音，一只听从魔鬼的声音。因此西方人始终是自我矛盾的，处于一种永无终止的自我冲突和困窘焦虑之中。"[②]从杰罗姆、本尼狄克等基督教圣徒的可怕的自我折磨，到卢梭、尼采等近代文化巨人疯狂般的内心痛苦，这一切对于习惯于"天人合一"的内在和谐的中国人来说，完全是一种不可理解的精神病现象。然而这种激烈的内在冲突和痛苦的自我拷问却是西方文化的一个显著特征。西方人在内心生活方面远远不如中国人那样怡然自得，那些纠缠不休的美好理想和刻骨铭心的罪孽意识，难以抗拒的卑劣欲念和净化心灵的高尚情操，人性的骚动和神性的呼唤，这一切矛盾都像一双犀利的螯夹时时撕扯着疲惫不堪的心灵，令人无法回避，无处逃遁，同时也造成了西方文化跌宕起伏、"疯狂旋转"的历史面貌。

另一方面，基督教的理想——那个超越和否定现世的"天国"，

---

① 海涅：《论德国宗教和哲学的历史》，商务印书馆1974年版，第30页。
② 赵林：《协调与超越——中国思维方式探讨》，陕西人民出版社1992年版，第163页。

成为感召西方文化发展的不落的太阳。"天国"的内容虽然不断地发生变化，但是它作为一种理想的生存状态至今仍对辗转于悲惨生活中的失意心灵具有强烈的吸引力，并且因此构成了推动西方历史发展的重要精神动力。在西方近代的种种社会理想和乌托邦思想中，不断展现着内容不同、形式相似的"天国"景象。那些为了这种美好的前景奔走疾呼甚至舍身殉道的先驱者，成为近代文化的圣徒；而那些跟在圣徒身后坚持不懈地进行战斗的集团、阶层和阶级，则坚信自己是唯一有资格进入"天国"的上帝选民。

"天国"的理想可能完全是一种虚无缥缈的幻象，也可能是一种可以部分实现的社会蓝图。但是"天国"的重要意义并不在于它能否成为现实，而在于它构成了西方文化的一个永恒的精神栖息所和归宿。它驱使人们不断地对现实的生存状态进行否定，从而为进入另一种生存状况创造条件。它就如同一个飘浮在人们头顶上的五彩缤纷的气球，人们的目光被映射在气球上的幻象吸引，不顾一切地去追逐它。无论人们是否最终抓住了它，他们都已经不知不觉地在身后留下了一排斑驳的足迹，而这些足迹就是我们通常所说的文化和历史。

因此，基督教不仅使西方文化深深地陷入了二元对立之中，而且也为克服对立提供了一种精神上的动力。它不仅造成了种种尖锐的矛盾，而且也为矛盾的扬弃创造了可能性。基督教一方面把西方人的心灵抛入了永恒的痛苦的分裂中，另一方面使西方文化在某种超验的理想感召下不断地以自我否定的姿态实现着更新和发展。

在希腊人那里，天国（奥林匹斯诸神生活的地方）与尘世、理想与现实虽有差别，但这些差别只是量上的。差别尚未发展为对立，反而经常处于一种原始的同一或单纯性中。历史在希腊阶段呈现出一种平滑的惯性，矛盾尚处于未分化的状态。希腊神话中虽然包含着否定思想，但这只是一种单纯性对另一种单纯性的否定，是一种历时性的相继否定，每一种单纯性本身仍处于无矛盾的和谐状态。尽管在苏格拉底和柏拉图的思想中出现了对立的萌芽，但对立在希腊历史中并没有成为现实，这种原始的和谐使整个希腊文化呈现为一种美之纯净。在罗马人那里，天国和理想完全湮没在尘世和现实中，对立不仅没有出现，而且连差别也消失了，物质主义以不可抵抗的磅礴之势压倒了一切异在的东西。罗马文化从创始之初到灭亡始终都表现为一种同质的单纯性，表现为一种物质的暴戾。在罗马共和国和罗马帝国之间并没有任何真正意义上的质的差别，整个罗马文化只经历了一次否定，即它自身的被否定。基督教文化虽然从本质精神上来说是唯灵主义的，但是它明确地提出了一系列二元对立的范畴，而且它的实践完全走向了唯灵主义的反面——教会深深陷入"感觉主义"的泥淖中。因此基督教文化不仅在理论上提出了对立，而且在历史过程中通过它的本质精神与教会实践之间的二律背反表现了一种深刻的二元对立。在这里，对立表现为一种内在的冲突，它不再是一种单纯性对另一单纯性的外在的和历时性的相继否定，而是同一事物内部两个对立面之间的共时性的相互否定，是互以对方为自己存在前提的两个极点之间的相互碰撞。基督教文化不仅以其唯灵主义的本质否定了罗马的物质主义，而且也以它的本质与现象、精神与形式之间的二元对立否定了整个希腊、罗马世界的单纯性。因此从严格意义上来说，只是在基督教文化产生之后，内在的矛盾才取代外在的矛盾而成为西方文化发展的主要动力。基督教文化以前的西方文化形态更迭，如罗马文化取代希腊文化是借助外在的力量最终完成的，然而在基督教文化确立之后，堡垒开始从内部被攻破——奥德修斯的特洛伊木马取代了阿喀琉斯的铜头枪。

基督教文化另一个重要的精神遗产就是那种空灵神秘的唯灵主义，这种唯灵主义对近代德国文化产生了难以估量的深刻影响。在基督教教义所展示的一系列二元对立中，灵魂与肉体的对立是一种最基本的对立，其他一切对立如天国与尘世、理想与现实等等，都可以由灵与肉的对立来加以说明。基督教的教义中已经包含着灵魂代表彼岸和天国的思想，而肉体则被看作囚禁灵魂的牢笼。这种灵肉二元论的观点在柏拉图等希腊唯心主义者那里即已出现，但是在大多数希腊人看来，这种思想只是擅长诡辩的哲学家们在闲极无聊时臆造出来的形而上学，是一种玲珑精巧的艺术品，对于生活却没有什么实际的意义。感性十足的希腊人很难想象脱离肉体的灵魂，按照他们的想法，英雄们在神的世界中的复活应该是灵魂连同肉体一起的复活。倘若赫拉克勒斯在奥林匹斯山上复活后只是一个精神，他的美将何以体现？他还能算赫拉克勒斯吗？希腊人是真正的"感觉主义"者，他们重视肉体和此生的感性生活更甚于重视灵魂和彼岸的不可知的生活。因此希腊人在感情上更倾向唯物主义，而唯心主义在希腊的遭遇总是很悲惨的（这一点可以从毕达哥拉斯、苏格拉底、柏拉图等重要的唯心主义者的不幸经历中得到印证）。信奉现实主义和功利主义的罗马人更是对死后的灵性生活采取了不屑一顾的态度，因此他们对新兴的基督教总是怀着一种既轻蔑又厌恶的情绪，这种情绪即使在他们出于实用主义的目的在表面上接受了基督教以后仍未真正改变。确立起唯灵主义的权威并且使它深深地渗透于日常生活之中，这是基督教文化的功绩。

这种具有神秘色彩的唯灵主义尤其适合日耳曼人"野蛮的暗晦"的心灵。日耳曼人的唯灵主义，滥觞于他们惶惑地站立在罗马帝国废墟之上倾听基督教的灵性呼唤之时。在中世纪，唯灵主义构成了他们虔信的基础,它一方面在日耳曼人与基督教之间形成一种深刻的默契,使日耳曼人成为最能够感悟基督教精神的人,另一方面也为教会战胜神圣罗马帝国提供了可乘之机。因为唯灵主义使日耳曼人的眼睛一味盯着深邃的天空,竟致忽略了阴险的罗马教会在他们脚下挖掘的陷阱。到了14世纪以后,唯灵主义在德国人那里发展为一种高深莫测的神秘主义,这种神秘主义从艾克哈特、陶勒尔、苏索等人的"心灵之光"一直发展到马丁·路德的"因信称义",其实质都在于强调个人灵魂与上帝的神秘同一。稍后又出现了被黑格尔称为"第一个德国哲学家"的雅各布·波墨。这个劳西茨的鞋匠把神秘主义的直觉和感情当作表述哲学的形式,就如同他通过走方缝鞋的方式来领受圣灵一样。据海涅介绍,英王查理一世对这种神秘的接神术表现了强烈的兴趣,他派了一个使者到德国去向波墨学习。后来当查理一世在英国被克伦威尔砍掉头颅时,他的使者则由于学习波墨的接神术而丧失了理智。波墨把神理解为精神,表述为"永恒太一",并用皮鞋匠的行话把这种精神或"永恒太一"称为"伟大的硝"。波墨说:"永恒太一的意志是在各种力量的显示中观照它自己的;从这样一种显示里,就流出了对于某物(Ichts)的知识,因为永恒的意志在某物(Ichts)中直观到了它自己。"[①] 在这段话中,我们可以看到费希特的绝对自我,谢林的绝对同一和黑格尔的绝对精神自身发展和自我认识过程的思想原型。在这个德国鞋匠用最粗鄙不堪的形式所表述的神秘主义哲学中,包含着整个近代德国的先验唯心主义和形而上学。从波墨以后,德国哲学都染上了一股艰深晦涩

[①] 参见黑格尔:《哲学史讲演录》(第4卷),商务印书馆1978年版,第47页。

的皮革味道。

基督教的唯灵主义是包孕着近代唯心主义的母腹，中世纪灵魂与肉体的直观对立到了近代哲学中发展为精神与物质的抽象对立。由于唯灵主义是中世纪德国人最典型的世界观，所以唯心主义在近代德国人那里获得了最精致、最完美的表现形式。正如英国是近代唯物主义的故乡一样，德国是近代唯心主义的故乡。唯心主义在德国具有一种压倒一切和睥睨一切的疯狂劲，近代德国分散落后的社会现实恰恰成为唯心主义茁壮成长的良好土壤，物质的贫困造成了精神的狂妄，因此德国唯心主义表现出一种落魄贵族式的孤芳自赏和目空一切。在德国"这个庞大的奥吉亚斯的牛圈"里盛开着唯心主义的鲜花，这朵鲜花自认为是世界上最美丽的花朵，它把整个人类历史都看作德国"精神"的外化形式，把法国革命看作德国哲学的印证，把拜伦当作浮士德的私生子，把拿破仑说成"骑在马背上的绝对精神"。近代欧洲的任何一次物质进步，都加深了德国人自惭形秽的感觉，但是德国唯心主义却能够迅速地把这种自惭形秽之感转化为不屑一顾的轻蔑和自鸣得意的孤傲，然后继续关起门来在纯粹的灵性世界中研精究微。

这就是德国式的疯狂！海涅评论道："发起德国疯来，带有一种无与伦比的咬文嚼字的神气，令人生畏的仔细认真的样子，并且有一种肤浅的法国呆子们所不能理解的彻底精神。"[①] 德国人之所以会陷于这种执迷不悟的疯狂，与那个萦绕着他们心灵的灵性世界的永恒的神秘感召是分不开的。每一个仔细研究过德国近代哲学、文学和艺术的

---

① 海涅:《论浪漫派》，人民文学出版社1979年版，第28页。

人，都能够明显地感受到那个空灵神秘的灵性世界对德国人思维方式的深刻影响。唯灵主义是如此紧密地与德国人的思想联系在一起，乃至于可以说，没有基督教的唯灵主义，就没有近代的德国文化。

基督教文化还通过它所培育的骑士精神对近代西方人的行为方式产生了巨大的影响。中世纪的骑士制度是北方蛮族打碎了罗马时代的法和国家的权威后唯一的社会凝聚原则，它表现了骑士与首领（国王、诸侯等）之间忠诚和互助的关系。这种关系最初完全是私人性的，是主仆之间的一种服务和被保护的直接的个人联系。它产生于蛮族之中，一开始就体现出荣誉、忠诚、视死如归和强烈的复仇精神等特点。到加洛林王朝以后，特别是在十字军东征的时代，骑士制度被注入了新的精神，这种新精神与基督教的理想密切相关。这时骑士身上表现出来的已经不仅仅是对世俗首领的忠诚，而且更有一种对宗教信仰的虔诚。骑士不仅是一位视死如归的英雄，而且是一位虔诚圣洁的殉道者。"对战争首领的个人忠诚的古代蛮族的动因受到了更高的宗教动因的影响，结果，骑士最终成为受到崇奉的人，他不仅发誓效忠于其主人，而且立誓成为教会的卫士、寡妇和孤儿的保护人。"[①] 这些新赋予的宗教和道德方面的美德（如虔诚、扶弱济贫等），与骑士原有的那种罗马式的荣誉感以及北方蛮族的忠诚、勇敢结合在一起，就构成了基督教文化中的骑士理想或骑士精神的内容。这种双重的忠诚在中世纪骑士理想的典范——高贵的罗兰伯爵身上得到淋漓尽致的体现，让我们来看看罗兰临死时的情景：

---

① 克里斯托弗·道森:《宗教与西方文化的兴起》，四川人民出版社 1989 年版，第 166 页。

罗兰感到死攫住全身,
寒冷从头上直透进心尖。
他急忙跑到一株青松下,
在一片草地上将身子卧倒。
把宝剑和号角藏在身下面,
掉头望着那异教的国土,
好让查理和他的大军,
看见时夸赞死者的英勇:
"伯爵虽死仍不忘杀敌……"
于是,他开始忏悔罪愆,
把手套伸向上帝祈祷!

罗兰感觉到死迫在眉睫,
人倚在岩石上,面向着西班牙。
他在胸膛上捶了三下:
"上帝啊!请你对我开恩!
请你赦我大小的罪愆,
从我出世起直到今天!"
他把右手套伸向上帝,
天使们就下降到了他身边。①

---

① 节选自《罗兰之歌》,引自周煦良主编:《外国文学作品选》(第1卷),上海译文出版社1979年版,第294—295页。

骑士精神是基督教用信仰和灵性的圣水对法兰克王国的粗野鄙俗的武士风尚进行净化的结果。由于受到基督教的文雅风气的熏陶，骑士们虽然仍然保留着为荣誉而献身的英雄气概，但是在其他方面却变得越来越文质彬彬了。优美典雅的礼仪逐渐掩饰了豪放不羁的举止，对理想女性的赞美和爱恋（纯粹精神的或柏拉图式的，不掺杂任何肉欲的成分）取代了对君主的忠诚而成为新的主题。"衰退中的骑士精神培养出'罗曼蒂克的爱情'，对一个理想的女人所产生的爱，一种做不到、非尘世的和精神上的爱。这个理想的女人是可以使崇拜者高贵起来。""骑士精神也将肉欲的冲动升华作精神上的爱慕。此外，这种'骑士爱'中的非现实主义传统已经纳入我们西方文化了。这种罗曼蒂克爱情的传统是我们西方社会所独有，中国人、印度人以及许多其他民族都没有。"①

19世纪初，被拿破仑政府驱逐出法国的斯达尔夫人怀着对法国大革命和拿破仑帝国的仇恨以及一种恋旧的失落感，拼命地赞美仍然陶醉在中世纪遗风中的德国，她在古代的骑士制度中发现了德意志式的美："宗教信念使粗犷的荣誉感变得纯净神圣；对妇女的尊重，由于保护一切弱者的教义而变得分外动人；那种对于殉身的热忱；那武士的天堂——世上最富于人情色彩的宗教就在那里确立。这些都是德国史诗的要素。"②然而，这些美好的因素在19世纪的德国人那里早已成为一种遥远的梦幻。骑士精神在德国已经随着济金根一起死去，而骑士本身在德国农民战争之后也"日益丧失其帝国直属等级的意义而沦

---

① 布林顿、克里斯多夫、伍尔夫：《西洋文化史》（第3卷），台湾学生书局1986年版，第296页。
② 斯达尔夫人：《德国的文学与艺术》，人民文学出版社1981年版，第66页。

为诸侯的臣属"。①基督教已经把古代日耳曼人的"粗犷的荣誉感"净化为近代法兰西人的文雅的荣誉感,新生的罗曼蒂克的骑士精神在法国和西班牙找到了最广阔的驰骋场所。骑士精神从德国的蛮荒旷野来到了法国和西班牙的富丽堂皇的宫廷中,成为一种标志着贵族身份的昂贵的装饰品。然而在近代的德国,从已经风化了的骑士制度的卵中孵出了一些丝毫也不具有骑士气质的市侩庸人。近代德国人有着发达的头脑,但是在行动上却始终摆脱不了德国庸人的习气,与他们的风流倜傥、敢作敢为的法国邻居比起来显得猥琐不堪,但是他们却为自己那颗大脑袋中的深奥晦涩的形而上学和神秘阴郁的唯灵主义而自鸣得意。另一方面,近代法国人则始终以一种希腊人看待罗马人的眼光来看待德国人,只是后者不像罗马人那样凶悍,而是更多一些阴森森的灵气。即使是一个一贫如洗的巴黎无套裤汉,也会把有钱的德国容克看成是举止粗俗的乡巴佬,就如同我们今天那些极爱虚荣却又手头拮据的城里人看不起发财致富的农民一样。

中世纪后期的骑士越来越侧重于个人的荣誉和罗曼蒂克的爱情,以至于这些东西有时候甚至与忠诚和虔信处于矛盾中。火药的传入虽然"把骑士阶层炸得粉碎",但是中世纪骑士所体现的并且被理想化了的骑士精神却在近代西方文化中得以保留,它后来逐渐演变为一种浪漫多情的(而不是像罗马人那样残酷无情的)个人英雄主义,尤其适合热情奔放、珍惜名誉并且爱向妇女献殷勤的法国人和西班牙人。结果就产生了法国式的和西班牙式的矫揉造作而又优美典雅的贵族风范,这种贵族风范成为古典主义表现的基本内容。然而,在法国和西

---

① 恩格斯:《德国农民战争》,人民出版社 1975 年版,第 108 页。

班牙，骑士精神所衍生的贵族风范却大相径庭——在法国它表现为崇高典雅的罗狄克，在西班牙它则表现为滑稽悲怆的堂·吉诃德。①

正如基督教的唯灵主义在近代德国意识形态中留下了深深的烙印一样，基督教培育的骑士精神对近代法国上流社会的行为方式产生了巨大的影响。无论是在法国古典主义的戏剧中，还是在大仲马等人的传奇小说中，我们都可以看到中世纪骑士的身影，这些身影成为巴黎的贵族们极力仿效的楷模。个人英雄主义和献身热忱，强烈的荣誉感（它导致了西方尤其是法国上流社会盛行的决斗风气），对妇女的尊重和罗曼蒂克的爱情，对弱者的同情和侠肝义胆，以及讲究言谈举止的优雅潇洒，这一切近代的贵族风范都是中世纪骑士精神在法国的产物，并从法国扩及整个欧洲。

在近代欧洲，功利属于英格兰，深刻属于德意志，优雅则属于法兰西。

除了上述遗产以外，基督教对西方的精神文化、物质文化和制度文化还产生了许多其他的影响，赵复三先生在《基督教与西方文化》一文中把这些影响归结为四个方面：第一，基督教文化加强了欧洲统一的意识，这种精神上的统一意识是与中世纪早期分散的封建状态和中世纪后期出现的民族意识针锋相对的，它在当今的西欧世界中起着越来越重要的作用。第二，基督教文化间接地传承了西方法学的传统，11—13世纪的政教之争使罗马法得以复活，从而对西方法律体系和政府机构的形成产生了深远的影响。第三，基督教文化对西方人的

---

① 罗狄克是法国古典主义戏剧家高乃依的悲剧《熙德》中的主人公，表现了一种为了荣誉而牺牲爱情的崇高形象；堂·吉诃德是西班牙作家塞万提斯的讽刺小说《堂·吉诃德》中的主人公，表现了一种为了追求中世纪骑士理想而不惜舍身捐躯的悲怆形象。

世界观、人生观和道德观均产生了深刻的影响，而西方近代艺术如绘画、建筑、雕塑、音乐等更是直接脱胎于基督教文化的母腹。第四，基督教的一些节庆、仪式和语言深入人心，至今仍然不可取代，构成了西方社会生活中的重要内容。[①] 此外，基督教对欧洲大学的建立和教育的普及也产生过重要的奠基、推动作用。

然而更为重要的是，基督教信仰在20世纪的西方社会中仍然保持着不衰的势头，尤其是在正经受着国际格局的动荡、重大疾病的威胁、道德沦丧的恐慌以及对科学理性的失望的现代西方人中间，基督教信仰仍然举足轻重。基督教信仰虽然经历了自文艺复兴运动以来，尤其是自18世纪启蒙运动以来的数百年磨难，但是在今天它仍然能够紧紧地攫住西方人的心灵，这不能不归功于它本身所具有的文化魅力和精神价值。在当今的欧美世界，基督教信仰在有些地方和有些人那里已经流为一种空洞的形式，甚至被抛弃；但是在另一些地方和另一些人那里，却依然保持着真诚的热情。无论我们把基督教信仰看作发自人心固有的宗教情感的一种表现形式，还是把它当作一种中世纪遗留下来的迷信，我们都不得不承认，它对西方人的精神世界产生了难以估量的影响，而且这种影响还将继续存在。如果这种信仰确实是出于人们内在的心理需要，那么它表明在人的精神结构中可能具有一种与理性正好相反的成分。如果这种信仰是一种迷信的结果，那么在当今发达的科学世界里无数受过高等教育的人仍然愿意继续奉守这种迷信，这恰恰说明它具有一种抚慰人心的特殊功能。海涅精辟地评说："这个宗教在过去一千八百多年中对于受苦受难的人们曾是一

---

① 赵复三：《基督教与西方文化》，载《中国社会科学院研究生院学报》，1987年第4期。

种恩惠，它曾是出自天意的、神灵的和神圣的。这个宗教使强横者温顺、使温顺者坚强，通过共同的感情和共同的语言把各民族结合在一起，它对文明做出的全部贡献，以及护教论者所称颂的许多事情，如果和这一宗教亲自施与人们的那种伟大的安慰相比，还是微不足道的。受难的神，头带荆冠的救世主，钉死在十字架上的基督（他的鲜血有如渗入人类伤口的镇痛的乳香），这种象征应该享有永恒的荣誉。"[1]

---

[1] 海涅:《论德国宗教和哲学的历史》，商务印书馆1974年版，第17—18页。

第四章

近代西方的文化起点

中世纪基督教会的实践活动使基督教所体现的超越的浪漫精神和宗教殉道意识遭到了极大的扭曲。超越的浪漫精神在希腊文化中表现为一种原始状态的统一，其中所包含的宗教殉道意识与世俗英雄主义尚未展现为对立，而是和谐地融为一体。在罗马文化中，超越的浪漫精神单方面地发展到一个极端，表现为那种刚劲豪放的世俗英雄主义。到了中世纪，基督教文化虽然从本质上来说体现了超越的浪漫精神中的宗教殉道意识这一方面，然而在其历史的发展过程中，基督教文化却始终以一种自相矛盾或对立的形式把宗教殉道意识与世俗英雄主义集于一身。日耳曼人的唯灵主义代表着宗教殉道意识，拉丁人尤其是13世纪以后法国人的功利主义和君主专制代表着世俗英雄主义。教会从理论上来说应该是唯灵主义的，但是由于它长期以来一直受着建立人间"神国"的理想的诱惑，以及它长期被急功近利的意大利人和拉丁世界的教皇及主教控制，所以它在实践中背离了唯灵主义而走向功利主义。基督教的本质精神是要人们遗弃现实世界，全心全意地去追求另一种灵性的生活，教会的天职是充当引导灵魂脱离尘世的阶梯，但是中世纪的罗马天主教会却越来越深地卷入争权夺利的现实政治活动中，一味陶醉于统治世俗世界的梦幻。教会的使命或身份与它的实际作为之间的矛盾使它陷入了一种非常尴尬的境地。一方面，它过分涉足世俗事务的行为使它的宗教使命极大地受到了辱没，它作为上帝派驻人间的代表机构这种身份对于虔信的日耳曼人日益丧失宗教感召力，从而使教会成为一个徒具虚名的宗教机构。另一方面，教会名义上所承担着的宗教使命（这种使命是教会与世俗权力相抗衡的强有力武器）又无形中成为它扩张世俗权力的一种桎梏，基督教轻此生重来世和轻物质重精神的基本教义使得罗马教会在发展世俗英雄主义方面也不能像法国等专制国家那样明目张胆和肆无忌惮。而且到了13世纪以后，教会的世俗对手从虔诚质朴的德国人变成了精明圆滑并且以一种实用主义态度来对待信仰的法国人，罗马教会这只狡猾的狐狸遇上了一只与它同样狡猾却更有力量的法国狐狸，于是教会建立人间"神国"的理想就此一落千丈。"阿维农之囚"以后，教会作为一种世俗权力机构已经元气大伤，人间"基督国"的辉煌梦想破产了，教会由中世纪趾高气扬的"太上皇"逐渐沦为近代欧洲各君主专制国家操纵下的傀儡。

面对这种尴尬的局面，中世纪晚期的教会不得不从空灵幽邃的宗教殉道意识和气势磅礴的世俗英雄主义遁入纤巧细腻的感官享乐，沉湎于一种个人自我完善的"感觉主义"。然而，同样由于它宗教身份的掣肘，教会在感官享乐方面也不能像俗人一样理直气壮，因此就使得这种"感觉主义"越显猥鄙和虚伪，如同一种变态狂一般令人恶心。教会一方面把唯灵主义弄得千疮百孔，另一方面也把"感觉主义"弄得面目全非。所以到了15—16世纪时，以虔信而深沉的德国人为一边，以热情奔放的意大利人和法国人为另一边，同时对教会发起了两场性质截然不同的改革运动。一方要重新高扬唯灵主义，恢复信仰的权威地位；另一方则要大声疾呼"感觉主义"，呼吁人性的正当权利。其结果，一方导致了宗教改革，另一方导致了人文主义的兴起。这两场改革运动，都产生于15—16世纪这个世界历史的重要枢纽时代。

人文主义思潮以及它由以萌生的"文艺复兴"运动都是意大利的产物。表面上，它们产生于1453年君士坦丁堡陷落以后希腊文化在意大利和其他西欧国家的复兴，实际上它们脱胎于意大利各邦国所孕育的个人主义自由精神，以及意大利人对中世纪虚伪的道德与宗教形式的蔑视。意大利人虽然在中世纪一直把持着教会，但是这些罗马人的后裔始终与基督教的本质精神处于格格不入的抵牾之中，意大利人对基督教阳奉阴违的态度致使教会在他们手里变得面目全非。意大利人的天性本是热爱功利的和放纵情感的，按海涅的说法，在"炽热的意大利的晴空下"，禁欲主义往往难以奏效。所以意大利人对于教会这种外在形式的束缚早已深恶痛绝，他们希望在基督教的教义和人的感性享乐之间寻求妥协，以一种轻松愉快的美感来取代罗马天主教会阴沉沉的刻板形式和烦琐乏味的经院哲学。于是罗马教会的首脑们——教皇、枢机主教等，就和意大利的人文主义者们携起手来共同进行对基督教的世俗化改革。意大利的人文主义者们并没有因为呼吁满足人性欲望而受到教会的敌视，反而常常因其杰出的艺术天才和渊博学识而成为教皇的朋友或受聘于教廷。"第一个崇尚人文主义的教皇尼古拉五世（1447—1455年），把教廷的各种职位派给一些学者，只因他敬重这些人的学问，全不管别的考虑；罗伦佐·瓦拉——一个伊壁鸠鲁主义者，也正是那个证明'君士坦丁赠赐'是伪件、嘲笑《拉丁语普及本圣经》的笔体、指斥圣奥古斯丁是异端的人，被任命为教皇秘书。这种奖励人文主义胜于奖励虔诚或正统信仰的政策，一直继续到

1527年罗马大洗劫。"① 从教会的束缚中获得解放的最初结果，并不是理性的统治和科学的兴盛，科学的兴盛是17世纪宗教宽容以后的事情，而理性的统治则是18世纪启蒙运动的结果。文艺复兴和人文主义的直接后果，是感性和想象力的自由放纵，以及道德秩序和政治秩序的彻底崩溃。罗素认为，除了毁坏古代抄本这件事以外，文艺复兴时期的意大利人不经常犯的罪过几乎想不出来一件。然而正是在这种道德和政治的混乱无序的状况中，意大利人在艺术上或才智上展现了伟大的成就。

意大利的文艺复兴和人文主义在法国迅速引起了强烈的共鸣，近代法国人除了在政治秩序方面与分散混乱的意大利人不同以外，在精神秉性方面与意大利人没有什么太大的差异，因此用人文主义来改造罗马天主教会虚伪的唯灵主义的文化运动使得法国人大为振奋，法国人很快就继意大利人之后把这场弘扬人性的运动推向了一个新高峰，其结果就产生了美轮美奂的古典主义文学和巴洛克艺术。然而，文艺复兴和人文主义在北方日耳曼世界的影响却迅速递减，到了德国、英国和斯堪的纳维亚半岛诸国，它们就被宗教改革运动取代。北方民族对于意大利人的道德沦丧如同对于罗马教会的信仰沦丧一样痛恨。在一个德国人看来，用"感觉主义"来改造基督教会无异于饮鸩止渴，亟待解决的问题不是给宗教灌输感性的东西，而是要在教会中重新确立起信仰的权威。

因此，在北方民族中就兴起了一场以唯灵主义的信仰为标志的宗教改革运动，这场运动与西班牙随之兴起的反宗教改革运动和意大利

---

① 罗素:《西方哲学史》(下卷)，商务印书馆1976年版，第11页。

的文艺复兴及人文主义运动一起，形成了近代西方社会的三大潮流。16世纪的欧洲各国均在这三股潮流的冲击下以各自不同的方式应战，这些互异的应战姿态导致了近代欧洲各民族国家之间不同的文化特征和社会差异。

宗教改革运动的中心是德国和瑞士，这两地分别产生了路德的信义宗和加尔文的归正宗。新教三大主流教派的第三支——安立甘宗则作为新教与天主教之间的一种妥协，在英国被确立为国教。① 新教的这三支主流教派虽然都反对天主教会的陈旧形式和腐朽道德，都强调信仰的至高地位和简化教会仪式，并且都把《圣经》作为最高权威，但是它们却具有互不相同的特点，由这些特点而导致的新教各教派之间的摩擦有时更甚于新教与天主教之间的冲突。路德派宣扬"因信称义"的思想，强调信仰自由和人在信仰中与上帝的直接接触，通过使神具有人性而使人具有神性。这种人与神在精神（信仰）领域中自由交往的神秘主义成为德国近代唯心主义的思想根源。加尔文派以"荣耀上帝"为生活的目的，把人降低到一种纯粹的工具性存在水平，然而它的极端决定论的双预定说却使那些虔诚的信徒树立起一种克己奉神、躬行勤俭的"天职"观念。这种观念在16—17世纪试图改革英国国教会的清教徒中广为流传，马克斯·韦伯认为这种勤奋工作、厉行节约的新教伦理构成了资本主义原始积累的精神前提。安立甘宗则在新教和天主教中间走钢丝，对各派教义兼容并蓄。"安立甘"（Anglican）一词意即"英格兰的"，该宗最基本的特点是强调英格兰

---

① "基督教"（Christianity）一词在宗教改革以前泛指罗马公教（Catholicism，即天主教）和希腊正教（Orthodoxy，即东正教）；在宗教改革之后，为了与新教（Protestantism）相区别，以"天主教"一词指称旧教（罗马公教或罗马教会），而"基督教"一词则是天主教、东正教和新教的总称。

教会对于罗马教会的独立性。它在教会权力问题上所表现出的强烈的民族意识和之后在信仰问题上所表现出来的兼容气度,对于日后大不列颠王国臣民的民族自豪感、世界主义精神以及英国人特有的"绅士风度"的形成产生了深刻的影响。

　　罗马教会对于北方民族中兴起的宗教改革运动先是采取顽固抵制的态度和强力镇压的手段,随着新教力量的壮大,罗马教会不得不开始考虑从自身内部进行改革以消除弊端的问题,于是就产生了"罗马教会的改革运动",而这场天主教内部的革新运动在新教的历史著作中被称为"反宗教改革运动"。如果说宗教改革运动是一场德国和北方民族的运动,那么"反宗教改革运动"主要是一场由罗马天主教廷发起、由西班牙国家大力推动的宗教运动,这场运动在伊拉爵·罗耀拉所建立的军事化的耶稣会中达到了高潮,并且取得了显著的成效。"罗马教会的改革运动不单是一种消极的防卫,而且是一种积极的精神复兴。虽然它未能恢复中世纪基督教世界的一统性,却的确地保全了和增强了罗马教会的基本信仰和习惯。"① 此后,新教和罗马教会的这两场方向相反、针锋相对的改革运动与欧洲各国的政治因素复杂地搅和在一起,导致了一系列的宗教战争。在这些宗教战争中,西班牙一直扮演着主角(野心勃勃的法兰西也不甘示弱),天主教的哈布斯堡王朝与新教的日耳曼诸侯和荷兰之间的宗教战争构成了1648年《威斯特伐利亚和约》之前欧洲国际舞台上的主旋律。

　　当意大利忙于文艺复兴,德国和北欧忙于宗教改革,西班牙忙于反宗教改革的时候,野心勃勃并且擅长谋略的法国人却在这三股潮流

---

① 布林顿、克里斯多夫、伍尔夫:《西洋文化史》(第4卷),台湾学生书局1984年版,第183页。

的缝隙中左右逢源、游刃有余，从文艺复兴和宗教战争中捞到了不少好处，终使法国在路易十四的"伟大世纪"中成为欧洲大陆最强大的君主专制国家。在同样的时间里，英国则利用自己特殊的地理条件，尽可能地置身于纷乱的欧洲事务之外，闭起门来搞宗教改革、社会革命和资本积累。伊丽莎白时代是一个充满战乱、党争和激烈竞争的时代，同时也是一个创造了繁荣的文化与经济景象的时代。在经历了1588年英西海战、1640年代资产阶级革命和1688年"光荣革命"之后，当英国重新敞开国门以咄咄逼人的姿态重新投入欧洲乃至整个世界事务时，它已经由一个无足轻重的僻陋岛国变成了一个令整个欧洲刮目相看"超级大国"，成为近代欧洲列强的盟主。

西方近代的国家主义最初是与宗教改革一同发展起来的。新教信仰和1555年《奥格斯堡和约》规定的"教随国定"原则，在很大程度上增强了人们的爱国精神。在宗教战争期间，宗教情感和爱国心相互激励，荷兰人凭借宗教信仰抵御了西班牙人的入侵，爱尔兰人凭借天主教信仰加强了对英国人的抵抗，英国人以自己的新教国家为自豪，西班牙人则因自己的天主教国家而骄傲。宗教战争最重要的后果之一就是宗教宽容和政教分离，17世纪的英国人和荷兰人首先在这方面做出了表率。法国虽然坚持天主教信仰，却也在宗教的大旗之下全力以赴地发展国家的实力，黎塞留独创的"国家的立场"一词在宗教战争结束后成为欧洲政治生活中最具有影响力的术语，各国都开始撇开宗教因素的影响独立地发展自己的国力。而西班牙却由于过分地受到宗教因素的掣肘，最终在近代欧洲国家的政治竞争中衰落下去。到了17世纪以后，在欧洲的政治生活中，宗教气氛越来越淡薄，而那种已经被遗忘了上千年之久的罗马世俗英雄主义又重新成为近代西方国家发展的主要动力。

《威斯特伐利亚和约》结束了一个时代，到了17世纪中叶以后，人们对于教派之争已经感到厌倦。"通过三十年战争，人人深信无论新教徒或旧教徒，哪一方也不能获全胜；统一教义这个中世纪的愿望必须放弃，这于是扩大了甚至在种种根本问题上人的独立思考的自由。"[①] 在这种情况下，首先在荷兰、继而在英国和整个欧洲（除意大利和西班牙等少数国家外）出现了宗教宽容的精神，信仰上的自由极大地促进了欧洲学术的复兴，宗教宽容成为西方近代科学和哲学生长的温床。文艺复兴只是古典艺术的复兴，科学和哲学并没有恢复应有的尊严，而宗教改革从严格意义上来说并没有越出中世纪基督教文化的藩篱，它是道德严谨的北方民族企图重现使徒时代基督教的纯洁信仰和质朴美德的一种尝试，是对《圣经》原意的一场诠释和重振运动。罗素认为，16世纪在哲学上是一个不毛时期，17世纪才是科学和哲学发展的世纪。在宗教宽容精神的气氛下，哥白尼在16世纪不敢发表的科学假说，到了17世纪由开普勒修改后理直气壮地表述出来。1600年布鲁诺由于坚持"日心说"被罗马教会烧死，而当1633年伽利略迫于宗教裁判所的淫威不得不对地球转动的学说表示悔过时，他仍然敢在悔过之后说："无论如何，地球仍然在转动着！"在伽利略生活的意大利，愚昧的宗教专制仍在肆虐，可是在宗教气氛较为宽松自由的英国，牛顿已经取代上帝成为自然世界的主宰。

14—16世纪文艺复兴和人文主义所培育的感觉主义，16世纪宗教改革所倡导的个人自由和"天职"观念，17世纪发展起来的国家主义、宽容精神和科学理性，以及早在托马斯·莫尔和托马斯·闵采尔

[①] 罗素：《西方哲学史》（下卷），商务印书馆1976年版，第43页。

等人那里就已经萌发的乌托邦社会理想,这一切构成了近代西方的文化起点。

虽然超越的浪漫精神在中世纪已经呈现为对立的形式,但是这种对立却是一种异化的对立。基督教的本质原本应是宗教殉道意识,然而罗马教会的实践却表现出世俗英雄主义的野心。宗教殉道意识在中世纪虽然是理直气壮和名正言顺的,但是它却徒有其名;世俗英雄主义虽然成为贯穿中世纪教会史的主要内容,但是它却不能获得正当的名义,不得不挂羊头卖狗肉,扯着上帝的大旗进行世俗权力的扩张。其结果使得对立的双方都不能得到正常的发展,而是以一种扭曲的形式萎缩下来——对立成为一种绝对的和静态的对立,陷入了一种无法统一的分裂状态中。在这种无可奈何的情况下,曾经断送了希腊文化和罗马文化性命的个人自我完善的幽灵再度出现,从外部对超越的浪漫精神进行挑战,从而导致了中世纪基督教文化的衰落。

到了15—16世纪,由于人文主义和宗教改革这两场运动的影响,希腊的精神和早期基督教的精神都得以复兴;而17世纪国家主义的崛起又使罗马的精神得以复兴,从此超越的浪漫精神的两个方面——宗教殉道意识和世俗英雄主义都开始理直气壮地发展起来。宗教殉道意识从宗教改革一直贯穿到近代西方种种乌托邦社会理想中,世俗英雄主义则表现在国家主义、科学崇拜以及稍晚出现的英美功利主义中。这时的对立已不再是本质与其异化形式之间的对立,而是两个真实的本质之间的对立。对立双方都以一种名副其实和堂而皇之的姿态出现,而不像在中世纪时那样徒有虚名和遮遮掩掩。双方在相互否定中超越着对方和自身,不断地实现着对立与统一的历史转换,从而使西方近代文化呈现出一种与中世纪基督教文化的僵化停滞局面截然不同的异彩纷呈的历史外观。

第一节
从文艺复兴到启蒙时代

一、重返人间乐园

中世纪末期虚伪腐败的罗马教会面临着两方面的挑战：一方面是意大利人文主义者的感性的和人性的挑战，另一方面是德国、瑞士等地宗教改革家的信仰和神性的挑战。前一种挑战是希腊文化的感觉主义在意大利的"炽热晴空"下的死灰复燃，后一种挑战是早期基督教的虔信精神在日耳曼人的晦暝心灵中的阴魂再现。罗马教会虽然腹背受敌，但是它并没有采取两线出击的战略。由于它在中世纪的发展轨迹是背离早期基督教的虔信精神而趋向希腊的感觉主义，所以它对人文主义者的感性呼吁采取"睁一只眼，闭一只眼"的容忍态度，而对宗教改革家的纯洁信仰的要求则予以坚决抵制。罗马教会对人文主义兼收并蓄，对新教各国却发起了宗教战争。当宗教战争使得天主教和新教两败俱伤时，以法国、英国和荷兰为首的国家主义（在法国表现为君主专制、在英国表现为君主立宪、在荷兰表现为共和政体）异军突起，构成了对罗马教会的真正威胁。到了17世纪中叶以后，罗马教会再也无力应付国家主义和继之而起的科学精神的有力挑战，当人文主义者的感性呼吁在18世纪启蒙思想家那里变成了锐利的理性武器时，罗马教会遍体鳞伤的中世纪"神国"理想就被彻底地埋入了坟冢。

"文艺复兴"（Renaissance）是一个颇有歧义的概念，19世纪中叶以前的西方知识分子一般都认为，文艺复兴就是古典文化在西欧的复兴。1453年土耳其人攻陷君士坦丁堡以后,许多希腊学者逃到意大利和西欧其他国家,他们带来的希腊罗马的优美文风和艺术风格犹如一道闪电刺破了中世纪的黑暗夜空,文艺复兴就是阔别千年的希腊、罗马文化重返西欧的结果。代表这种看法的,是对古典文化推崇备至的18世纪英国历史学家吉本。在他的杰作《罗马帝国衰亡史》中,吉本以罗马式华丽庄严的散文风格,讴歌了古典文化的复兴:

> 在古典文学复兴以前,西欧的蛮族陷于愚昧无知的黑暗深渊中,他们的土语带有他们习俗的粗鄙和低劣意味。这些希腊和罗马优美典雅语风的学习者,此刻却被引入了一个光明的和科学的新世界,一个自由的社会和一个优美的古国。他们也被引入古代圣哲富于雄辩和推理的语言之中……一旦天空中充满着雨露,大地就会欣欣向荣,呈现一片蓬勃的生机。当代的俗语精练了,雅典和罗马的古典作品引发了高度的鉴赏力和广泛的仿效。①

但是即使在吉本生活的18世纪,也有一些人对"文艺复兴"的含义持不同的看法。例如伏尔泰在1756年出版的《论各族的风尚与精神》一书中认为,文艺复兴的意义不在于复古,而在于创新。文艺复兴的辉煌成就是意大利人天才创造的产物,而不是君士坦丁堡的希腊逃亡者带来的礼物,后者至多是把希腊文教给了意大利人。伏尔泰的这种观点在19世纪中叶以后越来越受到历史学家们的支持,在关于文艺复兴的最权威的著作《意大利文艺复兴时期的文化》中,布克

---

① 吉本:《罗马帝国衰亡史》,第66章,转引自布林顿、克里斯多夫、伍尔夫:《西洋文化史》(第4卷),台湾学生书局1984年版,第19页。

哈特认为，所谓"文艺复兴"那个时代的丰富内容主要应该归功于意大利人的天赋和个人主义。他在该书的第三篇"古典文化的复兴"中强调："作为本书的主要论点之一，我们必须坚持的是：征服西方世界的不单纯是古典文化的复兴，而是这种复兴与意大利人民的天才的结合。"他提出许多证据说明在这个时代来临以前，希腊罗马文化就在意大利生活中占有强有力的地位，它们的影响在12世纪托斯卡纳的建筑和"拉丁诗歌"中就已经很明显。① 许多人认为，古典文化的"复兴"对于14—16世纪意大利文化的繁荣并不具有十分重要的意义，在君士坦丁堡陷落以前，意大利就已经显示出文化发展的迹象。爱丁堡大学中世纪史著名教授丹尼斯·海指出："在意大利，不论是在文化领域还是政治领域，任何重要的事情都在15世纪末以前早已发生；实际上，是在1453年很久以前发生的。如果但丁可以归属于中世纪，彼特拉克则不能；而在科卢乔萨卢塔蒂（1406年卒）那一代的佛罗伦萨，意大利世界所独有的一切几乎全都略具规模了。"② 还有些历史学家则极力贬低文艺复兴时代的文化意义，例如哈斯金斯认为在中世纪和文艺复兴之间并没有"明显的和剧烈的变化""中世纪并非像前人想象的那样黑暗和僵化，文艺复兴亦非那样辉煌和突如其来"。③ 桑代克在《十五世纪的科学与思想》中不仅否认文艺复兴这个事实，而且把这个时期说成是文化衰落时期。

布林顿等人在考察了各家之说以后，比较客观地对文艺复兴进行了评说："但是，要以为任何具有文艺复兴时代特色的事物的根源，

---

① 布克哈特：《意大利文艺复兴时期的文化》，商务印书馆1979年版，第166—170页。
② 《新编剑桥世界近代史》（第1卷），中国社会科学出版社1988年版，第2页。
③ C.H.Haskins: *The Renaissance of the Twelfth Century*, Cambridge, U.S.A.1927, p.178.

于1300年代前很久就已存在的话（有些历史家否认文艺复兴时代有任何的创造力）也未免太夸大了。文艺复兴时代的人士受中世纪先人们学识与艺术的恩惠，无疑地实在很多，而且，文艺复兴时期的人士们也无疑地与他们的祖先一样地笃信宗教，轻信人言，满怀阶级意识和封建思想。可是他们也是唯物论者，怀疑论者，和个人主义，这些都是中世纪闻所未闻的。文艺复兴有它本身显明的风格，既非全部中世纪的，亦非整个近代的，而是一种过渡时代的风格。"[①]意大利文艺复兴时代的文化繁荣是一种综合的结果，它是"复兴"的希腊罗马文化与意大利人本身的文化秉性相结合的产物。在其中，古典文化的"复兴"只是一个触媒，意大利人的唯物主义、怀疑主义和个人主义才是真正起作用的东西。由于这些东西与古典文化的感觉主义之间有一种天然的默契，所以意大利文艺复兴呈现出一种瑰丽的感性特点（而不是深沉的理性特点），它要求满足人的感官享乐。这种要求塑造了人文主义者，他们的一个著名口号就是："我是人，人所具有的我都具有。"如果说"文艺复兴"这个概念还带有古典文化复兴的显著痕迹，那么"人文主义"则是地道的意大利式的杰作。人文主义者以精通古典文化而著称，但是他们却是根据意大利人的感性原则来取舍古典文化的。希腊、罗马的雕塑艺术、西塞罗的文风和维吉尔的诗歌被继承和发扬光大，古典时代的科学和哲学却被忽视。罗素指出："按某些方面讲，文艺复兴时期的意大利人，除雷奥纳都及其他几个人而外，都不尊重科学——尊重科学那是17世纪以来大多数重要改革人物的特色""大多数人文主义者把在古代受到维护的那些迷信保留

[①] 布林顿、克里斯多夫、伍尔夫：《西洋文化史》(第4卷)，台湾学生书局1984年版，第20—21页。

下来。……从教会里得到解放的最初结果,并不是使人们的思考合乎理智,倒是让人对古代样样荒诞无稽的东西广开心窍。"[1] 在哲学方面,对柏拉图学说的研究虽然恢复了,但研究工作主要局限于卡西摩·美第奇在佛罗伦萨设立的柏拉图学院中。这个学院的前两任负责人费西诺和比哥除了翻译了大量的柏拉图主义的著作以外,所感兴趣的事就是企图论证人在物质世界与精神世界之间的枢纽作用和在宇宙间的中心位置。而这种思想与其说是柏拉图的,不如说是人文主义的。然而即使是这种人文主义化的柏拉图哲学,很快也因其过分深奥的辩证特点而被西塞罗式的高雅的怀疑主义和伊壁鸠鲁主义代替。西塞罗曾主张,有教养的人可以用通俗的方法来讨论哲学问题,此外他还强调过知识的相对性。西塞罗的这些思想与他的华美文风一样深受浅薄而感性的意大利人喜爱,这些意大利人对于中世纪烦琐玄奥的经院哲学一向感到头痛。伊壁鸠鲁的快乐主义对意大利人来说更是一座发掘不尽的精神宝库,它实际上成为整个意大利人文主义的理论基础。文艺复兴在哲学上绝非一个深刻的时代,而人文主义运动则是一场感性十足的运动。

　　人文主义者用古代的权威代替了教会的权威,又用感觉主义和个人主义的权威代替了古代的权威。实际上,古代权威只是一个冠冕堂皇的幌子,而人的感性权利才是实质。文艺复兴并非复兴了古代世界的所有东西,而只是复兴了古代世界中的那些富有人性和感性特点的东西。因此这种复兴在文学艺术上的成就琳琅满目,在哲学和科学上的成就却寥若晨星。而且,人文主义者们仿效的对象也不仅仅是古代人,到了15世纪以后,但丁等人也成为"古典"的楷模。"15世纪的

---

[1] 罗素:《西方哲学史》(下卷),商务印书馆1976年版,第7、16页。雷奥纳都即达·芬奇。

意大利人实际上在文学中有两大歌颂的典范,即两组'古典'的样板。在西塞罗和维吉尔旁边,我们必须并列但丁、彼特拉克和薄伽丘的形象。"①

事实上,人文主义从来就不是一个有着统一规范的思想流派,而是由一些有教养的人在模仿古典风雅的过程中自然形成的一股时髦的时代潮流。除了建立在意大利人特有的个人主义基础上的感觉主义和唯美主义这种共性以外,意大利的人文主义者相互之间几乎没有什么共同之处。在但丁的《神曲》中仍然透露出中世纪的宗教理想和骑士式的心心相印的爱情观,在薄伽丘的《十日谈》中却充满了对教士们的伪善愚蠢的讽刺和对性爱、享乐及利己主义的讴歌。由于缺乏一种理智方面的中流砥柱,加上意大利在政治上的混乱状态以及意大利人一向对道德和宗教所采取的不认真态度,因此意大利的人文主义者们常常陷入一种自相矛盾的尴尬境地。"一位人文主义者可能用几种论调发言。"② 例如,当彼特拉克攀上亚威农近郊的温多克山时,他深深地陶醉在意大利美丽的自然风光中:

> 起初,我站在那儿浑然忘我,从未经历过的山风强劲地吹着,眼前现出不寻常开阔的视野。我环顾四周,朵朵云彩徘徊在脚下,此刻站立在这座不太著名的山上游目四望时,便觉得我过去听到和读到的有关亚叟斯山(Athos)和奥林匹斯山,不再是那样地难以置信了。从那儿我将视线转向我心神为之倾倒的意大

---

① 《新编剑桥世界近代史》(第1卷),中国社会科学出版社 1988 年版,第5页。
② 同上,第21—22页。

利。白雪覆盖在冻固的阿尔卑斯山脉上……①

为了从这尘世的欢乐中寻求精神的升华,他翻开了奥古斯丁的《忏悔录》,恰巧看到了这段文字:"人们崇慕高耸的山脉,汹涌的海涛,滔滔的巨流,海洋的边际,星辰的运转——却遗弃了自己。"彼特拉克幡然醒悟,他合上书,"对自己竟然还赞美歌颂尘世的事物生着闷气"②。

在政治态度上也是如此,"马基雅弗利是一位共和派,但同时又为强有力的君主制度辩护;对于佛罗伦萨来说是一位共和主义者,而对于意大利来说,却是一位激情满怀的君主捍卫者"。③ 黑格尔在总结人文主义者的思想性格特征时精辟地指出:"这个时期有一大群人物,他们由于精神和性格的力量而成为巨人,但在他们身上同时却存在着精神和性格的极度混乱:他们的命运正像他们的著作一样,只标示出他们的生命的这种不稳定和对于现存生活和思想的内心反抗,以及离开它们达到确定性的那种渴望;在他们身上,那种想要有意识地去认识最深刻的和具体的事物的热切渴望,却被无数的幻想、怪诞念头,想求得占星术和土砂占卜术等秘密知识的那种贪念所破坏了。这些特出的人物本质上很像火山的震动和爆发;这种火山在自己内部酝酿一切,然后带来新的展露,而且它的展露还是狂野而不正常的。"④

人文主义者的基本倾向并非从根本上否定基督教信仰(这是18

---

① 布林顿、克里斯多夫、伍尔夫:《西洋文化史》(第4卷),台湾学生书局1984年版,第30页。
② 布林顿、克里斯多夫、伍尔夫:《西洋文化史》(第4卷),台湾学生书局1984年版,第30页。
③ 《新编剑桥世界近代史》(第1卷),中国社会科学出版社1988年版,第22—23页。
④ 黑格尔:《哲学史讲演录》(第3卷),商务印书馆1959年版,第343页。

世纪法国启蒙主义者的使命),而是用人性的、感性的和个人主义的因素来充实和改造基督教,使它更少一点中世纪陈腐的烦琐气息,更多一点亲切的人情味。因此人文主义运动的基本特点不是理性的批判,而是激情的宣泄。那些热情奔放、欲念强烈的意大利人由于长期受城邦政治和商业精神的影响,形成了一种讲究实利和感官享受的利己主义,以及一种不拘形式、为所欲为的自由性格。布克哈特说:"14世纪的意大利人对于任何形式的虚伪的谦恭或者伪善很不熟悉;他们之中没有一个人害怕与众不同,害怕在穿着打扮上和在立身行事上是一个和他的邻居不同的人。"① 在宗教生活方面,他们虽然处在天主教的堡垒——罗马教廷的鼻子底下,但是全欧洲人包括法国人在内再也没有像意大利人那样对天主教信仰采取一种逢场作戏、唯利是图的态度了。"文艺复兴时期的学者对教会的态度,很难简单刻画。有的人是直言不讳的自由思想家,不过即使这种人通常也受'终傅',在觉到死之迫临的时候与教会和解。大多数学者痛感当时教皇的罪恶,然而他们还是乐于受教皇的聘用。"② 为教皇服务的16世纪意大利历史学家圭奇阿尔狄尼在他的《格言集》中写道:

> 没有人比我再憎恶那些教士们的野心、贪婪和放纵生活的了。这不仅是因为每一种恶行本身是可恨的,而是因为每一种恶行和所有的恶行在那些宣称自己是和上帝有特殊关系的人们身上是最不合适的,并且也因为它们是如此互不相容的恶行,只有在非常奇特的人物身上才能同时存在。尽管如此,我在几个教皇的

---

① 布克哈特:《意大利文艺复兴时期的文化》,商务印书馆1979年版,第126页。
② 罗素:《西方哲学史》(下卷),商务印书馆1976年版,第15页。

宫廷上的地位还是使我不能不为我自己的利益而希望他们是伟大的。要不是为了这个，我将热爱马丁·路德和我自己一样，不是为了使我自己从基督教所加在我们身上的那些法律中解放出来，而是为了要看到这一群无赖们被放回到适合他们的地方上去，以使他们可以被迫去过一种不再犯罪或者无权的生活。①

不仅是一般的人文主义者，而且连那些出身于美第奇家族和意大利其他显贵家族的教皇，也同样对天主教采取了一种实用主义的态度。许多教皇（如尼古拉五世、庇护二世、朱里亚二世、利奥十世等）本人就是人文主义者或者是人文主义者的保护人和资助者，因此他们对人文主义者鼓吹利己主义和感性享乐、抨击教士阶层愚昧伪善的做法表示同情。对于人文主义的发展来说，教皇们在精神上的支持和经济上的赞助是一个必不可少的前提，现代世界之所以能够拥有梵蒂冈图书馆、圣彼得大教堂、西斯廷教堂及其壁画，以及其他许多杰出的人文主义的艺术品，在很大程度上要归功于这些附庸风雅的教皇。"在文学和艺术的复兴方面，15世纪后半叶和16世纪初期的教皇，发挥了显著的作用。他们中的好些人的生活中，都突出地体现了文艺复兴时期所特有的那种优美的鉴赏能力和放任不羁的道德观念。他们不少人本来是意大利的王公贵族，政治野心和家族的荣华富贵，对于他们比教会的高尚宗旨更为重要。"② 教皇们和罗马教廷对待人文主义的态度与对待宗教改革的态度是截然不同的，许多人文主义者都成为教皇的朋友和受聘者，而宗教改革家几乎无一不是教皇的死敌。

---

① 参见布克哈特：《意大利文艺复兴时期的文化》，商务印书馆1979年版，第454—455页。
② G.F.穆尔：《基督教简史》，商务印书馆1981年版，第212页。

人文主义的主张使教会长期以来偷偷摸摸奉行的感觉主义得以公开地表现，因此它实际上使教会感受到一种扬眉吐气的畅快。当然，如果人文主义发展到极端，它是会成为否定基督教的力量的，但是人文主义者却很少走到极端。一些对教士们的腐败进行了猛烈抨击的人文主义者如但丁、伊拉斯谟等，在本意上并不是反基督教的，他们的本意恰恰是想净化基督教，而更多的人文主义者则是想使基督教更符合人性一些。正因为如此，意大利的人文主义得到了教皇和教会的默认，而那些受到教会迫害的人如布鲁诺、伽利略等，并非因为其人文主义思想，而是因为其科学思想与教会的信仰相违背。可是宗教改革却由于直接触及罗马教会背弃信仰这一痛处，而使罗马教会无法容忍，最终导致兵戎相见，造成了基督教世界的分裂。

　　文艺复兴时期的伟大艺术成就恰恰是在一种混乱的社会状态下创造出来的，人文主义这朵艳丽的鲜花是在肮脏的政治环境和腐臭的道德气息中盛开的。从政治上来说，意大利的分散状态使它成为夹在强大的西班牙和法兰西之间的一块肥肉，尽管意大利统一的好处显而易见，但是各邦国却宁愿乞求外援，也不愿停止内讧。尽管马基雅弗利一再警告各邦国的统治者求助外援的危险后果，但是法国军队和西班牙军队仍然不时地被当作邦国的保护者被请进意大利，并且在意大利的土地上真刀真枪地打起来。法国的查理八世、路易十二和法兰西斯一世都曾入侵过意大利，而西班牙国王、神圣罗马帝国皇帝查理五世则在1527年派了一支军队洗劫了罗马。另一方面，那些相互倾轧的邦国在经济、政治状态上也相去甚远，有的富庶，有的贫穷；既有共和国，又有王国。那些社会变动较多、政治上不稳定的邦国如佛罗伦萨，却成为文艺复兴的发祥地和人文主义者的麇集地，因为在那里诗人和艺术家们能够享受到充分的自由，而不用遭受某种统一规范的限制。相反，在经济繁荣、政治稳定的威尼斯，却只造就了夏洛克式的奸商，而没有产生但丁式的诗人。罗素对此评论道："文艺复兴时期的政治条件利于个人发展，然而不稳定；也像在古希腊一样，不稳定和个性表露是密切相连的。有稳定的社会制度是必要的，但是迄今想出来的一切稳定制度都妨害了艺术上或才智上的特殊价值的发展。为了获得文艺复兴时期的那种伟大成就，我们准备忍受多少凶杀和混乱？"[①] 这种矛盾或许是人类文明的永恒的悲剧性根源。

在道德方面，文艺复兴时期的状况更为糟糕。马基雅弗利曾公开承认："我们意大利人较之其他国家的人更不信奉宗教、更腐败。"文艺复兴时期意大利人的道德堕落与他们的艺术成就同样著名，在北方民族眼里，这种道德堕落甚至比艺术成就更能代表意大利人的形象。当时的一句英国谚语说："一个意大利化的英国人就是魔鬼的化身。"在莎士比亚的剧作中，许多奸诈阴险、道德败坏的恶棍都是意大利人，其中最典型的如《奥瑟罗》中的伊阿古和《辛白林》中的阿埃基摩。布克哈特认为，极端的个人主义和利己主义构成了意大利人道德沦丧的原因。在意大利，不道德的行为由于个性的高度发展而达到了登峰造极的地步，人们不是为了达到某种目的而犯罪，而是把犯罪本身当作目的来加以体验。结果，就使得赌博、暗杀、族间仇杀、肉欲放纵、凶杀、抢劫、雇人行刺等行为像瘟疫一样在社会上蔓延开来。下面的情况说明了意大利人的道德败坏已经达到了多么普遍和习以为常的程度：

---

① 罗素：《西方哲学史》(下卷)，商务印书馆 1976 年版，第 17 页。

当米兰公国在1480年左右，继吉安加利佐·斯福查之死陷于混乱之中时，各省城都失去了一切安全。帕尔马也同样是这种情况，那里，米兰总督遭到了暗杀的威胁，在悬赏捕拿犯罪者无效之后，他答应打开监狱大门把最遭唾弃的罪犯释放出来。盗窃、破坏家宅、无耻的败德丧行、公开的行刺和凶杀，特别是凶杀犹太人，是每天发生的事情。最初，干这些事情的人还是偷偷摸摸地单独地和化装来搞，不久就成群结伙明火执仗地、每天夜里明目张胆地来做。①

政治生活中的背信弃义和两性关系中的淫乱情杀一样公然在社会上流行，嗜血狂和破坏欲竞相媲美，15世纪中叶以后的意大利成为一个人肉宴和犯罪癖的狂欢之所。旧的道德准则完全瓦解了，人与人之间充满了欺诈和不信任，因此马基雅弗利才会公开鼓吹诡诈成事。父子相戕、夫妻暗算的事情屡见不鲜，枢机主教应邀参加教皇加冕礼宴要自带酒和酒童，唯恐中毒。人文主义者一面揭露教士生活的荒淫腐败，教皇和教士们一面继续变本加厉地穷奢极欲，而且还把一些人文主义者裹挟进去，使之同流合污。事实上，薄伽丘的《十日谈》在揭露教士们虚伪愚蠢的同时，也大力赞美了个人享乐的利己主义和性爱之娱。那些同情和资助人文主义者的教皇如利奥十世等，大凡都具有热心文艺和奢侈靡费这两个特点，而这两个特点本身就是紧密相关的。圣彼得大教堂和圣母百花大教堂的建筑与雕塑，不仅表现了人文主义艺术的巨大成就，而且也表现了罗马教会首脑们的奢华挥霍。人

---

① 布克哈特：《意大利文艺复兴时期的文化》，商务印书馆1979年版，第438页。在该书的第六篇第一章中，布克哈特引用了许多例子来说明意大利人的道德堕落。

文主义虽然对教士阶层的腐化进行了抨击，但是它从来都没有提倡过廉洁和俭朴（这一点也是人文主义与宗教改革的区别之一）。它的目的不是否定人欲的满足和人世的享乐，而是要使这些满足和享乐从教士们偷偷摸摸的勾当变为所有人的公开的和理直气壮的行为。人文主义运动是由美第奇等显贵家族热情支持的一场富丽豪华的文化运动，是纸醉金迷的意大利享乐主义与华美典雅的古典文化相结合的产物，它从头到脚都流露出一股雍容华贵的富贵气，这种富贵气在波提切利的绘画和米开朗琪罗的雕塑中明显可见。因此人文主义不仅不能像朴实无华的宗教改革运动那样激起下层民众的普遍热忱，而且一旦从富庶的意大利传播到阿尔卑斯山以北的贫穷世界中，就马上变了味，成为北方各国宫廷中的一种矫揉造作的优雅时尚和少数学者的考据风气。人文主义在意大利宛如一个衣着华丽、风流倜傥的纨绔子弟，在法国和西班牙如同一个身着盛装、满口文雅的伶人，在德国和北欧却像一个衣衫褴褛的学究，透出一股酸溜溜的腐儒味。

意大利人极端个人主义的性格既造成了普遍的社会混乱和道德沦丧，也导致了文学艺术的繁荣昌盛，"这种性格的根本缺陷同时也就是构成它的伟大的一种条件"。人文主义既然对中世纪压制人欲的伪善道德深恶痛绝，它就自然而然地把自己的根基埋置于"绝对的不道德"的淤泥中。摧毁一种腐朽而虚伪的道德体系的最有效的方法，就是彻底投入一种蔑视任何道德规范的放纵之中。这种不顾廉耻的放纵状况固然是可悲的，但是它却成为两种道德体系或规范转换更迭的必要中介和过渡环节。意大利人在向希腊罗马文化学习雅致的文风和优美的造型艺术的同时，也继承了古典时代的骄奢淫逸的生活方式。因此意大利人不仅在文明程度上比同时代的外国人高出一等，而且在道德败坏方面也比他们走得更远。这种双重的优势使得意大利人成为

"近代欧洲的儿子中的长子"（布克哈特语）。

正如道德严谨的北方民族对于道德散漫的人文主义抱有一种天然的愤懑和抵触情绪一样，自由放纵的意大利人对于旨在纯洁基督教信仰和道德的宗教改革也丝毫提不起兴趣。意大利唯一的宗教改革家萨伏那洛拉想把佛罗伦萨建成一个神权统治、倡导虔敬俭朴生活的共和国，他率领人们在广场上焚烧了珠宝、华丽衣物和种种伤风败俗的书籍。但是熟悉享乐主义的意大利人很快就对他的那种中世纪圣徒理想感到厌倦，萨伏那洛拉被烧死在佛罗伦萨的闹市中。意大利人浅薄的感觉主义使他们不愿意对《圣经》的原文进行学究式的烦琐考证，而偏重世俗享乐的利己主义又使他们蔑视基督教的种种清规戒律，这些特点使得意大利成为试图重新确立信仰权威的宗教改革运动的禁地；另一方面，也正是这些特点使意大利成为大声疾呼人间享乐的人文主义乐园。

文艺复兴和人文主义虽然伴随着社会混乱和道德败坏的阴影，但是它毕竟开创了一个崭新的时代，把一个与中世纪阴森幽冥的宗教理想截然不同的生机盎然的人间乐园展现在西方近代人的眼前。正如古典文化是从直观的希腊感觉主义开始的一样，欧洲近代文化也是从直观的意大利感觉主义开始的。布克哈特评价道："文艺复兴时期的意大利人必须经受一个新时代的第一次巨大的浪潮的冲击。由于他们的天赋才能和热情，他们成了他们那个时代一切高度和一切深度的最典型的代表。和极端的堕落一起出现了具有最崇高的谐和的人类个性和一种艺术光辉，这种光辉给人类生活罩上了一层光彩，而这种光彩是古代文化或中世纪精神所不能或不愿赐予的。"[①]

---

① 布克哈特：《意大利文艺复兴时期的文化》，商务印书馆1979年版，第446页。

二、国家主义的崛起

人文主义并没有真正地对教会构成威胁,在罗马教会的首脑人士看来,人文主义运动具有一种"小骂大帮忙"的特点,它所宣扬的东西(感觉主义)正是他们心向神往却又不便公开表现的东西。因此,人文主义与教会的对立只是一种表面的对立,实际上彼此之间达成了一种不越雷池的默契:人文主义者一般不触犯教皇和罗马教会的精神统治地位,教皇和罗马教会则尽量以包容的态度来对待人文主义者伸张人性的要求。这种相互谅解的默契使得罗马教会可以腾出手来全力对付真正的隐患——宗教改革运动。然而就在罗马教会把所有的注意力和物质力量都动员起来去压制宗教改革时,另一支潜在的威胁力量却在悄悄地崛起。罗马教会只看到了它的精神上的敌人(路德、加尔文等),却忽视了它的物质对手,这个狡猾的物质对手就是正在发展壮大的国家主义。在16—17世纪,在欧洲大陆代表着国家主义力量的是两个最强大的国家——法国和西班牙。但是西班牙的国家主义是旧式的,带有浓郁的中世纪"神国"气息,法国的国家主义才是新兴的。自从法兰西斯一世开始,法国就趁着宗教战争的混乱,极力削弱罗马教会的坚定同盟军(它自己在大陆上的头号对手西班牙哈布斯堡王朝)的势力范围,以实现称霸欧洲的恺撒梦。由于当时的一切国际活动都与宗教战争纠缠在一起,所以罗马教会对于法国的野心并没有足够重视,况且它也被宗教战争弄得精疲力竭,无力旁顾。而另一个近代大国——英国,自从百年战争以后就不再想涉足欧洲大陆的疆域,所以它趁着欧洲大陆陷入战乱的机会埋头发展自己的国力。法国人浑水摸鱼,英国人则坐山观虎斗,二者均从宗教战争中收取渔人之利,只不过方式不同罢了。到了《威斯特伐利亚和约》签订以后,当伤痕累累的罗马教会终于从持续了100多年的宗教战争中缓过气来时，它惊异地发现新兴的国家主义已经在天主教的法国和新教的荷兰、英国成长为顶天立地的巨人。如果说宗教改革摧毁了罗马教会的精神垄断权，那么国家主义这个近代的安泰①则彻底击溃了罗马教会建立俗世"神国"的梦想。

意大利人以文艺复兴和人文主义的出现作为划分中古与近代的标志，德国人以宗教改革作为两个时代的分水岭，西欧的一些近代大国则以某位强权君主的出现作为划界的标准——法国人选择了路易十一登基的 1461 年，西班牙人选择了阿拉贡的斐迪南与卡斯提尔的伊莎贝拉联姻的 1469 年（这次联姻成为西班牙统一的起点），英国人选择了亨利七世建立都铎王朝的 1485 年。西方的历史学家们一般倾向于以 1494 年作为中古和近代的分界线，因为在那一年法王查理八世率军跨越阿尔卑斯山，远征意大利，从而开创了"第一次近代战争"。而在我国的许多历史教科书中，通常都以 1566 年尼德兰圣像破坏运动和其后尼德兰资产阶级革命作为西方近代史的开端。在上述种种意见中，除了意大利人和德国人的看法是从文化的角度来考虑问题之外，其他所有观点尽管在具体的分期点上有所出入，却都不约而同地把国家主义的出现当作近代历史产生的主要标志。

在中世纪，与统一的教会相对照的是分散的封建采邑。公元 10 世纪时，西方的各种封国多如牛毛，彼此之间的摩擦从未间断过。但是由于这些抵牾大多都是在弹丸之地的小国之间发生的，所以它们对西方历史进程并没有形成什么显著的影响，甚至连"战争"二字也称不上，只不过是贵族们或骑士们之间的一种职业性的游戏而已。

---

① 安泰，希腊神话中的大力士。

在13世纪以前，只有查理大帝的法兰克帝国在外观上具有一些罗马帝国和近代专制国家的特点。然而在实质上，查理帝国仍然只是一个军事行政联合体，帝国的各地区之间缺少经济上的联系，所以查理大帝一死，他的帝国也随之分崩离析。神圣罗马帝国自奥托一世建立以来，它虽然在中世纪的历史上扮演了一个重要角色，但是在大多数时候只是一个徒具虚名的空架子，在它的疆域内存在着数不清的国中之国，帝国的命运在很大程度上操纵在那些猜忌多疑、反复无常的诸侯手中。神圣罗马帝国从来没有像罗马帝国一样成为一个真正意义上的帝国，神圣罗马帝国的皇帝除了极少数铁腕人物如腓特烈一世（红胡子）等以外，一般都无力控制德国的诸侯们，而且往往还成为受制于后者的政治傀儡。正是由于这种有名无实、权力分散的状况，所以神圣罗马帝国在与罗马教会的长期较量中最终败北。

在中世纪，最先作为民族国家崛起的是法国。14世纪初法王腓力四世（"美男子"）对罗马教会的胜利（"阿维农之囚"）揭开了法国专制国家发展的序幕，经过瓦罗亚王朝两个多世纪的惨淡经营，尤其是通过路易十一、查理八世、路易十二和法兰西斯一世诸王的中央集权和兼并扩张，到波旁王朝建立时，法国已经成为一个近代意义上的君主专制国家，并且从17世纪开始取代西班牙成为欧洲大陆上最强大的军事大国。

民族意识或爱国心是中世纪后期出现的一种新的精神力量，这股力量在宗教改革中与不同的宗教信仰结合在一起，成为促进西方近代国家主义产生的重要因素。在中世纪，战争只是王室和统治者的事情，是国王、贵族和骑士们的一种专业性活动。国家疆域更是老百姓漠不关心的东西，不论归属于哪个国家统辖，百姓依然如常地过他们的生活。这种状况甚至到了西方近代早期在大多数国家中依旧如此。

"早期的近代战争根本还不是整体战，这些战争除了对政府的财政与税收造成惨重与深刻的影响外，对那些不曾参与军队的平民的生活似乎渺不相涉。在讨论和平方案时，根本不会提到'民族自决'，对于领土与人口的转移，也不会忧心忡忡，寝食难安。"[1] 到了宗教改革时期，由于不同的宗教信仰（天主教和新教，而新教中又分路德宗、加尔文宗等等）与不同的地域之间形成了稳固的联系，所以 1555 年的《奥格斯堡和约》确定了"教随国定"的原则。三十年战争后，《威斯特伐利亚和约》又进一步确认了"教随国定"的事实，承认那些信奉新教的国家和地区的政治独立。这样一来，就使得宗教信仰与民族意识或爱国热情相互激荡、共同发展。加尔文派的新教信仰使尼德兰人，尤其是以荷兰省为中心的北方七省人民团结起来，从共同的宗教信仰中培养出共同的民族感情，终于使荷兰共和国摆脱西班牙的控制而独立。另一方面，天主教信仰也大大地激扬了西班牙人的民族意识，使西班牙在反宗教改革的运动中成为 16 世纪欧洲最强大的国家。同样，信仰天主教的爱尔兰人一直不愿意接受信仰国教（安立甘宗）的英国人的统治，北爱尔兰地区则由于信仰新教而与爱尔兰相分离，至今仍然是大不列颠王国的一部分。

在英国，一直在新教和天主教之间寻求妥协的国教会虽然使新、旧教徒均感不满，但是它那兼容并蓄的特点却为双方的同舟共济与和平相处创造了一种宽松的气氛。伊丽莎白一世登基以后，一改其前任"血腥的玛丽"的仇视新教的立场，因此与笃信天主教的西班牙处于敌对状态。但是在国内，伊丽莎白对于新教中的激进派——清教徒

---

[1] 布林顿、克里斯多夫、伍尔夫：《西洋文化史》（第 5 卷），台湾学生书局 1983 年版，第 26—27 页。

的态度远比对天主教徒的态度强硬。伊丽莎白伸出右手来对付苏格兰的天主教女王玛丽·斯图亚特、罗马教会和西班牙的干扰，伸出左手来遏制国内清教徒的激进要求，从而使英国国教会保持一种不偏不倚的温和立场。尤其是到了1688年"光荣革命"之后，随着政治冲突的化解，在国教会与清教徒、天主教徒之间出现的和谐共生关系非常有利于培养岛国人民相互认同的民族情感，使他们在面对外敌（罗马教会和西班牙）时能够放弃宗教信仰上的分歧，共同御敌。此外，这种温和立场也使英国成为最早出现宗教宽容精神和言论自由的国家之一，从而为近代科学的兴盛和宪政民主制度的壮大创造了良好的氛围。英国国教具有一种埃拉斯都主义[①]的特点，政府对教会拥有强有力的控制权，教会只是国家的道德警察。除了在内战和克伦威尔执政期这一小段混乱状态之外，英国国教会在重大问题上始终采取与政府保持一致的立场，使英国政府在对外扩张的过程中免除了后顾之忧，于18世纪以后成为实力最强大的"日不落帝国"。

如果说英国国教会的折中主义立场使它成为英国政府的坚定同盟军，那么法国君主们对于天主教信仰的实用主义态度则使法国教会成为政府进行政治交易的筹码。在信仰问题上，法国人如同意大利人一样不虔诚和阳奉阴违，但是在政治头脑方面，法国人却比意大利人精明得多。当意大利人一边把卓越的艺术天才表现在文艺复兴和人文主义运动中，一边把低劣的政治素质表现在混乱的内讧中时，法国人则在不遗余力地发展自己的国家实力，并且不断地觊觎和蚕食着意大利

[①] 埃拉斯都主义即主张国家高于教会并有权干预教会事务的学说，因16世纪瑞士医学家、茨温利派神学家埃拉斯都而得名，但真正表述了这一学说的却是英国神学家胡克，后者在1593年撰写的《论教会体制》一书中，明确地阐发和论证了世俗权力高于教会权力的观点。

这块肥肉。为了"国家的立场",法国君主们可以随时改变宗教的立场。为了与西班牙抗争,法兰西斯一世不顾自己作为一个天主教国家领袖的身份,而与德国新教徒甚至异教的奥斯曼帝国联盟。波旁王朝的第一任国王亨利四世本是一个新教徒(胡格诺派),为了争取信奉天主教的巴黎人的支持,以挫败西班牙腓力二世篡夺法国控制权的阴谋,亨利四世不惜改信天主教。法国首相、天主教枢机主教黎塞留在三十年战争中支持德国新教诸侯,他的继任者马萨林又与克伦威尔治下信奉新教的英格兰联合起来,其目的都在于打击法国的头号敌人哈布斯堡的西班牙。西班牙的君主们在宗教信仰上过于认真和执拗,查理五世和腓力二世(他们两人在西班牙的统治几乎纵跨了整个16世纪)都是坚定不移的天主教徒,在德意志和尼德兰的宗教争端中始终采取不妥协的强硬态度。在这一点上,西班牙人的做法有点类似于堂·吉诃德,具有一种为了追求某个理想而百折不回的顽强精神,这种精神既表现了浪漫的豪侠气概,也表现了愚钝可笑的固执。相形之下,法国人倒有点像那位八面玲珑的随从桑丘①,世故、稳健而且随机应变。哈布斯堡王朝的君主们在宗教问题上的刻板态度是致使西班牙帝国日益衰落的重要原因之一,而法国统治者们对于宗教信仰的实用主义态度则使法兰西成为宗教战争中受益最多的国家。

　　欧洲近代的国家体系在15、16世纪已经初现端倪,三个实力较强的君主国——西班牙、法兰西和英格兰正在形成鼎足三分的均衡之势,一些较弱小的国家如苏格兰、葡萄牙、斯堪的纳维亚诸国仅居于陪衬地位,另一些国家如意大利、德国则由于分裂混乱的政治局面,

---

① 桑丘,塞万提斯名著《堂·吉诃德》中堂·吉诃德的忠实随从。

其命运在很大程度上取决于这三个大国之间的国际关系。这种多元格局是近代西方国际政治的一大特点，每当一个大国表现出称霸欧洲的迹象时，另一些国家就联合起来遏制它的发展，以求继续保持"势力均衡"和多元并立的国际政治格局。特别是英国，在制约西班牙和法国任何一方成为超级大国上起了重要的作用。17世纪中叶以后，荷兰取代了西班牙而与英、法形成新的三足鼎立局面。到了18世纪以后，荷兰也开始衰落，而俄国和德国则逐渐崛起。这种"势力均衡"的国际政治格局使得罗马时代的恺撒帝国在近代西方完全失去了再生的土壤。

近代最初的国际争端发生在哈布斯堡王朝与法国之间。1519年哈布斯堡王朝的查理五世被选为神圣罗马帝国皇帝，此时哈布斯堡王朝的势力可谓如日中天。查理五世从祖父马克西米连一世那里承袭了奥地利，从祖母玛丽那里承袭了勃艮第和尼德兰，从外祖父斐迪南和外祖母伊莎贝拉那里承袭了西班牙。1526年匈牙利国王路易死后绝嗣，查理又继承了匈牙利和波希米亚的两顶王冠。后来查理虽然将奥地利的祖传领地和匈牙利、波希米亚的统治权转让予其弟斐迪南，但他仍然身兼西班牙国王和神圣罗马帝国皇帝，并领有南意大利、西西里、撒丁尼亚和尼德兰等地。1555—1556年，查理五世分别把神圣罗马帝国皇位和西班牙王位传给其弟斐迪南一世和其子腓力二世，从此以后，哈布斯堡王朝如同盾形纹章中的双头鹰，一个头在马德里，一个头在维也纳，分别注视着西方和东方，并对法国形成了钳形之势。然而，哈布斯堡的这两个头并非齐心协力，奥地利的全部精力都放在对付奥斯曼土耳其人的威胁方面，因此极力避免与法国发生冲突。西班牙虽然处处与法国为敌，但是由于它四处出击，树敌过多，常常要同时应付来自地中海和北非的土耳其人和巴巴里海盗、德国境内的新教徒、尼德兰的叛乱者，16世纪中叶以后又与英国处于敌对状态，所以在与法国人的较量中，难免捉襟见肘。西班牙在与法国的几次一对一的正面较量中，依靠自己训练有素的步兵，常常能取得战场上的胜利。但是狡猾的法国人却尽量避免与强大的西班牙步兵单打独斗，而是以谋制胜，通过与西班牙的其他敌人结盟来共同制服这个凶悍的对手。英国历史学家保罗·肯尼迪在谈到西班牙四面树敌的后果时指出："在一些十分困难的时期里，西班牙帝国同时要在三条战线上作战，而敌人之间即使不在军事上合作，在外交上和商业上也会有意识地彼此帮助。用当时的话来说，西班牙犹如掉进泥坑的大熊：它比任何攻击它的狗都强，可是从来不能对付所有的对手，结果是渐渐声嘶力竭。"①

除了四面受敌之外，致使西班牙在17世纪衰败的另一个重要原因是经济上的窘迫。由于不断地投入新的战争，西班牙的军费开支迅猛上升。尽管哈布斯堡王朝继承的土地物资丰富，并且每年从美洲殖民地源源不断地流入大量的黄金和白银，此外还控制着欧洲两个最富裕的贸易区——意大利诸邦和低地国家的商业财源，但是仍然入不敷出。为了同时对几方面的敌人作战，西班牙不得不保持数量庞大的常备军，1536—1537年，查理五世单在伦巴第一地就动员了6万人的雇佣军去保卫米兰和进攻法国的普罗旺斯。据统计，查理五世指挥的军队约有15万人，而腓力二世统率的部队则达30万之众。这些军队大多是由外国雇佣兵组成，他们在西班牙受到正规的军事训练，战斗力很强，而且虔信天主教，但是他们同样也需要按时发饷。由于军费短

---

① 保罗·肯尼迪:《大国的兴衰》，四川人民出版社1988年版，第59页。

缺，西班牙政府常常拖欠军饷，因此激起了部队的反叛和劫掠行为，西班牙1609年被迫对荷兰停战的一个重要原因就是军队的叛变。为了维持巨大的军费开支，西班牙不得不四处举债，致使政府债台高筑，信用下降。查理五世退位时留给腓力二世2 000万杜卡的债务，而腓力二世1598年去世时所负债务高达1亿杜卡，为此应付的利息约占西班牙政府全部税收的2/3。从1566年至1654年西班牙在尼德兰所投入的军事费用达2.18亿杜卡，当时的一位西班牙议员抱怨道："尼德兰的战争把我们的王国整个毁了。"而那些征税过头的卡斯提尔议会代表不无讽刺地说："为什么不让尼德兰的反叛者烂在异端邪说里呢？上帝一定会惩罚他们的，西班牙何必再挑此重担。"①

　　哈布斯堡王朝所统治的区域尽管幅员辽阔，但是它并不是一个"民族国家"，而是由于王位继承和家族联姻而暂时结合在一起的"王朝国家"。西班牙虽然已经具有近代"民族国家"的雏形，但是它内部的各块领地之间并没有真正实现行政和财政上的统一。严格地说，16世纪的西班牙只是一个拼凑起来的军事机器，靠着强有力的君主本人而非有效的行政机构来维持运转。在组织结构的有机性和内部联系的密切性方面，西班牙比起英、法等国来大为逊色，它常常是拖着一个勉强拼凑的庞大身躯去与敌人作战的。所有这些不利因素已经决定了西班牙的命运，在经历了"无敌舰队"的覆没和尼德兰战争的失败等一系列沉重打击之后，西班牙被迫于1659年与它的头号敌人法国签订了《比利牛斯和约》，从此，西班牙的辉煌时代就一去不复返了。布林顿等评论道："倘若哈布斯堡的君主能够把他们的全部精力，

---

① 　保罗·肯尼迪：《大国的兴衰》，四川人民出版社1988年版，第61—62页。

用在统一和发展他们的领土的工作上,他们在西班牙多少会有一点成就。但是,在追求欧洲的霸主权和铲除新教异端的大业上,他们的所作所为的确枯竭了伊比利亚半岛和削弱了海外殖民地。然而,这确实是西班牙的伟大时代:在陆上和海上,西班牙人被羡慕和忌妒为最好战士的时代,西班牙人似乎被命定为南北美洲的主人时代,西班牙似乎是欧洲最富庶的国家时代,罗耀拉与塞万提斯的时代,西班牙宗教、文学和艺术的黄金时代,但是,西班牙的伟大不过昙花一现,在17世纪,西班牙只剩下余晖残照了。"①

取代西班牙登上政治舞台的是荷兰,它和另外两个老牌的大国——英国和法国一起构成了"势力均衡"的新三角。从1566年到1688年这100多年的时间里,荷兰、法国和英国都经历了一系列的战争和内乱,这种痛苦的磨炼成为这些国家从中世纪向近代转变的必要代价,成为西方近代国家主义临产前的阵痛。在荷兰,持续了几十年的战争使它从西班牙的附庸变成一个独立而强盛的共和国;在英国和法国,不断发生的内乱使旧贵族阶层反对中央集权和维护地方封建割据的企图最终破产。截至1650年,英国发生了12次以上的叛乱,而法国1648—1653年的投石党之乱标志着500多次反王权造反(无论是来自平民还是贵族)的顶峰。但是到了17世纪50年代以后,各国内部的紧张局势平息下来,三个国家开始相互博弈,首先是为了争夺自己周围海洋的控制权,稍晚一些时候又开始为争夺海外殖民地的贸易垄断和制海权而斗争。

虽然荷兰共和国直到1648年《威斯特伐利亚和约》签订以后才

---

① 布林顿、克里斯多夫、伍尔夫:《西洋文化史》(第5卷),台湾学生书局1983年版,第66页。

得到欧洲各国的公认,但是尼德兰北方七省早在腓力二世去世以前即已取得了实际上的独立。从那时起一直到第三次英荷战争结束(1674年)的将近一个世纪的时间里,荷兰这个新生的蕞尔小国因其商业贸易和海外殖民事业的发展而成为欧洲的一大强权国家。在17世纪上半叶,阿姆斯特丹取代了西属尼德兰的安特卫普成为西北欧的最大港口和贸易中心,荷兰的商船数超过全世界商船总数的1/3。由于当时的商船都装有大炮,随时可用于海战,所以荷兰的海军足以与英、法抗衡。在三次英荷战争中,荷兰海军与英国海军实力不相上下,甚至还略占优势,第三次英荷战争荷兰战败的原因不在于海上战事的失利,而在于与英国结盟的路易十四的法军从陆地上击败了荷兰军队。1602年荷兰成立东印度公司,1621年又设立西印度公司,开始海外扩张,与英国、葡萄牙等国家争夺殖民地的贸易权。荷兰的共和体制和宗教宽容氛围成为促进它的经济发展和文化发展的重要因素,大批在欧洲天主教国家受到迫害的新教徒都逃往荷兰,他们的节俭美德和熟练技艺使荷兰在制造业上跃居欧洲领先地位。近代实验科学的两大重要工具望远镜和显微镜都是荷兰人发明的,笛卡儿、洛克等人的重要哲学著作也都是在荷兰出版的,荷兰的宽松气氛使它成为欧洲自由思想的温床,莱顿大学成为欧洲的学术重镇。17世纪的荷兰在科学方面产生了惠更斯、斯瓦默丹和雷汶胡克,在艺术方面产生了伦勃朗、哈尔斯和威梅尔,在法学方面产生了近代国际法的奠基人格劳秀斯,在哲学上产生了伟大的唯理论者斯宾诺莎。

然而,荷兰共和国在行政方面绝不是一个高效率的国家,它的政府是由七省联合组成的一个松散机构,各省派遣代表组成的"等级大会"与其说是中央的立法机构,不如说更像一个外交议会,彼此之间都是因为共同的商业利益而联系在一起。奥伦治家族(在这个家族中曾产生了领导荷兰人民推翻西班牙统治的民族英雄威廉亲王）虽然在名义上统领着联合七省，但国家的实权却操纵在少数富商手中，荷兰共和国实际上是一个商人的寡头共和国。与英、法的中央集权体制相比，荷兰除了行政效率较低以外，还缺少一个足以支撑它成为强权大国的广阔地域。这些弱点虽然在17世纪上半叶被荷兰在经济上和文化上的辉煌成就遮掩，但是当荷兰与英、法等国进行持久战时，它们就暴露出来了，并最终成为荷兰致命的"阿喀琉斯之踵"。"无论荷兰在新建的共和国中占有多么大的优势，其他六省仍保有很大程度的自治。但这种盛行于15世纪的旧分权制度，毕竟严重地削弱了荷兰，特别是使它在同英、法两国的商业竞争中受害尤深。在一个没有强权就没有利益、没有战争就没有安全的世界上，荷兰永远都要吃亏。它刚刚挣脱西班牙的统治（1609年宣布的独立，1648年得到承认），就在陆地上遭到法国（1672—1678年和1689—1713年）、在海上遭到英国（1652—1653年、1665—1667年和1672—1674年）的进攻。这些战争耗费太大，荷兰的国势因而一蹶不振。18世纪和这个世纪所代表的利益（尤其是在殖民事业方面）将属于新兴的近代国家：法国和英国。"[①]

在历史学中，一般把17—18世纪的西方历史称为专制主义时代，而代表这个时代的就是法国和英国。"专制主义"（absolutism）这个词在这里并非指道德上的暴虐，而是指政治上的集权。法国的专制主义在路易十四统治时期（1661—1715年）达到顶峰，英国的专制主义则在1707年合并苏格兰、形成大不列颠王国时达到顶峰。[②] 关于17世

---

① 杰弗里·巴勒克拉夫主编：《泰晤士世界历史地图集》，生活·读书·新知三联书店1985年版，第184页。
② 虽然1688年"光荣革命"使英国成为君主立宪政体，但是英国的国家权力仍然是专制主义或中央集权的。

纪中叶以后英、法专制主义的发展过程,对西方近代历史略有了解的人都比较清楚。本章的宗旨只是探讨西方近代历史的文化起点,而非描述整个西方近代史,所以对17世纪中叶以后英、法专制主义的发展过程就不再嘴上赘述。西方近代国家主义自15世纪萌发以后,在法国、英国、西班牙和荷兰等国采取了不同的发展形式,到17—18世纪的专制主义时代才最终形成。至此,"民族国家"已经取代了罗马教会和"王朝国家"而成为欧洲历史舞台上的主角,国家之间的冲突与联系已经取代了国家与罗马教会之间的冲突与联系而成为历史的主要内容。政教分离和国家利益至上的观念使罗马教会丧失了政治上的独立性和发号施令的权力,在三十年战争结束以后,罗马教会充其量只能扮演一个在各个大国之间进行挑拨离间、煽风点火的政治掮客。即使如此,绝大多数西方国家也不再理会它的那些拙劣伎俩。从传统基督教世界中分离出来的新教已经成为北部欧洲各个民族国家的宗教,而反宗教改革运动并没有也不可能恢复天主教一统天下的权力,因此遍体鳞伤的罗马天主教会也不得不向"国家的立场"屈服。在新崛起的国家主义面前,罗马教会被迫收敛起昔日的尊严和傲气,放弃世俗权力方面的要求,老老实实地缩回意大利终至梵蒂冈。近代欧洲的恺撒们终于扬眉吐气了,又开始把上帝踩在脚底下。世俗英雄主义重新凌驾于宗教殉道意识之上,成为促进西方近代文化发展的精神动力。

三、科学理性的兴盛

西方近代崛起的国家主义虽然已经把罗马教会的世俗权力剥夺得所剩无几,但是罗马教会的精神影响在信奉天主教的国家和信徒中却依然强有力地存在着。教会虽然不再过问现世的权力之争,但它仍然掌握着灵魂进入天堂的钥匙，17世纪欧洲的天主教徒都对这一点深信不疑。即使是对宗教信仰持有一种实用主义态度的法国人和意大利人，在对待彼岸问题时也不得不相信罗马教会确实拥有某种特权。另一方面，宗教改革运动虽然导致了铁板一块的基督教世界的分裂，造成了新教与天主教的分道扬镳，但是新教各教派在信仰上帝存在、基督救赎和天国福音方面丝毫也不比天主教逊色，有时候甚至更加虔诚和狂热。基督教信仰既然是一种精神性的力量，那么任何物质性的力量（如西方近代的专制国家）都不能从根本上摧毁它，精神的力量只有靠精神的力量才能击溃。基督教信仰之所以能在基督教世界发生分裂后仍然具有强大的影响力，它的一些基本信条如上帝存在和全知全能全善、"三位一体"、"道成肉身"、"原罪"、"基督救赎"等之所以能够成为超越于新旧教分歧之上的普遍信条，是因为迄至17世纪，西方社会中尚没有一种精神力量足以取代它。但是，虽然基督教信仰的权威地位在17世纪仍是不可撼动的，但北方新教世界中迅速蔓延的宗教宽容气氛却正在成为滋生各种叛逆的新精神力量的温床。在这些正在生长的精神力量中，有一种力量注定要在稍晚一些时候取代基督教信仰的权威地位，成为人类社会生活中新的精神支柱和崇拜形式，这种力量就是科学理性。科学理性在17世纪以后逐渐成为西方人精神世界中的新上帝，而对科学理性的崇拜则构成了18—19世纪理性主义时代的主旋律。

如果说15世纪是文学和艺术复兴的时代，16世纪是宗教和信仰振兴的时代，那么17世纪则是科学和哲学盛兴的时代。怀特海把17世纪称为"天才世纪"，并认为现代社会中的人们"一直是依赖17世纪的天才所提供的观念财富生活的"。相对于16世纪的信仰主义（"因信称义""唯独信仰"）而言，普遍的怀疑精神是17世纪科学和哲学的基本原则：对托勒密"地心说"的怀疑开始走向公开化和理直气壮，"日心说"最终在伽利略和开普勒那里得以确立；对盖仑的动、静脉血液"涨落说"的怀疑导致了哈维血液循环学说的产生；对经院哲学中的"本质""原因"等用以说明运动的概念的怀疑，使牛顿力学中出现了"时间""空间""物质""力"等一系列描述运动的新概念，这些概念成为经典力学的最基本概念。17世纪英国皇家学会的宗旨是："检验一切制度、学说、原理、假设、要素、历史和实验。对所有见解抱怀疑态度，小心地去判断它。除非经过详细的辩论与明确的见证，否则绝不接受任何意见，更不去附和它。这些详细的辩论与明确的见证都是经过真正的实验归纳而来，这类实验所得出来的真理是颠扑不破的。"[①] 在哲学上，对亚里士多德的演绎三段式（特别是经院哲学对这种演绎三段式的滥用）的怀疑使培根建立了科学归纳法，它成为近代实验科学的重要工具；在笛卡儿那里，这种普遍怀疑精神更是他整个哲学赖以建立的首要前提，他为自己确立的四条最基本的逻辑规则的第一条就是："绝不把任何我没有明确地认识其为真的东西当作真的加以接受，也就是说，小心避免仓促的判断和偏见，只把那些十分清楚明白地呈现在我的心智之前，使我根本无法怀疑的东西放进我的判断之中。"[②] 在《形而上学的沉思》中，笛卡儿更为明确地表示：

---

① 布林顿、克里斯多夫、伍尔夫：《西洋文化史》（第5卷），台湾学生书局1983年版，第307—308页。
② 笛卡儿：《方法谈》，引自《十六—十八世纪西欧各国哲学》，商务印书馆1975年版，第144页。

> 如果我要想在科学上建立一些牢固的、经久的东西，就必须在我的一生中有一次严肃地把我从前接收到心中的一切意见一齐去掉，重新开始从根本做起。①

怀疑的目的就是要使思维从经院哲学的种种烦琐的教条和概念中摆脱出来，依照理性的原则独立地得出结论，在此基础上建立起健全而正确的哲学理论和科学学说。由于基督教的信条和经院哲学的理论、概念都是建立在超验的信仰基础上的，所以近代科学和哲学选择了经验作为它们的逻辑出发点，观察和实验的方法成为17世纪乃至以后几个世纪的科学家们广泛运用的最基本的方法。与经院哲学的空洞思辨和炼金术的奇思异想不同，17世纪的科学家们直接面对自然，从最可靠的经验证据出发，经过严密的归纳推理和数学演绎来建立科学理论。在得出结论之前，往往需要进行长时间的观察和反复的实验，这就要求科学家们对于他们所从事的工作必须具备如同对宗教信仰一样虔诚的信念和百折不回的毅力。丹皮尔在总结哈维发现血液循环的过程时指出："哈维达到这个重要的观念，不是靠了思辨，也不是靠了先验的推理，而是靠了一系列步骤，每一步骤又都是根据利用解剖方法对心脏所进行的观察，或者如他自己所说的，根据'反复的活体解剖'。正像维萨留斯创立了现代解剖学一样，哈维也把生理学放到观察与实验的正确道路上来，使现代内科与外科医学成为可能。"② 许多科学理论都是经过了几代人的长期观察和经验积累才最终

---

① 笛卡儿：《形而上学的沉思》，引自《十六—十八世纪西欧各国哲学》，商务印书馆1975年版，第157页。
② W.C. 丹皮尔：《科学史》，商务印书馆1975年版，第183页。

取得的，牛顿的力学运动三定律（尤其是惯性定律和加速度定律）是在伽利略、惠更斯等人的实验基础和理论雏形上发展起来的，而他的万有引力定律更是以开普勒的行星运动的第三定律为直接前提的。

除了经验的出发点以外，健全的逻辑演绎也被当作必要的方法和手段。这种逻辑是以欧几里得几何学体系为范本，以清晰明白而又切实可靠的公理、定理为前提，而且其结论应该与经验证据保持一致。当逻辑演绎的结论与观察实验的结果发生矛盾时，应该依据后者来修正前者，而不是像经院哲学所做的那样，为了维护前者的权威性而否定后者。爱因斯坦指出："西方科学的发展是以两个伟大的成就为基础，那就是：希腊哲学家发明形式逻辑体系（在欧几里得几何学中），以及通过系统的实验发现有可能找出因果关系（在文艺复兴时期）。"[①] 这两个伟大的成就或科学方法在17世纪的结合，使近代科学得以迅猛发展。

在17世纪，如同在古希腊一样，科学家和哲学家这两种身份往往都是集于一身的，哲学家通常也就是他那个时代最杰出的科学家，或者至少是对当时的整个科学进程和内容了如指掌的人。英国经验论的创始人培根被马克思称为"现代实验科学的真正始祖"；大陆唯理论的开创者笛卡儿创立了解析几何，奠定了近代数学实验方法的基础，在物理学和其他科学方面都堪称巨人。伽桑狄是卓有成效的天文学家、数学家和力学家；霍布斯把伽利略的动力科学发展为一种机械哲学。斯宾诺莎在磨镜片的生涯中对光学理论进行了深入的研究，他还谙熟欧几里得几何学，并按照欧氏几何的证明模式写出了他的哲学

---

① 《爱因斯坦文集》（第1卷），商务印书馆1976年版，第574页。

巨著《伦理学》；莱布尼茨独立地发明了微积分，此外他还是数理逻辑和计算机技术的先驱者，在物理学和地质学方面也建树甚丰。另一方面，17世纪那些著名的科学家如伽利略、开普勒、惠更斯、帕斯卡、牛顿等在哲学上都颇有见地，有的甚至独树一帜，对后世的哲学思想造成了深远的影响。伽利略的哲学思想具有明显的经验论色彩，他关于物质具有两种不同属性的思想对洛克后来划分"第一性质"和"第二性质"有着一定的启发作用。罗素认为，开普勒对太阳中心说的偏爱是受了他所信奉的毕达哥拉斯哲学的太阳崇拜的影响，"他的毕达哥拉斯哲学又引动他追随柏拉图的《蒂迈欧篇》，设想宇宙的意义必定寄托在五种正多面体上。他利用这五种正多面体设想种种假说；最后仗着好运，有一个假说正管用"。[1] 数学家帕斯卡的哲学思想具有一种神秘的直觉主义的气息，它对后来柏格森等人的哲学产生了一定的影响。而牛顿则在力学中把经验论的哲学原则贯彻始终，他把他的科学研究称为自然哲学，宣称自然哲学只能从经验事实出发去认识世界，因此"应当力戒去考虑假说"。经验论的立场使牛顿把最适宜进行观察和实验的力学原理当作解释一切自然现象的纲领，他说："我希望能用同样的推理方法从力学原理中推导出自然界的其他许多现象。"[2] 这种从力学原理出发来解释一切自然现象的做法使人们把整个宇宙看成是一个具有机械结构和进行机械运动的系统，从而造成了牛顿时代和18世纪占统治地位的机械决定论的世界观。

新时代的哲学是从培根和笛卡儿那里开始的，他们两人一个用经验、一个用理性对经院哲学进行了无情的抨击，从而把哲学从中世纪

---

[1] 罗素：《西方哲学史》（下卷），商务印书馆1976年版，第48—49页。
[2] H.S.塞耶：《牛顿自然哲学著作选》，上海人民出版社1972年版，第12页。

神学的迷途中重新拉回到正路上来。黑格尔评论道："我们可以借用西塞罗形容苏格拉底的话来形容培根：他把哲学理论（从天上）带到了世间的事物里，带到了人们的家里。""从笛卡儿起，我们踏进了一种独立的哲学。这种哲学明白：它自己是独立地从理性而来的，自我意识是真理的主要环节（哲学在它自己的土地上与哲理神学分了家，按照它自己的原则，把神学撇到完全另外的一边）。在这里，我们可以说到了自己的家园，可以像一个在惊涛骇浪中长期漂泊之后的船夫一样，高呼'陆地'。"①培根代表着实验哲学，这种哲学起源于对客观物质世界的经验，这是"外在的"经验；笛卡儿代表着自我意识的哲学，这种哲学产生于对理性自我的经验（即"我思故我在"中的那个"我"），这是"内在的"经验。中世纪的哲理神学既无外在经验也无内在经验，只有形而上学。经院哲学既不产生实验科学，也不产生自我意识，只有空洞的形式逻辑和神秘的信仰。实验科学是光彩夺目的、温柔娴雅的，它体现着哲学的阴柔之美；自我意识是桀骜不驯的、遒劲有力的，它体现着哲学的阳刚之美。相形之下，中世纪的经院哲学则是被摘除了子宫的哲学、被阉割了的哲学，是无性的怪物。哲学只是在培根和笛卡儿时代才开始了有性繁殖，培根哲学和笛卡儿哲学的结合（按照不同方式）产生了迄今为止的一切有价值的哲学。可以说，没有培根和笛卡儿，就没有整个西方近代和现代哲学。

　　经验论与唯理论的对立只是一种"次等的"或表面上的对立。17世纪是一个怀疑的时代，而怀疑所借以判明真伪的标准，就是经验，包括"外在的"和"内在的"经验。与信仰不同，经验具有切实性和

---

① 黑格尔：《哲学史讲演录》（第 4 卷），商务印书馆 1978 年版，第 20、59 页。

可检验性，正是凭着这种优势，经验取代了信仰成为检验真理的标准。因此我们也可以说，17世纪是经验主义的时代。以经验作为出发点的研究方法，是那个时代的普遍方法。实验科学和经验论哲学自不待言，即便是笛卡儿的唯理论哲学，也只是就他强调理性思维和演绎方法的重要性这一点而言的，这并不能否定他以经验主义为起点。笛卡儿整个哲学的第一原则是"我思故我在"，而那个进行着怀疑和思维、其本身不可被怀疑的"我"就是内在经验的产物，是思维的自我体验。此外，笛卡儿用来判定真理的"清楚明白"的标准本身，也是内省的或内在经验的。与培根强调客观的、感觉的外在经验不同，笛卡儿侧重主观的和反省的内在经验。尽管形式不同，但二者均以经验作为起点却是相同的。黑格尔深刻地看到了经验论和唯理论的这个共同的经验起点，他精辟地指出，理性主义与经验主义的对立不过是"一种次等的对立，因为即便那种只承认内在思想可靠的哲学理论，也并没有取得按一定方法从思维的必然性中推演出来的东西，而是仍旧从内在的或外在的经验中取得其内容（然后通过反省和沉思使之抽象化）；形而上学的方面也同样采取经验主义的做法"。① 至于后来的莱布尼茨—沃尔夫体系把唯理论发展成为一种极端的独断论，完全摒弃了经验的起点，而重新用信仰来替代它，那是18世纪的事情（而且发生在信仰主义氛围浓郁的德国），已经大大地背离了笛卡儿的初衷和17世纪的经验起点。

从科学理性的发展史角度来看，16世纪是萌芽和殉道的时代，它的代表人物是哥白尼和布鲁诺；17世纪是怀疑和发展的时代，它的

---

① 黑格尔：《哲学史讲演录》（第4卷），商务印书馆1978年版，第61页。

代表人物是培根、笛卡儿、伽利略、牛顿等人；18世纪是批判和全面胜利的时代，它的代表人物是法国启蒙主义者们。在16世纪，哥白尼的"日心说"处处受到攻击，罗马教会的攻讦就不用说了，即使在新教中，哥白尼也被看作"一个突然发迹的星相术士"。路德骂道："这蠢材想要把天文这门科学全部弄颠倒；但是《圣经》里告诉我们，约书亚命令太阳静止下来，没有命令大地。"加尔文以《圣经·旧约·诗篇》中的"世界就坚定，不得动摇"为根据，叫嚣道："有谁胆敢将哥白尼的威信高驾在圣灵的威信之上？"① 这种以《圣经》为准则来判定真理的做法在17世纪开始受到科学家和哲学家们的普遍怀疑，尽管宗教信仰和种种偏见依然具有强大的势力，但是科学仍然在不公开触犯宗教信仰的情况下小心翼翼地发展起来。在世俗权力方面，由于各国统治者们相信科学和技术的发展会带来财富和增强国力，所以纷纷对科学持赞许的态度。在君主们的首肯之下，英国皇家学会于1662年成立，法兰西学院于1666年成立。尽管查理二世及其臣属在听说皇家学会的科学家们正在测量空气的重量时曾经哄堂大笑，但是他们并没有干涉皇家学会的科学活动。17世纪的科学家们尽量避免与宗教信仰发生正面冲突，他们把"目的""隐秘的质""形式""实在"等抽象概念留给了神学，却专心致志地去研究那些最具体和最琐碎的自然现象。他们避开形而上学这个中世纪的庞然怪物，埋头于经验的观察、实验和求证工作。因此从某种意义上来说，17世纪是科学忍辱负重和委曲求全的时代，为了给科学争取一席生存和发展之地，科学家们自觉或不自觉地对宗教做出了一些让步。伽利略

---

① 参见罗素：《西方哲学史》（下卷），商务印书馆1976年版，第47页。

迫于教会的压力在悔过书上签了字，表示放弃"日心说"，其目的是保存实力，以便进一步研究"日心说"和其他科学理论。伏尔泰说："伽利略……因为自己有理，而不得不请求宽恕。"① 笛卡儿在用普遍怀疑否定了一切虚妄的信条之后，又从"我思故我在"的第一原则中引出了上帝的存在，是为了用上帝的权威来担保"清楚明白"的真理标准，并且使物质实体（它是自然科学研究的对象）能够获得对精神实体的独立性，成为科学自由驰骋的王国。牛顿之所以在太阳系中为上帝保留了"第一因"或"第一推动者"的位置，是为了给他的整个机械世界寻找一个具有权威性说服力的起点。在牛顿看来，一个按照自然规律而井然有序地运行的世界，一个包含着最美丽的太阳、行星和彗星的宇宙系统，"只能从一位智慧的与无所不能的神的计划与控制中产生出来"。但是上帝并不参与和干预机械世界中的运动，他只是给予自然世界以第一次推动力，然后世界就按照牛顿力学的原理运转起来。科学在强大的信仰传统面前忍辱负重的结果，是它迅速地成长为顶天立地的巨人，17 世纪的科学虽然在宗教面前采取了消极的姿态，但是这种做法在科学领域内却产生了积极的效果。到了 18 世纪，羽翼丰满的科学理性开始掉过头来对江河日下的宗教信仰进行全面的复仇和清算。布林顿等人对 17 世纪科学所采取的这种以守为攻的策略的效果评论道：

> 自然科学并不讨论神学与哲学上的大问题。自然科学不讨论"目的"与"意义"，只是提供"方法"与"理论"，而其所提

---

① 伏尔泰：《路易十四时代》，商务印书馆 1982 年版，第 458 页。

供的理论总是解释性与说明性的，不是道德上的裁判。然而，从历史上来说，近代科学的兴起与一个极明确的世界观和价值体系唇齿相依，这个明确的世界观和价值体系最好的称呼或许是理性主义（rationalism）。这是一个含义很广的名词，因为一个理性主义者可能同时也是个上帝的信仰者。可是，我们再从历史上来看，由于西方理性主义的影响，上帝不是被根本摈弃了，就是贬为"第一因"了（First Cause）。这个"第一因"就是牛顿的世界机械的起动力，但是这个"第一因"并未（其实是并不可能）参与机器的运作。①

17世纪的科学理性虽然没有对宗教信仰进行公开的挞伐，但是它却在宗教气氛依然浓郁的西方精神世界中为自己开辟了一块自留地。与16世纪科学到处受到迫害和四处避难的状况不同，17世纪的科学已经有了发表自己见解的阵地。随着科学"自留地"的不断扩大，宗教信仰的领域逐渐收缩，到了17世纪末期，两个精神世界的对垒已经明确化了。作为对这种新出现的精神对立的表述，在17世纪的哲学中出现了二元论的思想。笛卡儿的二元论说到底是一种使宗教和科学各司其职、和平共处的尝试，我在这里所说的二元论并非指笛卡儿的"形而上学"体系内部的物质实体与精神实体相平行的二元论，而是指笛卡儿的"形而上学"和"物理学"相平行的二元论。笛卡儿把他的全部学说比作一棵树，"形而上学"是树根，"物理学"是树干。在"形而上学"的树根中，尽管有不同的根须

---

① 布林顿、克里斯多夫、伍尔夫：《西洋文化史》（第5卷），台湾学生书局1983年版，第311—312页。

（物质实体和精神实体），但是它们最终都统一于上帝这个"绝对实体"的总根子中；然而"物理学"这个树干却不折不扣地是科学的领域。"形而上学"虽然是根基，但它却被深埋于幽暗的地下；"物理学"虽然是由根基生长出来的，但是它却在阳光明媚的大地上盛开着美丽的花朵。上帝固然是"绝对实体"，是最完满的存在，是一切原因的原因，然而他却像希腊神话中的提坦神族一样被幽禁在"形而上学"这个地狱之中。"物理学"不妨有一个"形而上学"的根源，但是一旦当它从"形而上学"的幽暗王国中破土而出，就开始在生机盎然的经验世界中确立起一套独立的自然法则。这种二元论的思想在牛顿那里表现得更为突出，牛顿把上帝安排在一个"太上皇"的位置上，他自己的力学原理却成为这个世界的真正主宰。牛顿与上帝分了工，上帝管世界的设计和创造，牛顿管世界的运行；上帝主宰高贵的精神，牛顿主宰卑微的物质。物理世界按照牛顿力学原理进行机械运动，而世界的一切和谐与美以及最高的荣光均归于上帝！人们高唱赞美词：

自然和自然律隐没在黑暗中。
神说"要有牛顿"，万物俱成光明。①

17世纪的科学家和哲学家们绝不是无神论者，他们中的许多人甚至是非常虔诚的基督教徒，但是他们却坚持把科学和宗教当作两个并

---

① 这是英国诗人波普为牛顿写的两行墓志铭体诗。牛顿逝于1727年，该诗于1735年发表，诗句模仿了《圣经·旧约·创世记》前三节的韵律，将《圣经》原文中的"神说'要有光'"改成了"神说'要有牛顿'"。

行不悖的系统来对待,这两个系统有时候甚至可以相互补充。这种把内在的精神世界托付给宗教信仰、把外在的物质世界交付予科学理性的二元论信念从本质上来说是属于新教的,它在18世纪末期的康德哲学中得到了最精确的表述,并通过后者一直影响到20世纪西方科学家和受过良好科学教育的一般人的世界观。

科学理性的兴盛使人类开始重新考虑自己在宇宙中的地位。哥白尼的"日心说"之所以使教会大为恼火,是因为它违背了《圣经》中的教条,根据《圣经》的说法,人是上帝最宠爱的生灵,因此上帝让人居住在宇宙中心,让其他星球都围绕人所居住的地球转动。"地心说"并非基督教首创,它是古希腊的科学家们(其中包括亚里士多德)最先提出来的,并在亚历山大里亚学派的托勒密那里得以确立。希腊人提出"地心说"是基于直观的感觉,但是"地心说"却与《圣经》中上帝创世的故事相吻合,所以它在中世纪被奉为不可亵渎的权威理论。哥白尼的"日心说"虽然道出了科学的真理,但是它却动摇了人在宇宙中的中心地位,因此极大地伤害了人类的自尊心(后来当达尔文提出高贵文雅的人类是由丑陋不堪的猴子进化而来的学说时,人类的尊严又一次受到了伤害)。但是另一方面,科学使人在自然界面前变得日益强大,因此这又从另一个角度弥补了人的自尊心。人们的宗教优越感开始下降,越来越多的科学事实表明人并非像《圣经》和教会所说的那样受到上帝的偏爱;但是人们的理性优越感却在迅速地上升,科学的力量使人觉得自己正在成为自然和自身的主人,因而他的那种沉重的宗教罪孽感也变得越来越淡薄。人被上帝抛弃了,然而人却日益成为上帝。莎士比亚曾热情洋溢地赞美道:"人类是一件多么了不得的杰作!多么高贵的理性!多么伟大的力量!多么优美的仪表!多么文雅的举动!在行为上多么像一个天使!在智慧上多么像一个天神！宇宙的精华！万物的灵长！"①到了17世纪末，这种对人的理性和力量的自信更因为科学的进步而大大地加强。上帝的道德关怀虽然有所削弱，但牛顿的力学规律却使人们对自己的生存环境有了全新的看法。而且17世纪的欧洲已经摆脱了中世纪愚昧贫穷的痼疾，开始以崭新的姿态出现于世界其他地区面前，殖民事业的迅速发展使欧洲人产生了一种世界新主人的兴奋感和狂妄感：

> 自满当然还有许多别的理由。鞑靼人已被拘束在亚洲地界，土耳其人也渐渐不成威胁。彗星让哈雷杀掉了尊严；至于地震，地震虽然仍旧令人恐骇，可是有趣得很，科学家对它简直谈不上遗憾。西欧人急速地富足起来，逐渐成为全世界的主子：他们征服了北美和南美，他们在非洲和印度势力浩大；在中国，受尊敬，在日本，人惧怕。所有这种种再加上科学的辉煌胜利，无怪17世纪的人感觉自己并非在礼拜日还自称的可卑罪人，而是十足的好样人物。②

科学理性给西方社会带来了两个重要信念，即自然秩序和天赋观念。前者是17世纪科学尤其是牛顿力学的产物，后者是17世纪哲学尤其是笛卡儿唯理论的产物。这两个信念取代了基督教的种种信条（至少与这些信条相并列），在西方人的精神世界中深深地扎下根。在17—18世纪的英、法启蒙主义者那里，这两个信念发展出新的内涵：从自然秩序中引申出社会秩序，引申出各个阶级、阶层、集团、党派

---

① 莎士比亚：《哈姆莱特》，《莎士比亚全集》（第9卷），人民文学出版社1978年版，第49页。
② 罗素：《西方哲学史》（下卷），商务印书馆1976年版，第58—59页。

都应该遵守的一些基本的行为规则，这些规则是整个社会赖以维系和发展的必不可少的前提，启蒙主义者们称之为"社会契约"。从天赋观念中衍生出天赋人权，这些权利被认为是与生俱来的，包括生存、自由、追求幸福以及私有财产不受侵犯等"不可让渡"的权利，它们在美国《独立宣言》和法国《人权宣言》中都得以明确表述，并被西方国家普遍地当作立法的基本原则，1948年联合国大会通过的《世界人权宣言》重申了这些权利。

自然秩序和天赋观念这两种信念的结合，使人类确立起对进步和幸福的信心。人们抛弃了中世纪神学所宣扬的人活着就是为了赎罪和受苦受难的思想，开始理直气壮和全心全意地追求幸福。与基督教所表述的那种道德退化论的观点相反，科学理性发展了一种文明进化论的思想，这种思想坚信人类可以在这个世界中建造一个快乐而完美的生活乐园。总之，科学理性使人们在17世纪以后的二三百年的时间里充满了雄心勃勃的自豪感和扬眉吐气的欢愉，它成为近代西方人以文明人自居，并在非西方世界面前采取一种居高临下姿态的主要精神依据。至于科学理性的过分膨胀所带来的一些不良后果（主要是生态环境和道德情感方面的），则要到20世纪中叶以后才开始引起人们的普遍关注。

文艺复兴时期出现的感觉主义，以及稍晚崛起的国家主义和科学理性，都从世俗的方面对基督教发起了进攻，这些攻势对于基督教来说都是来自外部的。而在此过程中，基督教内部也发生了内讧。早在16世纪初叶，一些虔诚的基督徒为了维护信仰的纯正性开始向罗马教会发起了攻击。对于罗马教会来说，这种来自内部的攻击更加危险，因为它直接击中了罗马教会的要害。这个"窝里反"的危险敌人就是宗教改革运动，它的旗手就是路德和加尔文。

第二节
宗教改革及其历史影响

一、宗教改革运动的"赫拉克勒斯"

16世纪对于罗马教会来说，真是一个多灾多难的悲惨世纪。意大利的人文主义和法国的国家主义从外部威胁着它，德国和瑞士的宗教改革又从内部发动了反叛。面对内外夹击的困境，焦头烂额的罗马教会采取了"攘外必先安内"的策略，集中精力对付内部的敌人。结果一方面导致了以罗耀拉的耶稣会为急先锋的天主教内部的改革运动（通常被称为反宗教改革运动），另一方面导致了欧洲范围内近百年的宗教战争。到1648年《威斯特伐利亚和约》签订时，罗马教会不得不接受宗教改革运动的胜利和基督教世界的分裂这个残酷的现实了。

与对待文艺复兴和人文主义不同，后世人们在评价宗教改革的意义时很少有原则性的分歧。在西方，除了极少数狂热而泥古不化的天主教死硬分子之外，几乎所有的人（不论他持有何种宗教信仰）都承认宗教改革的积极后果，许多历史学家把西方近代的个人主义、民主政治、经济发展、国家主义以及中产阶级的出现都归功于宗教改革。在西方近代历史中，那些因宗教改革而改信了新教的国家（这些国家大多地处土地贫瘠、文化落后的北方），后来都成为发达的资本主义国家，其中最有代表性的有英国、荷兰、瑞士、德国和斯堪的纳维亚半岛诸国。而那些极力抵制宗教改革的国家如西班牙、意大利等，尽管在16世纪时是最强大、最富庶的，但是在近代历史发展过程中却国势渐衰。在宗教改革以前，欧洲的整体情况是南方富庶而北方贫穷；宗教改革以后，经济力量对比发生了根本逆转，到了18世纪，则变为北方经济发达而南方经济落后。至于唯一的例外——法国，虽然宗教改革在胡格诺战争中以失败告终，但是在18世纪却产生了反对天主教专制的启蒙运动，这场声势浩大的世俗性的思想革命在很大程度上弥补了宗教改革在法国留下的空白。伏尔泰等人的许多观念与新教徒的思想是吻合一致的，只不过法国由于天主教的压抑而滞后了200年，所以启蒙主义者的思想观点在表现形式上要显得更加激进一些。

宗教改革虽然存在着种种缺陷，新教徒也并非全是正人君子，但是宗教改革运动对于西方近代文化所产生的积极影响却是毋庸置疑的。黑格尔把文艺复兴和地理大发现称为近代"黎明之曙光"，把宗教改革称为"黎明之曙光以后继起的光照万物的太阳"[1]。罗素认为"宗教改革摧毁了基督教世界的统一性以及经院学者以教皇为中心的政府理论"，从而使近代国家主义得到长足的发展；此外它还取消了灵魂与上帝之间的"尘世的居间人"，从而培育了思想、政治上的多元格局和精神生活中的神秘主义与个人自由倾向。[2] 布林顿等人认为："'宗教改革'不只是造成了罗马教会的大分裂，也导发了一场社会的、经济的、与学术的大革命。"[3] 恩格斯则把宗教改革运动称为"第一号资产阶级革命"[4]。

---

[1] 黑格尔：《历史哲学》，商务印书馆1936年版，第654、655页。
[2] 罗素：《西方哲学史》（上卷），商务印书馆1963年版，第17、20页。
[3] 布林顿、克里斯多夫、伍尔夫：《西洋文化史》（第4卷），台湾学生书局1984年版，第118页。
[4] 恩格斯：《关于农民战争》，《马克思恩格斯全集》（第21卷），人民出版社1965年版，第459页。

与情态暧昧的人文主义不同，宗教改革明确地把矛头指向罗马教会，它的宗旨就是要使遭到教会玷污的信仰重归纯洁。宗教改革运动的发起者们（包括这场运动的先驱者威克里夫和胡斯）都是虔诚的基督徒，在他们身上体现了使徒时代的基督教圣徒们的殉道精神和高尚品质，为了维护信仰的纯正性，他们敢于触犯任何教俗权威，甚至不惜以身殉道。正因为如此，他们在对教会弊端进行抨击时也比人文主义者更加锋芒毕露和无所顾忌。驱使人文主义者讥讽教士丑行的是人性的主张，而驱使宗教改革家们揭露教会的腐败堕落的却是神性的要求。人文主义者要伸张感性的权利，宗教改革家则要重建信仰的权威。在宗教气氛浓郁的16世纪，人文主义者只能拐弯抹角地宣扬自己的主张，因为这些主张即使在他们自己看来也有点离经叛道的味道；而宗教改革家们却坚信自己的所作所为都是符合基督的教诲和《圣经》的精神的，这种坚定的使命感使他们在宣扬自己的宗教主张时表现得正气凛然和义无反顾。与道德意识淡漠的人文主义者相反，虔诚的信仰使宗教改革家表现出崇高的道德品质。人文主义者在理论上主张意志自由说，以便为他们在道德实践方面的放纵提供理论依据；宗教改革家们则坚持决定论的思想，把他们严谨而圣洁的道德生活归结于上帝的恩典。普列汉诺夫指出："否认意志自由的人，往往比自己的所有同代人都有更坚强的意志，并且对于自己意志的要求也最大。"①

在宗教改革家那里，这种"坚强的意志"尤其鲜明地表现在面对高压和死亡的威胁仍然坚持己见上——胡斯明知康斯坦茨大公会议凶

---

① 普列汉诺夫：《论个人在历史上的作用》，生活·读书·新知三联书店1965年版，第5页。

险四伏，但是为自己所信仰的真理做证的义不容辞的使命感使他毅然前往。在大公会议上他据理力争，绝不使自己的良心屈服于大会压制人的决议。当他被教会以异端罪判处火刑时，他毫无惧色，视死如归。据目睹胡斯悲壮就义的姆拉德诺瓦茨的彼得记载，胡斯临刑前站在火刑架上仰头望天，以郑重而明确的语气说："上帝为我做证，我从未教导过和宣传过利用伪证人不公正地加在我头上的一切。我的布道、学说、撰述及我的其他一切行为的第一个念头，是希望把人们从罪孽中拯救出来。今天，我愿意高高兴兴地为了我教导过、写到过和宣讲过的上帝的法律、圣徒及其他学者解释的这一真理而死。"① 当火点起来后，胡斯高声叫道："啊，神圣的单纯！"（"O Sancta simplicitas！"）慷慨就义。路德在赴沃尔姆斯帝国会议为自己的观点辩护时，在日记中写道："即使沃尔姆斯的魔鬼有如房顶上的瓦片那样多，我也还是要坦然前往的！"面对着来自各方面逼迫他放弃己见的压力，路德在帝国会议上掷地有声的一句名言是："这就是我的立场，我别无选择！"（"Hier stehe ich，ich kann nicht anders！"）

罗素认为，16世纪的宗教改革大体上是"北方民族对于罗马东山再起的统治的一种反抗"；黑格尔则认为，宗教改革是日耳曼民族的宗教虔诚在饱受中世纪罗马教会蹂躏以后的一次大爆发，他说："那种久享盛名的日耳曼民族之诚意终于要从它的正直与简单的内心里完成这种革命。当全世界正纷纷前往印度、前往美洲的时候，当人人竭尽心机以求财富与世俗的统治权，要使足迹遍于全球，永不见太阳之西沉的时候，我们但见一位单纯的僧侣，正在寻求着上帝之特

---

① 参见董进泉：《黑暗与愚昧的守护神——宗教裁判所》，浙江人民出版社1988年版，第181页。

殊的赋形……路德那个简单的理论就是说上帝之专门的赋形——无限的主观性,亦即真实的主观性,基督——并不显现于一种外在的形式里,而是根本属于精神的,仅在与上帝和解后才能得到,是在信仰与精神的享受里。信仰与精神这两个字把一切意义都表达出来了。"① 罗素的说法是形象的,黑格尔的解释则是深刻的。但是宗教改革并不是在 16 世纪突然冒出来的,路德的一些宗教思想早在 14—15 世纪的一些宗教改革先驱和德国神秘主义者那里即已初具雏形。14 世纪学识渊博的英国牛津大学神学家威克里夫(1328—1384 年)和他的思想继承者——布拉格大学校长胡斯(1373—1416 年)都曾宣扬过一些被罗马教会视为异端的神学观点,这些观点包括:1.《圣经》是教会唯一的法律,基督是教会的元首;2. 教会的核心不是教皇和枢机主教,而是上帝的全体选民;3. 教皇是否为上帝的选民,要观其是否为教会及信众造福而定;4. 神职人员应廉洁奉主,教会不应觊觎世俗财产和世俗权力。此外,他们都站在世俗统治者一边为建立民族教会辩护,威克里夫把《圣经》译成英语,胡斯用波希米亚语布道。由于当时欧洲的宗教势力仍然非常强大,因此威克里夫和胡斯虽曾一度受到世俗统治者的庇护,但终究难逃厄运——1415 年康斯坦茨宗教会议判定威克里夫和胡斯的学说为异端,威克里夫被烧毁著作、掘墓焚尸;胡斯则被处以火刑。但是他们的思想却流传下来,在路德那里发扬光大。威克里夫被后世誉为"宗教改革的启明星",而胡斯则成为宗教改革的第一位殉道者。

另一个对路德宗教观点产生了深刻影响的思想渊源是 14 世纪前

---

① 黑格尔:《历史哲学》,商务印书馆 1936 年版,第 659—660 页。

后在德国等地出现的神秘主义，它的重要代表是德国多明我会修士艾克哈特"大师"（1260—1327年）和他的学生陶勒尔（1300—1361年）、苏索（1295—1366年）等。这种神秘主义以真正柏拉图主义的方式来阐发教义，认为神性普遍存在于万物之中，并构成了万物的真正的实在。"上帝降生在内心之中"，人的灵魂中有上帝的火花（"心灵之光"），人可以在心中与上帝自由交往，直接接受上帝的主宰，使神性与人性融为一体，基督就是实现了这种融合的楷模。神秘主义的宗教思想可归纳为如下几点：1.宗教生活是一种内心生活，应以基督的行为为准则，通过内心的虔信达到与上帝同在的境界，而无须拘泥于教会的礼仪教规；2.信徒与上帝之间的交往只需通过个人内心的神秘体验，以沉思默想而不是圣事为手段，轻视神父的作用；3.善功不能使人称义，相反，只有当灵魂已经变得公义时，人才能行出善功；4.万事之中首要的是灵魂充分享有与上帝合一的特权。概言之，德国神秘主义者们一致认为，"基督徒生活最根本的是个人的灵魂与上帝合一，这种合一有脱胎换骨的作用，因而他们都不看重教会日常生活中外在的方式"。① 受艾克哈特等人思想的影响，14世纪在德国西南部和瑞士出现了一大批神秘主义的奉行者和同情者，他们自称"上帝之友"，在一些流行神秘主义的男、女隐修院中还出现了被称为"自由圣灵的兄弟姐妹"的团体，他们按照自己的方式来过宗教生活，而不拘守于种种形式化的礼仪与圣事。尽管他们的宗教信仰比同时代的其他基督徒更为虔诚，他们的宗教情感也更为深沉执着，但是他们仍然被罗马教会定为异端，许多神秘主义者都遭到了宗教裁判所的迫害。一个多

---

① 威利斯顿·沃尔克：《基督教会史》，中国社会科学出版社1991年版，第322页。

世纪以后，神秘主义的许多观点以新的形式重现于路德的改革主张中，构成了路德神学思想的一个重要的组成部分。

马丁·路德（Martin Luther，1483—1546 年）出生于德国艾斯莱本的一个质朴而贫穷的农民家庭，其父母都是虔诚的基督徒。路德从小受到基督教观念和德国民间神话传说的双重影响，对上帝的信仰在他心中坚如磐石，但是德国民间传说中的那些妖魔鬼怪也不时地来骚扰这位圣徒的心灵，使他常常不得安宁。据说他在瓦特堡翻译《圣经》时，为了回击魔鬼的干扰，曾以墨水瓶猛力掷向魔鬼的头部，瓦特堡的游客们至今仍然可以看到留在墙壁上的墨斑。基督教光明崇高的上帝形象与日耳曼民族阴郁恐怖的精灵世界的奇妙糅合，塑造了德国人神秘的唯灵主义世界观，海涅认为这种忧郁而深沉的世界观是偏爱感觉主义的南方民族（意大利人等）所不能理解的。可以说，德国人的唯灵主义世界观在路德身上得到了最充分的表现。海涅说："路德不仅是我国历史上最伟大的人物，同时也是一个最为德意志式的人物；在他的性格中德国人所有的一切优点和缺点完完全全地统一在一起，因而他这个人也就代表了这个不可思议的德国。"[①] 正是因为路德体现了德国人的整个精神世界和情感世界，所以他的宗教改革主张在德国如同上帝的声音一样迅速地为人们所接受。当路德于 1517 年 10 月 31 日在维滕堡贴出《九十五条论纲》时，他并没有想到这个行为会导致什么后果，他的初衷是要在纯洁信仰的基础上维护基督教世界的统一，而不是分裂它。然而事态的发展连他自己也控制不住——所罗门的魔瓶一旦打开，幽禁已久的德国唯灵主义就获得了解放，它舒

---

① 海涅:《论德国宗教和哲学的历史》，商务印书馆 1974 年版，第 37 页。

展开麻木的手脚,很快就发展成一支与天主教相对立的宗教势力——新教。不论路德本人的初衷如何,他都成为第一个开启"魔瓶"的人,他的思想和行为改变了西方人的生活,尤其是西方人的精神生活。著名宗教史学家托马斯·马丁·林赛认为,路德给予同时代的德国人以激励人心的勇气和信心,他通过真诚的信仰重新发现了宗教。①威利斯顿·沃尔克说:"能以自己毕生事业深刻改变世界历史进程的人物寥若晨星,而路德便是其中之一。路德既不是组织家,也不是政治家。他之所以能打动人心是靠出自心底的宗教信仰的力量,这种信仰导致对上帝不可动摇的信赖,与上帝建立直接的、个人的关系,对得救深信不疑。这就使中世纪那一套复杂的教阶体系和圣事制度没有存在的余地。"②路德开创了一个新世界——新教世界。这个英勇无畏的修士,这个德国的"赫拉克勒斯",这个"宗教上的丹东",以其精辟深邃的思想、真挚热烈的情感和激越嶙峋的文风,把中世纪教会虚伪的形式主义牢牢地捆在断头台上,从而掀起了一场震撼整个欧洲的思想革命。

路德的整个生涯充满了神秘色彩,他早年曾在曼斯菲尔德、马格德堡、爱森纳赫等地接受预备教育,1501年进入当时德国最著名的爱尔福特大学学习。爱尔福特是主教驻节地,宗教生活丰富多彩,同时爱尔福特大学也是奥卡姆学派(唯名论)的大本营和人文主义思潮传播的中心。路德在校期间,深受经院哲学(尤其是唯名论哲学及神学)和人文主义思想的熏陶,并且读了大量的古典作品。1505年路德大学毕业,获文学硕士学位。正当他应该为专修法学硕士做一些特别

---

① 托马斯·马丁·林赛:《宗教改革史》(上册),商务印书馆1992年版,第370页。
② 威利斯顿·沃尔克:《基督教会史》,中国社会科学出版社1991年版,第381—382页。

准备的时候，他突然进入爱尔福特的圣奥古斯丁修道院。亲朋好友们深感疑惑，他父亲认为他是受了魔鬼的诱惑，他自己却坚信他是由于上帝的召唤。对于这件事的原因，后来的历史学家中有人认为是路德的一位朋友突然去世，使他顿悟了人生的虚幻；有人则认为1505年7月2日路德险遭雷击的奇遇使他决定以身奉主。进入修道院后，路德谨守清贫、贞洁和顺从的修道信誓，以非凡的虔诚和热心隐修而著称，1507年4月被按立为神父，此后又出任过多种圣职。在此期间，路德常常以斋戒、自我鞭笞等各种中世纪最为称道的方法来折磨自己的肉体，以求获得灵魂的解脱。但是尽管他被自己折磨得形体枯槁，精神上的罪孽感仍然不能消释丝毫。后来终于在德国神秘主义者斯托皮兹的启发下，路德从《圣经·新约·罗马书》中领悟了"义人必因信得生"的道理，寻找到一条通过信仰来解脱罪孽重负和获救的道路。"因信称义"的思想从此成为路德神学理论的核心，同时也成为他宗教实践的精神基石。

1512年路德获得神学博士学位并接替斯托皮兹出任维滕堡大学的神学教授。此后路德开始潜心研究奥古斯丁和德国神秘主义者的思想，并表现出对教会腐败的不满和改革教会的愿望。1514年教皇利奥十世把美因兹大主教的职位卖给了勃兰登堡的阿尔贝特，后者在教皇的认可下决定在他管辖的三个教区内出售修建圣彼得大教堂的赎罪券，而负责这次兜售活动的就是那个宣扬"钱落箱底，灵魂升天"的臭名昭著的多明我会修士台彻尔。这种在信仰的幌子下所进行的卑劣行为激怒了路德，1517年10月31日他在维滕堡大教堂门口贴出了"欢迎辩论"的《九十五条论纲》，对出售赎罪券的行径进行了抨击，同时也表述了他的一些基本神学思想，现列举几条如下：

（27）那些说钱币一叮当落入钱筒灵魂就超脱炼狱的人，是在传人的捏造。

（36）每一个真悔改的基督徒，即令没有赎罪票，也完全脱离了惩罚和罪债。

（62）教会的真宝藏乃是上帝荣耀和恩典的神圣福音。

（76）反之，我们认为教皇的赎罪票，对最小之罪的罪债也不能除去。

（86）教皇的财富今日远超过最富有者的财富，他为建筑一个圣彼得堂，为何不用自己的钱，而要用贫穷信徒的钱呢？

（93）那些向基督徒说："十字架，十字架"，而自己不背十字架的先知，永别了！[①]

《九十五条论纲》的发布拉开了宗教改革运动的序幕，马丁·路德的名字在两个星期之内就传遍了全德国。《九十五条论纲》最初被教皇当作一个喝醉酒的德国人的呓语而未加理睬，可是不久以后，教皇就感觉到这个名不见经传的德国修道士绝非等闲之辈，于是罗马教廷与路德之间的斗争就紧锣密鼓地展开了。1518年7月，路德与天主教神学家埃克在莱比锡展开了激烈的辩论。在辩论中路德明确断言《圣经》权威至上，否定教皇权威，并表示赞同被康斯坦茨大公会议定为异端的胡斯的一些思想。路德的言论给罗马教廷留下了"异端"的把柄，但是路德由于得到了萨克森选侯和德国广大民众的支持，再加上他本人生就一副宁折不屈的英雄性格，因此在罗马教廷的压力

---

① 《路德选集》（上册），香港基督教辅侨出版社1957年版，第6—11页。

下，路德不仅没有屈服，反而更加激进。1519—1520年他发表了被誉为"宗教改革三大论著"的《致德意志基督徒贵族公开信》、《教会被囚巴比伦》和《基督徒的自由》，这三篇文章标志着他与罗马教廷的公开决裂，同时也阐明了新教的基本原则。在前两篇文章中，路德表达了虔诚的德国基督徒对罗马教廷专制的不满和仇恨，反对教皇权力至高无上的观点，揭露教会的腐败，并提出了一系列改革教会制度、革除教廷弊端的措施。路德呼吁德国贵族们支持宗教改革，建立国家教会，简化繁缛的宗教仪式，废除神职人员独身制。在后一篇文章中路德阐释了他的"因信称义"思想，使该思想成为新教神学理论的核心和基础。这三篇文章很快就传遍了德国，并传入瑞士、法国、荷兰、意大利、英国等地。在德国，路德成为受人敬仰的民族英雄；在整个欧洲，他成为公认的宗教改革领袖。1520年10月，罗马教廷在德国公布了将路德革除教籍的上谕，路德则针锋相对，当即发表《敌基督的谕令应予反对》一文，宣布罗马教廷已成为敌基督的中心，并在支持他的市民和学生们的庄严圣歌声中烧毁了教皇的谕令和罗马教会的法规。1521年路德应神圣罗马帝国皇帝查理五世之召赴沃尔姆斯帝国会议陈述自己的观点，面对查理五世要他放弃己见的压力，路德明确地回答道："我的良心，我的良心是为上帝的话所约束。除非有人能够根据《圣经》而用理智的明晰论据来说服我，我不愿，亦不能取消前言。愿上帝帮助我！阿门！"①

路德在沃尔姆斯帝国会议上的强硬态度使他成为天主教世界、世俗统治者的众矢之的，不仅是教皇和罗马教廷，而且信仰天主教的神

---

① 《路德选集》（上册），香港基督教辅侨出版社1957年版，导论第15页。

圣罗马帝国皇帝和一些德国贵族也站在了路德的对立面上。幸好有萨克森选侯腓特烈和他的继任者约翰竭尽全力的保护和支持，路德的人身安全和生活才有了保障。由于帝国会议对路德的通缉令从未取消，从1521年年底以后，路德开始过起了与世隔绝的隐居生活。在瓦特堡避难期间，他把《圣经·新约》翻译成德语；在后来的隐居期间，他又对早年的宗教思想进行了深刻反省，写了大量的论著，并密切关注国内宗教改革运动的发展以及由此而引起的骑士暴动（济金根暴动）和农民战争的动向。晚年的路德在宗教和政治态度上趋于稳健和保守，早年慷慨激昂的革新思想变成了较为温和的改良主义（但是对于农民起义他却表现了不宽容的态度）。尽管宗教改革运动出现了不少分支和派系，但是路德仍然是德国新教徒中最富有感召力的精神领袖。1525年路德与原修女凯瑟林·冯·波拉结婚，为废除神职人员独身制做出了表率。萨克森选侯约翰把维滕堡临近易北河岸的一所小楼赠予路德居住，此后路德与他的妻子和五个孩子一起在这里过着俭朴而悠闲的农渔生活。他那充满温暖的家里经常高朋满座，大家一起畅谈学问，评论时事，路德也不时在附近的地方讲道。如同他的思想一样，路德的家庭生活也成为新教教牧人员的一种楷模。在新教盛行的德国北部，常常可以见到这种体现着温馨友爱和质朴情操的新教牧师家庭，海涅用充满感情的语言描述了这种家庭在他心头留下的余韵无穷的亲切感：

> 在新教教牧人员中我们常常看到一些最有德行的人，连古代斯多噶主义者对他们也要肃然起敬。你在一所毫无虚饰的牧师住宅里能够看到多少德行……你必须作为一个贫苦的大学生，徒步游历于德国的北部，才能真正体会到。我常常在冬天的夜晚在

这种人家受到殷勤的款待，我，一个陌生人，除了饥饿和疲劳以外，没有携带任何其他介绍函件。当我吃饱睡足第二天早晨就要继续前进的时候，年老的牧师穿着寝袍走出来，为我的旅途祝了福，这种祝福从来没有给我带来过不幸；那善良的叨唠的牧师夫人还把几片抹好了黄油的面包塞在我的衣袋里，这几块面包使我大大增长精神；在静悄悄的远处，站着牧师的美丽的女儿们，她们红润的面颊和浅蓝色的眼睛，她们那种羞怯的热情，一直留在我的回忆里，在整个冬日中使我的心头温暖。①

晚年的路德受到各种疾病的折磨，1546年2月14日，他在出生地艾斯莱本讲道时，突然失去了平日的热情语调，他喃喃地说："对于福音，应该讲的太多了，但我是如此的虚弱，我们就在这里结束吧！"②说完这句话，他就倒下了。四天以后，心脏病（一说为中风）夺去了这位伟大的宗教改革家和新教先知的生命。

路德神学思想的核心是"因信称义"，该命题的基本思想是：信仰是人获救和在上帝面前被称为义人的前提和必要条件。人的原罪和本罪是不能自救的，人凭着自己的力量不能在上帝面前称义，只能借助上帝之子基督所赐予的救恩，才能获救。因此救赎的根源在于上帝的恩典，而信仰则是获得上帝恩典的一种确证。得救从本质上来说是个人与上帝建立的一种正当关系，这种关系的基础和保证是上帝的仁慈，这种仁慈通过基督代人类受难而彰显出来。基督的一次蒙难承担了全人类的"罪"，人则因为信基督的福音而得到他的"义"。信仰是

---

① 海涅：《论德国宗教和哲学的历史》，商务印书馆1974年版，第41—42页。
② 李平晔：《人的发现——马丁·路德与宗教改革》，四川人民出版社1984年版，第77页。

上帝赐予的，它包含着个人得救的承诺。全部福音的含义就是"罪得赦免"，而信仰则是毫不犹豫地接受和拥有福音，它使信者的灵魂充满欢乐、安宁和对上帝的绝对信任。因此"义"不在于所做的善行和积下的功德，不在于人表现在道德实践方面的自由意志，而在于上帝的恩典（决定论）和人对上帝救恩的虔诚信仰。以往，天主教会一直把称义当作一种行为（善功）和一个人为过程（从罪人到义人）的结果，这样既忽略了上帝的恩典，又轻视了对福音的信仰，从而导致了中世纪基督教道德的外在化和形式化倾向。中世纪教会并不否认"因信称义"，却认为在信之外还有善功（朝圣、参加十字军、购买圣徒遗物和赎罪券等）和教士中介等途径同样可以达到获救的目的，而且后者往往更为灵验。路德则坚持"因信称义"是灵魂获救的唯一准则，他后来甚至更加明确地强调"唯因信称义"。路德认为唯一的善功只属于基督，它已经表现在基督蒙难的事实中，人在信（成义）之前，其行为谈不上善功；而对于在信（成义）的人，则不再存在善功的义务，因为基督已承担了一切。所以"只是信，不是行为，才使人称义，使人自由，使人得救"。①

路德的"因信称义"思想是建立在奥古斯丁具有决定论特点的恩典说的基础之上，上帝的恩典与对福音的信仰通过一种决定论的形式结合为"因信称义"或"因信得救"的神学思想。这里包含着三个环节：1. 上帝"以他不可改变的、永恒的、绝对不变的意志，预见并实行一切"，这是上帝预先确定的恩典；2. 信仰是恩典之光和获救之光，上帝在赐予恩典的同时也赐予了信仰，因此人通过信仰来领受恩典，

---

① 《路德选集》（上册），香港基督教辅侨出版社 1957 年版，第 356 页。

得到获救的确信,这是因蒙恩而信仰;3. 因信仰而得到救赎,成为义人。这是"因信称义"。由此可见,信仰虽然是在心中的,但它却不是出于自由意志,而是由上帝的恩典所决定。路德宣称,《圣经》是基督教信仰的唯一权威,教皇和罗马教廷的各种通谕、圣事只是为了彰显上帝的应许,感召信仰,并非获救的手段;个人无须通过繁缛的教会仪式和教士的中介,仅凭信仰就可以直接与上帝交往。这样,路德一方面否定了道德实践(善功)上的自由意志对于获救的影响,另一方面强调了人与上帝在信仰中的直接交往,从而突出了个人的精神自由,使信仰从一种外在性的形式变成了内在的灵魂自由。按照路德的观点,人的信仰本身是被决定的,但是人却在被决定的信仰中获得了自由。恰如瑞士现代神学家巴特所言:"基督徒的信仰,的确是一种上帝与人间的秘密的事件——是上帝在他的自由中向这个人所做,和上帝给予这个人的自由,所做成的事件。……信仰是上帝的奥秘之揭露,信仰是上帝的自由和人的自由相遇而发生作用。"①

沃尔克认为,路德是一个不折不扣的德国人,他的优点和缺点都是德国式的,所以不仅是法国人和意大利人,即使是盎格鲁撒克逊渊源的英国人也很难体会德国人对路德的亲切和仰慕之情。② 路德神学是德国神秘主义传统与德国社会现实相结合的产物,在路德身上,体现着一种只有深刻而虔信的德国人才能理解的矛盾。这是一种奇妙无比的矛盾,这种矛盾若是表现在一个法国人或意大利人身上,就会显得矫揉造作和斑驳刺目;但是在路德那里,它却构成了一种相得益彰

---

① 参见刘小枫主编:《20 世纪西方宗教哲学文选》(上卷),上海三联书店 1991 年版,第 498—499 页。

② 威利斯顿·沃尔克:《基督教会史》,中国社会科学出版社 1991 年版,第 382 页。

的和谐，一种充满了深刻辩证特点的优美。在路德身上，既凝聚着审慎的理智，又洋溢着神秘的热情。德国伟大诗人海涅绝妙地描绘了路德身上的这种富有魅力的矛盾人格：

> 他既是个富于梦想的神秘主义者，同时又是个实事求是的人物。……他既是个冷静的、经院式的诠释家，又是一个狂热的、神灵附体的预言家。当他整日竭尽心力地钻研了教义上的细微差别之后，夜晚时分他便拿起横笛，仰望繁星，把自己的心情消融在旋律和祈祷之中。同是这个人，他既能像一个渔妇那样咒骂，也能像一个绰约的处子那样温柔。他有时会猛烈到像那刮倒槲树的狂风暴雨，继而又温柔得宛如那抚弄着紫罗兰的南风。他浑身充满着最令人畏惧的敬神情绪，充满对圣灵的献身精神，他能完全沉潜于纯粹的精神领域之中，然而他又十分了解大地上一切美好的事物，并且很会珍爱这些事物，从他口中曾发出这样一句名言：谁若不爱美酒、女人和歌，他就终生是个傻瓜。我可以说，他是一个完人，一个精神和物质在其内部未曾分离的绝对的人。①

这就是马丁·路德！他的"因信称义"只有德国人才能真正领悟，并且始终把它保持在精神领域中，保持在唯灵主义的范畴里。而"因信称义"一旦到了别国人的手里（例如到了加尔文手中），就马上变成了一种外在化和制度化的东西，变为一种强制性的规则，而不

---

① 海涅：《论德国宗教和哲学的历史》，商务印书馆 1974 年版，第 38 页。

再是内在的灵魂自由。路德否定了善功得救的途径,但是他本人的品质(以及许多虔诚的新教徒的品质)远比标榜善功得救的天主教神父高尚得多。路德否定了实践中的意志自由,却把信仰中的精神自由赋予虔诚的德国新教徒。路德以自己的行为打破了神职人员独身制的陋习,然而他的家庭生活却是绝对圣洁的。马克思精辟地指出:"他(路德)破除了对权威的信仰,却恢复了信仰的权威。他把僧侣变成了俗人,但又把俗人变成了僧侣。他把人从外在宗教解放出来,但又把宗教变成了人的内在世界。他把肉体从锁链中解放出来,但又给人的心灵套上了锁链。"① 不过这条内在的心灵的"锁链"却是德国人所向往的,毋宁说它是一个温柔的灵魂栖息所。在这条"锁链"中,德国人第一次真正地感受到了精神的自由,而不是像困在中世纪罗马天主教的那个外在的肉体的牢笼中那样感到浑身不自在。路德所倡导的宗教改革虽然没有使德国人获得政治上和经济上的自由,却使他们获得了精神上的自由。由于德意志民族从根本上来说是一个属灵的民族,所以精神上的自由对它来说是一笔更为宝贵的财富。在路德所开垦的精神自由的沃土上,盛开的一支最美丽的"具有世界意义的花朵"就是德国哲学,路德关于个人与上帝在精神(信仰)中进行直接交往的学说,孕育了从雅各布·波墨一直到黑格尔的整个德国唯心主义。

海涅说得好:"荣誉归于路德!永恒的荣誉归于这位敬爱的人物,多亏他拯救了我们最高贵的财富,我们今天还靠他的善行恩德

---

① 马克思:《〈黑格尔法哲学批判〉导言》,《马克思恩格斯选集》(第 1 卷),人民出版社 1972 年版,第 9 页。

生活!"①

二、路德与加尔文

1529年斯拜耶帝国会议上,德国新教诸侯代表与天主教诸侯就夺取教会领地和教会财产问题发生了直接的对抗。②此后不久,天主教诸侯结成士瓦本联盟,新教诸侯结成施玛尔卡德联盟,形成对峙。1536年士瓦本联盟解体,一些旧教诸侯倒向新教。1552年,信奉天主教的神圣罗马帝国皇帝查理五世与新教诸侯发生了战争,查理战败,不得不在1555年签订《奥格斯堡和约》,承认路德派的合法地位,初步确立了"教随国定"的原则,即诸侯有权决定其臣民的宗教信仰,"在谁的领地中,信奉谁的宗教"。但是《奥格斯堡和约》所表现的宽容只针对路德派,而不包括其他新教教派,加尔文派、再洗礼派等新教教派仍处于受压制状态。即便如此,新旧教诸侯之间的妥协仍然只是暂时的,由于其他国家的插手和各种政治因素的影响,德国境内两派的斗争继续发展,终于酿成了1618—1648年的三十年战争。

新教内部亦非铁板一块,新教各派之间的抵牾有时候更甚于新教与天主教之间的冲突。自从路德率先扯起宗教改革的大旗之后,各种新教教派纷纷出现。这些新教教派除了都反对罗马天主教会的腐败堕落这一共同点之外,在教义和教仪方面有着很大的出入。新教从来就不是一个步调一致的阵营,在路德在世时,宗教改革运动就受到两种

---

① 海涅:《论德国宗教和哲学的历史》,商务印书馆1974年版,第39页。
② 在这次会议上,坚持路德信仰的德国诸侯及城市代表与天主教代表之间发生了激烈的冲突,为了表示对罗马天主教的强烈不满,路德派代表们退出了会议,以抗议者(Protestants)自称,此举意味着第一支新教教派(路德宗)的产生,此后所有的新教教派都统称为"抗议宗"(Protestantism)。

来自内部的威胁，一是萨克森路德派与瑞士改革派之间的分裂，二是再洗礼派势力的发展。关于第二点，我将在后面论及，在这里先就第一点略做探讨。

瑞士的宗教改革运动最初是由深孚众望的"民众神父"茨温利（Ulrich Zwingli，1484—1531年）在苏黎世发起的。1523年茨温利在苏黎世发表《六十七条论纲》，同天主教神职人员展开公开辩论，博得了市议会和广大市民的同情和支持，茨温利遂成为瑞士宗教改革的领袖。在神学思想上，茨温利与路德的许多基本观点都是一致的，但是他们的气质和宗教经验却迥然相异。路德是一个神秘主义的宗教改革先知，他强调的是个人在信仰中与上帝相交往时所获得的精神自由；茨温利则是一个理性主义的宗教改革领袖，他强调的是遵从上帝的旨意，而不是关注个人的得救之道。"就路德来说，基督徒的生活是罪得赦免后作为上帝的儿女所享有的自由。就茨温利来说，基督徒生活中重要得多的是服从《圣经》所载的上帝的旨意。"[①] 茨温利与路德在基督教教义方面的分歧主要在于对圣餐的不同理解上，路德的观点属于"同体说"，即根据耶稣在设立圣餐时所说"这是我的身体和血"，而认为每次举行圣餐时基督的体和血的实体都必与饼和酒同存在于圣餐圣事中。茨温利则赞同"象征说"，认为耶稣的话应解释为"这代表我的身体和血"，圣餐中的饼和酒并非基督身体的临在，而只具有一种象征意义，圣餐的作用在于联合基督徒共同向上帝表示忠诚。双方在1524年以后曾就此问题进行了一场激烈的论战，茨温利指责路德的基督身体临在说是天主教"变体说"（即认为基督的体和血在圣

---

① 威利斯顿·沃尔克:《基督教会史》，中国社会科学出版社1991年版，第410页。

餐中变成了饼和酒）迷信的残余，是违反理性的；路德则认为茨温利把理性置于《圣经》之上是一种罪过。"路德宣布，茨温利及其支持者绝不是基督徒。茨温利则肯定路德比罗马教会的卫道士埃克更坏。"[1] 这场争论使得新教阵营发生了严重的分裂。

1531年茨温利在与天主教同盟军的战斗中阵亡，瑞士宗教改革的中心从苏黎世移至日内瓦，茨温利的思想和事业由加尔文继承。

约翰·加尔文（Jean Calvin, 1509—1564年）生于法国北部的诺阳城，早年在奥尔良大学等地学习法律、神学和文学，是巴黎人文主义者团体的核心人物。在1532年到1534年之间，加尔文的思想发生了一次"突如其来的转变"，处于"忽然的归正"阶段，此后他成为一名宗教改革家，他的宗派被称为归正宗。1533年加尔文在帮其挚友尼古拉斯·科布起草的就任巴黎大学校长的就职演讲词中，因强调宗教改革的必要性而被法国王室认作异端被迫离开巴黎。次年他宣布放弃教会职俸，到瑞士巴塞尔潜心研究神学。1536年受日内瓦宗教改革领袖法雷尔所请，留在日内瓦进行宗教改革实验，成为市议会的实际领导人。同年早些时候，他发表了其主要的神学著作《基督教原理》，该书中的神学思想成为加尔文在日内瓦进行宗教改革的理论基础。加尔文在日内瓦建立"政教合一"的神权政府的尝试最初由于其过分的苛刻性遭到了日内瓦人的抵制，1538年7月以下层市民为主的自由派把加尔文和法雷尔驱逐出境，1540年改革派重新掌权，又把加尔文请回日内瓦主持宗教改革和市政工作。此后加尔文在日内瓦开始大刀阔斧地进行改革，其主要措施有：1. 废除天主教的主教制，建立长老制，

---

[1] 威利斯顿·沃尔克：《基督教会史》，中国社会科学出版社1991年版，第410页。

教会设立由长老会议和 6 名牧师组成的宗教法庭审理各种案件，教会的领导机构是市和地方教区两级牧师团体，加尔文本人一直担任市级牧师团体的主席；2.简化宗教仪式，以《圣经》为信仰的唯一依据，在 7 项圣事中只保留洗礼和圣餐；3.改组市议会，建立政教合一的神权政府，日内瓦市议会由各教区的长老、牧师和市民代表组成，是最高行政机构，并拥有立法权；4.提倡节俭，反对奢侈，严禁赌博、跳舞、酗酒、卖淫、演戏等行为，在道德上极力恢复早期基督徒的节欲主义；5.鼓励经商致富，放贷取利，认为正当的经济活动是增加上帝荣耀的一种途径。在加尔文及其同伴的努力下，日内瓦成为归正宗的坚强堡垒。

在神学思想上，加尔文虽然在一些重要观点如强调《圣经》是唯一权威等方面与路德相同，但是二者的基本精神旨趣和性格气质却是大相径庭。从神学思想的出发点来说，路德以人的境况为出发点和目的，人的获救是他关注的首要问题，上帝创世是为了人，基督蒙难更是为了拯救人。人实际上代替了上帝，"信者就是上帝"。因此路德的宗教是人本主义的宗教，他的"因信称义"理论是为了人的获救和精神自由，在他的神秘主义宗教体验的氛围中心有一个大写的"人"字。与人文主义者的不同之处在于，路德认为人的得救和自由是在对神的信仰中实现的。加尔文则以上帝为出发点和目的，认为荣耀上帝是人的生命基础和生活目的，人是为了上帝而活着，人在现世中的一切活动都不过是为了彰扬和增加上帝的荣耀。加尔文说："我们是上帝的仆人；因此，让我们为他生存，为他牺牲。人为自己而活，追求私欲，是最可怕的事情，必将毁灭自己。唯有把自己忘记，把自己舍弃，完全听命于上帝的向导，人才能得救，进天堂。"① 人在路德那里是"一种特殊的被造物",他的荣耀甚至胜过了天使;人在加尔文那里却成为"不可驯服的、残酷的禽兽"和"一堆垃圾"。上帝在路德那里是充满人情味的慈爱之父,他时时以温情脉脉的目光关注着他尘世间的儿女们;上帝在加尔文那里却成为令人望而生畏的法官,他那严厉无情的目光使尘世间的罪人不寒而栗。路德拆除了天主教设置在人与上帝之间的外在性障碍,使人与上帝在信仰中融为一体;"加尔文再次把专制的、威严的、彼岸的、超越的、要求人们奉献一切的上帝引入了基督教。上帝与人的关系再次成为剥夺与被剥夺的关系;在路德那里恢复了的人的尊严和自主、人此生的意义和价值再次丧失。"② 尽管如此,我们仍然不能把加尔文的上帝与天主教的上帝混为一谈,在天主教中威严的上帝被束缚在教会和圣事的形式之中,而在加尔文的归正宗中,上帝虽然令人生畏,但是他却在人的信仰中。

在对待意志自由和善功的问题上,路德和加尔文也有所不同。二者虽然都否定意志自由和善功得救,并且都以奥古斯丁的预定论作为理论根据,但是各自的落脚点却相去甚远。路德否定人在道德实践中的意志自由,是为了突出信仰在获救中的地位,人虽然不能通过善功而得救,但是信仰却成为人获救的确证,因此人在实践中丧失掉的自由在信仰中又得以恢复。一方面,人没有从善的意志自由,人的获救依靠上帝白白施与的恩典,而信仰则是恩典的确证;另一方面当信仰如春光一般荡漾于心间时,得救的人就获得了与上帝直接交往的自由,这精神的自由是以牺牲实践的自由作为代价的。路德从"原罪"

---

① 参见弗洛姆:《逃避自由》,上海文学杂志社 1986 年版,第 50 页。
② 李平晔:《宗教改革与西方近代社会思潮》,今日中国出版社 1992 年版,第 204 页。

角度来理解"预定论",即人类的堕落和获救都是上帝预定的,但是他认为"预定"只是获救的必要条件,预定通过信仰而得以实现。凡得到上帝恩典成为被拣选的人,其心间必定充盈着信仰,因此信仰实际上成为得救的充分条件。路德过分强调信仰的作用,完全否定了善功的作用。加尔文的思想则具有更加浓重的决定论色彩,他不仅否定了人在实践中的意志自由,而且也否定了人在信仰中的精神自由,而一味强调上帝预先的拣选。加尔文虽然在口头上赞同"因信称义"学说,但是他的预定论实际上是以"因拣选而称义"的思想为基础的。他说:"我们把上帝的永恒的判决称为预定,上帝根据这一判决,决定每一个人应该变成怎样。因为我们不是在同一状况下被创造出来的。有些人注定得到永生,另一些人却要永远罚入地狱。"① 这种双预定论使得加尔文轻视一切宗教仪式。对于加尔文来说,获救或被拣选的确证不仅仅是信仰,而且还表现在一定的行为上,因此加尔文并不像路德那样全然否定善功,而是把善功看作获救的一种外在标志。虽然加尔文认为:"一个人之蒙拣选和另一个人之被弃绝,都在他们未曾行善和作恶的时候;这可以证明神的预定的基础并不在乎善功。"② 但是他却把善功当作使人成为圣洁和增加上帝荣耀的一个重要途径。加尔文不像路德那样把信仰与善功截然对立,他认为"称义"包括两个方面的内容:一是罪的赦免,二是把基督的义转归信仰者所有。上帝使人"称义"只是拯救的开始,上帝圣灵在人心中发生作用,使之成为圣洁,这才是上帝所要实现的结果。信仰是圣洁和获救的内在确证,善功则是它们的外在确证。一个被上帝拣选的人,他的内心必定

---

① 转引自张绥:《基督教会史》,上海三联书店 1992 年版,第 321 页。
② 加尔文:《基督教要义》(中册),香港基督教辅侨出版社 1959 年版,第 372 页。

充满了对上帝的信仰,他在道德行为、宗教社会活动、家庭生活和职业劳动等方面也必定会表现出淳朴、友爱和勤奋节俭等美德。这一切活动的目的都不是为了获得个人的拯救,而是为了荣耀上帝,职业劳动也具有这种特征。这样就产生了"天职"观念,这个观念使日常的世俗行为都具有了宗教意义。"天职"(Calling)一词是路德从《圣经》中译出并赋予新意义的概念,它普遍地被运用于一切新教民族中,尤其在加尔文派和稍晚的清教徒中,这个概念更是经常被提及。"天职"观念把劳动看作一种神圣的职责,一种增加上帝荣耀的手段,从这个观念中产生了那种悲剧性的忘我的个人奋斗精神,即为了上帝的荣耀而非自身获救的个人奋斗精神,以及一种有意义的禁欲主义。这种禁欲主义不是像天主教所宣扬的那样表现为远离尘世和自我折磨,而是体现在日常工作中,体现在勤奋劳动和俭朴生活中。路德偏重于神秘主义的信仰,加尔文偏重于禁欲主义的行动。路德派对现实世界持一种保罗式的冷漠态度("我的国不属这世界"),主张遵从命运,在信仰或精神中寻找自由和超脱;加尔文派或清教徒则对现实世界持实用主义态度,主张通过积极的行为来把握命运,改造现状,以行动的结果来增加上帝的荣耀和确定恩宠状态。

马克斯·韦伯在《新教伦理与资本主义精神》一书中提出了一个著名的观点,即"现代资本主义精神,以及全部现代文化的一个根本要素,即以天职思想为基础的合理行为,产生于基督教禁欲主义"。[①]韦伯所说的"基督教禁欲主义"是指加尔文教的禁欲主义,这种禁欲主义既反对贫穷、懒惰和行乞,也反对"豪门的放纵挥霍"和"暴

---

① 马克斯·韦伯:《新教伦理与资本主义精神》,四川人民出版社 1986 年版,第 170 页。

发户的奢华炫耀",但是它却鼓励勤劳、节俭和发财致富,只要发财的目的不是为了满足私欲而是为了增加上帝的荣耀。所以,"它对中产阶级有节制的白手起家者怀有最崇高的道德敬意"。在保罗箴言中有"不劳动者不得食"和"魔鬼附在懒人身上"的字句,这些话成为新教禁欲主义的理论基础。在清教徒看来,劳动是一种最好的禁欲手段,它可以使人抵御各种肮脏卑污的恶行的诱惑。更为重要的是,勤奋劳动同厉行节俭一样都是获得上帝恩典的象征。"宗教认为不停歇地、有条理地从事一项世俗职业是获得禁欲精神的最高手段,同时也是再生和信仰纯真的最可靠、最明确的证据。这种宗教思想,必定是推动我们称之为资本主义精神的生活态度普遍发展的、可以想象的、最有力的杠杆。"[①] 韦伯认为这种禁欲主义的新教伦理对于英美资本主义的早期发展起了至关重要的推动作用(因为清教徒对于英美近代早期的经济发展和政治革命产生了重要影响)。他的观点虽有偏颇之处,但在西方仍不失为一种权威性理论。

路德和加尔文的另一个差异之处是他们的精神气质和性格特点的不同。路德是一个思想家,他那深邃的思想、神秘的感悟和丰富的想象力使他能够在离群索居的情况下依然悠然自得地从事神学创建。不论在什么地方,他都能够与上帝进行自由的精神交往,在流水潺潺的小河中、在残阳如血的夕照里、在峥嵘嶙峋的峰峦前,他都能发现上帝的身影。因此路德永远是乐观的,他从不感到孤独,因为上帝与他同在。路德与上帝就如同一对老朋友一样,其间充满了相互信任、友爱和尊重,他自信地宣称:"我自己的血和肉坐在上帝的右边,掌管

[①] 马克斯·韦伯:《新教伦理与资本主义精神》,四川人民出版社 1986 年版,第 162 页。

万物。"① 路德反对禁欲，热爱生活，尽情地欣赏和享受人间一切美好的事物，他曾幽默地说："如果上帝能原谅我二十年来用弥撒把他钉在十字架上，他也能容忍我偶然豪饮以荣耀他。""我们对上帝的爱意味着我们吃、喝和享乐。"② 但是他反对过分追求物质和金钱，对这些身外之物采取一种顺其自然的态度。在社会理想方面，路德提倡政教分离，向往一种信仰自由和精神自由的、充分人性化的灵明世界。总之，"我们从他的生活态度和生活方式中，更多的看到的是一种返璞归真的田园风韵，看到的是天人合一的伊甸情趣，看到的是一种浪漫主义的审美价值的体现，毫无功利主义的色彩可言。他的行动，多是由内在的'本能需要'或'本能冲动'而来；他从不从功利和实用的角度出发，靠理智的判断去选择自己的行为。对于他来说，只要行动能满足自己的良知，行动本身就是目的"。③ 在路德身上，体现了德国人的典型特征，即把神秘的灵性生活置于至高无上的位置，而对世俗的物质生活采取无所谓的态度，一切顺应心灵的自由呼唤，而不拘守于种种刻板的外在规范。

加尔文则不同，在他身上体现着法国人的务实精神和注重外在形式的特点。加尔文是一个实干家，他的特长不是创造思想，而是把别人（如路德、茨温利等人）的思想系统化和付诸实施。加尔文一生都忙碌于实现他政教合一的神权共和国宏图，他的事业在某种意义上与中世纪天主教会建立人间神国的企图有几分相似。加尔文的全身心都投入日常的教俗琐事中，他习惯于用严厉的约束、刻板的规章制度来

---

① 路德维希·费尔巴哈：《费尔巴哈哲学著作选集》（下卷），商务印书馆 1984 年版，第 87 页。
② 李平晔：《宗教改革与西方近代社会思潮》，今日中国出版社 1992 年版，第 225 页。
③ 李平晔：《宗教改革与西方近代社会思潮》，今日中国出版社 1992 年版，第 227 页。

使人们的思想和行为保持一致，因此他的日内瓦神权共和国就像一座纪律严明的大军营，上帝的形象是一个赏罚分明的将军，而不像在路德那里是一个和蔼可亲的朋友。加尔文本人就像早期基督教的圣徒一样严于律己，他勤奋工作，摈弃享乐，一举一动俨然以上帝在人间的仆人自律。据茨威格在《异端的权利》一书中的记载，加尔文"为了心灵之故，他只允许他的身体享受绝对的、最低限度的食物和休息"。他每天只睡三四个小时，只进一顿节约餐，吃饭时也不忘看书。他从不散步闲荡和寻找任何消遣娱乐，忘我地写作和工作，全心全意地献身于宗教。"他凭着狂热的理智，一直生活在上帝的旨意和精神世界里……他理智得近乎执拗，他从来不需要任何能使人沉醉的快乐，诸如：醇酒、妇人、艺术或上帝赐予尘世享乐的多种天赋。"①加尔文一年讲道近300次，在病倒时仍然让学生用椅子抬着他进行布道和工作。加尔文既然对自己如此严苛，对别人也不会宽容。在他的神权共和国中所有的人都必须信奉归正宗，对于那些持不同宗教见解者，加尔文派的宗教法庭并不比天主教的宗教裁判所仁慈。罗素认为在迫害新思想方面，新教牧师和旧教教士一样"偏狂执拗"和"冥顽不灵"，他指的就是加尔文派。据统计，在加尔文执政的最初五年（1542—1546年）中，因宗教信仰原因而由他签署批准处死者有58人，被驱逐者有76人。②特别是1553年由加尔文亲自定罪，以"异端"罪名烧死了从罗马天主教的宗教裁判所中越狱逃到日内瓦避难的西班牙医生和神学家塞尔维特，使加尔文派的名声在推崇思想自由的新教徒心中受到了很大的损害。

---

① 茨威格:《异端的权利》,生活·读书·新知三联书店1986年版,第49页。
② 张绥:《中世纪"上帝"的文化》,浙江人民出版社1987年版,第267页。

尽管路德的宗教理想更富有人情味、更温柔可亲，但是加尔文却成为"唯一的国际性的宗教改革家"。路德的信义宗只在德国人中受到欢迎（后来也扩散到了斯堪的纳维亚半岛诸国），而加尔文的归正宗却在欧洲北部和中部迅速传播，甚至传播到了美洲。路德宣称"我不用暴力或屠杀来保卫福音"，他温和的和平主义态度使得信义宗早在1555年的《奥格斯堡和约》中就获得了合法地位；而加尔文派却具有争强好斗的特点，它"带来的不是和平，而是刀剑，它是靠革命来传播的"。[①] 这种富于战斗性的特点使得加尔文的归正宗迟迟不能得到罗马教会的认可，并且长期遭到欧洲天主教各国和新教统治者（如信奉安立甘宗的英国国王们）的敌视，这种逆境又进一步激发起加尔文教信徒坚韧不拔的意志和以暴力抗恶的决心。在天主教势力的汪洋大海中，加尔文派凭借暴力为自己打下了大片领地。在尼德兰，加尔文教成为荷兰共和国的中坚力量；在不列颠，它成为诺克斯领导的苏格兰宗教改革和英格兰清教徒革命的光辉旗帜；在法国，胡格诺派（即加尔文教）虽然经受了"圣巴托罗缪惨案"的浩劫，却仍然在1598年的《南特敕令》中争得了一定的合法权利；在美国，独立战争在很大程度上是在信奉加尔文教的新英格兰孕育的，自从1620年首批在欧洲大陆遭受迫害的清教徒乘坐"五月花"号船在北美登陆之后，一直到19世纪末，清教徒的"勤俭清洁"精神始终是美国文化的主体精神。

---

① 李平晔：《宗教改革与西方近代社会思潮》，今日中国出版社1992年版，第231页。

三、罗马天主教复兴与宗教宽容

当欧洲北部和中部形成了多米诺骨牌式的宗教改革热潮时，在欧洲南部却兴起了一场与之抗衡的反宗教改革运动，这场运动的宗旨有两个：一是遏制来势汹汹的新教浪潮，捍卫天主教的基本立场；二是从内部对天主教会进行改革，革除它的种种弊端，以提高天主教会机体的免疫力。从这两个基本宗旨来看，这场运动应该被更恰当地称为"罗马天主教的复兴运动"，在这场天主教的复兴运动中，新组建的耶稣会扮演了一个重要角色。

耶稣会的创建人伊纳爵·罗耀拉（Ignatius Loyola，1491—1556 年）出生于西班牙北部的一个贵族家庭，1521 年他作为一名西班牙军人在对法军作战时身受重伤，此后开始潜心于宗教事务。罗耀拉在气质、性格方面是属于与加尔文同一类型的人，不同的是他的忠诚是指向罗马天主教会的。抱着对这个世界的一种"神圣的公正无私的态度"，罗耀拉于 1534 年在巴黎组建了一支与加尔文的归正宗同样富有战斗力的宗教组织——耶稣会。这是一个按照军队编制创建的修道会，它宣称绝对效忠于罗马教皇，并且具有组织严密、纪律森严的特点，所以从一诞生起它就成为罗马天主教会进行内部改革和与新教势力抗衡的生力军。耶稣会的教规出自罗耀拉的《灵性修行》一书，该书第一条就明确规定："抛开一切个人的判断，随时随地以诚心诚意的态度，服从耶稣基督的真正妻子，我们的圣母，我们绝对确实的与正统的女王罗马教会。它的权威经教会组织而加诸我们的身上。"[①] 耶稣会修士在组织上强调对上级（最高的上级就是罗马教皇）的绝对服从，在神

[①] 布林顿、克里斯多夫、伍尔夫：《西洋文化史》（第 4 卷），台湾学生书局 1984 年版，第 193 页。

学思想上具有折中的特点,在自由意志说和预定论两种极端观点之间持中庸立场。耶稣会修士一般都具有强烈的信仰精神和忠诚意识,严于律己,在他们身上几乎见不到天主教神父和其他修道会修士身上的那些恶行劣迹。他们诚心敬主、热忱布道、不辞劳苦、不畏危难,但是在迫害异端方面也毫不留情。在16、17世纪的天主教危机时代,罗马教会能够保住半壁江山,天主教信仰能够劫后重生,耶稣会功不可没。在抵制新教浪潮的过程中,耶稣会组织迅速扩及一切天主教国家和部分天主教信仰残存的新教国家,并且广泛地向东方世界渗透(明代来中国传教的利玛窦等人即属耶稣会修士),从而用海外传教的成果(这种海外传教活动与同时期葡萄牙、西班牙等天主教国家开展的海外探险和殖民扩张活动相互呼应)来弥补天主教在欧洲内部的损失。

罗马天主教复兴运动的另一件大事是特兰托大公会议的召开,这个会议虽然拖拖拉拉地开了18年(1545—1563年),但是它却为天主教世界重整旗鼓制定了重要的规范,澄清了教义,整顿了教会内部的纪律和道德风气,加强了教皇的统治地位。由于罗马教会内部的改革取得了一定的成效,西欧国家纷纷脱离天主教而倒向新教的多米诺骨牌运动停止了,罗马教会的名誉和元气也逐渐得到恢复。"罗马教会内部的宗教改革所做出的变革和脱离母体的新教教会所做出的变革一样重大。从此再没有公开的丑事和分裂记载下来了。但是如果还有什么可说的,那就是教义的狭隘性加深了。"[①]

这种日益加深的教义狭隘性是导致旷日持久的宗教战争的重要

---

① 赫·乔·韦尔斯:《世界史纲:生物和人类的简明史》,人民出版社1982年版,第816页。

原因之一，方兴未艾的新教各派与重整旗鼓的天主教势力为了各自的宗教立场而陷入了血腥的厮杀中。在 17 世纪中叶大规模的宗教战争（三十年战争）终于结束后，统一的基督教世界分裂为天主教和新教两大阵营，在新教内部也是教派林立，人们对于宗教教义的争端已经失去了兴趣，这时宗教宽容就开始取代宗教偏见和迫害成为新的时代精神。宗教宽容最初是在新教世界，尤其是在荷兰、英国等国出现的，继而扩大到各个新教国家，甚至扩展到天主教世界，虽然在后者中它仍然受到很多限制。宗教宽容的范围起初只限于基督教内部各教派之间，后来逐渐扩大到基督教信仰与非基督教（异教）信仰之间，最后则演化为一种一般性的宽容精神，普遍适用于一切社会生活领域，从而成为科学理性与民主政治产生的温床。

　　国人一般比较看重西方近代社会的科学和民主这两大精神，即"五四"时代所宣扬的"赛"先生和"德"先生。但是我一向认为宽容精神是西方近代文化的一种更加根本的精神，正是这种宽容精神使科学理性的兴盛和民主政治的开展成为可能，它本身也因此而成为西方中世纪的宗教文化向近代世俗文化过渡的重要契机和精神枢纽。对于一个有着几乎与文明历史同样悠久的宗教传统（虽然在不同的时期有不同的宗教形式）的社会来说，任何现实的改革都必须首先从宗教改革开始。黑格尔曾经精辟地指出："这是一个虚伪的原则，以为'公理'和'自由'所受的束缚桎梏能够不经良心解放而打破，以为不经过一番'宗教改革'就能够有一番'革命'。"[①] 路德等人的宗教改革的历史意义在于它打破了铁板一块的天主教专制格局，使西欧基督

---

① 　黑格尔:《历史哲学》，生活·读书·新知三联书店 1956 年版，第 499 页。

教世界发生了分裂,这种分裂首先导致了宗教战争和迫害,继而则为宗教宽容的出现提供了前提,因为宽容正是针对分裂而言的。以这种宗教宽容为起点,继而扩展为政治宽容、文化宽容乃至普遍宽容,从而为科学和民主的发展奠定了重要的精神前提。

宗教改革的另一个重要意义在于它开创了一种向世俗化方向转化的新文化精神,从而为17世纪西方的宗教世俗化运动(它导致了被汤因比称为"17世纪宗教改革"的国家主义、科学崇拜和共产主义)奠定了基础。虽然在加尔文教中也曾发生过迫害异端者的事例,但是整个新教的真正精神却不乏宽容、爱心和和平主义。新教中的宽容精神的内核经过17世纪洛克、培尔等人的艰苦努力才被剥离出来,而他们这样做时是怀着真诚的宗教情感的,正是那种基督徒的责任感和博爱精神使他们奋力呼吁宗教宽容。汤因比指出:"17世纪一些倡议宽容的人,如洛克,都是虔诚的基督徒。他们为宽容辩护的动机主要是因为他们感到不宽容是违反基督教的,并且看到盗用基督教的名义推行不宽容会使西方精神背离西方传统的宗教。"[①]洛克等人关于宗教宽容的思想在17世纪引起了很大的反响,下面撷取几段文字以窥一斑:

> 不论有些人如何夸耀其教派的场所和名称的古老,或他们的礼拜仪式的壮观;另一些人则夸耀他们的教规改革;而所有的人都标榜其信仰的正统性,因为每个人都视自己为正统,这些和其他诸如此类的现象都不是基督教会的标志,只不过是人们互相争夺权力和最高权威的标记罢了。任何人可以郑重其事地以此

---

① 汤因比:《一个历史学家的宗教观》,四川人民出版社1990年版,第276页。

相标榜，然而，倘若他缺乏仁爱、温顺以及对全人类乃至对非基督徒的普遍的友善，他自己当然也就不配为一个真正的基督徒了，……《福音书》迭次宣布，基督的真正门徒一定要忍受迫害，但是说基督的教会应当去迫害别人，甚至以火和剑来强迫人们接受它的信仰和教义，这却是我在《圣经·新约》的任何章节里永远无法找到的……无论是异教徒、伊斯兰教徒，还是犹太教徒，都不应当因为他的宗教信仰不同而被剥夺其社会公民权。

……

伊斯兰教徒根据他们的信仰原则有义务使用暴力达到摧毁其他宗教的目的；尽管如此，他们在过去几个世纪里对于其他宗教还是宽容的。基督徒除了布道和训导之外，没有其他任何使命；尽管如此，他们自古以来一刻不停地用剑与火剿灭那些不信奉他们宗教的人……我们也许可以确信，假如当初是西方基督教徒而不是撒拉逊人或土耳其人赢得对亚洲的统治，那么如今就连任何希腊教堂的遗迹都不会留下。他们是从来不会像异教徒宽容当地的基督徒一样，宽容伊斯兰教徒的。

……

基督教世界之所以发生以宗教为借口的一切纷乱和战争，并非因为存在着各式各样的不同意见（这是不可避免的），而是因为拒绝对那些持有不同意见的人实行宽容（而这些意见本来可以被接受的）。①

---

① 以上引文的第 1、3 段出自洛克的《论宗教宽容》，第 2 段出自培尔的《辞典》，几段引文均转引自汤因比：《一个历史学家的宗教观》，四川人民出版社 1990 年版，第 226、231、276—277 页。

正是这种宗教宽容精神打破了基督教世界中长期存在的宗教偏见和宗教迫害的陋习，使基督教各教派中逐渐生长出一种思想自由和信仰自由的气氛，并在无形中达成了一种认为各教派甚至各种宗教信仰都具有平等的精神权利的默契。上帝不再是心胸狭窄的和排他性的独断专行者，而成为一个宽宏大量的和兼容并蓄的精神庇护人。正是在这种日趋宽松的宗教气氛中，与宗教信仰相对立的科学理性才能发展起来，并最终在18世纪启蒙主义者那里公开与宗教信仰相对峙。

四、乌托邦的起源

16世纪初期，在人文主义和宗教改革这两场性质不同的运动中，都产生出一种同样的社会理想，这种理想最显著的特征就是要建立一个没有私有制和种种罪恶现象的平等社会，用该理想创始人托马斯·莫尔的那本著名的书名来指称这个社会，即"乌托邦"。在人文主义这边，集中表述了乌托邦前景的就是托马斯·莫尔本人；而在宗教改革那边，宣扬并企图实践乌托邦蓝图的就是受到天主教和新教福音派双重压迫的再洗礼派，以及狂热的宗教改革家托马斯·闵采尔。

乌托邦的理想并非近代的产物，早在柏拉图的"理想国"和初期基督教的一些公共团体中就已做过理论方面和实践方面的探索，在中世纪后期有一些"异端"的社会运动都在自己的旗帜上写下了财产"共有"的要求。但是在近代以前平等的要求仅限于经济，"共有"则只是指消费品的共有，这种"共有"说到底无非是对富有者财产的瓜分。只有到了莫尔、闵采尔等人那里，平等才从经济上扩大到政治上，消费品的共有才被建立在生产和分配的共有上，对富人财产进行瓜分的要求才变成了废除私有制的要求。"托马斯·闵采尔把瓜分教产的要求转变成没收教产以行财产公有制的要求，把统一的德意志帝国的要求转变成统一而不可分的共和国的要求。"[①] 正是这些实质性的转变，使得16世纪的那种美好的社会理想蓝图成为西方空想共产主义的温床，成为近代乌托邦的起源。

托马斯·莫尔（Thomas More，1478—1535年）出生于伦敦的一个富裕家庭，早年在伦敦的圣安东尼学校学习拉丁文，13岁时寄居在知识渊博的坎特伯雷大主教莫顿家中，从后者那里受益匪浅。1492年少年莫尔进入牛津大学，因其卓越的才智而与英国一些著名的人文主义者如科利特（也是他的老师）等结成忘年之交。1499年在伦敦的一次宴会上与蜚声西欧的荷兰人文主义者伊拉斯谟结识，两人一见如故，相见恨晚。据说在一席交谈之后伊拉斯谟失声叫道："你不是莫尔还是谁！"莫尔则回答："你要不是伊拉斯谟，才见鬼！"两人的友谊保持终生，伊拉斯谟的《愚人颂》就是在莫尔家中完成的，莫尔的《乌托邦》则是伊拉斯谟推崇备至的。

1504年莫尔当选为英格兰国会议员，不久就因反对英王亨利七世增课新税而引起了后者的怨恨，致使老父受累、锒铛入狱，莫尔本人亦被迫离开国会。亨利八世即位后，对莫尔格外青睐，以致莫尔官运亨通，青云直上。1529年沃尔西倒败后，莫尔接任大法官之职，成为英王之下的第一号人物。尽管仕途坦荡，莫尔仍有一种朝不保夕的忧虑，在他权势最盛的时候，他曾对自己的女婿说："假使我莫尔的人头真会让他（指英王）得到一座法国城池，这颗头准得落地。"这话后来果然应验，但是莫尔的人头并没有为英王换来一座法国城池，只是解了亨利八世的心头怨恨。像大多数人文主义者一样，莫尔对宗教

---

① 恩格斯：《德国农民战争》，人民出版社1975年版，第57页。

改革持否定态度,因此当亨利八世为了他的离婚案与罗马教廷发生龃龉,转而在国内进行宗教改革时,[①]莫尔旗帜鲜明地站在英王的对立面上。他首先拒绝参加安·布琳的王后加冕典礼,并辞官隐居,继而又拒绝宣誓承认英王是英国教会的首领。这种公然的敌对和轻蔑激怒了英王,莫尔被关进了伦敦塔。一年多以后,他被法庭以叛逆罪判处肢解的酷刑。大概是由于亨利八世的良心发现,或者是念旧之情使他心软,他下令改判莫尔杀头。1535年7月7日,莫尔坦然地走上刑场,临刑前仍保持昔日的幽默风趣。他用头巾蒙住了自己的眼睛,对刽子手说:"我的脖子短,好好瞄准,不要出丑。"他的头被砍下来并挂在伦敦桥上示众,300多年以后,罗马天主教会追封他为圣徒,并把他列入基督徒"殉道者"之林。

莫尔的《乌托邦》写成于1516年,全名为《关于最完美的国家制度和乌托邦新岛的既有益又有趣的金书》,"乌托邦"(Utopia)原意为"子虚乌有的地方",后延伸为空想的完美境界。《乌托邦》一书分为两大部分,第一部分是对一个不合理的社会(指英国)中的种种弊病的批评,第二部分则描绘了乌托邦这个理想国的种种景象,正是这一部分使莫尔成为西方思想史上的伟人和科利特所说的"英国唯一的天才家"。

在这本书中,莫尔通过一个名叫拉斐尔·希斯洛德的航海家之口,介绍了在南半球的一个岛屿——乌托邦岛上的所见所闻。这个岛

[①] 亨利八世因爱上了美貌的宫女安·布琳,欲与原配西班牙公主凯瑟琳离婚,此事遭到了受制于西班牙国王查理五世的罗马教皇克雷芒七世的坚决反对,亨利一怒之下与教皇决裂,1533年与凯瑟琳离婚,与安·布琳结婚,并因此在国内自上而下地进行宗教改革,1534年通过《至尊法案》,确认英王为英国教会的最高领袖,从此英格兰走上了与罗马天主教会分道扬镳的宗教改革之路,建立了具有英国特色的安立甘宗(亦称圣公会或英国国教会)。

国的最大特点是财产公有，莫尔已经认识到私有制是万恶之源，因此在《乌托邦》中他憧憬一种财产公有、按需分配的美好社会。在乌托邦岛上，全部社会财富都为全体乌托邦人所共有，每座城市都分为大小相等的四个区，每个区的中心是百货汇聚的市场，每一户的户主可到市场中领取各种物资，不付现金，也无须任何补偿。由于货品供应充足，每个人的需要都能得到满足，同时也没有任何人会领取超出自己需要的东西。"在乌托邦，一切归全民所有，因此只要公仓装满粮食，就绝无人怀疑任何私人会感到什么缺乏。原因是，这儿对物资分配十分慷慨。这儿看不到穷人和乞丐。每人一无所有，而又每人富裕。"① 乌托邦的所有城市、街道和住宅都是格局相同的，每一所住房都有两个门，一个朝着街道，一个通向庭园。每一户人家都随时对外人开放，门不上锁，夜不闭户。为了杜绝私有观念，所有家庭的住房每隔十年调换一次。乌托邦社会在生产方面属于一种家庭手工业体系，每一个有劳动能力的人除了务农之外都必须学习一种手艺，手工业劳动是乌托邦人的一种基本职业，而农业劳动则是每个人都必须参加的义务劳动。一切劳动者不分男女每日工作 6 小时，其余时间为学习、娱乐、进行宗教活动和休息的时间。绝大多数公民都在公共食堂吃饭，如果愿意单独开伙，也可到公共市场去领取食物。乌托邦的劳动都是生产性的，有益于增加社会财富和改进人们的生活状况，一切奢侈性的奇技淫巧都属于禁绝之列。乌托邦人对金银珠宝持鄙夷态度，视金钱如粪土，过着一种没有贪婪奢靡之心的质朴生活。"乌托邦人饮食是用陶器及玻璃器皿，制作考究而值钱无几；至于公共厅馆

---

① 托马斯·莫尔:《乌托邦》,商务印书馆 1982 年版,第 115 页。

和私人住宅等地的粪桶溺盆之类的用具倒是由金银铸成。再则套在奴隶身上的链铐也是取材于金银。最后，因犯罪而成为可耻的人都戴着金耳环、金戒指、金项圈以及一顶金冠。乌托邦人就是这样用尽心力使金银成为可耻的标记。所以别的民族对于金银丧失，万分悲痛，好像扒出心肝一般；相反，在乌托邦，全部金银如有必要被拿走，没有人会感到损失一分钱。"① 钻石宝玉之类的玩意则被儿童们当作装饰品佩戴，但是他们一旦长大，就会因为佩戴这些东西而感到羞愧，于是便随手将其扔掉。

　　在政治制度和社会生活方面，乌托邦人的状况也令人羡慕。那里的政体是代议民主制，采取间接选举制度，下级官员（摄护格朗特）由家长选举产生，高级官员（特朗尼菩尔和总督）由摄护格朗特选举产生。除总督外，所有其他官员都是一年一选；总督虽为终身职，但如有"阴谋施行暴政"之嫌即会遭到废黜。乌托邦虽然消灭了寄生现象，但是仍然存在着脑体劳动的差别，脑力劳动被看作更为高尚的劳动，这大概是受柏拉图"理想国"的影响。此外，在乌托邦中还有奴隶，这些奴隶实际上是被判处终身强迫劳动的人，他们是战俘和法庭判决的罪犯。乌托邦人从来不对本国自由公民采用死刑，对战俘亦宽大为怀，因此那里的奴隶制比起当时滥用酷刑的欧洲国家来，反倒成为一种宽厚和仁慈的象征了。乌托邦人的宗教信仰形形色色，但是所有人都对别人的信仰抱有一种理解和宽容。他们信奉的至高无上之神叫"密特拉"，它显然是来自古波斯的太阳神，虽然大家对这个神持有不同看法。乌托邦人的信仰具有

---

① 托马斯·莫尔：《乌托邦》，商务印书馆1982年版，第68页。

很浓郁的理性色彩，他们反对盲目崇拜和种种占卜迷信，把人的尊严当作宗教关注的焦点。像人文主义者一样，乌托邦人追求快乐，反对禁欲主义，把斋戒看作愚蠢的事。在乌托邦也有一些"不近女色、戒绝肉食"的人，乌托邦人对这种人怀有敬意，但是他们却认为那些不避享乐、爱好肉食的人更为明智。乌托邦人尊重学术、普及教育，提倡公共道德、集体义务和健康娱乐，严禁赌博、酗酒和淫乱等丑恶现象，社会风气质朴纯正，人民生活欣欣向荣。莫尔认为，在任何地方也不会有生活得如此"秩序井然"的人民和治理得如此"幸福繁荣"的国家。

莫尔的《乌托邦》对于后世西方文化乃至其他地区的文化都产生了巨大的影响。渴望一种平等、公正和没有私欲、罪恶的乌托邦社会的理想，成为牵引西方近代文化发展的一个重要动力。尽管乌托邦理想没有像国家主义和科学理性那样趾高气扬地行进在西方近代历史的阳光大道上，但是它却如同幽灵一样时时在欧洲的上空徘徊，感召和抚慰着生活中悲观失意的不幸者和心灵敏感的梦游人。康帕内拉认为，莫尔"之所以描述一个臆造的乌托邦国家，目的是要我们按照它的方式建立自己的国家，或者至少建立这种国家的个别基础"[①]，所以康帕内拉又杜撰出"太阳城"，进一步构建乌托邦的社会模型。在"太阳城"中不仅没有私有制，而且没有家庭，那里的人民不仅"共有财产"，而且"共有家庭"。莫尔和康帕内拉的空想共产主义思想在17世纪表现在英国温斯坦莱和"掘地派"的"真正自由平等的共和国"的社会主张中，在18世纪表现在梅叶、摩莱里、马布利等人的

---

① 康帕内拉:《太阳城》,商务印书馆 1980 年版，第 63 页。

理想社会制度中,在 19 世纪表现在圣西门、傅立叶和欧文的"批判的空想的社会主义和共产主义"理论中,并通过这种理论对马克思的科学共产主义学说产生了深刻的影响。

现在我们再转过头来看看宗教改革运动中出现的乌托邦因素。在新教阵营中,有一个教派以其激进的宗教主张和社会主张不仅招致了罗马教会的无情镇压,而且也招致了新教内部福音派(路德派)和加尔文派的残酷迫害,这个教派就是再洗礼派。该派最主要的特点是否认婴儿洗礼的效力,认为只有给能够行使自由意志的成人施洗才有效,该派的名称亦由此而来。"再洗礼派"的创始人是瑞士的胡布迈尔、格雷贝尔和曼茨等人,他们在瑞士的宗教活动一开始就遭到茨温利和苏黎世政府的严厉打击。"苏黎世政府用一种骇人听闻的模仿来嘲弄再洗礼派的信仰:下令淹死他们。1527 年 6 月 5 日,曼茨果然这样殉教。格雷贝尔在此以前患瘟疫去世,逃脱了这场灾难。"① 胡布迈尔遭受监禁拷问,后来越狱逃跑,但是 1528 年却被奥地利当局在维也纳处以火刑,他妻子也被投入多瑙河中淹死。德国的一些再洗礼派领袖如汉斯·胡特、迈克尔·萨特勒、梅尔基奥尔·霍夫曼等也纷纷以身殉道。"在 1529 年斯拜耶和 1530 年奥格斯堡两次帝国议会上,与会的天主教和新教两派德国诸侯都一致主张用古代罗马惩治异端分子的法律来对付再洗礼派。此后,凡参加任何再洗礼派组织者一律处死。"② 在所有的新教教派中,再也没有比再洗礼派的遭遇更艰难坎坷的了。从 1529 年到 1571 年间,仅在伯尔尼一地,就发生了 40 起对再洗礼派的公开处决。1527 年再洗礼派在德国奥格斯堡召开了一次宗教

---

① 威利斯顿·沃尔克:《基督教会史》,中国社会科学出版社 1991 年版,第 414 页。
② 同上,第 415 页。

会议，这次会议后来被称为"殉道者会议"，因为与会者后来在奔赴各地传教的过程中几乎全部以身殉教。

尽管遭受了惨无人道的迫害，再洗礼派仍然在瑞士和德国的下层民众中迅猛发展起来。特别是在德国农民起义失败以后，悲观失望的农民们纷纷到再洗礼派所宣扬的"末世论"与平等理想中寻找心理慰藉，此外再洗礼派的和平主义基调也使它必然地成为在暴力斗争中败下阵来的德国农民的精神疗养所。1528年，胡布迈尔的信徒们在奥斯特列茨建立了一个共产主义式的社团，很快就吸引了数千名信仰者。官方当时指控他们的一项罪名就是：他们企图"废除财产私有制以便彼此分享一切财产"。1534年2月，一些再洗礼派成员控制了德国威斯特伐利亚地区闵斯特城的市政权，建立了一个公社组织，实行共同劳动和财产公有制度，甚至还鉴于男少女多的现状而采取了多妻制。闵斯特公社坚持了16个月，最后在天主教军队和路德教军队的联合围剿下沦陷，大批再洗礼派信徒惨遭杀戮，西方近代的第一次乌托邦实践活动以失败而告终。

"末世论"最初是犹太人基督教的一种理论，关于这个理论的基本观点，我已经在第二章第一节中谈到。在中世纪的天主教中，彼得派的"末世论"虽然让位于保罗派的"救赎说"，但是它在一些"异端"运动中却时有表现。"末世论"的一个基本思想，即"千禧年"的来临。在这1000年中，基督将再次降临人间为王，和复活的圣徒们共同治理世界，人类所期望的和平和公义将最终在大地上实现。1000年后，魔鬼和恶人将重现人间，世界末日来临，上帝开始进行最后的审判。在"千禧年"的理论中包含着一种乌托邦式的社会理想，无论是在15世纪胡斯战争中的塔波尔派那里，还是在16世纪闵斯特的千禧年主义起义中，我们都可以看到建立理想的"新耶路撒冷"的政治主张。在宗教改革运动中，最强烈地表达了"千禧年国"的愿望并把这种愿望付诸实施的是狂热的宗教改革家托马斯·闵采尔。

托马斯·闵采尔（Thomas Munzer，1490—1525 年）生于德国斯托尔堡的一个手工业者家庭，早年受过良好教育，谙熟古典文化。后获莱比锡大学神学博士学位，并获得了哈勒一个女修道院的辅祭职位。他曾潜心钻研神秘主义者陶勒尔等人的著作，1520 年又结识了茨威考的再洗礼派精神领袖施托赫，后者关于"千禧年"即将来临的主张与闵采尔的思想不谋而合。次年，由于帝国政府的迫害，闵采尔离开茨威考前往布拉格，与胡斯派余党相联系。1522 年回到德国后任图林根的阿尔斯特德牧区神父，提出比路德更激进的宗教改革和政治改革主张。闵采尔否认《圣经》是唯一无误的启示，认为真正的启示就是理性觉醒，是"心灵之光"（受陶勒尔等神秘主义者的影响），通过这种神秘的启示，人人都可以进天国。天国并非在来世，而是就在现世，在即将到来的千禧年国中。在这个由基督亲自治理的理想国度中，没有私有制和阶级压迫，没有邪恶和欺诈，只有幸福、平等和公义。但是这个美好的千禧年国不是等来的，要靠信徒们去争取、去建造，在它来临之前，"整个世界必须忍受一次大震荡"。与路德的和平主义基调不同，闵采尔主张暴力革命，他在传道中宣称："基督就说：'我来并不带来和平而是带来刀剑。'……不要有这种浅陋的看法，认为主的力量应当无须你们刀剑之助就可做到这件事，果真如此，你们的刀剑就要在鞘中生锈了。凡是违背主的启示的人，都必须毫无慈悲地消灭掉，就像希西吉尔、居鲁士、约西亚、丹尼尔和伊利亚消灭巴尔的劣僧们一样，否则基督教会就不会回复本来面目。我们必须在收获的时节在主的葡萄园里拔除莠草。"① 闵采尔不仅是一个狂热的宣传鼓动者，而且也是一个积极的革命实践家，他把千禧年国的理论付诸政治改革的实践中。1524年他在南德意志的米尔豪森等地组织农民和平民，准备全德大起义，士瓦本地区起义者的第一个斗争纲领《书简》就是在闵采尔的影响下制定的。1525年3月闵采尔在米尔豪森领导平民起义，成立"永久议会"。同年5月，起义军在弗兰肯豪森与诸侯联军决战失利，闵采尔负伤被俘，在受尽严刑折磨之后，慷慨就义。

如果说路德要通过宗教改革使基督教回到保罗派"因信称义"的圣洁理想中，那么闵采尔则想通过一场暴力革命使基督教回到彼得派"千禧年"的海市蜃楼中。路德的理想仅仅停留在宗教改革中，闵采尔则不仅要进行宗教改革，而且要进行社会革命。路德要在信仰中解救人的灵魂，闵采尔要在现实中使人的灵魂和肉体同时获得解放。路德提倡信仰自由和思想自由，闵采尔除了这些自由之外还要求经济上和政治上的平等。在16世纪的德国，思想的自由是一种符合时代潮流的合理要求，而经济和政治的平等则是一种天方夜谭式的幻想。因此路德的宗教改革成功了，闵采尔的社会革命却失败了。路德和闵采尔都受到德国神秘主义思想的影响，但是闵采尔的神秘主义却比路德的神秘主义更加狂热得多。路德在精神中与上帝进行了神秘的交往之后，还能够头脑清醒地回到现实中来；而闵采尔一旦狂热起来，就陷入一种神秘的乌托邦（"千禧年国"）中不能自拔，甚至还坚信自己就是那个带来福音的弥赛亚。

路德宗教改革的主要目的在于使基督教信仰纯洁化，加尔文改革

---

① 张绥:《基督教会史》，上海三联书店1992年版，第306页。

的主要目的在于实现道德圣洁的神性共和国,而闵采尔改革的主要目的则在于创建一个平等公义的选民社会。从某种意义上来说,加尔文以新教方式部分地实现了中世纪罗马天主教会的政治理想,路德使基督教初期的"使徒时代"得以重现,而闵采尔则走得更远,他要回到基督教的历史源头——弥赛亚运动中寻找救世药方。"他认为,宗教改革运动的目标应是建立一个选民的教会,这个教会将导致正义与博爱的新的社会秩序的产生。他称路德为'维滕堡的行尸走肉',斥责他拒绝从福音的再发现中衍生出关于道德和社会生活的新法律;他主张若有必要应以流血革命来推翻教士的不义统治。难怪时机一到他就成了农民叛乱的领袖之一。"① 由于闵采尔的这种激进的暴力革命倾向,路德在《为反对叛逆的妖精致萨克森诸侯书》一文中把他称为"撒旦的工具"。路德曾不止一次地邀请闵采尔到维滕堡大学来进行公开辩论,但是闵采尔对这种咬文嚼字地考究教义的活动不感兴趣,他热爱的工作是到人民中间去传播暴力革命的福音。路德对于闵采尔的这种不符合上流社会教养规范的狂热做法深恶痛绝,所以当1524年秋天闵采尔来到纽伦堡进行秘密煽动时,路德惊慌地大叫:"看吧,撒旦又在此出没了,阿尔斯特德的妖精!"

恩格斯在谈到闵采尔的"共产主义"理想时说:"闵采尔的政治理论是和他的革命的宗教观点紧密相连的;他的政治理论远远超出了当时的社会政治条件,就如同他的神学远远超出了当时通行的看法一样。正如闵采尔的宗教哲学接近无神论一样,他的政治纲领也接近于共产主义。甚至在二月革命前夕,许多近代共产主义派别拥

---

① 威利斯顿·沃尔克:《基督教会史》,中国社会科学出版社1991年版,第399页。

有的理论武库还不如 16 世纪'闵采尔派'的武库那么丰富。闵采尔的纲领，与其说是当时平民要求的总汇，不如说是对当时平民中刚刚开始发展的无产阶级因素的解放条件的天才预见。这个纲领要求立即在地上建立天国，建立早经预言的千载太平之国；建立天国的途径是恢复教会的本来面目并废除与这种似乎是原始基督教会而实际上是崭新的教会相冲突的一切制度。闵采尔所了解的天国不是别的，只不过是没有阶级差别，没有私有财产，没有高高在上和社会成员作对的国家政权的一种社会而已。所有当时政权，只要是不依附和不加入革命的，都应推翻，一切工作一切财产都要共同分配，最完全的平等必须实行。为了不仅在整个德意志，而且在整个基督教世界来贯彻这一切，须建立一个同盟。诸侯和贵族都须邀来参加；如果他们拒绝，同盟就须在最初的时机用武器去推翻或消灭他们。"[1] 如果说路德是一个典型的德国人，那么闵采尔则是一个活生生的德国民间传说中的精灵，他用魔法编织出一幅美丽动人却又离奇古怪的社会幻景，使得在苦难的现实生活中痛苦挣扎的德国下层民众欣喜若狂。但是当他们一旦行动起来，企图把这幅幻景变为现实时，他们就陷于一场水中捞月的游戏中。闵采尔本人在运动中也逐渐觉察到了他的理想与现实之间的巨大鸿沟——他想做的事，无法实现；他所能做的事，却背离他的原则。这种矛盾不仅没有使这个异想天开的德意志精灵冷静下来，反而使他变本加厉地狂热起来。"他早年惯用的思想家的平静练达的笔调也再看不到了。闵采尔此时已完全成为革命的预言者；他不断煽动群众对统治阶级的仇恨，他

---

[1] 恩格斯:《德国农民战争》，人民出版社 1975 年版，第 46—47 页。

激发最狂野的热情，并且只用旧约预言者吐露宗教狂热和民族狂热的那种猛烈的语调来说话了。"[①]当农民革命需要一个务实而清醒的政治领袖时，闵采尔却变成了一个满嘴谵妄呓语的宗教先知。因此西方近代历史上第一场带有乌托邦色彩的农民起义必然以惨败而告终，闵采尔本人也因此成为共产主义运动的第一位殉道者。

第三节　西西弗斯的宿命
——超越的浪漫精神发展的悲壮史诗

在本章中，我写作的目的并不在于展现出整个西方近代文化的历史轮廓，而只是想指出近代西方社会的文化起点。通过前两节的论述，我相信自己已经把这些文化起点呈现在读者眼前，它们就是：文艺复兴和人文主义所培育的感觉主义，宗教改革所提倡的精神自由和"天职"观念，17世纪发展起来的国家主义、宽容精神和科学理性，以及从人文主义和宗教改革这两个阵营中不约而同地生长出来的乌托邦理想。这一切都汇聚到18世纪的启蒙运动中，伏尔泰等理性斗士以他们鲜明的立场和犀利的批判，一方面敲响了基督教文化的丧钟，另一方面宣告了西方近代文化的真正来临。

西方近代文化是一个五光十色的大熔炉，它集中了以往几种文化形态的一切优良传统和深刻矛盾，无论是在真善美还是假丑恶方面，它都达到了前所未有的新高度。与中世纪基督教文化不同，西方

---

① 恩格斯：《德国农民战争》，人民出版社1975年版，第99页。

近代文化中所包含的一切矛盾面都是以光明坦荡的形式出现的，在德行方面如此，在邪恶方面也是如此。上帝的形象固然继续受到人们的尊敬，而魔鬼的形象却似乎更能激起近代心灵的崇拜。在近代文化的任何一个领域中，都既有夏多勃里昂那样忧郁虔诚的宗教圣徒，也有波德莱尔那样玩世不恭的"邪恶之花"。滑稽丑怪的东西和崇高典雅的东西公然对峙，同时又彼此相依，就如同卑鄙奸邪的葛朗台与他善良纯洁的女儿欧也妮的关系一样，又如同"复活"前的聂赫留朵夫与"复活"后的聂赫留朵夫的关系一样。① 近代西方人或许在纯真和迷信方面比不上希腊人，在视死如归和暴戾残忍方面比不上罗马人，在圣洁和虚伪方面比不上中世纪基督徒，但是除此之外，他们的其他一切美德和恶行都令古人望尘莫及。

严格地说，西方近代文化是在18世纪才真正确立起来的，在此以前，从15世纪到17世纪一直是逐渐衰败的基督教文化与日益壮大的近代文化激烈鏖战的时代。17世纪国家主义和科学理性的兴起已经基本上决定了这场旷日持久的战斗的胜负，但是基督教文化仍在负隅顽抗，最终的凯旋曲要到18世纪才被启蒙主义者们奏起。

从西方近代文化产生的历程来看，16世纪是最为凶险艰难、波谲云诡的时代，在那个时代，近代文化向前迈出的每一步都留下了殷红的血迹。那是一个充满了迷雾和血腥气的时代，同时也是一个充满了殉道者的豪气和信念的时代。像一切文化变革的关口一样，16世纪在哲学和科学方面虽然是一个"不毛的世纪"，但是它却陶冶了一种全新的精神气质——人文主义恢复了对人自身感性权利的尊重，宗教

---

① 葛朗台和欧也妮是巴尔扎克的小说《欧也妮·葛朗台》中的人物，聂赫留朵夫是托尔斯泰的小说《复活》中的男主人公。

改革则唤醒了沉睡千年的个人自由。更重要的是，尽管 16 世纪的几乎所有伟人——不论是人文主义的巨匠还是宗教改革的大师都抱着完善或净化基督教社会的理想，但是他们努力的结果却导致了基督教世界的分裂和危机。伊拉斯谟虽然"总自认是教会的忠诚子女，但是他仍然帮助了他人摧毁了罗马教会的一统江山"。[①] 路德在维滕堡贴出《九十五条论纲》时，根本没有想到此举会造成基督教的分裂。他们的初衷都是为了消除教会的崇高理想与腐败习俗之间的矛盾，使基督教世界不仅具有形式上的统一，而且获得内容上的统一。然而结果却使得罗马教会与世俗社会之间的鸿沟无限加深，连基督教世界的形式统一也丧失了。分裂教会的客观目的借助统一教会的主观愿望来为自己开辟道路，这大概也是历史发展的一种"理性的狡计"吧！分裂混乱的状态成为适宜各种新思想和新力量生长的沃土，而稍晚些时候出现的宗教宽容精神则是最好的催化剂。16 世纪的历史作用不在于它贡献了什么，而在于它破坏了神圣庄严的神龛的严格性和统一性，它在坚固结实的罗马天主教会的大堤上凿了几个大窟窿，从这些窟窿中就涌出来了 17 世纪的"洪水猛兽"。

　　与荒芜贫瘠的 16 世纪相比，17 世纪在文化上可以称得上是云蒸霞蔚的时代。人文主义和宗教改革拉开了近代文化的序幕以后，国家主义和科学理性这两个近代文化的主角就联袂登场。它们起初是怯生生地仰承教会鼻息以求生存，一旦羽翼丰满后就开始与教会分庭抗礼。然而在 17 世纪结束的时候，它们仅仅与教会打了个平手。另一方面，那个孤傲不羁、愤世嫉俗的乌托邦理想则始终站在高高的云

[①] 布林顿、克里斯多夫、伍尔夫：《西洋文化史》（第 4 卷），台湾学生书局 1984 年版，第 52 页。

端,无情地对整个现实世界(不论是传统世界还是新生世界)进行批判和针砭,像马虻一样不断刺激着臃肿不堪的现实社会向前疾奔。

汤因比和池田大作认为,文艺复兴和宗教改革只是基督教内部的变革,它并没有动摇基督教信仰,而17世纪发生在教会信仰和国家政治之间、神学与科学之间的各种变革才是使基督教信仰本身发生危机的变革,这些变革构成了公元4世纪罗马帝国基督教化以后的西方文化史上的"最大最重要的分水岭",它们的历史意义远远超过新旧教的分裂和古典文化在西欧范围内的复兴。关于17世纪的这些变革——汤因比称为"17世纪宗教改革"的内容,汤因比说:"据我看,17世纪由于基督教的衰退而出现的空白,是由另外三个宗教的兴起来填补的。其一是对因科学技术的有组织的应用必然带来社会进步的信仰。其次是国家主义(nationalism)。再次是共产主义。"① 对科学进步的信仰是从1660年英国成立皇家学会开始的,它的目的"是想通过对知识的关心从而把神学引向科学,在实际行动上把宗教和政治的纠纷引向技术上的发展。"科学崇拜在伦理上是中性的,但是在1945年广岛、长崎原子弹爆炸事件之后,自17世纪以来关于科学必然导致社会进步的传统信仰遭到了普遍的质疑。国家主义"是以地方社会中人的集体力量为信仰对象",它是希腊、罗马国家宗教的复活,它"一方面被希腊、罗马的政治观念和制度所感染,另一方面也继承了基督教的活力和狂热信仰"。共产主义"是对社会不公正的反动",它批判所有的宗教和不公正社会,"共产主义有改变全人类宗教信仰的使命。这种信仰是从基督教那里继承下来的"。②

---

① 汤因比:《展望二十一世纪》,国际文化出版社1985年版,第371页。
② 同上,第373—374页。

汤因比所说的 17 世纪的三种新宗教，也正是我在本章中所说的对国家主义、科学理性和乌托邦理想的信仰，而这三种新的信仰又都是从超越的浪漫精神所包含的两个方面——世俗英雄主义和宗教殉道意识中衍生出来的，是这一对永恒的文化矛盾在西方近代历史中所采取的表现形式。国家主义是罗马人的英雄主义和功利主义在近代的重现，它的介质是人文主义运动所培育的世俗精神和宗教改革所加强的民族意识。从本质上说，国家主义是世俗英雄主义在近代的典型形式。乌托邦的第一幅蓝图虽然是被一位人文主义者（莫尔）设计出来的，但是它在实质上却是早期基督教的"千禧年国"理想在近代的复活，而且莫尔在设计这幅美丽的蓝图时确曾怀着热忱的宗教情感，这一点可以从乌托邦人对宗教的重视上得以说明，尽管他们信奉的是另一种宗教。而在闵采尔的"永久议会"和康帕内拉的"太阳城"中，基督教信仰都成为唯一的信仰。[①]因此无论是从功能还是从起源上来看，乌托邦都是宗教殉道意识在近代的化身。对科学进步或科学理性的崇拜在很大程度上可以看作古代希腊人的自然崇拜与"局限于现实理智"中的盎格鲁—撒克逊人的经验主义相结合的产物。科学崇拜把人们的目光从上帝转移到自然，从彼岸转移到现世，从天国转移到人间，但是这种崇拜仍然带有盲目和偏狂的色彩，它在本质上仍然具有一种宗教的意味。随着牛顿取代了上帝、经典力学取代了《圣经》，人们对科学（主要是牛顿力学）的盲目崇拜导致了机械论的大泛滥，

---

① 康帕内拉认为，太阳城的人民"也崇拜三位一体的上帝"，这上帝是最高的智慧、力量和爱的象征，是一切东西的"本性"和原因，上帝也曾有过"肉体降世"，而后又"复归于自己"。与基督教教义不同的是，"太阳城"人不承认上帝有三种不同的格位，并否认神的启示（参见康帕内拉：《太阳城》，商务印书馆 1980 年版，第 51 页）。由此可见，康帕内拉的宗教态度接近于基督教中的一性论或一位论派的观点。

牛顿像上帝一样君临于人类生活的一切领域。这种机械论的泛滥虽然在19世纪以后得到了克服，但是不久以后出现的种种威胁人类生存的科学成就和后果（如原子弹、环境污染以及后工业社会的各种科学后遗症），却使人们从伦理的角度重新考虑科学的价值。对科学的崇拜在20世纪受到了人本主义者的怀疑，正如17世纪基督教信仰受到了科学崇拜者的怀疑一样。对于科学理性的崇拜说到底仍然是一种宗教信仰，这种信仰确信科学将给人类带来进步和幸福，将会使天国在人间实现。尽管科学所取得的成就和所展示的前景都是世俗性的，但是它的精神却是宗教性的。因此我们可以说科学崇拜是世俗英雄主义建功立业的宏愿与宗教殉道意识天国幸福的承诺共同浇铸而成的近代模式。

从某种意义上说，乌托邦、国家主义和科学崇拜这三种"17世纪的新宗教"分别发源于基督教文化、罗马文化和希腊文化这三种文化形态中。国家主义和乌托邦理想分别表现了两种互不相容的偏激——功利主义的偏激和福音主义的偏激，科学崇拜则尽可能审慎理智地在两种偏激之间寻求和谐，而这些特点恰恰正是上述三种文化形态各自的基本原则。因此，西方近代文化在它的起点上就已经以合题的形式把此前一切文化形态的基本原则抽象地包含于自身之中，它在17世纪以后的发展过程可以看作这些抽象的文化原则在新的历史条件下具体展开的过程。正是在这种意义上，我们才能够谈论西方近代文化对以前的文化传统的继承性，才能够谈论整个西方文化发展的连贯性。这种继承性和连贯性不仅表现在对文化"硬件"即物化形态的历史遗产的保存上，而且更是表现在对文化"软件"即抽象形态的文化精神的传承上。

17世纪的这三个文化起点或"新宗教"各自的发展和相互之间的

冲突聚合，构成了以后西方近代文化的主要内容。在这三者中，国家主义由于它那恢宏的气势和强大的动力始终处于历史的辉煌前锋，科学崇拜则悄无声息地控制了人们的精神世界和物质生活，而乌托邦理想永远都作为一种挑战因素站在历史的对立面上，桀骜不驯地睥睨着现实社会中的一切糟粕和精华。在法国，从路易十四到拿破仑一世都陶醉在建立罗马式大帝国的光荣梦幻中，虽然路易十四和拿破仑都对科学持赞赏的态度，但是他们却更看重军队的素质和古典式的英雄主义。在英国，国家主义则与科学崇拜和谐地结合起来。在英国人眼里，一种新式武器在战场上的作用远远超过一个训练有素的军团。如果说法国人是靠罗马式的勇武和高超的战术来推行他们的帝国主义政策，那么英国人则是靠先进的技术和精良的武器来推行帝国主义政策。英国的国家主义与科学崇拜相结合，直接导致了18世纪中后叶开始的工业革命，这场革命可以看作17世纪科学刚刚开始勃兴时对人类进步和幸福所做出的承诺的一次兑现。它一方面进一步煽动起人们对科学这个新上帝的崇拜，使人们坚定不移地树立起科学万能的信念；另一方面，工业革命的结果也极大地改变了国家主义的内容，使国家主义由专制主义走向了宪政民主。

然而，不论国家主义在凯旋声中前进到什么地方，它都无时无刻不受到乌托邦理想的激烈抨击。在近代，乌托邦与国家主义的对立就如同中世纪基督教会与世俗国家的对立一样，始终难以调和。乌托邦所展示的那种友爱互助和平等公义的社会理想与国家主义所造成的暴力压迫和阶级差别的社会现实是针锋相对的。由于人类本性中的一些卑劣弱点的阻碍，这种社会理想或许永远难以成为现实，但是它毕竟唤起了苦难世界中那些失意者的希望和热情，使他们奋起去与不公正的命运抗争，去反抗和改变现实社会。从这一点而言，乌托邦理想是一种从反面刺激社会历史发展的力量，它与那个虽然已经显得有点不合时宜，但是仍然作为对于灵魂的终极关怀而发挥作用的基督教信仰一起，构成了抚慰和激励创伤心灵的永恒的栖息所和兴奋剂。

国家主义和科学崇拜这两种现实主干精神构成了西方近代文化的肯定方面，乌托邦这种理想性的鞭策力量构成了西方近代文化的否定方面，这两个方面之间的矛盾冲突和动态平衡，成为西方近代文化发展的精神动力，这也是超越的浪漫精神内部的两个对立面——世俗英雄主义与宗教殉道意识在西方近代社会所呈现出来的新矛盾形式。另一方面，那种不断从外部对超越的浪漫精神进行颠覆的狭义的个人自我完善也如同幽灵一般纠缠着西方近代文化，使其一次又一次地面临着"世纪末"的危机。只是凭借着国家主义、科学崇拜和乌托邦理想这三大精神支柱的强大生命力，西方近代文化才避免了重蹈希腊、罗马和基督教文化的覆辙，不断地克服危机，跃出低谷，走向新的繁荣。

狭义的个人自我完善在西方近代文化中的表现不同于它在此前几种文化形态中的表现，这种区别主要体现在如下两点：1.狭义的个人自我完善以往都是在一种文化形态的衰败时期才开始流行泛滥，而在西方近代文化中它却自始至终（尤其是从18世纪以来）都在对文化进程进行骚扰。2.它在以往几种文化形态中主要表现为一种奢靡的物欲个人主义，在西方近代文化中则主要表现为一种忧悒的情感个人主义。在以往的文化形态中，个人自我完善都是人们在面对日益崩塌的文化背景时所采取的一种无可奈何的恣意放纵；而在西方近代文化中，个人自我完善则是那些心灵敏感者或"精神失眠者"对自己生存于其中的文化背景（不论是繁荣昌盛还是岌岌可危）的一种自觉的离弃。这种自我放逐的疯狂在呼吁感性权利的人文主义者那里已初现端倪，那个宣称"我研究的就是我自己，这就是我的形而上学和物理学"的蒙田就是西方近代文化中最早的"畸零人"。在 17 世纪，这种迷恋于微妙的情感体验的个人主义受到政治上的国家主义、科学和哲学上的理性主义以及文学艺术上的古典主义的多重压抑，"国家的立场"和理性的权威在任何地方都践踏着个人情感的自由权利。每个人都像舞台上的戏子一样慷慨激昂地追求荣誉、效忠国家、献身信仰、崇尚理性（这些矫饰造作的行为方式在高乃依等人的古典主义作品中淋漓尽致地表现出来），而个人细腻的、并不那么冠冕堂皇的内心情感却被压挤在精神的角落里默默地向隅而泣。到了 18 世纪，这种备受踩躏的情感个人主义在卢梭那里得到扬眉吐气的宣泄，结果引发了汹涌澎湃的浪漫主义运动。浪漫主义运动的特点是用审美标准来代替功利标准，用个人的立场来代替"国家的立场"，用情感的权威来代替理性的权威。18—19 世纪的浪漫主义者大多是一些蔑视现实伦理规范和价值标准的人，"他们喜欢奇异的东西：幽灵鬼怪、凋零的古堡、昔日盛大的家族最末一批哀愁的后裔、催眠术士和异术法师、没落的暴君和东地中海的海盗"。① 浪漫主义运动是久经压抑的个人情感对专制的理性社会的一种病态的报复，它表现为三种不同形式的疯狂：一种是许莱格尔兄弟式的疯狂，这种疯狂萌生于"基督的鲜血"，它要在"中世纪月光朦胧的魔夜"中去体验那种神秘而恐怖的快感。这是一种恋旧的情感个人主义。第二种是拜伦式的疯狂，这种疯狂的特点在于它始终受一种破坏性的炽情煽动着，它以一个"高傲的孤独"的超人或魔鬼形象出现在人类文明的对立面上，始终不渝地对现存的一

---

① 罗素：《西方哲学史》（下卷），商务印书馆 1976 年版，第 217 页。

切社会规范进行猛烈攻击，表现出强烈的无政府主义色彩。这是一种狂妄好斗的情感个人主义。第三种疯狂是华兹华斯式的疯狂，这种疯狂表面上如同平静的海面，海水下面却涌动着激烈的暗流；它看起来腼腆羞涩，实际上却彻底地背弃现实而远遁于宁静的自然风光和幽深的内心体验。这是一种遁世的情感个人主义。无论就哪一种疯狂而言，浪漫主义运动都是一场反社会的运动，都是与国家主义和科学崇拜的文化主流背道而驰的，而且也是与建构性的乌托邦理想迥然相异的。国家主义、科学崇拜和乌托邦理想形式虽异，但它们的目的都是要建立一个受到某种规范约束的人类共同社会。然而被情感个人主义所煽动的浪漫主义运动——它从卢梭的"忏悔"一直延续到金斯堡的"嚎叫"——却一意孤行地要去背弃社会和摧毁社会，"为浪漫主义所鼓舞的，特别是为拜伦式变种的浪漫主义所鼓舞的那类人，都是猛烈而反社会的，不是无政府的叛逆者，便是好征服的暴君"。①

内在的世俗英雄主义与宗教殉道意识之间的永不消解的对立，外在的狭义个人自我完善的周期性的挑战，这种内外撕咬的双重矛盾构成了超越的浪漫精神自身演进的悲怆变奏曲，也构成了西方文化进程永难逃脱的西西弗斯宿命——西方文化注定要在罗马式的世俗理想和基督教式的宗教理想这两座对峙的山峰之间不断地推滚巨石，无论它把巨石推上了哪一座山峰，窥伺在旁的狭义个人主义都会把巨石重新踢到谷底。于是下一轮循环又重新开始。但是这种周而复始的循环并不是在原地绕圈子，而是如否定之否定的辩证规律所揭示的那样，呈现出一种螺旋式上升的基本趋势。西方文化在每一次重新推石上山时

---

① 罗素：《西方哲学史》（下卷），商务印书馆 1976 年版，第 221 页。

都产生了一种全新的精神信念和价值体系，而巨石每次滚落时都带下了山峰上的钟灵毓秀之气。这个巨石越滚越大，西方文化也在推滚巨石的苦难历程中锻炼得越来越强壮。在它那双清澈深邃的历史明眸中，人们既可以看到撕心裂肺的痛苦和惊心动魄的疯狂，也可以看到坚如磐石的信心和百折不挠的意志。

发源于希腊神话的超越的浪漫精神的涓涓细流，流过了希腊文化风平浪静的浅滩，流过了罗马文化波涛汹涌的岬角，流过了基督教文化蜿蜒诡异的幽谷，到了西方近代文化一马平川时已经汇成了滚滚洪流。尽管西方近代文化的发展过程险阻重重、历经坎坷，但是生机旺盛的超越的浪漫精神总是能使它逢凶化吉，于痛苦的磨难中实现自我超越。面对着现实中的种种悲观失意、疑惧困惑和趑趄不前，超越的浪漫精神像浮士德一样对壅蔽的心灵发出了感召：

    灵界并未关闭；
    只是你的官能阻塞，心灵已死！
    后生们，快快奋起，
    不倦地在旭日中将尘怀荡涤！ ①

---

① 歌德:《浮士德》，复旦大学出版社 1983 年版，第 25 页。

再版后记

1993年由武汉大学出版社出版的《神旨的感召——西方文化的传统与演进》[①]是我关于西方文化的处女作,该书出版之后,在20多年的时间里,我陆续完成了10多部关于西方哲学、基督教思想和西方文化方面的学术著作,发表了100多篇相关论文。可以说,我此生中所取得的绝大多数的学术成果,都是在这本书的基础上进行的。

此书虽然是在1993年正式出版,但是书中大部分内容却是在1987年的最后几个月里完成的。当时我作为武汉大学的青年教师,到厦门大学去进修心理学。那是一段非常悠闲惬意的日子,我曾在原书的后记中记载了当时躺在厦门大学白城海滩上所经历的心灵变化:"躺在松软的沙滩上,面对澄澈的天空和宁静的大海,我常常一连几个小时地盯着天水交融处的那一片朦胧的雾霭,隐约感觉到一种冥冥中的呼唤。那款款细语的雪白浪花,那雄浑壮丽的如血残阳,不由分说地把我的灵魂引入形而上学的沉思。有几次涨潮的海水浸透了我的衣衫,我仍然怠惰地不愿离去。就是在大海的神秘感召之下,我的兴趣从狭隘的人生哲学转向了广阔的历史哲学。我开始感觉到在个体的生命和生存价值背后还应该有点什么更深刻和更宏大的东西,这东西对于个

[①] 本次出版更名为《西方文化的传统与演进》。

体的存在通常是冷漠的，有时甚至是残酷的，但是它却构成了文化和历史发展的无形动力。"当时年轻气盛，心潮奔涌，早年所积累的各种知识在浩渺空灵的大海边（那时候的白城海滩经常空无一人，远不像今天这样人流熙攘）聚合升华为一个个富有创意的系统性思想，以至于每次从海边回到宿舍，就灵感如泉，奋笔疾书，短短两个多月的时间里就写下了十多万字的书稿。1988 年初进修结束回到武汉，灵感顿失，却静下心来补充了不少相关资料（那时候国内关于西方文化研究的资料非常有限，远非今日可比）。如此一拖 6 年，到 1993 年底此书才得以出版。

时隔 30 载，当年的踌躇满志早已蜕变为今日的顺天知命。在此后的半生生涯中，学问倒是越做越严谨了，灵性却日渐磨灭。例如在《神旨的感召》基础上撰写的《西方宗教文化》[①]，理论框架更加完整，旁征博引更加翔实；而《黑格尔的宗教哲学》[②]更是典型的学术象牙塔之作，其研精究微、探赜索隐之细，恐怕只有专业人士才会去研读了。这些后来的成名作，与《神旨的感召》相比，审慎有余而热情不足，科学精神日益浓郁而浪漫情怀逐渐黯淡。每念及此，不胜唏嘘，或许学问也与生命一样，走向成熟的过程就是趋于死亡的过程。此时再回过头来看看《神旨的感召》，蓦然感悟所谓的治学规范不过是作茧自缚，学界声名更是过眼云烟，真正令生命灿烂的还是青春时代的狂狷浪漫和灵感才情。

我一向认为，人文学不是科学，科学的基本宗旨是发现真理，帮

---

① 此书 1997 年由长江文艺出版社出版，2005 年由武汉大学出版社再版，2020 年由湖南人民出版社以《天国之门：西方文化精神》为名三度出版。
② 此书是在我的博士论文基础上修改而成，1996 年由武汉大学出版社出版，2005 年由武汉大学出版社再版。

助人们认识和制驭客观世界；人文学的基本宗旨则是弘扬善与美，启迪人们提升和净化主观情怀。以往的人文学者们，无论是史学家、哲学家还是文学家、艺术家，在他们的作品中都充满了激扬人心的力量，陶冶了人类本性中的向善和爱美之情；而今天的人文学却越来越专注于事与物，专注于科学研究方法，而忽略了人的思想情感，日益蜕变为所谓的"人文科学"。由于科学主义的广泛影响，今天中国的社会科学做得越来越像自然科学，而人文学则做得越来越像社会科学，研究者关注的是"科学性"，而不是"人文性"或者"人性"。人文学者们殚精竭虑捣鼓出来的科研成果往往是一大堆冷冰冰的"客观事实"，其中有关于问题的因果探讨、关于理论的逻辑辨析、关于事件的背景梳理、关于过程的严密论证，以及大量的数据资料，却唯独不见活生生的人和生命性灵。

在古希腊时代，历史学、哲学甚至科学都属于文艺的范畴，在缪斯九女神中，就有司掌历史的克利俄，司掌修辞学和几何学的波吕许谟尼亚，司掌天文学与占星术的乌剌尼亚，她们与另外几位分管诗歌、音乐、舞蹈、独唱、悲剧、喜剧的缪斯同属于文艺之神。最早的希腊哲学家，从泰勒斯一直到巴门尼德，他们的哲学著作（通常名为《论自然》）都是用诗体写成的。例如巴门尼德在《论自然》开篇处就富有诗意地写道："载着我的驷马高车引我前进，极力驰骋随我高兴，后来它把我带上女神的天下闻名的道路，这条路引导有知识的人走遍所有的城。"① 然后讲述了正义女神狄克如何向他颁布了真理（"存在者存在，非存在不存在"），并昭示了真理与意见的区别。柏拉图的对话

---

① 巴门尼德:《论自然》，参见《古希腊罗马哲学》，商务印书馆1961年版，第50页。

录里，也同样充满了诗趣人性，深刻的哲学道理与鲜活的闲情逸致水乳交融。例如在《会饮篇》中，我们不仅能够领略到苏格拉底关于爱与美的精辟见解，而且可以看到一个千杯不醉的"酒仙"苏格拉底如何用精妙之言令众人"如醉如痴"（最后参加会饮的人都在美酒和苏格拉底的雄辩之中安然入眠）。中国"历史学之父"司马迁的《史记》除了对社会的政治制度、经济状况、历史过程、文化风貌进行了细致入微的阐述分析外，其笔下的人物形象更是血肉丰满、栩栩如生，试举一例如下：

> 于是项王乃欲东渡乌江。乌江亭长檥船待，谓项王曰："江东虽小，地方千里，众数十万人，亦足王也。愿大王急渡。今独臣有船，汉军至，无以渡。"项王笑曰："天之亡我，我何渡为！且籍与江东子弟八千人渡江而西，今无一人还，纵江东父兄怜而王我，我何面目见之？纵彼不言，籍独不愧于心乎？"乃谓亭长曰："吾知公长者。吾骑此马五岁，所当无敌，尝一日行千里，不忍杀之，以赐公。"乃令骑皆下马步行，持短兵接战。独籍所杀汉军数百人。项王身亦被十余创，顾见汉骑司马吕马童，曰："若非吾故人乎？"马童面之，指王翳曰："此项王也。"项王乃曰："吾闻汉购我头千金，邑万户，吾为汝德。"乃自刎而死。[①]

寥寥数百字的描写，有景有情，项羽"宁为玉碎，不为瓦全"的英雄气概跃然眼前。后人们关于楚汉相争的成败契机、功过缘由、顺

---

① 司马迁：《史记》（卷七），《项羽本纪》。

时逆命、谋略机运等问题可以争论不休，见仁见智，但是这段文字却比任何所谓"客观史实"更能够直击人心、激扬人性，故而才有"至今思项羽，不肯过江东"的古道忧思长存人间，浸润性灵。我至今仍然清晰地记得，弱冠之年初读《史记》，对太史公书中的许多内容似懂非懂，但是这段文字却深烙心间，永难磨灭，且在此生中不断地陶冶心性、激昂情怀。可见人文学对于人心之向善与致美，远比求真更加重要。

然而在今天汗牛充栋的人文学"科研成果"中，哪里还能看得到这样情趣高洁、震撼心灵的文字！

由于科学理性的迅猛发展，我们的时代正在变得越来越精于功利而疏于浪漫。在这个时候，中信出版集团准备再版《神旨的感召——西方文化的传统与演进》（以及我的另外两部同样富有浪漫情调的著作《浪漫之魂：让－雅克·卢梭》和《圣凡之际——基督教文化演讲》①），这无疑是一件令人涕零的善举！由于此书成书较早，其中难免有一些表述不够严谨或有待商榷，因此我在不改动基本框架的前提下对全书文字进行了一定的修改校正；原书中所引用的参考文献，鉴于当时国内的研究现状，未做增删；至于1993年邓晓芒教授为本书所写的序言以及我的自序，仍然保留。特此说明。

赵　林

2020年7月19日于珞珈山麓

---

① 再版后书名为《西方文明的精神砥柱》。